校園規劃新論

New Perspective of Campus Planning

湯志民　著

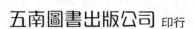 印行

｛序...言｝

　　臺灣的校園建築經歷百年的發展，從日據時代紅磚黑瓦軍營式校舍的濫觴、1960年代標準化校舍的興建、1970年代學校建築的更新、1980年代新學校建築的萌芽、1990年代學校建築的轉型、2000年代優質新校園的推展迄今，經過標準化校舍、無圍牆學校、無障礙環境、開放空間、班群教室、學科教室、古蹟共構、文化情境、新校園運動、綠色學校、綠建築、永續校園、友善校園、健康校園、公共藝術、資訊科技、耐震設計、創意校園、性別空間、空間美學、校園活化、閒置空間再利用、優質化工程和優質校園營造等，使臺灣的學校建築產生令人振奮的新風貌，開創學校建築發展的新紀元。

　　進入二十一世紀十多年，臺灣的校園規劃受到少子女化、高齡化社會、性別主流化風潮、多文化教育、系統化流程、生態化環境、科技化發展、優質化投資等社會環境脈絡之影響，勢必要有更新、更彈性、更前瞻的思維，如教育性空間、優質校園、創意設計、建築美學、綠建築、無障礙環境、閒置空間再利用、學科型教室、性別空間和未來校園等，以因應急遽的社會變遷和快速的教育變革，讓校園環境既能充分掌握課程、教學和學習本質，發揮教育和境教功能，又能即時回應新觀念、新思維和新趨勢，引領教育和社會發展脈動。過去，校園建築整體規劃不足，也缺乏教育功能；現在，臺灣的校園建築在大量新建、整建、並面臨轉型之際，如何將教育元素和新興觀念挹注於校園建築之中，讓學校建築不僅是「建築」與「工程」，而要使之更像「學校」與「教育空間」，強化其「課程」、「教學」和「學習」功能，使之真正成為新世紀的校園建築，實乃我輩之重責大任。

　　有鑑於此，特以筆者近十年有關校園規劃研究的文章作為基礎，擇最新、最重要，也是未來的主流趨勢，以主題方式撰寫，提供學術研究和實

務推展之參考，並作爲師範校院、教育系所、建築系所、學校行政在職專班和校長培育等相關課程與研究教材。全書涵蓋十大校園規劃新議題，分十章論述：第一章課程教學與教育空間規劃、第二章優質校園營造、第三章校園創意設計、第四章校園建築美學、第五章學校綠建築規劃、第六章無障礙校園環境、第七章閒置空間再利用、第八章學科型教室設計、第九章性別與校園空間、第十章未來校園規劃。本書撰寫的方向、內涵與特色如下：

一、在撰寫原則上，冀求體例與結構完整、理論與實務並重，以兼顧學術性與實用性之價值。

二、在題材範圍上，以中小學爲主，大學爲輔，並儘量涵蓋各項校園規劃要點，以求周延，並利於實務參考推展。

三、在內容架構上，以理念論述爲基礎，著重規劃要點、具體做法和設計實例，逐層分述說明。

四、在立論角度上，以新興議題爲單元，從教育功能和師生需求著眼，配合校園建築法規，融入未來發展趨勢，使論述內涵兼具教育性、實際性與前瞻性。

五、在規劃實例上，配合各章主題重點，介紹最新規劃且具代表性的國內外大學或中小學案例，以資借鏡並收他山之石之效。

六、在撰寫文體上，力求結構嚴謹、標題清晰、文字順暢、圖文呼應，並依美國心理學會（APA）2009年第六版「出版手冊」之規定格式註解，以收易讀易解之效。

本書撰寫構思甚久，費時近年，能夠順利出版，首先要感謝五南圖書出版公司發行人楊榮川、總編輯王翠華和副總編輯陳念祖的慨允協助出版，臺北市政府教育局廖科長文靜，政大教育行政與政策所研究生吳姵青、倪紹紋、魏琦、施佩吟，以及臺大音樂學研究所研究生曾筱甯，協助蒐集資料、翻譯、修稿、校稿、編排和封面設計，內心無任銘感。特別是，妻子祝英細心的關照和鼓勵，爲國和政國的支持，讓我無後顧之憂，得以專心寫作，在此併申最深摯之謝忱。

　　本書倉促付梓，謬誤、疏失之處在所難免，敬祈方家先進不吝匡正賜
教。最後，謹將此書獻給我的妻子和所有關愛我的人，並敬申對父親和母
親無限的思念！

湯志民　謹誌

2014年8月11日

｛目..次｝

表次

圖次

第一章

課程教學與教育空間規劃

> 課程、教學與學習是教育的主體，
>
> 空間是教育的基礎與載體；
>
> 課程、教學、學習影響教育空間規劃與營運，
>
> 教育空間規劃提升課程、教學、學習的成效。

「三十輻，共一轂，當其無，有車之用。埏埴以爲器，當其無，有器之用。鑿戶牖以爲室，當其無，有室之用。故有之以爲利，無之以爲用。」（老子道德經第十一章）教育空間亦同，因課程、教學與學習而有形有象、利益教育，正因其空而能隨規劃與營運，使之妙用無窮。

Cobble（2000）在「百年學校：如何設計可以延續一世紀的學校」（The 100-Year School: How to Design Schools That Will Last a Century）一文中，開宗明義即言，美國許多學校興建後平均只能延續50～60年，主因除維護差之外，即在於過時的設計（obsolete design），其肇因係以預算爲基礎的設計（budget-based design），致大多數學校不到30年即需大規模更新，以符應新科技和學生成長的需求，而興建可以延續百年的學校建築，將有助於未來的公共教育。

過去二千年來，學校建築的教育空間有非常戲劇性的變化，早先並無所謂的教育設施，也沒有教室和課桌椅，Plato和Aristotle與學生交換和討論觀念時，是在任何方便的開放空地上，也可能在神殿或一座牆的陰影下；當時，教師所在，即「學校」所在（wherever the teacher was, there was the "school"）（Castaldi, 1994），觀「孔子行教圖」亦可獲印證。十九世紀，公共教育逐漸發展，學校大量興建，惟教室設施甚爲簡陋，建築造形一如「蛋盒式」（egg-carton design）或像信封般的遮掩體（shelters）。二十世紀，由於經濟的發展、建築技術和建材的改進，世界各國戮力教育推展，學校在建築造形、教學空間、庭園景觀、器材設備，皆有很大的改變。1890到1900年代沉重的、華麗的、多層樓磚和石牆的古典學校，與1950年代美國輕盈的、簡樸的、一樓金屬和玻璃牆的現代化學校，大異其趣（Brubaker, 1998）。1950至1970年代，教育需求增加，全世界開始規劃大量的學校建築。1960年代，開放教育（open education）

的理念，以學生爲中心的教學觀念，更促動了學校空間的大步變革，教室沒有牆壁或以可移動的彈性隔板區隔出多樣化的學習資源空間，讓學生成爲自主的學習者。1970年代以後，建築焦點由「量」轉向「質」之提升，政府提供資金，社區參與議題及經營，並將未來可能之新教學法，設計於學校建築中，學校與社區互動增加，學校成爲提供社區設備、托顧、圖書館、教學技巧工作室等之場所（Almeida, 2000）。二十一世紀，進入知識經濟與數位時代，學生學習模式有更大的改變，教育設施規劃益增複雜。Earthman（2013）指出，教育計畫說明書（或教育規劃報告書）（educational specifications）應清楚描述教育情境、教育方案、教育趨勢、教育活動的類型和性質、專科教室（如職教、科學、科技、家政、音樂、體育等）之需求，以及教育設施功能、空間大小和配置等之關係，而長期規劃之教育方案應掌握課程發展、教學發展、學生數量和學習之需。

湯志民（2001）根據文獻分析、專家座談以及實地參觀，並透過學校空間革新的「人－境」互動思維，整理出學校空間革新的趨向主要有七：(1)形塑文化藝術的學校環境；(2)規劃人性化生活休憩空間；(3)建構教學中心的學校空間；(4)建立兩性平等的校園空間；(5)設置現代化科技資訊設備；(6)加強無障礙校園環境設施；(7)推展學校建築與社區融合。經問卷調查臺灣地區中小學學校人員，抽樣發出問卷3,280份，問卷回收率61.1%，臺灣中小學認爲最重要的學校空間革新規劃重點爲「建構教學中心的學校空間」。就學校空間與設施而言，教學與課程應爲教育設施最核心的功能，筆者曾在相關研究中（湯志民，1993a、1998、2000、2001、2004a、2007、2008a、2009a、2009b、2010、2011a、2012a、2012b、2012c、2012d、2012e、2013a、2013年10月19日；湯志民和廖文靜，2000、2012年12月1日）說明教學、課程、學習與教育空間規劃之關係，再次綜整論述有下列幾個因素：

首先，臺灣的學校建築發展，學校建築在新建、重建或改建過程中，較著重「建築」設計（如造形、安全、綠建築、公共藝術、無障礙設施）、「工程」進度，對於「課程」、「教學」之需求甚少評估，這可以從校舍建築興建鑽趕工進，如期發包動工爲首要之務，「規劃」、「設

計」期程輒受壓縮，或者學校建築尚未完工，即設校招生（學生借別的學校校舍上課），可見一斑。其次，1996年臺北市健康、新生、永安國小三校，以及921震災後教育部推展新校園運動，有許多學校採用班群空間設計，惟在推展協同教學上，成效迄今甚為有限，造成教學活動和空間規劃運用之扞格，現卻仍有新建學校在課程和教學計畫不足之情況下，採班群空間設計，未來之運用將有潛在風險。還有，有些教育主管當局政策上不設置體育館，或僅同意設置「風雨操場」，大概是將體育館視為室內球場，殊不知體育館在日本不僅是室內球場，且擔負災害避難中心或震災之教室，讓學生上課不致受到影響；此外，體育館還可提供全校教學活動（如畢業典禮、校慶典禮、成年禮、朝會、週會、球賽、雨天集合場等）之功能，許多創校超過20、30年的學校沒有體育館，大型集會和活動大受影響，苦不堪言；對社區而言，少了體育館，也少了社區的活動中心。近年來，受佐藤學之影響，許多縣市大力推展「學習共同體」，而空間之論述只提及課桌椅配置，顯有不足。值得注意的是，2000年之後，臺北市麗山高中推展學科型教室，學生跑班上課，開教育新空間風氣之先，至今有幾所公私立高中採學科型教室設計，學生跑班上課，相當成功。

　　進入二十一世紀十多年了，現代的學校建築興建之後，因鋼筋水泥之強度增加，耐用年限可達70或80年之久，亦即現在規劃興建的校園建築，可能會到二十一世紀結束之後，才會談拆除問題。然而，新建的校園建築與設施，如何因應二十一世紀的社會急遽變遷、經濟快速發展和教育變革需求，如無障礙設施、無圍牆學校、多功能教室、綠建築、公共藝術、後現代校園建築和造形、e化設備（含電子白板、電子書包、平版電腦、教育雲端等）等，都是近20、30年甚至是近幾年之產物，校園建築要強化並更重視教育功能，使其更具前瞻性和彈性。我們這一代人，在上世紀來不及參與規劃、設計與興建校園建築，卻也常常對校園建築整體規劃之不足，以及缺乏教育功能，迭有怨言。現在我們站在歷史的轉捩點，在臺灣的學校建築大量新建、重建、改建與修建之際，肩負重責大任，應將教育元素挹注於校園建築之中，讓學校建築不僅是「建築」與「工程」，而要使之更像「學校」與「教育空間」，強化其「課程」、「教

學」和「學習」功能，使之成為真正二十一世紀的校園建築。

第一節
課程與教育空間規劃

　　教育空間（或教室）的種類和課程內容有關，教育空間（或教室）的數量和課程時數或班級上課時數有關。以下擬就課程之理念分析、課程與教育空間的關係、課程與教育空間的需求，分別說明之。

一、課程之理念分析

　　「生也有涯，知也無涯」，知識的探求是無窮無盡的，而個人的能力和時間是有限的，因此有課程選擇的問題。

　　課程（curriculum）一詞，涵義紛歧，言人人殊，各異其說。Saylor和Alexander將有關課程之定義歸為四類：(1)課程是學科和教材；(2)課程是經驗；(3)課程是目標；(4)課程是計畫。以課程為「課程和教材」是最傳統的課程定義，如：Hutchins、Bestor、Phenix、Schiro等都持此觀點，他們將課程視為文法、作文、數學、邏輯、歷史等學科，或教科書、科目表、教學指引、課程標準、教學影片、幻燈片，或是這些物品的組合。以課程為「經驗」是1930年代末期以來相當受重視的課程定義，如：Anderson、Smith、Kansas等人，是持此看法之代表，他們認為課程是學生在學校或教室中與教師、環境、物品等人、事、物交互作用的所有經驗。以課程為「目標」是受1960年代後期以來，教育績效運動的影響而產生之課程定義，如Tyler、Gagné、Popham、Johnson等人，為此說之代表，他們認為課程是教育人員企圖達成的一組教學目標，或希望學生達成的學習結果。將課程視為「計畫」的有：MacDonald、Beauchamp、Pratt、Stenhouse、Saylor和Alexander，他們認為課程是為了教學而計畫的行動系統，是以課程為學習計畫，在此計畫中包含了目標、內容、活動、評鑑等項目。除此之外，一般較綜合性的課程定義為「有計畫的學習經驗」（planned learning experience），此一定義不僅支配了1960年代

的課程研究，至今仍爲課程領域中最盛行的通念，如：Good、Neagley和Evans、Inlow、Caswell和Campbell、Krug、Kerr、Reeder等人，均採此看法；國內許多學者亦採此觀點，如：黃炳煌、林本、李祖壽、孫邦正、方炳林、彭駕騂，他們認爲課程是學生在學校或教師指導下，所從事的一切學習活動和經驗（湯志民，1987）。

由前述可知，大部分的學者專家均強調課程是「有計畫的」、「有意圖的」學習經驗，重視「正式課程」或「顯著課程」，King曾謂：「其實，課程是包括教育環境（educational environment）的所有因素。」事實上，學生除了從教師、教科書學習外，他還從學校的制度特徵、教室的結構或過程、同儕團體（peer group）、學校的價值氣氛或學校文化中獲得知識、態度、動機、價值，此即「潛在課程」（湯志民，1987）。

課程是實現教育目標所設計的重要活動，學校課程結構（如圖1）可分爲「實有課程」（being curriculum）和「虛無課程」（null curriculum）。「實有課程」含括「顯著課程」（explicit curriculum）和「潛在課程」（hidden curriculum），「顯著課程」包含「正式課程」（formal curriculum）和「非正式課程」（informal curriculum），以及對應此兩者之學校本位課程（school-based curriculum）和空白課程（blank curriculum）。茲說明如下：

（一）正式課程

是指有計畫的學習經驗（the planned learning experience），包括各類教學科目，每個科目下有單元、章節或課，如：國文、數學、英語、自然（如：物理、化學、地科、生物）、社會（如：歷史、地理、公民）、音樂、美術、家政、體育等學科。

（二）非正式課程

以學生活動爲主的學習經驗，較少採用正式課程的教學型態，對學生的影響比較自然而間接的慶典儀式、學藝活動或社團活動，如：朝會、週會、班會、聯課活動或學生社團、校隊（如：樂隊儀隊、合唱團、樂團）

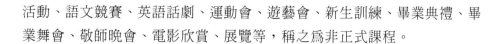

活動、語文競賽、英語話劇、運動會、遊藝會、新生訓練、畢業典禮、畢業舞會、敬師晚會、電影欣賞、展覽等，稱之為非正式課程。

（三）學校本位課程

依學校特色或教育發展需求融入正式、非正式課程或單獨設置之課程，如學校要求一生一技藝（如：扯鈴、桌球、跳繩、歌唱、畫畫等），可在正式的體育、音樂、美術課程教授，運用競賽或展演的非正式課程呈現，學生也可利用下課和課後的空白課程時間練習；此外，鄉土教育、多元文化教育、深耕閱讀、天文週等，由各校強調或他校沒有之課程（有稱之為特色課程），即為學校本位課程，或稱為校本課程。

（四）空白課程

學生在校期間，正式、非正式或校本課程以外，可資自由運用的時間，如下課、午休等，即為空白課程。

（五）潛在課程

學生在學習環境中（包括物質、社會和文化體系），所學習到非預期或非計畫性的知識、價值觀念、規範或態度；也是在正式課程和非正式課程之外的許多學習經驗，可能是有利的或有害的，如「境教」由教育人員透過學校環境的安排，學生感受正向和友善的氛圍而有積極的學習，即為潛在課程。

（六）虛無課程

浩瀚知識，未列入課程或列入課程卻故意忽略，亦即應教而不教或忽略的學習經驗，如民主國家不教共產主義，或過去的教育對性別教育刻意迴避，學校重視強者而刻意忽略弱勢，或數學只教學生如何背公式和計算而不教數學家如何發明與創造公式，美術課只教畫畫而不教美學和賞析，即為虛無課程，或稱之為空無課程、懸缺課程。

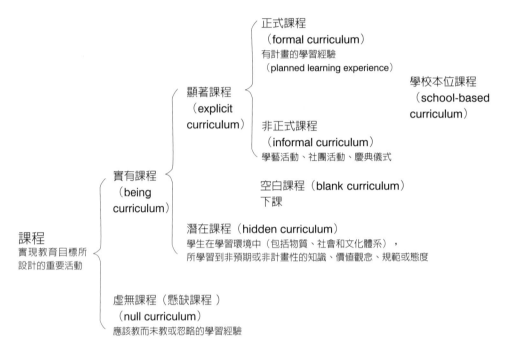

正式課程
（formal curriculum）
有計畫的學習經驗
（planned learning experience）

學校本位課程
（school-based
curriculum）

顯著課程
（explicit
curriculum）

非正式課程
（informal curriculum）
學藝活動、社團活動、慶典儀式

實有課程
（being
curriculum）

空白課程（blank curriculum）
下課

潛在課程（hidden curriculum）
學生在學習環境中（包括物質、社會和文化體系），
所學習到非預期或非計畫性的知識、價值觀念、規範或態度

課程
實現教育目標所
設計的重要活動

虛無課程（懸缺課程）
（null curriculum）
應該教而未教或忽略的學習經驗

🏰 圖1　學校課程結構

二、課程與教育空間的關係

課程與教育空間的關係，可從兩個角度觀之：

（一）課程內容和教育空間（或教室）的種類有關

學校為何要有自科實驗室、音樂教室、美術教室、電腦教室？答案似乎很簡單：「因為有自然（或物理、化學、地科、生物）、音樂（聽覺藝術）、美術（視覺藝術）、資訊課程。」有課程就需有相應之教室（或空間）。當然有些課程所需的教室（或空間）與設備接近，則可用同一教室，如國、英、數都在普通教室上課；或共用專科教室，如數學、社會運用多功能教室（如臺北市南湖國小的未來教室）。因此，課程內容會影響和決定教育空間（或教室）的種類。

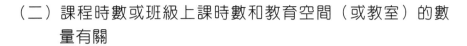

（二）課程時數或班級上課時數和教育空間（或教室）的數量有關

　　教育空間（或教室）的數量計算要以課程時數或班級上課時數作爲依據，例如48班的國中：(1)資訊課，要到電腦教室上課，每班時數1節／週，每週總節數計48節（1節×48班），每間教室每週可排節數25節／週（每週5天，每天5節；空間利用率71.43%，空間轉換率28.57%），所需電腦教室間數2間（48節／25節≒2間）。(2)英語課，每班英語時數3節／週，如果其中1節要到英語情境教室上課，則英語教室需求數爲2間（同電腦教室之計算）；如其中2節要到英語情境教室上課，每週需求總節數計96節（2節×48班），每間教室每週可排節數25節／週（每週5天，每天5節），所需英語教室數爲4間（96節／25節≒4間）；如全都要到英語情境教室上課，每週需求總節數計144節（3節×48班），每間教室每週可排節數25節／週，所需英語教室間數6間（144節／25節≒6間）。其他各科，以此類推。因此，課程時數或班級上課時數會影響和決定教育空間（或教室）的數量。

三、課程與教育空間的需求

　　正因爲空間的種類和數量，需因應課程內容、課程時數（或班級上課時數）加以計算，相當複雜，教育主管當局才會制訂設備標準或基準，以供學校規劃與興建校園建築之參考，如國民中小學設備基準於2002年公布，普通高級中學設備標準於1999年公布，因應95課綱和98課綱新課程實施，於2005年和2009年分別修正公布，此即反映，課程會改變教室（或空間）需求；反之，改變教室（或空間）也會影響課程實施，此即空間領導，亦即校園空間規劃，能有效支持、促進與帶動學校本位課程、正式課程、非正式課程、潛在課程、空白課程的建構、發展與革新（湯志民，2008a）。

　　茲從課程結構要析教育空間之需求：

（一）正式課程之教育空間

臺灣的中小學，正式課程如國、英、數、社會大都是在普通教室上課，自然科會在普通教室上課以及在專科教室實驗或實作，資訊會在電腦教室上課，音樂、美術、家政等會在專科教室上課，體育會在運動場、球場、體育館或游泳池等地上課。

（二）非正式課程之教育空間

非正式課程如朝會、週會、球賽會用到體育館、運動場，電影欣賞會運用視聽教室、圖書館、演藝廳或體育館，樂隊儀隊練習或表演會用到體育館、運動場，新生訓練會用到演藝廳、體育館和校史館，聯課活動或社團活動會用到普通教室、專科教室、體育館，合唱團、樂團、畢業典禮、畢業舞會、敬師晚會會用到演藝廳或體育館，語文競賽、英語話劇會用到演藝廳，運動會、遊藝會會用到運動場，展覽會用到圖書館、體育館、川堂、走廊、樓梯。

（三）學校本位課程之教育空間

依學校特色或教育發展需求融入正式、非正式課程或單獨設置之課程，如學校要求一生一技藝，需有相關的體育館、球場、運動場，以及音樂或美術設施，讓學生可以練習，技藝競賽或表演會用到演藝廳、體育館、球場、運動場，至於鄉土教育、多元文化教育會設置鄉土教室、多元文化中心或文化走廊，深耕閱讀之推展會運用到圖書館，天文週會使用天文臺或星象館。

（四）空白課程之教育空間

空白課程如「下課」，學生可以活動的地方很多——待在教室休息、聊天、做功課、問老師問題，在走廊、川堂與同儕互動或看別人活動，到運動場、體育館、球場、遊戲場打球、跑步、嬉戲，到庭園、生態池和園桌椅休息、佇足、觀景，到圖書館看書報雜誌、看影片、找資料，

或到鄉土教室、多元文化教室看展覽，到行政辦公室、教師辦公室洽公，到合作社買東西吃，到交誼廳下棋，下課也是學生多元展能的關鍵時刻；至於「午休」，除規定午睡會在自己教室之外，有餐廳之學校，學生會到餐廳用餐，其餘時間之運用與「下課」有異曲同工之妙。

（五）潛在課程之教育空間

潛在課程如「境教」情境──普通教室、音樂、美術、自然等專科教室的教學情境布置，會激勵學生的學習動機；圖書室豐沛的資料和舒適的閱讀環境，會增進學生閱讀意願；校舍宏偉和造形優雅、設備精緻、校園環境靜幽，會增進學生信心、對學校之認同，並利於涵養學生優雅氣質；學校綠建築與永續校園規劃，會帶動重視環保教育；開放教育空間，如開架式籃球場（場邊有籃球）、開架式失物招領架，有助品格教育實踐；生活休憩空間設置，有助師生人際交流。

（六）虛無課程之教育空間

虛無課程如對性別教育忽略之處──女生如廁時間較長而廁所數不足，導致女生廁所大排長龍；如廁須隱蔽，廁所太過開放，易造成性別尷尬；學生更衣亦須隱蔽，缺乏更衣室，導致學生在廁所更衣或須躲躲藏藏；女生運動屬弱勢，設置女生優先運動設施，可強化女生運動機會和對性別之尊重；學校常有育嬰教師，有哺（集）乳之需，缺乏哺（集）乳室，難免有困擾。此外，學校易忽略弱勢之存在，不太注意身心障礙者之需求，致無障礙設施之設置不受重視，有的設計不良、有的聊備一格，更常見將無障礙廁所充當儲藏室。

綜合上述，可將課程與教育空間需求和使用關係整理如表1所示，表中1、2、3、4代表課程與教育空間需求和使用關係之強弱，1代表直接或主要關係，2代表間接或輔助關係，3代表附帶關係，4代表潛在關係。

表1
課程與教育空間需求和使用關係

教育空間	正式課程	非正式課程	校本課程	空白課程	潛在課程	虛無課程
普通教室	1	3		2	4	
自然教室 （物理、化學、地科、生物）	1	2	3	3	4	
社會教室 （歷史、地理、公民）	1	2	3		4	
英語情境教室	1	3	2		4	
音樂教室	1	2	3		4	
美術教室	1	2	3		4	
書法教室	2	2	1		4	
電腦教室	1	2	3	3	4	
視聽教室	2	1			4	
演藝廳		1			4	
圖書館	2	1	3	1	4	
鄉土教室	2	2	1	3	4	
禮儀教室	3	2	1		4	
能源教室	2	2	1		4	
天文臺、星象館	2	2	1	3	4	
多元文化教室	2	2	1	3	4	
川堂、走廊、樓梯	3	2		1	4	
運動場	1	1		1	4	
體育館	1	2		1	4	
球場	1	2		1	4	
游泳池	2	2		3	4	
遊戲場	3			1	4	
庭園	3	3		1	4	
生態池	2	3	2	1	4	2

表1　（續）

教育空間	正式課程	非正式課程	校本課程	空白課程	潛在課程	虛無課程
園桌椅	3			1	4	
行政辦公室				2	4	
教學研究室（教師辦公室）	3			2	4	
校史室	3	1	2	3	4	
會議室		2		3	4	
交誼廳	3	2		1	4	
餐廳		2	3	1	4	
合作社				1	4	
哺（集）乳室					4	1
廁所				1	4	5
更衣室					4	1
無障礙設施					4	1
開放式情境 （無圍牆、無檢測器圖書館、開架式球場）					1	

註：1代表直接或主要關係，2代表間接或輔助關係，3代表附帶關係，4代表潛在關係。

第二節
教學與教育空間規劃

　　教育空間大小（面積、容量）和教學人數、教學方法（活動）有關，教育空間形狀和教學方法（活動）有關。以下擬就教學之理念分析、教學與教育空間的關係、教學與教育空間的需求，分別說明之。

一、教學之理念分析

　　教學是一種藝術，也是一種科學（Lefrançois, 1991；歐陽教，

1986）。藝術追求美，欲進「臻育化境」；科學追求真，恪守「系統有效」；教學功能彰顯的複雜性，在師生互動歷程中，自然有其應考量多元多樣的結構因素，而教學的理念也因時代的延展，另蘊新義。

兩千五百年前，孔子提出「有教無類」之箴言，並在其教學活動中力呈「因材施教」的理念；兩千五百年後，Myers和Myers（1990）強調學校教育的目的在追求「平等」（equity）和「卓越」（excellence），「平等」意即「教育是所有人的權利」（a right for all），「卓越」意即「給每個人最好的教育」（the best for each），其基本精神與「有教無類」和「因材施教」無異。基本上，教學有其歷久不衰之常理，亦有其與時變革之新義。就歷久不衰之常理而言，「因材施教」、「循序漸進」、「按部就班」、「獨學而無友則孤陋而寡聞」、「學而不思則罔，思而不學則殆」等基本理念，放諸四海皆準，不因時空移轉而更易。就與時變革之新義而言，「因材施教」、「循序漸進」、「按部就班」的基本原理或與「個別化教學」、「精熟教學法」、「編序教學法」不謀而合，但精密的教學步驟設計，則無從索引；《學記》上「獨學而無友則孤陋而寡聞」，與現今倡行的「合作教學法」亦有不同；而現代的「思考教學法」、「思考技巧教學」、「創造思考教學」、「批判思考教學」，更非僅根據「學而不思則罔，思而不學則殆」一語可資設計。其間之差異，不在原理原則的轉變，而是教育目標、課程教材、師生關係、學校情境，尤其是教學策略、方法與技巧，隨時代進展與社會變遷，而有更精緻、具體、開放、自由、彈性、多樣的變化（湯志民，1993b）。

Dean（1992）指出，傳統的教學，教授分離的學科內容，教師是知識的分配者，學生的角色是被動的，不能參與課程規劃，學習強調記憶、練習和背誦，學習制約靠外在的酬賞（如成績），外在的動機取向，關心傳統的學科標準，定期舉行測驗，強調人際間的競爭，教學限制於教室內，不太重視或強調創意的表達；進步的教學，則教授統整的學科內容，教師是教育經驗的引導者，學生的角色是主動的，參與課程規劃，學習主要係透過發現的技巧，學習制約不需靠外在的酬賞（如成績），內在的動機取向，不關心傳統的學科標準，很少測驗，強調合作的團體工作，教學

不限於教室內，強調創意的表達。

　　Cheng（2000）認為教學的新典範（new paradigm of teaching），應為個別化、地域化和全球化。在個別化的教學上，教師是支持學生學習的激勵者或良師，教學是一種引發、激勵並維持學生自我學習和自我實現（self-actualization）的歷程。教學著重於喚醒學生的好奇心與動機，讓學生去思考、行動與學習，並與學生分享學習歷程和結果的喜悅。對教師而言，教學是終生學習的歷程（the lifelong learning process），包括持續的發現、實驗、自我實現、反省和專業發展，教師應為學生樹立多元智慧楷模以發展學生的多元智慧（multiple intelligence），每位教師都有其潛能和特色，不同的教師可以不同的風格教學，使其貢獻極大化。在地域化和全球化的教學上，強調除了教師之外，在校內外、當地和全球都有多元化教學資源（multiple sources of teaching），教師透過當地的和全球的網際網路、網站學習、視訊會議、跨文化分享、各種不同形式的互動和多媒體材料，可有最大的機會增進其教學效能，學生也能夠在教師協助下於任何時間架構中，向來自各地的世界級教師、專家和同儕學習，如此形成世界級的教學（world-class teaching）。教師參與地區與國際的發展課程，以達到超越學校的視野與經驗。教師的教學是一種網絡教學（networked teaching），透過成熟的分享與激勵，以維持一個新的專業文化（a new professional culture）和多元的教學效果，教師透過地域化和全球化將成為世界級和網絡的教師（a world class and networked teacher）。未來，我們不會訝異，教師在世界不同角落都有一群終生夥伴同儕（a group of lifelong partner teachers），不斷地一起分享和討論彼此專業的經驗和理念。

　　總之，教學（teaching）是教師依據教育目標和學習的原理，配合課程教材的性質和學習者的潛能，運用適切的方法策略，以引發學生主動學習並獲致學習效果之歷程。析言之：(1)教學是目標導向的系統活動，(2)教學是師生之間多樣態的互動關係，(3)教學蘊含「教－學」方法與策略的選擇運用，(4)教學應引發學生「主動學習」並獲致「學習效果」（湯志民，1993b）。

現代教學受認知心理學、人本心理學、教學心理學、學習心理學，以及社會變遷、經濟發展和數位科技的影響，除常見的講述式教學、討論式教學、協同教學、e化教學之外，主要有三個明顯的教學趨向，即重視教學的「個別化」、「思考化」和「有效性」，茲分述如下（湯志民，1993b）：

（一）個別化教學

個別化教學是指教師基於學生個別需求所實施的一種教學型態（Good, 1973; Rowntree, 1981; Shafritz, Koeppe, & Soper, 1988）。基本上，個別化教學是「班級教學」情境結合「因材施教」理念的一種教學形式或策略，也是一種「學習者中心」（learner-centered）的教學方法，惟其師生關係不一定是「一對一」的個別教學，其學習方式也非全然是「獨立研究」（independent study）。個別化教學模式很多，例如：Parkhurst的「道爾頓制」（Dalton plan），Washburne的「文納特卡制」（Winnetka experiment），Morrison的「精熟公式」（mastery formula），Skinner的「教學機」（teaching machine），Pressey的「編序教學」（programmed instruction），Bloom的「精熟學習」（mastery learning），Keller的「個人化系統教學」（PSI），Klausmerier的「個別輔導教育模式」（IGE），Bolvin的「個別化處方教學」（IPI），Flanagan的「個別化教育的計畫系統」（PLAN），特殊教育常用的「個別化教育方案」（IEP），以及電腦輔助教學（CAI）等等，都是較具代表性者。通常採用的教學策略大致為：(1)選擇個別教學目標，(2)調整個別學習進度，(3)提供多樣學習材料，(4)提供多種學習途徑，(5)加強診斷補救教學，(6)提供獨立研究機會，(7)採用標準參照評量，(8)運用多元評鑑方式，(9)師生共同參與教學（林生傳，1988、1991；林寶山，1990）。

（二）思考化教學

教育的主要目的之一，是希望能啟迪並增進學生的「智慧」，其依循的途徑則以「思考」的教學為要途。此一教學趨勢，在1960年代認知

心理學和人本心理學相繼興起之後，備受肯定與重視。「思考」包括智慧歷程（intellectual processes）、心理活動（mental activities）和認知策略（cognitive strategies）三要素（Myers & Myers, 1990）。思考教學的起源甚早，近數十年來的發展更蔚為現代教學革新的主流，例如：孔子的「學思並重」，希哲蘇格拉底（Socrates）的「詰問法」（maieutic），Ziller和Rein的「五段教學法」（five formal steps），Gagné的「學習階層」（learning hierarchy），Bruner等人的「概念獲得」（concept attainment）和「發現式學習」（discovery learning），Taba的「歸納思考」（inductive thinking），Suchman的「探究訓練」（inquiry training），Ausubel的「前導架構」（advance organizers），Lucas的「記憶模式」（memory model），Piaget的「認知發展」（cognitive growth），Schwab等人的「生物科學探究模式」（biological science inquiry model），Osborn的「腦力激盪法」（brain-storming method），Davis和Houtman的「局部改變法」（part-changing method）、「棋盤法」（checkerboard method）、「檢核表法」（checklist method）和「比擬法」（find-something-similar method），de Bono的「水平思考技巧教學」（CoRT），Covington等人的「生產性思考教學方案」（PTP），Feldhusen等人的「普度創造思考教學方案」（PCTP），Fuerstein的「工具充實」（instrumental enrichment），Lipman的「兒童哲學」（philosophy for children），Worsham和Stockton的「概括過程」（inclusion process），Raths和Simon等人的「價值澄清法」（value clarification）和Kohlberg的「兩難困境」（dilemma）等等，都是較具代表性的思考化教學模式，通常採用的教學策略大致為：(1)訓練學生全神投入，(2)建立開放教室氣氛，(3)提供兩難衝突情境，(4)善用思考發問技巧，(5)鼓勵學生參與討論，(6)增加師生同儕互動，(7)增進瞭解思考歷程，(8)利用多種媒體教學，(9)培養推理驗證習慣，(10)設計運用思考作業（林生傳，1988、1991；黃政傑，1990），以提供適宜學生思考的教學情境，給予學生思考的機會與題材，並鼓勵與培養學生學習各種思考技巧。

（三）有效的教學

有效的教學（effective teaching）與有效的學習（effective learning）是一體的兩面，建基於教師和學習者之間的互動（Yaxley, 1991）。教師教學的目標不明確、說明不清楚、內容艱澀、方法不對，或未能顧及學生的學習能力、興趣和性向，致無法達成預期的教學目標或只能產生一小部分的效果，就不是一種有效的教學。Lefrançois（1991）即指出，老師的教學若不能切合學生認知結構（cognitive structure）和背景資訊（background information），即使講得「天花亂墜」，學生仍如入「五里霧」之中「不知所云」，對學生而言即為「無意義的學習」（meaningless learning）（參見圖2）。

🏰 圖2　無意義的學習

資料來源：*Psychology for teaching* (7th ed.) (p.100), G. R. Lefrançois, 1991, Belmont, CA: A Division of Wadsworth, Inc.

有效的教學強調以有效的「教學策略」和「教學情境」促進教學歷程和學習結果的「有效性」，茲分別說明如下：

1. 有效的教學策略

依國內外學者（Perrott, 1991；吳清山，1992；林生傳，1991）之見解，大致可歸納爲七項：(1)溝通單元教學目標，(2)設計高結構性教材，(3)系統呈現教學訊息，(4)增進主動學習時間，(5)提供具體操作經驗，(6)高度利用視聽媒體，(7)建立校正回饋系統。此外，Myers和Myers（1990）認爲，爲使學生學得更多，教師可採下列的教學模式：(1)透過講述和演示提供資訊和發展性概念，(2)透過對學生回饋以精進和增強理念，(3)透過實例的演示與發表爲學生準備作業。

2. 有效的教學情境

有效的教學情境可促進師生的互動，提升學生的學習績效，其涉及的層面主要有三：首先，在班級人數上，根據Preece（1987）、Smith和Glass（1980）的後設分析結果，班級規模20人比40人在學習成就上大約高出10個百分等級，因此，世界各國競相將班級人數控制在30人以下，以提高教學效果。其次，在教室布置上，據Wollin和Montage之研究，在布置優雅溫馨的「友誼教室」（the friendly classroom）上課的學生，其平常考試的成績顯著地優於「呆板教室」（the sterile classroom）的學生（引自Sears, Peplau, & Taylor, 1991）。Weinstein（1979）綜合相關研究文獻亦指出，親切而舒適的教室布置使學生學得更多，也會有較佳的出席率，較多的參與，以及對班級、教師和同學有更積極的態度。第三，在座位安排上，坐在教室前面和中央的「活動區」（the action zone）的學生會得到較高的成績，有較多的參與，會更專心且在學習的相關活動上花更多的時間，師生互動的次數較多，也更喜歡課程和教師（Atwood & Leitner, 1985; Deaux & Wrightsman, 1988；Gifford, 1987; Myers & Myers, 1990）。此外，根據Rosenfield、Lambert和Black（1985）對加州小學五、六年級班級之研究發現，桌子「圍圈」（circles）和「群集」（clusters）的學生，比桌子「排列」（rows）的學生，顯著的參與較多的課業行爲（on-task behavior）。因此，傳統教室桌椅「排排坐」的方式，確有依教學實需加以調整之必要，使師生的互動能更加強，以提高學生的學習效果。

二、教學與教育空間的關係

教學與教育空間的關係，可從兩個角度觀之：

（一）教學人數、教學活動規模和教育空間（或教室）的大小（面積、容量）

有關教室的面積和容量要多大，要以教學人數、教學活動規模作爲依據。例如，學校教學活動，教學人數和教學活動規模有：(1)一個班級（30人／班）的單班教學活動、學校的普通教室需有容納30名學生的課桌椅及空間，半室外走廊、川堂有單班教學容量，亦可作爲教學空間；(2)兩個班級以上的協同教學活動，需有可供兩個班級以上教學活動教室，如：視聽教室、多功能教室，室外空間可運用戶外劇場作爲教學空間；(3)一個年級的學年教學活動（如：語文競賽、英語話劇比賽、專題演講等），需有可容納一個年級教學活動的教室，如：演藝廳、體育館，室外空間可運用球場或運動場；(4)全校班級的全校性教學活動（如：畢業典禮、校慶典禮、成年禮、朝會、週會、球賽等），需有可容納全校性教學活動的教室，如體育館，室外空間可運用球場或運動場（參見表2）。

單就一間普通教室而言，傳統教室67.5m²大致適用於講述、看影片，要再增加角色扮演、表演、發表、實作，教室應有80m²以上並能提供多元空間，正如Abramson（2003）所強調，每間教室設計最少要有900平方英呎（83.6m²），並盡可能大些，因大腦的研究告訴我們，要有較佳的運作，空間要容納得下22位學生、必要的成人數，以及各樣的學習活動。臺灣的中小學傳統教室面積爲67.5m²，班級學生人數平均30人以上，比之美國中小學教室面積約32英呎×28英呎（約83.2m²），班級學生人數平均國小24.2人、國中29.8人、高中38.3人（教育部，2013a），臺灣中小學每生教室平均面積明顯偏低（參見表3），也會影響座位排列、學習區劃、教學設備與情境布置效能（湯志民，2006）。近十年，臺灣許多中小學新建教室空間逐漸調增至80～90m²，實有其道理。因

此，教學人數、教學活動規模會影響和決定教育空間（或教室）的大小（面積、容量）。

表2
教學人數、教學活動與教育空間之關係

教學人數 （30人／班）	班級教學活動	室內空間	室外空間
一個班級	單班教學活動	普通教室	半室外空間 （如：走廊、川堂）
兩個班級以上	協同教學活動	視聽教室、多功能教室	戶外劇場
一個年級	學年教學活動 （如：語文競賽、英語話劇比賽、專題演講）	演藝廳、體育館	球場、運動場
全校班級	全校性教學活動 （如：畢業典禮、校慶典禮、成年禮、朝會、週會、球賽）	體育館	球場、運動場

表3
美國和臺灣中小學每生教室面積比較表

項　目	美　國		臺　灣		
教室面積	32英呎×28英呎 （約9.75m×8.53m=83.17m²）		9m×7.5m=67.5m²		
班級人數	30人或以下	標準24人	國小 24.2人	國中 29.8人	高中 38.3人
每生面積	2.77m²以上	3.47m²	2.79m²	2.27m²	1.76m²

註：臺灣班級人數爲101學年度公立學校平均人數。

（二）教學活動方式和教育空間形狀有關

教育空間形狀（長方形、正方形、扇形、圓形、變化型、附室型、階梯型、舞臺型）要以教學活動方式作依據。教學活動方式主要有講述、分組討論、角色扮演／表演、發表、看影片、實作等，與教育空間形式之關係為（參見表4）：(1)長方形教室（如：傳統普通教室）適於講述、發表、看影片，因這些教學活動需聚焦於教師、教學者或前方，長方形教室提供較佳之視覺形式；(2)正方形教室（如：自足式教室）適於分組討論、角色扮演／表演、發表等，因這些教學活動需更多同儕互動，正方

表4
教學活動方式與教育空間形狀之關係

教育空間形狀	面積	教學活動方式						教學班級（30人／班）			
		講述	分組討論	角色扮演／表演	發表	看影片	實作	1班	2班	年級	全校
長方形教室（如：傳統普通教室）	67.5m²	●			●	●		●			
正方形教室（如：自足式教室）	80m²		●	●	●			●			
變化型教室（如：班群教室）	135m²	●	●	●	●	●				●	
扇形、圓形專科教室（如：音樂、美術教室等）	101～135m²	●			●	●	●	●			
附室型專科教室（如：物理、化學、生物、地科教室等）	101～135m²	●	●			●	●	●			
階梯型專科教室（如：視聽教室、演藝廳等）	135～400m²	●		●	●	●				●	●
舞臺型活動中心（如：體育館）	800m²	●		●							●

形教室提供利於同儕互動的空間感，惟正方形教室前排兩側座位較寬，視覺角度不佳，用於講述、看影片較不適合；(3)變化型教室（如：班群教室）適於講述、分組討論、角色扮演／表演、發表、看影片等，因空間形式可用彈性隔板隨時變化，提供利於師生互動與同儕學習之多樣空間；(4)扇形、半圓形、圓形專科教室（如：音樂、美術教室）適於角色扮演／表演、發表、看影片等，因音樂、美術教學活動需向活動主體聚焦，如美術畫畫的靜物或模特兒，音樂表演看指揮，扇形、半圓形、圓形教室的空間利於聚焦活動主體；(5)附室型專科教室（如：物理、化學、生物、地科教室等）適於講述、分組討論、看影片、實作等，因自然科教學活動具有操作、觀摩和器材補充需求，附室型專科教室有準備室和實驗桌面，利於操作、觀摩和器材補充；(6)階梯型專科教室（如：視聽教室、演藝廳等）適於講述、角色扮演／表演、發表、看影片等，因教學活動需聚焦於活動主體，階梯型專科教室提供絕佳的俯視視覺聚焦效果；(7)舞臺型活動中心（如：體育館）適於講述、角色扮演／表演，因教學活動需聚焦於活動主體，舞臺型活動中心提供良好的仰視視覺聚焦效果。因此，教學活動方式會影響和決定教育空間的形式。

三、教學與教育空間的需求

學校是提供教學的場所，教學目標、方法與歷程之實踐，教學品質和教學效能的提升，與教學空間及設備的新穎、精緻與多樣，有密切的關係。現代教學強調「學習者中心」、「教學研究發展」、「提供學習資源」、「應用資訊科技」，教學空間的革新可從規劃彈性的教室空間、建構融合的學習社區、設置充裕的研究空間和提供豐富的學習資源著手（湯志民和廖文靜，2000）。Hill和Ekey（2010）強調教室環境需提供空間以促進每天都會有的三種不同類型的互動：(1)全班的教學，(2)小團體教學，(3)獨立的工作和個別的會議。通常，教學人數、教學活動規模會影響教育空間（或教室）的大小（面積、容量），教學活動方式與教育空間形狀（長方形、正方形、扇形、圓形、變化型、附室型、階梯型、舞臺型）有關；反之，空間大小與設備的多寡會影響教學人數的容量，空間的

形狀和設備之配搭會影響教學品質，空間的配置與設備的機能會影響教學的效能。此即空間領導，校園空間規劃，尤其是空間革新，能有效支持、促進與引領協同教學、e化教學、探究教學、合作教學、個別教學、思考教學和有效教學之建構、發展與革新（湯志民，2008a）。茲從教學類型要析教育空間之需求：

（一）講述式教學之教育空間

講述式教學，通常是教師或教學者為主體，講者在臺前演講，學生在臺下聽講。這種教學活動形式，需有可以聚焦於教師、教學者或前方之視覺空間形式，傳統的長方形普通教室加上排排座或馬蹄型的桌椅配置，效果最佳；大一點的教室，如視聽教室、演藝廳等，空間形狀為扇形、階梯型或舞臺型，加上排排座的桌椅配置，也有聚焦前方之效，皆適合講述式教學。講述式教學教室多為單一空間，主要教學設備有講桌／講臺、黑板／白板、電腦、投影機／螢幕、大團體桌椅等。

（二）討論式教學之教育空間

討論式教學通常是學生或學習者為主體，學生或學習者在臺下分組或圍成馬蹄形，以利討論。這種教學活動形式，需有可以讓師生、同儕互動與學習的視覺空間形式，如正方形自足式教室或變化型班群教室等，加上小組型或馬蹄型的桌椅配置，效果甚佳。討論式教學教室多為多元空間，主要教學設備有黑板／白板、電腦、投影機／螢幕、小團體桌椅等。

（三）協同教學之教育空間

協同教學通常是兩位（或以上）教師合作共同教學之模式，有以教師或教學者為主體，也有以學生或學習者為主體。這種教學活動形式需有變化型教室，如二至三班之班群教室，配以彈性隔板，隨時可依教學需求（個別、小團體、大團體等）變化空間以資因應，加上小組型或馬蹄型的桌椅配置，效果更佳。協同教學教室多為多元空間，主要教學設備有講桌／講臺、黑板／白板、電腦、投影機／螢幕、大團體桌椅或小團體桌椅等。

（四）e化教學之教育空間

　　e化教學通常是教師或教學者為主體，講者在前方說明，學生在臺下聽講。這種教學活動形式，需有可以聚焦於教師、教學者或前方之視覺空間形式，傳統的長方形普通教室、扇形或階梯型視聽教室，空間形式有聚焦前方之效，而桌椅配置可依師生和同儕互動需求採排排座、馬蹄型或小組型。e化教學教室多為多元空間，主要教學設備有講桌／講臺、黑板／白板、電腦、投影機／螢幕或電子白板、大團體桌椅或小團體桌椅等（參見圖3）。

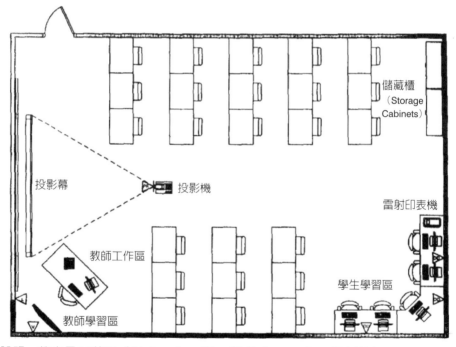

說明：教室長36英呎（10.97m）、寬25英呎（7.62m），規劃教師工作區、學生學習和科技區，以及小團體演示區、網路節點和無線上網環境。

🏛 圖3　e化教學概念空間

資料來源：*Building type basics for elementary and secondary schools* (2nd ed.) (p. 198), B. Perkins and R. Bordwell, 2010, Hoboken, NJ: John Wiley & Sons, Inc.

（五）個別化教學之教育空間

個別化教學通常是教師或教學者爲主體，教師與學生坐在一起。這種教學活動形式，需有利於師生互動之視覺空間形式，傳統的長方形普通教室或資源教室、變化型班群教室，加上小組型的桌椅配置，效果較佳。個別化教學教室多爲多元空間，主要教學設備有講桌／講臺、黑板／白板、電腦、電子白板、小團體桌椅等。

（六）思考化教學之教育空間

思考化教學通常是學生或學習者爲主體，學生或學習者在臺下分組或圍成馬蹄型，以利思考互動。這種教學活動形式，需有可以讓師生、同儕互動與學習的視覺空間形式，如正方形自足式教室或變化型班群教室等，加上小組或馬蹄型的桌椅配置，效果較佳。思考化教學教室多爲多元空間，主要教學設備有黑板／白板、電腦、投影機／螢幕或電子白板、大團體或小團體桌椅等。

（七）有效的教學之教育空間

有效的教學，通常教師、教學者或學生、學習者都可作爲主體，教師或教學者在臺前先講解說明，學生或學習者在臺下分組或圍成馬蹄型，以利思考互動。這種教學活動形式，需有可以讓聚焦前方並方便師生、同儕互動的視覺空間形式，如正方形自足式教室或變化型班群教室等，加上小組型或馬蹄型的桌椅配置，效果更佳。有效的教學教室多爲多元空間，主要教學設備有黑板／白板、電腦、投影機／螢幕或電子白板、大團體或小團體桌椅等。

綜合上述，可將教學方法與教育空間需求和使用關係，整理如表5所示。

表5
教學方法與教育空間需求和使用關係

教學方法	教室空間形狀								教室空間樣式		桌椅配置			主要教學設備						
	長方形	正方形	扇型	圓形	變化型	附室型	階梯型	舞臺型	單一空間	多元空間	排排座	馬蹄型	小組型	講桌／講臺	黑板／白板	電腦	投影機／螢幕	電子白板	大團體桌椅	小團體桌椅
講述式教學	●		●				●	●	●		●			●	●	●	●		●	
討論式教學		●		●	●					●	●				●					●
e化教學	●		●				●			●	●			●	●	●	●	●	●	●
個別化教學		●			●	●				●			●		●	●			●	●
思考化教學		●		●	●					●			●		●	●	●	●	●	●
有效的教學		●		●	●					●			●	●	●	●	●	●	●	●

> 第三節
> ....
> 學習與教育空間規劃

　　有人說學生有三位老師——第一位是其他學生，第二位是老師，第三位是教育空間（Kramer, 2010），顯見教育空間對學生和學習影響之重要。基本上，教育空間（或教室）的配置和設備與學生學習方式、動線、需求、動機和時間有關，教育空間的多元變化（多樣空間）和學生生活、探索有關。以下擬就學習之理念分析、學習與教育空間的關係、學習與教育空間的需求，分別說明之。

一、學習之理念分析

學生是學校教育的主體，失去對學生的注意，教育的績效是空的。校園建築與空間規劃應以「人」作為核心思維，「人」就是「使用者」，「使用者」以學生為最大主體（教職員、家長和社區人士次之），學生的教育、學習、生活和休憩需求能獲得滿足，教育空間規劃才能獲得最大的成效。

最近，臺灣最熱門的議題之一是「學習共同體」，臺北市和新北市教育局大力推展。東京大學教授佐藤學推動的「學習共同體」，至2011年底，日本已有十分之一的中小學（包括1500所小學、2000所中學、200所高中）在實施，第一個「學習共同體」學校是茅崎市的濱之鄉小學，第一所中學是靜岡縣的岳陽中學，高中是東京大學附屬中學。中國、香港、新加坡、越南、印尼、韓國也在逐步進行，韓國已有100所學校實施「學習共同體」，臺灣也有100所學校投入實施「學習共同體」，尤其是2013年11月初佐藤學再次蒞臨臺灣，又掀起一番學習共同體熱潮。佐藤學強調在歐美各國中，分流教育或能力分組都成為過去式，取而代之的是「協同學習」（collaborative learning）、合作學習（cooperative learning）或「學習社群」（learning community）。「協同學習」源自1896年杜威（John Dewey）在美國芝加哥大學所創立的實驗學校，當時美國的一般學校，桌椅都以釘子固定，教師拿著教科書、粉筆和教鞭站在講堂，學童則坐在三人的細長桌椅上學習。以杜威為始的新教育改革者，拆除桌椅的釘子，推動能使孩子互相學習的教室改革。1910年代以後，「學習共同體」的概念在新教育運動中普及於世界各國（黃郁倫、鐘啓泉譯，2012）。佐藤學將「學習」定義為，透過與事物的相遇與對話——構築世界；與他人的相遇與對話——構築同伴；與自己的相遇與對話——構築自我，實行三位一體「關係與異議不斷編織」的永續過程。「學習」是經營與人、事、物的相遇與對話，也是與他人思考或情感的相遇與對話，更是與自我的相遇與對話。「學習」透過相遇與對話，實踐「構築世界」、「構築同伴」與「構築自我」，並藉由教室中的「活動式學習、協同學

習、反思式學習」，得到具體化實踐（黃郁倫和鐘啟泉譯，2012）。「學習共同體」的哲學有三個（黃郁倫和鐘啟泉譯，2012）：

（一）公共性哲學

學校是一個公共空間，應開放給所有人。為提高孩子學習質量，全校每位老師至少一年要開放自己的教室一次，讓全校老師／外地老師／社區人士／各種人來參觀。「學習共同體」的教室基本上為任何人敞開，誰要在何時進來都可以。每位老師要選擇品質最好的一堂課、一年一次自己提案，打開教室讓大家觀摩，不是為了評鑑，而是為了提升教學品質。

（二）民主主義的哲學

校長、老師、學生、家長都是學校的主人，每個人都同樣有發言權，都可以參與學校的活動，每個師生都有同樣的權利。通常日本學校把學生分為好／壞學生，成績好／差、有問題、社團表現好的等等，好像只有最好、最差的學生才有發言權，可以引起人家注意，其他中間的孩子沒有聲音，就被忘記了。家長也是，聲音大的、較會表達不滿的、錢捐多點的，就可以大聲。但「學習共同體」的學校不是這樣。

（三）追求卓越的哲學

永遠給孩子最好的教育內容或資源，不會因為成績不好、家境不好，就降低教育內容、教學水準，永遠都追求完美、最高教育的內容。即使學校整體成績不好，在學區內學力排行很低，但永遠都設定最高的教育目標，選擇最好的教科書和教材，從那裡開始挑戰。

「學習共同體」的活動式課程就從這三個哲學出發來設計。佐藤學指出（黃郁倫和鐘啟泉譯，2012；黃郁倫譯，2013），課程的核心是小組學習，應當在小學（三年級以上）、國中和高中積極導入，小一是全體一起學，或2人一組學習，三年級以上就以4人小組來學習，最好由男女生混合，隨機編組，上課都由此4人一起學。「協同學習」建立於互相學習的關係，並非互相教導的關係，互教關係是單向的，可說是「多管閒事」

的關係，而互學關係是「若無其事的體貼」，需要的是每一個人多元學習的相互碰撞、每一個學生在平等地位中參與學習。老師也藉「學習共同體」，建立良好的同僚關係，並學習如何將「活動教學」、「協同學習」及「反思思考」納入課程，每一堂課作業或活動的設計，以3到5人為一小組，小組藉由互相討論、交流，獲得多元的思考、刺激，而加深或拓展自己的視野；每人一年至少一次開放學習提案，50人學校一年就有百次的觀課，大家一起進來用共同的高度，一起想辦法改善，每次透過看別人來反觀自己，就能發展每人的教學風格，整體才能一直往上，這是第二層次的共同體。第三層次是家長的參與，教室開放家長參與，以前日本中小學一年開放一次參觀日，讓家長到校「看」孩子怎麼上課，但只有看，並沒有參與，通常只有3到5人來。「學習共同體」的學校一年開放3到5次學習參觀，家長可以當老師的助手，跟老師一起設計課程等等，有八成家長、親戚會來參加。

就學習環境而言，佐藤學認為（黃郁倫和鐘啓泉譯，2012；黃郁倫譯，2013），「協同學習」應該是教師在課堂中構築與每一個孩子如同放射線般的穩定關係，小學（三年級以上）、國中和高中，學生4人一組，在教室裡桌椅排列成ㄇ字型，以利隨時討論，每一科都用討論的方式上課。教師要拆除講臺，以能看得見全身的方式與孩子接觸，課桌椅擺放時也不應該讓孩子面對黑板；小學低年級，要讓每一個孩子單獨坐或是兩個人坐一起，課桌椅的配置應當排成ㄇ字型或扇形，讓每一個孩子左右兩側都看得見彼此為宜，最好安排方便孩子與其前後左右同伴交談的座位，且最好縮短與教師以及同學之間的座位距離。這種低年級課桌椅的緊密配置，稱為「低年級團團坐型」。小學低年級課堂最需要的，是聆聽同伴的發言，是逐一理解和融會貫通每一個同伴的不同見解。

學習（learning）與教學不同，是教育的核心目的，通常係指個體透過經驗使其行為、知識、技能或理解產生持久改變之歷程（Wallace（Ed.），2009）。張春興和林清山（1981）也認為學習是個體經由練習或經驗使其行為產生較為持久改變之歷程，並強調學習的產生是由於練習或經驗的結果，經學習改變的行為具有持久性，而且學習並非全是「教

導」或「訓練」的結果，個體在生活環境中只要與事務接觸發生經驗，都會產生學習，因此，學校教育要有組織、有計畫的設計環境，使學生獲得較多和較好的經驗，使之有較好的學習。學習的類別，Gagné從訊號學習到解決問題學習，由簡單到複雜分為8種。從基本歷程來看，學習又可分為聯結學習、認知學習等，而認知學習較著名的有Piaget的認知學習論，Bruner的表徵系統論。從學校來看，學生有學習和生活，有上課下課，有課前學習（如：早自習）、課程學習（如：上課學習）、課間學習（如：下課、午休休息用餐）、課後學習（如：晚自習、放學後打球）。參考Wikipedia（2014a）之界定，可將學生主要的學習概分為：

（一）非正式學習（informal learning）

非正式學習的產生係透過日常生活情境之經驗，是從學校休憩生活中學習，如與師長在餐桌一起用餐、遊戲、探索等等。

（二）正式學習（formal learning）

正式學習是發生於教師－學生關係之間的學習，這種學習是直接且有組織性的；在正式學習中，由學習或訓練部門設定學習的目的和目標。

（三）非正規學習（nonformal learning）

非正規學習是在正式學習體系之外的一種有組織性學習，例如，興趣相同的學生在社團、國際青年組織、工作坊之中，聚在一起並交換意見或觀點。

單就正式學習與非正式學習加以比較，Boys（2011）認為正式學習是被動的、一對多的、個人的、嚴肅的、無聊的，而非正式學習是主動的、多指導性的、社交的、歡愉的、有趣的，兩者有其相對性，也有相關性（參見圖4），值得作為教育空間規劃之參考。

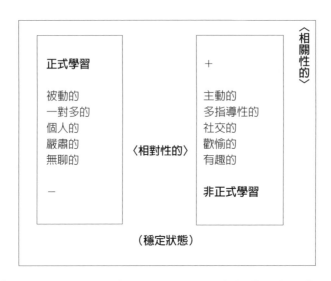

🏰 圖4 正式和非正式學習呈現二元的相對性和相關性

資料來源：*Towards creative learning spaces: Re-thinking the architecture of post-compulsory education* (p.5), Boys, J., 2011, London: Routledge.

二、學習與教育空間的關係

學習與教育空間的關係，可從兩個角度觀之：

（一）學生學習方式、動線、需求、動機和時間與教育空間（或教室）的配置和設備有關

教育空間（或教室）的配置和設備，要以學生學習方式、動線、需求、動機和延伸作為依據。例如：(1)學習方式上，上課如以個人為學習單元，教室需設置適足單人學習之課桌椅和學習設備；如以小組為學習單元，教室需設置可適用小組討論和互動的空間和桌面。Lackney（2007）強調提供資源豐富和分享學習資源的空間，並設計多樣的學習團體與空間，有大有小、有開放有封閉的空間，利於不同大小的學生團體或個人使用、互動與學習。(2)學習動線上，教室內如有學習角落則要獨立不受干

擾，教室簇群間要有適當配置，如關聯教室（如：物理、化學、地科與生物、或音樂與美術）可設置同一區，常用且無噪音之虞的公用空間，如圖書館、視聽教室和電腦教室等，應配置於校舍動線匯集中心點，以利學生運用。(3)學習需求上，每生各有不同，單就閱讀而言，學生到圖書館會有不同的閱讀需求，因此應規劃資訊檢索區、期刊報紙閱覽區、圖書閱讀區、影音播放區、參考研究區、小會議室等，並提供小團體或個人閱讀座位，讓學生有多樣選擇。(4)學習動機上，學生學習興趣、能力、意願各有不同，室內外各項學習資源和情境布置，會激勵學生上課學習動機或下課的探索興致。(5)學習延伸上，運用攝影棚將教學和學習成果錄製分享，或於校舍廊道、梯廳或轉角處設置閱讀角落，建置電腦或電視提供視訊服務，裝置觸控式電子平臺提供線上學習，讓學生處處可學。因此，學生學習會影響和決定教育空間（或教室）的配置和設備。

（二）學生生活、探索和教育空間的多元變化（多樣空間）有關

教育空間的多元變化（多樣空間）要以學生生活和探索需求作爲依據。Woolner（2010）指出學習會發生在任何地方，學習者不是一個空容器，會從廣泛的生活中學習，無預期的非正式學習也會以各種方式出現。學校是一個生活空間，學生在校會有日常生活、能力和興趣探索之需求：(1)學生能力和興趣探索需求，係從多元智慧來看，包括語文、邏輯－數學、音樂、空間、身體動覺、人際、內省、自然等智慧，學校要依學生能力、興趣和探索需求設置多元教室，如：語言教室、自然教室、音樂教室、劇場、韻律教室、球場、體育館、交誼廳、社團教室等等，以資因應學生多元能力之發展。(2)學生在校生活需求，係從生理面向思考，二十一世紀的學校不僅是符應學術的需求，其功能如同微型城市（miniature cities），爲同學們提供食物、健康和休閒服務等（Partnership for 21st Century Skills, 2009）。學校師生少者50、60人，多者百人，甚至上千人，活動時間超過8小時以上，其日常生活，吃、喝、拉、撒、睡、休息、運動之需求甚為可觀，包括：①飲食環境：學生每天都要吃飯喝水，

喝水要有熱開飲機，飲食要有合作社和餐廳；②衛生環境：廁所是學生每日必到之處，應設置整潔明亮的廁所，適度增設女生廁所，並注意廁所使用的隱私性；③保健環境：運動可以強身，有益身體健康，學校應設置充裕多樣的運動設施，如：運動場、球場、體育館、游泳池、健身房，並提供更衣室和淋浴室，以及醫療保健的健康中心；④休憩環境：學生下課需有休憩活動，可在動線上或端點，設置師生可以停等、休憩和交誼的空間或設施，如：交誼廳、廊道閱讀角、庭園、涼亭、休憩桌椅等，以因應學生知性、理性或感性之休憩活動需求。因此，學生生活會影響和決定教育空間（或教室）的多元變化（多樣空間）。

三、學習與教育空間的需求

學校是教育的場所，教育的對象是學生，學校的空間與設施的規劃，應以最多的使用者——學生，作為核心思考，滿足學生學習和生活休憩之生理與心理需求。學習資源的需求會影響學校空間的規劃，學校空間的規劃也會影響學生生活休憩、同儕互動。學習資源豐富，學生活動自然多樣，可讓學校生活更具色彩；學習資源過於簡陋，會遲滯學生的學習與互動。此即空間領導，校園空間規劃，尤其是豐富學習資源，更能有效支持、促進與引領學生學求知、學做事、學相處、學做人、學改變之建構、成長與發展（湯志民，2008a）。茲從學習要析教育空間之需求：

（一）非正式學習之教育空間

Boys（2011）認為非正式學習是主動的、多指導性的、社交的、歡愉的、有趣的，對非正式學習空間的相關性設計隱喻有中心性、群集性、密閉性、沙發、懶人椅、色彩豐富等（參見圖5），認同行為和代表性配置相互對應。具體言之，非正式學習係透過學校日常生活之經驗，有課前學習、課間學習：(1)課前學習（如早自習）：學生一早進學校，教室沒開之前，學生在校園的任何角落做自己喜歡的事，如在球場打球，遊戲場上遊戲，庭園中散步，大樹下休息，在園桌椅中與同學聊天，或在走廊上佇足觀看；也有學校打開體育館讓早到的同學到體育館內活動，既安全也

非正式

學習	空間
主動的	中心性
多指導性的	群集性
社交的 〈相對性的〉	密閉性
歡愉的	沙發
有趣的	懶人椅
	色彩豐富
認同	代表性
行為	配置

（穩定狀態）

圖5　設計隱喻和非正式學習空間的相關性舉例

資料來源：*Towards creative learning spaces: Re-thinking the architecture of post-compulsory education* (p.22), Boys, J., 2011, London: Routledge.

可避免雨天淋雨。進教室之後，先將書包和上學物品放置於置物櫃，拿出書本、作業，在課桌椅上用功讀書、寫功課或吃早餐，有的會在學習角幾位同學一起研究問題，或到教室的圖書角看書，或經班導師同意到學校圖書館看書、找資料。(2)課間學習（如下課、午休）：下課時間，是學生休憩和多元展能的重要時刻，學生會待在教室休息、聊天、作功課、問老師問題，會在走廊、川堂與同儕互動或看別人活動，會到飲水機裝水喝，排隊上廁所，到運動場、體育館、球場打球、跑步、玩扯鈴、呼拉圈或跳繩，在遊戲場嬉戲，到庭園、生態池和園桌椅休憩、佇足、觀景，到圖書館看書報雜誌、看影片、找資料，到行政辦公室、教師辦公室洽公，到合作社買東西吃，到交誼廳下棋。這些休憩活動有屬知性、感性或屬理性活動，同儕互動大團體、小團體或個人活動皆有之，三五成群，新舊玩伴夾雜，或為知心好友，或萍水相逢，也有不打不相識，每天三、五次短暫的下課休憩互動，在校園空間之中孕育最溫馨珍貴的同學情誼。午間用餐，

大部分的學生會在教室用餐，少部分有餐廳之學校，學生會到餐廳用餐；用餐後，除午睡時間會在自己教室之外，其餘午休時間之運用和場地需求，與前述「下課」有異曲同工之妙。因午休時間較長，有些學生會在攝影棚錄製節目，或到圖書館製作班級網頁；中午有的學校會播放輕音樂或影片，或播報小故事、校內新聞或教育新知。

（二）正式學習之教育空間

正式學習是發生於教師－學生關係之間的學習，主要是正式課程之學習。學生在上課期間，透過便捷的聯絡動線（如廊道、川堂、空橋等），可以快速便利的進入正式課程的各學科教室，包括普通教室、自然實驗室、英聽教室、電腦教室、音樂教室、家政教室、生活科技教室、桌球室等。上課時，各科教室依學習內容有相對適足的學習空間和可操作設備，學習器材設備新穎可用。各科教室也會依學習內容和進度，提供相關學習材料、資源並有對應性的學習情境布置，激勵學生學習動機。教室座位的配置，讓每位同學都能看見老師和同學，且利於和老師對話，以及和同學互動。

（三）非正規學習之教育空間

非正規學習是在正式學習體系之外的一種有組織性學習，屬於課後學習。學校在放學之後，有意願溫習功課或準備考試的同學，通常在學校圖書館附設之閱讀室或自習室，一起讀書，挑燈夜戰；興趣相同的社團同學或校隊，如：熱舞社、柔道社、合唱團、話劇社、田徑隊、籃球隊等，放學後在韻律教室、柔道教室、音樂教室、社團教室、田徑場、體育館或川堂一起練習。放學後，校園開放，鄰里社區、同班同學或親子到校，一起打籃球、跑步或散步，需有夜間照明設備。此外，學生參與國際志工、非營利組織、青年組織、工作坊，與志同道合者一起參加服務學習、史懷哲計畫，為國際、偏鄉或社區服務，陪伴弱勢學生成長，照顧孤獨老人，這些學生會跨校聚集於放學或星期例假日，借用本校或他校室內外場地，共同籌畫、研討、協商、發表、檢討，以資凝聚共識，精進成長。

綜合上述，可將學習與教育空間需求和使用關係，整理如表6所示。

表6
學習與教育空間需求和使用關係

學習類型	學習時序				學習規模						學校空間									學習資源			
	課前學習	課程學習	課間學習	課後學習	個別活動	小團體活動	大團體活動	自由活動	社團活動	跨校活動	普通教室	專科教室	圖書館	體育館	運動場	球場	庭園	社團教室	自修室	便利性	可操作	多樣性	適足性
非正式學習	●		●		●	●		●	●		●		●	●	●		●	●		●	●	●	●
正式學習		●			●	●	●					●											●
非正規學習				●	●	●		●	●	●	●	●	●	●	●							●	●

{ 第四節
教育空間營運之探析

　　綜整前述大致可知，教育空間（或教室）的種類和課程內容有關，教育空間（或教室）的數量和課程時數或班級上課時數有關，教育空間大小（面積、容量）和教學人數、教學方法（活動）有關，教育空間形狀（長方形、正方形、扇形、圓形）和教學方法（活動）有關，教育空間（或教室）的配置和設備及學生學習方式、動線、需求、動機與時間有關，教育空間的多元變化（多樣空間）和學生生活、探索有關。至於，教育空間營運模式（配置、運用、關係）和課程分科與選修、教室與教學資源的運用關係、學習者和環境之主被動關係有關。課程、教學、學習與教育空間規劃之關係，如表7所示。

表7
課程、教學、學習與教育空間規劃之關係

教育空間規劃	課程、教學、營運
空間種類（性質、功能）	課程內容
空間數量（間數）	班級上課時數
空間大小（面積、容量）	教學人數、教學活動
空間形狀 （長方形、正方形、扇形、圓形）	教學方法（活動）
空間（或教室）的配置和設備	學生學習方式、動線、需求、動機和時間
空間的多元變化（多樣空間）	學生生活、探索
空間營運模式（配置、運用、關係）	課程分科和選修 教室和教學資源的運用關係 學習者和環境之主被動關係

　　正因為教育空間規劃和營運，與課程、教學、學習之間有密切的關係，因此，Taylor（2009）將教育空間和學習環境稱之為「三度空間的教科書」（the three-dimensional textbook）（參見圖6）。其中，教育空間和學習環境設計要素（指標）包括：基本需求、發展需求、當地文化、課程和教學（含內容、教學策略、評量標準）、學習歷程和多元智慧、學習的分類（學習的經驗系統）、用後評估；而學習環境反映基本需求，然後成為一個環境的教學／學習工具，學習環境和設計要素（指標）之間，則彼此互動成為一個循環系統。

　　以下擬就課程與教育空間營運模式、教學與教育空間營運模式、學習與教育空間營運模式，分別說明之。

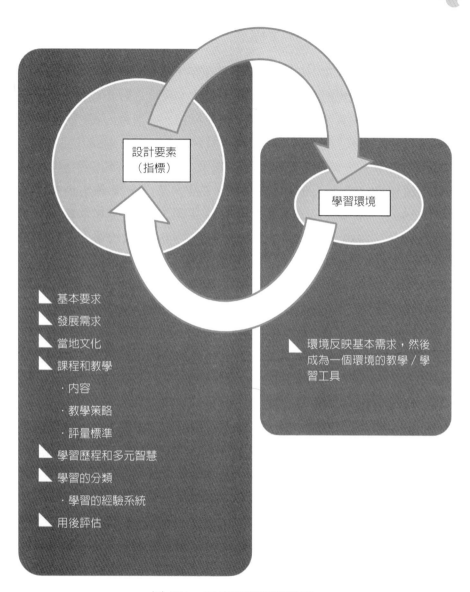

設計要素
（指標）

學習環境

▶ 基本要求

▶ 發展需求

▶ 當地文化

▶ 課程和教學

　・內容

　・教學策略

　・評量標準

▶ 學習歷程和多元智慧

▶ 學習的分類

　・學習的經驗系統

▶ 用後評估

▶ 環境反映基本需求，然後
　成為一個環境的教學／學
　習工具

圖6　三度空間的教科書

資料來源：*Linking architecture and education: Sustainable design for learning environments* (p.136). A. Taylor and K. Enggass, 2009, NM: University of Mexico Press.

一、課程與教育空間營運模式

教育空間（或教室）的種類和課程內容有關，教育空間（或教室）的數量和課程時數或班級上課時數有關，因此，課程會影響教育空間種類和數量的規劃。在教育空間（或教室）營運模式上，則會因課程分科和選修之多寡，而有不同之配置類型。

教育空間（或教室）營運的配置類型，通常配合課程與空間的營運而有五種類型（湯志民，2007；臺隆書店建築設計資料集成編譯委員會譯，1997；滕家祿、王嵐、滕雪和沈芸譯，2003；日本建築學會，1973、1979、1983；西日本工高建築連盟，1986；長倉康彥，1993；空氣調和・衛生工學會，2011）（參見圖7）。

（一）綜合教室型（activity type，A型）

全部的課程均集中在同一個教室上課，運用班級教室或班級教室四周圍進行大部分的學習和生活活動，此型適用於幼稚園和小學低年級。

（二）特別教室型（usual & Variation type，U+V型）

一般的課程在各自的普通教室（即班級教室）上課，特別的課程在特別教室或專門的學科教室上課，惟有足夠的特別教室時，教室的利用率會降低，此型適用於小學高年級、國中和高中。

（三）學科教室型（variation type，V型）

所有的課程都有充分的學科教室，如：國文、英語、數學、社會、理科、音樂、家政、美術等，每一學科均有教室，學生係按課程表移動至各該科目的學科教室上課，可提高教室的使用率，此型適用於國中和高中。

（四）系列學科教室型（V+G₂型）

與學科教室型類似，惟將有關的學科教室作整合方式的運用，如將國文、英語、社會教室整合為「人文」學科教室群，將數學、理科、保健整

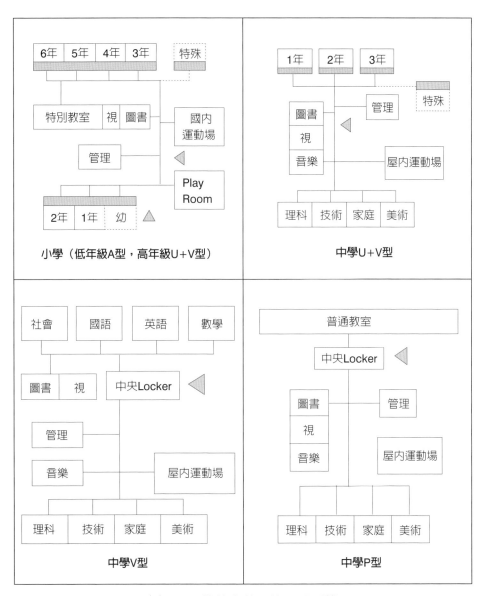

🏰 圖7　依教室營運的配置型態

資料來源：建築設計資料集成(4)（第7頁），日本建築學會，1974，東京
　　　　都：丸善株式會社。

合爲「數理或自然」學科教室群，將音樂、家政、美術整合爲「藝術」學科教室群，教室的使用率又有提高，惟學科的獨立性減弱，有利於開展彈性學習，此型適用於國中和高中。

（五）混合型（platoon type，P型或U_2+V型）

將全部的班級數分爲兩集團，並設對等的普通教室和充分的特別教室或學科教室，然後各自分開在普通教室及特別教室上課，每幾小時互換一次，其間使用普通教室的班級係在各自的普通教室上課，即兩班共用一間普通教室，而使用特別教室的班級每小時都需要移動，教室的利用率高，惟因安排教室較難，實例不多，此型適用於國中。

基本上，教室是學校最重要的教育空間，教室營運的配置類型或營運模式，攸關學校空間、教師教學和學生學習效能的發揮。據Sebba（1986）之分析，校舍設計有兩種明顯的不同取向，一爲功能取向（the functional approach），另一爲領域取向（the territorial approach）。惟基於學生發展需求，學校的設計應趨向結合這兩種取向，例如：對年幼且面對新地方和新規定的兒童，其研究、工作、遊戲和服務設施應集中在單一地點，如多目的教室，使兒童對人和環境有信心，並能順利的從一個活動轉換至另一個活動；對年齡較大和對環境有信心的兒童，其學校設施可以功能的設計爲基礎，如：圖書室、實驗室、自然資源室、算術室、工場、戲劇室等等。據此，幼兒園和國小低年級的教室配置，應加強綜合教室型（A型）的設置；而國小中、高年級和國中的教室配置，基於課程的需求，仍宜採特別教室型（U+V型）之配置；高、國中採分科教學，學校校地有限或太小者，則可參考採用學科教室型（V型）、系列學科教室型（$V+G_2$型）或混合型（P型），以增加教室的使用效率；惟在課程的安排上應有審慎續密的計畫，使教室的使用率發揮到極限。

各國教育空間（或教室）營運配置的主要類型（參見表8），幼兒園都爲綜合教室型（A型），中小學在臺灣、大陸、日本大多是特別教室型（U+V型），在英、美、加小學爲特別教室型（U+V型），中學爲學科教室型（V型），大學在各國都爲學科教室型（V型），主要因全爲分科

課程和選修課程之關係。需注意的是，如果教室充足或與教師上課時數和課程充分搭配，學科教室型（V型）可權屬教師，亦即教師有專屬教室；如教室不充足或教師上課時數和課程無法搭配，則學科教室型（V型）之營運，由學校依課程調配，教師則交互共用。學科型教室之規劃與運用，可詳參湯志民（2007）之研究。

表8
各國教室營運配置的主要類型

教室營運的類型	臺灣、大陸、日本					英、美、加				
	幼兒園	小學	國中	高中	大學	幼兒園	小學	初中	高中	大學
綜合教室型（A型）	●					●				
特別教室型（U+V型）		●	●	●			●			
學科教室型（V型）					●			●	●	●

二、教學與教育空間營運模式

　　教育空間（或教室）的大小（面積、容量）和教學人數、教學方法（活動）有關，教育空間（或教室）的形狀（長方形、正方形、扇形、圓形）和教學方法（活動）有關，因此，教學會影響教育空間大小和形狀的規劃。在教育空間（或教室）營運模式上，則會因教室和教學資源的運用關係，而有不同之配置類型。

　　Perkins（2001）、Perkins和Bordwell（2010）以教室群為主，在動線規劃上，結合分享設施（如：禮堂、圖書館、體育館等）、教室節點（如：專案教室、教師室、辦公室、廁所等），提出資源居中式雙側教室、啞鈴式的雙側教室、紡織式雙側教室、中庭式雙側教室、資源居中式單側教室、紡織式單側教室、資源居中式教室班群、啞鈴式教室班群、中庭式教室班群等（參見圖8）。不同的配置模式，可作為教學與教育空間

營運模式建構規劃之參考。

（一）資源居中式雙側教室（Centralized resources with double-loaded classroom wings）

　　這或許是最為典型的一種模式，其設計的主要概念在於將所有共享的資源中心如體育館、禮堂等置中處理，如此可使其至各教室的移動距離最短。這種處理方式常用於小學，因其共享的資源中心類型之功能較為簡單且所需量較少；此外，因為教室會至少被區隔成兩翼，因此自然會形成班級群（subgroupings），這可能反而是學生人數較眾或橫跨年級較多的學校所欲達到的一個目標。

（二）啞鈴式的雙側教室（Dumbbell double-loaded classroom wings）

　　相對於前一種配置模式，啞鈴狀的雙側教室改將共享資源配置於建築兩端，這種模式可增加使用效率，但移動距離增長且較難在空間上創造出學校的班級群。

（三）紡織式雙側教室（Spin with double-loaded classroom wings）

　　此一模式，雙側教室與主動線走廊直立配置，學校的分享資源也沿著主動線配置，且在校內會有最大的班級群，這些校舍沿主動線會形成室外空間，作為安靜的庭園、方案區域、遊戲區等等。

（四）中庭式雙側教室（Courtyard with double-loaded classroom wings）

　　中庭式教室配置方式廣泛的應用於學校建築當中，許多大型學校的建築都是依著一個中庭來配置，所圍塑出的開放空間，可規劃為閱讀區、科學探索區和其他學術支援功能等。中庭的設計需特別注意周遭設施的功能，以及使用上不會彼此干擾。此外，必須確保這些開放空間好用且日照

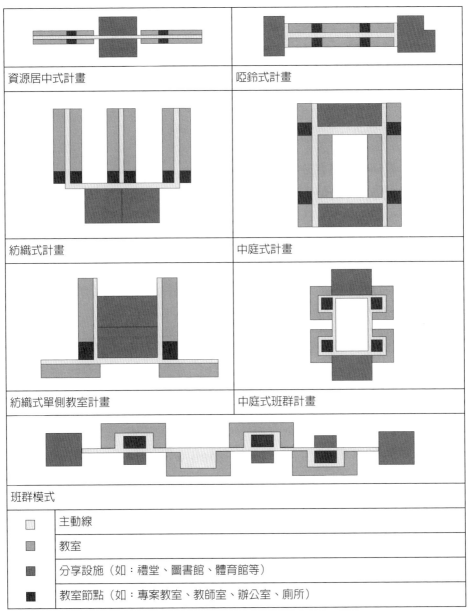

資源居中式計畫	啞鈴式計畫
紡織式計畫	中庭式計畫
紡織式單側教室計畫	中庭式班群計畫
班群模式	

☐	主動線
▨	教室
▨	分享設施（如：禮堂、圖書館、體育館等）
■	教室節點（如：專案教室、教師室、辦公室、廁所）

🏰 圖8 教室班級群、分享設施和教室節點之配置模式

資料來源：整理自*Building type basics for elementary and secondary schools* (pp.64-68). B. Perkins, 2001, New York: John Wiley & Sons, Inc.

無虞，而氣候較為嚴峻的地區，尚須考量積雪移除的問題。

（五）資源居中式單側教室（Centralized resources with single-loaded classroom wings）

此一單側教室走廊，在結構型態上會有不同的走廊視覺，並增加規劃教室班級群的機會。

（六）紡織式單側教室（Spin with single-loaded classroom wing）

此一模式之主動線分隔教室區和分享資源，在結構型態上會有不同的視覺效果，並可規劃另一側的走廊。

（七）資源居中式教室班群（Centralized resources with classroom clustering）

此一模式，其設計的概念主要是將小數目的教室圍著中央節點來配置，這些節點規劃為周圍教室的分享資源，包括教師辦公室、個別指導室、專案區和其他重要的功能，如廁所或外掛樓梯。這些教室形成清楚的教室班群，並增進了教學方法的使用，如便於進行協同教學。

（八）啞鈴式教室班群（Dumbbell with classroom clustering）

此一模式不同於雙側教室，其變化在於創造出脫離主走廊之次走廊，如此，可減少潛在交通噪音干擾，並提供沿著長中軸廊之變化形式。

（九）中庭式教室班群（Courtyard with classroom clustering）

此一模式是班群的一個簡單變化形式，由教室班群和分享資源圍合中庭而形成。主動線連結分享資源和教室節點，次動線連結教室班群和教室節點，如此有助於形成班級群，並減緩教室門前的交通流量。

就教學而言，教室要形成班群，並在教室節點上設置專案教室、教師室或辦公室，以及依循次動線（走廊）配置，主要利於教師同儕之教學聯繫、研究與教學設備之支援；至於視聽教室、禮堂、圖書館、體育館等分享設施，置中或沿主動線（走廊）設置於班級教室群兩端，則利於班級教學、協同教學、年級教學或全校活動等不同教學活動轉換之需。

三、學習與教育空間營運模式

教育空間（或教室）的配置和設備和學生學習方式、動線、需求、動機和時間有關，教育空間的多元變化（多樣空間）和學生生活、探索有關，因此，學習會影響教育空間（或教室）的配置、設備和多元變化（多樣空間）的規劃。在教育空間（或教室）營運模式上，則會因學習者和環境的主、被動關係，而有不同之配置需求。

學習從學習者的角色觀之，有其主動性和被動性。在教育場域中，或許受課程設計和教師教學的影響，學生的主導權有限，學習者易處於被動者之情況。惟學生有其主體性，多元智慧各有不同，學生在空白課程（下課）的非正式學習，或教師「以學生為中心」的教學，或正式課程的潛在情境影響，都會使學生在學習過程中，因應求知和潛能發展之需而有不同的主動或被動學習活動。過往，學生的教育環境大都聚焦於社會環境，較少著墨於物質環境。根據研究，可以確定的是，學校教育環境，對學生的學習、成就與成長，有主動、正向和促進的影響力。因此，Boys（2011）指出許多教育空間設計從正式學習轉換至非正式學習模式，並強調去除正式的演講廳和教室，朝向富含科技性和社會性之學習空間來規劃，也要重新思考學習和空間之間的關係，如空間性質究竟是概念的、物質的、虛擬的、社會的、個人的？建築設計和學習、教學及研究活動之關係？何種空間可讓學習發生及效能為何？就高等教育的學與教，Kell、Souter和Riddle（2012）強調應有更大範圍的學習空間，而不是預設於「演講廳加排排座」之中，並提出「分散式學習空間」（distributed learning spaces）概念，認為這些學習空間應包括：物質的／虛擬的、正式的／非正式的、多種混合的、行動的、室外的、學術的、個人的和實踐

基礎的空間，以及考慮彈性、適應性和時間。

　　Lippman（2010）參考Dent-Read和Zukow-Goldring發表的4×4矩陣，此矩陣的四個象限，以一個二維——主動與被動的連續形式，說明學習者和其環境之關係。Lippman引用Collins之見解，認爲「主動」表示行動與影響造成事件或是過程；當學習者與環境的關係爲主動時，於該情境內即是動態進行交互作用；而「被動」隱含的意思是順從，亦即是不主動、不參與、不反抗外在環境和接受環境的改變。Lippman詳細且精彩的以此矩陣來說明各類學習和發展理論的學習者和環境的主動與被動性，並以基因決定論（genetic determinism）、行爲主義（behaviorism）、多元智慧理論（the theory of multiple intelligence）、建構論（constructivism）、社會建構論（social constructivism）和實踐理論（practice theory）（參見圖9），作爲教育環境規劃學習社群（learning communities, LCs）之根據。可參照Lippman對學習者和環境主動或被動關係之論述，建構規劃具學習思維的教育空間營運模式。

（一）基因決定論（Genetic determinism）

　　基因決定論落在象限1。在第一象限中，學習者和環境皆視爲被動。基因決定論認爲遺傳決定人類的行動和行爲，此立場不僅推翻了環境可能對學習者的影響，也否決了學習者對於環境的影響。因爲基因決定論否定了學習者與學習環境之間的互動關係，因此，Lippman不接受此一基因決定論的觀點。

（二）行爲主義（Behaviorism）

　　行爲主義落在象限2。第二象限爲學習環境主動而學習者被動的系統。在本系統中，學習者的心智是完全空白的。對學習行爲主義者而言，可以接受Lock的心靈白板說，認爲心中是毫無成見地等待環境給印記，而個人反應將因面對環境的刺激而有所增強。

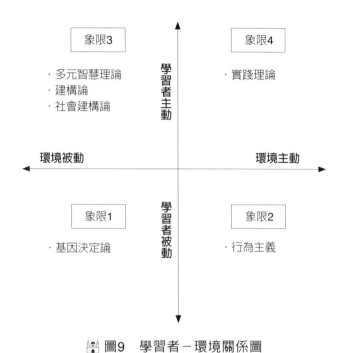

圖9　學習者－環境關係圖

資料來源：整理自*Evidence-based design of elementary and secondary schools: A responsive approach to creating learning environments* (pp.128-130), P. C. Lippman, 2010, NJ: John Wiley & Sons, Inc.

　　象限2的教育情境由教師主導，通常是教師授課並依賴教科書建構課程；教師透過想法、釋義和認知的傳輸，直接影響學習。學生是被動的，不鼓勵學生自發提問、擁有獨立思想並與他人互動之行為，學習者的目標只有重述教師給的知識而已。

　　這種教學與學習模式從殖民時期開始便已在美國公立學校施行，教室裡老師面對學生，學生排排坐來進行教學。在行為主義接受環境主動、學習者被動的前提下，一般不考慮學習者進行學習的場所。此一行為主義取向強化空間的再製（the reproduction of spaces），教師在此主導學習者的互動，並將教學空間建構成被動的學習環境。

（三）多元智慧理論、建構論和社會建構論

象限3為學習環境被動而學習者是主動的。Bowler、Annan和Mentis根據Dent-Read和Zukow-Golding所創立的圖表加以延伸，認知心理學派位於此象限。行為主義強調觀察、外顯的行為，避免意義、代表性和思考的延伸，而認知心理學認為各種知識以及知識獲得的方法，不僅是技巧、目標和所強調的活動，也必須考慮教師和學生的角色。多元智慧理論發展於90年代，之所以被不同專業領域所接受，係因它提供了框架可以設計為學習而生的環境。為了瞭解第三象限的啟發與限制，特描述與分析多元智慧理論、建構主義論和社會主義建構論，以闡明學習者是可以從環境中獲得知識的（Lippman, 2010）：

1. 多元智慧理論（The Theory of Multiple Intelligence）

1983年，哈佛教育學院Howard Gardner提出了多元智慧理論，以說明學習者的能力，包括：語言智慧、數學－邏輯智慧、音樂智慧、空間智慧、身體動覺智慧、人際智慧、內省智慧、自然智慧（Woolfolk, 2013）。

每個人擁有不同的智慧組成，每個人所具備的智慧含量各有不同，每個人也具備不同才華與學習風格，這些學習風格可以獨立或群體工作。根據Gardner的多元智慧，不是只重視學生的語言和數學－邏輯，也必須發展其他的智慧，所有好的智慧都需讚賞和珍惜，包括自然觀察、內省、人際關係、音樂、身體動覺、空間概念和存在價值，這些智慧可被描述為主動智慧。

多元智慧理論也可以協助學校運作的轉型，因為建置教育計畫提供給學生機會，以便其獨特心智可以相互和諧與協調乃一挑戰。多元智慧理論鼓勵教師以不同方式來發展課程和教學方法，如此，學生才能利用適合他們自己的方式來獲取知識或精進技能。依據多元智慧理論來設計學習環境，即表示學生可以利用環境去理解新資訊和獲得技能。

2. 建構論（Constructivism）

建構論發現，學習者可從建築與自然環境的互動參與中獲得知識，

而知識是透過學習者的心智活動轉換後所建構。在這個學習系統，學習不是刺激－反應現象，而是藉由內在反省、反射與抽象化而建立概念結構之過程。建構主義另一分支可以回溯至強調教育中經驗的角色的John Dewey。還有一支為Jean Piaget，以實證闡明孩童的心智並非空白，而是他們主動表現之歷程。

從建構主義的角度來看，學習者是尋找意義的主動有機體。他們嘗試從社會與實體的經驗獲得資訊，並對自己的見解、陳述與詮釋提出定義，這些見解、看法會變成心智模式或基模的發展、分類和詮釋之基礎。此外，這些詮釋不但會持續性的參與，也可能會引領個體發展對事件有不同的知覺。人們對自己所處世界的信念擁有一套獨特的經驗，因此每個人認知有所不同。

在建構的環境中，學習不只是從經驗發展意義的主動過程，鼓勵學習者擁有獨特的見解和詮釋。教學是知識建構的過程，學生的挫折是正向的發展以及瞭解個人經驗內在想法的方式。學生在建構論被視為是一個理解者（sense maker），教師的行為則比較像是組織者、居中協調者、資源建議者、家教或是教練。教師除介紹新知、文化給學生外，並鼓勵與指引他們去理解所有的問題。藉著理解學習到的東西，教師或許可以找到方法去指引未來任務和學習目標。

3. 社會建構論（Social Constructivism）

在不同的發展階段條件和學習方式的影響下，認知建構的焦點在於個人學習者如何瞭解事情，社會建構則強調如何利用不同的理解方式從社會交互影響中成長。社會建構論提出學習者應更主動為教師創造（建構）新意義。社會建構主義也強調文化與脈絡（context）的重要性，並根據所理解的意義來瞭解社會並建構知識。這樣的觀點和許多現代理論有緊密的連結，最常被提到的就是Vygotsky、Bruner與Bandura的社會認知理論。Vygotsky認為社會互動協助學生建構知識，有效的學習環境應讓師生和同儕互動。

對於社會建構論學者來說：(1)知識是人類的資產，是社會和文化的構建。個人創造的意義係透過與他人及環境相互作用。(2)學習被視為一

種社會過程，並不會只發生在個人，也不是由外部力量塑造發展的被動行為。有意義的學習發生在個人參與社交活動，知識是透過溝通團體的協商談判而形成。社會意義的建構包含個人交互的主體性，而交互主體性乃一個人為了基本需求與溝通需求與他人互動，透過共同興趣和假設來分享理解的過程，任何個人的意義是透過與其他個體交互主體性的經驗來塑造。人們在交互活動中，從他們的環境和文化的基礎來獲得知識。由社群的文化與歷史因素影響交互主體性來建構知識。當社群成員意識到他們的交互主體性的意義時，較易讓他們提升社群瞭解新資訊和活動。

社會建構論認為，學習所展開的脈絡和學習者帶入的社會脈絡，兩者皆不可或缺，包括歷史的發展及學習者的互動模式。歷史的發展由特定文化的成員所承襲，學習者的生活充滿著象徵性系統，如：語言、邏輯及數學系統，這些象徵性系統支配著學習內容與學習方法。學習者與社會互動的本質是讓學習者瞭解象徵性系統所代表的重要社會意義，並學習如何使用象徵性系統。人們是建構環境的一部分（包括社會關係），個人組成的特徵其中之一就是環境。當心智進行運作時，就是個人和環境正在交互作用；若環境和社會關係會隨著群體成員而改變，個人的任務也會有所改變，因此，學習不能孤立於環境之外。

在環境規劃上，Lippman（2010）認為建構主義並未考慮到物質環境如何影響學習，也不認為積極的物質環境可以協助或抑制發展中的個人。當社會環境可能促發學習者的動機和影響其行為時，物質環境通常就會被當作不變的固定變項。建構主義的教育規劃者以學習者為中心，承認學習的主動過程，會把焦點放在環境中主動參與的學生，而不會將學習環境納為學習的背景因素。雖然他們也想創造促進教學與學習的空間，在空間規劃上沒有設限，包括開放空間計畫，但此一設計取向可能在其中一個情境下適用，可用之鼓勵教學與學習，但並非可以套用在所有情境當中。

（四）實踐理論（Practice Theory）

象限4中，環境與學習者均為主動。實踐理論落在此象限，教育規劃者重視並認知到學習者和社會與物質學習環境所產生的關係。實踐理論的

中心思想是在社會情境脈絡中展開行動，不單只重視認知的過程，更重視個人透過文化轉化完成特定任務的過程和吸收對個人有用的知識。

　　實踐理論利用社會歷史、文化、物理動能的角度來檢視學習與個人活動之間的關係。此理論是根據交易行為的觀點與Vygotsky有關近側發展區（the zone of proximal development）的理論所建構。交易行為觀點和以下的想法有所關聯：「個人和心理過程都包含於其生理和社會脈絡中，不可分割；時間、持續和改變都是內在心理現象的範疇。」Vygotsky的近側發展區的理論包括：(1)個人獨力完成與和他人合作解決問題之間的差距；(2)區辨個人主要環境（家庭和社區）與個人經驗次要環境（學校與工作場域）的關係。次要環境有其特殊的情境脈絡，有些是與主要環境的脈絡大不相同的。

　　實踐理論認為學習者是以適應環境為基礎的，也認為學習是發生於社會文化中的，不過學習不單是認知發展的過程，更關切的是個人如何在解決問題的過程中更加涵化（專精化），以獲得更適宜的知識。

　　實踐理論強調社會與物質環境會影響學習者的學習與發展。在社會環境上，實踐理論主張思考、學習和問題解決發生在人與人的互動中，而一切的對話也與社會結構相互關聯，因此，在社會環境中利用工具會有助於加速思考、記憶和認知的發展。在物質環境上，實踐理論主張人們從與環境的互動中發展和獲得知識，而交換知識的過程發生在自然或人造情境中的人與人互動之間。因此，人不能脫離社會文化，而時間、持續和改變是環境內在的特質，也會增進個人與空間之關係，亦即個人會影響空間的設置，而空間也會影響個人的知識獲得。學習社群（learning community）的互動相當複雜，學習者一起合作學習，從表面到全面、個人到彼此的互動，包含了學習者、社會環境和物質環境等，因此要：(1)思考學習者如何影響社會環境，而社會環境如何促進學習者的能力與提升學習者對世界的認知。(2)認知到學生的轉化過程如何影響和形塑他們的物質環境，而後讓物質環境來影響學生。總之，教育規劃者應將學習社群納入學習環境規劃，要考慮活動區域和活動情境（Lippman, 2010）：

1. 活動區域（Activity Precinct）

物質環境的設計以促進活動的連貫為目標，整體設施應以多元的方法支持人們的學習。因此，學習社群結合了多樣的學習區域，包含教室和專業設備的空間，例如：藝術、音樂、實驗室或體育館。活動中心（activity centers）係提供特殊活動的場所，有助於提供機會發展個殊性的認知智慧，也能同時促進其他智慧的發展。活動中心要能支持個人、人與人、小團體和大團體的活動。

2. 活動情境（Activity Settings）

教室的設置即是創造活動情境，場域為固定元素，或融入社會環境。這些情境的創造是為了促進人們以多元的方式獲得知識和精熟技能。此外，這些情境更提供了（Lippman, 2010）：

(1) 技術能力同等、較強或較弱之同儕可彈性進入的空間

建構有彈性的情境，以促進人們以不同的方式取得知識。在這類的情境中，社會環境可能安排或重組家具、設備與裝潢，以支持個人、一對一、小團體和大團體活動。Lippman（2006）指出，教室內的家具、設備與裝潢可以重組以促進推動社交向心情境（sociopetal settings）與社交離心情境（sociofugal settings）：①社交向心情境的配置在鼓勵社會活動，可將桌椅每四個或五個為一簇群，團體成員可在此聚集、分享資訊、協商並討論如何解決特定的問題。在一個社交向心配置中，學童可以彼此教導對特定工具和材料的使用。②社交離心情境的配置是為了阻礙社交活動，可將桌椅放置在遠離其他桌椅的牆壁前，或安排成一整排，讓學生就坐時全部面向同一方位。一個有彈性的教室，可運用情境配置，推動並（或）控制知識的分配。當學習環境有彈性時，該物質情境就可被視為一個能依據活動目的加以配置的反應式環境。

(2) 對日常發生的，包含口語或其他交流形式的影響

活動情境形塑預期發生學習機會之類型，這些情境可規劃用以支持特定交流，例如：閱讀、繪畫、數學、使用電腦或堆砌積木。在此情境中，物質空間的配置在影響、調解並協助學習活動、學習者以及學習標的。

(3) 在情境中允許活動探索範圍的機會

建構活動情境以支持學生不同的工作方式，鼓勵學生共同合作，需以支持合作活動進行的方式來配置情境。雖然學生為達成特定目標而共同合作，卻不意味投入的學生在同一時間進行同樣的操作；相反的，每一個學習者可能忙碌於解決特定的問題。在活動情境中，學生可決定他們想要的合作方式。這個方式可能是個別承擔獨立工作再回報團體中的其他成員，或是直接與他人共同工作。成員的工作可能是在群體共同承擔任務概念之下獨立進行、與另一學生共同、或由群體共同進行，活動的流程將導致成員間的資訊分享。依據手上的任務，活動情境的大小可配合學生工作的地點與方式加以延伸或縮減。

(4) 創造和重新設計活動並承擔自發改變的機會

設計活動情境以影響學習、學習者及其他同學，在同一工作區中會有互惠效果。動態學習區、活動中心應規劃提供學習者多樣的工具和資源，有了這些工具和資源，活動情境受到學習者活動方式之影響，因此，活動情境不是靜止的，而是動態的並能反應學生求知所需的方式。

(5) 成人低度指導與監督，並給予學童行動之自由空間

正如前所述，活動情境是規劃用以和學習活動產生相互影響的場域，在此活動情境中，學習者管理其間的互動並可引入新的工具，也可重新安排此活動情境。活動情境的規劃是為了支持「以學生為中心」的活動。「以學生為中心」是指學習者彼此互動以瞭解他們之間所知的資訊、適於他們的知識，並分享彼此的理解。當一系列不同的活動中心被創造為教學空間時，教師（促進者）的角色不再是指導學習，而是提供資訊與引導活動。

墨爾本大學（University of Melbourne）的化學實驗室可作為一個以活動區域設計活動情境的範例（參見圖10）。此一教學空間由Blomquist和Wark建築師事務所與Peter Jamieson聯合設計，包含了五個分離的活動情境。這雖然是一個以支持教學者演示的分層安排，但也被設計以支持共同合作。每一個情境雖較注重聚焦於教學者呈現資訊的場域，更重要的是，每一個活動區設計給8名學生，可用以支持整個團體的工作，或鼓勵

其再分為兩組各4名學生的團體。此一特定活動中心顯示,彈性可含在固定元素與重新配置情境可能性之中。最重要的是,此一活動中心不僅考量了活動學習者,也認知到物質環境可扮演調解、協助與影響學習。

說明:墨爾本大學化學實驗教室的設計是一個學習環境的案例,主動的支持學生以不同的方式求知,並可以獨立的、小團體和大團體方式學習。

圖10　澳洲墨爾本大學的化學實驗教室

資料來源:*Evidence-based design of elementary and secondary schools: A responsive approach to creating learning environments* (p.139), P. C. Lippman, 2010, NJ: John Wiley & Sons, Inc.

　　總之,Lippman之論述,提供學習環境規劃的理論思維,有助於學習空間營運模式之形塑。需補充的是,學習者的學習不會只發生於教室中,佐藤學的學習共同體,源自Dewey的開放教育觀念,4人一組的教室課桌椅配置利於學生共同學習,應只是在教室實施正式課程中促進學習的情境之一。除此之外,教育空間規劃應強化以學生和學習者主體的「學習環境」或「學習空間」,提供便利、多元、豐富、可操作的「學習資源」,讓學生和學習者能在上課或下課時間、正式課程和非正式課程或空白課程、團體或個別學習,公共、社交和個人空間、領域或私密性,都能有最大的自由度,以充分醞釀和發展潛能,開展多元智慧(湯志民,2009b)。亦即,從學生和學習者的角度,學習可發生於任何時間和任何空間,教育空間應善用Lippman之實踐理論,在環境主動性上有更積極的

規劃與作為，讓學習可以隨著課程、教學舒適開展，也能不受拘束隨時隨地自行延展。

跨入二十一世紀，臺灣的校園建築走過百年之發展，從經濟、有效、安全、實用之整體規劃，到彈性、創意、前瞻之思考，學校建築與校園空間規劃更具有生命力：從日據時代紅磚黑瓦軍營式校舍的濫觴，1960年代標準化校舍的興建，1970年代學校建築的更新，1980年代新學校建築的萌芽，1990年代學校建築的轉型，2000年代優質新校園的推展迄今，中小學教室設計的發展，逐漸走出傳統式、講授型、單室型、長方形、單面走廊、鋼筋水泥造的普通教室，開始著重專科教室和資源教室、學生中心教室、作業型教室和討論型教室、複室型教室、開放式教室和多目的教室、非長方形教室、雙面走廊教室、鋼骨模造和木造教室、智慧教室和未來教室的規劃與設計。尤其是，為因應教室「教學」、「學習」和「休憩」功能的拓展，以及教學革新之需，1986年起，臺灣的小學教室採開放空間規劃，班群教室和開放教室如雨後春筍般出現，2000年後的震災學校重建和新校園運動學校，也有不少小學採彈性隔板的開放空間教室設計。值得注意的是，2000年以後，臺灣的中學開始出現學科型教室，使教育空間再展新貌。

2010年代伊始，我們應該再一次整理與思索，校園建築最本質之功能——即教育環境應符應課程、教學和學習之需求，並從課程、教學和學習來思考教育空間規劃的關係、需求與營運模式，讓課程、教學和學習成為教育空間規劃主軸和核心價值，使學校建築更具有教育性，並能永續經營與發展。基本上，課程和教育空間的種類與數量有關，教學和教育空間的大小與形狀有關，學習和教育空間的配置、設備及多元變化有關，教育空間營運模式（配置、運用、關係）和課程分科與選修、教室和教學資源的運用關係、學習者和環境之主被動關係有關。教育空間規劃，不會只是空間和量體的問題，更重要的是教育的性質和內涵，只有回到學校教育的最核心——掌握課程、教學和學習的意義和價值，學校建築和空間規劃才會具有教育的生命力。

課程、教學、學習與教育空間規劃，會是為臺灣創造二十一世紀新建

築的本質議題和核心價值。如果有新的校園建築要規劃，是不是該用更多的時間來討論和思索校園建築空間的課程、教學和學習需求；如果有新的學校要成立，您會再認為新校舍沒完工，還要匆忙成立嗎？學校建築應該竣工驗收後才能招生，讓孩子在新環境中快樂學習成長；校園建築完整回應課程、教學和學習之教育需求，才能使學校建築涵化教育本質，也唯有反映教育本質，學校建築方能真正成為教育園地。

第二章

優質校園營造

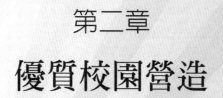

優質教育人員和課程是學生學術表現的最重要因素，但優質學
校設施——學生學習之地，通常被忽略。學校建築能使學生健
康、專注和出席，則可增進學生的學習能力。

（The quality of educators and curriculum are the most impor-
tant factors in a student's scholastic performance, but the quality
of school facilities –where students learn – is often overlooked.
School buildings can enhance a student's ability to learn by
keeping them healthy, attentive and present.）

——The U.S. Green Building Council, 2014a

優質學校（quality school）係指一所學校的課程設計、教學方法、
行政管理、資源統整、校園營造和學校文化等所建構的教育環境，能符
應或超越使用者的教育、生活和學習需求之謂（湯志民，2007b）。優
質學校之推展，在先進國家已行之有年，如：美國的磁性學校（magnet
school）、藍帶學校（blue ribbon school）和新美國高中（new American
high school），英國的燈塔學校（beacon school）、專家學校（specialist
school）等。臺灣教育部、局、處近十年也相繼推展優質學校、卓越學
校、特色學校、燈塔學校等，並在優質校園環境規劃、建置與營造上著墨
甚深。

學校教育設施的狀況、品質、教育適切性（educational adequacy）
和學校環境營造，經研究顯示，確實會影響學生健康、舒適、表現和
成就、教師的態度、教學效能和人事異動率（柯份，2014；湯志民，
2006c；廖文靜，2011；Baker & Bernstein, 2012; Blackmore, Bate-
man, Loughlin, O'Mara, & Aranda, 2011; Earthman & Lemasters, 2011;
Gibson, 2012; Vandiver, 2011）。一所優質學校會激勵學習和教學，
可提供成長和發展的情境，並創造社區的意識和增進情誼（Tapaninen,
2005）。因此，各先進國家莫不戮力更新與改善校園建築和設施品質，
以創造優質的校園環境。

許多經濟合作暨開發組織（OECD）的國家，特將確保教育設施品質

列入優先政策，並強調教育設施是教育體系的基石，優質教育僅發生於優質教育設施之中，在光線差、通風不良的教室內，學生學習會有困難；在沒有彈性、欠缺無障礙或融合的學習空間中，學生的學習要妥協；甚至，如果他們的學習環境不安全，學生會處於危險中；而使用者（學生、教師和社區成員）對教育設施規劃、設計和管理的參與，在學生動機和教育成果上會有正向的效果，提供優質學習環境和增進教學與學習歷程間的關係，則毫無爭論（Organisation for Economic Co-operation and Development, 2005）。

美國1995～2012年中小學校園建築經費總計超過2,970億美元，其中將近1,670億美元用以興建新學校，將近700億美元為原校增建新空間，有560億美元用以整修現有建築（Moore, Enderle, Reedy, & Abramson (Eds.), 2012）。Obama總統在2010年3月的「教育藍皮書」中直指學校設施的安全和健康狀況，是改善學校學習環境的重要因素（Chan & Dishman, 2011）。2011年提出250億美元的學校現代化方案，用以改善35,000所學校使之達到二十一世紀的標準（Harrison & Hutton, 2014）。英國自1996／97年起10年投資340億英鎊，以營造「優質建築、優質設計、優質教育」（better buildings better design better education）（Department for Education and Skills, 2007）；2003年，兒童、學校和家庭部（Department for Children, Schools, and Families）宣布「興建未來學校方案」（Building Schools for the Future Programme, BSF），擬於2005～2020年之間更新全英國3,500所中學（Burr, 2009）；2007／08年投資64億英鎊，2010／11年增至82億英鎊，目的皆在確保學生擁有符合二十一世紀標準的優質學習環境（Priceweaterhouse Coopers, 2008）。

北歐國家也倡議改善學習環境。2000年丹麥、芬蘭、冰島、挪威、瑞典等北歐國家在挪威首都奧斯陸（Oslo）開會，無異議通過創造一個學校興建的合作網路，以多樣的方式檢視和澄清物質環境對學生學習的意義，並創造出發展優質學校的可能性（Tapaninen, 2005）。2001年，丹麥的國會通過「學生教育環境法案」（the Act on the Educational Environment of Pupils and Students），要求每所學校評鑑其教育環境，根據

該法案，「學校的教育環境……應改善參與者教育和發展的可能性，且應包括心理學和美學的環境……。」丹麥教育部（The Ministry of Education）更提倡"Rum Form Funktion"「空間跟隨功能」（space form function），是北歐國家嘗試增進對優質學校瞭解的案例之一（center without walls）（Kirkeby, 2005）。

臺灣於2003年開始舉辦學校經營創新獎，至2012年「InnoSchool全國學校經營創新獎」，校園環境美化仍為五類評選組別之一。2003年，臺北市政府教育局率先研發並彙編「精緻教育——臺北市優質學校經營手冊」（臺北市政府教育局，2005a），分送各校參考執行。2005年6月頒發「臺北市優質學校評選及獎勵要點」（臺北市政府教育局，2005b）；2005年起全力推展優質校園營造，同時推動優質化工程，每校約1,500至3,000萬，2005～2010年整體改善高中職和國中小學69校校園環境，計投資30億6,000萬元（康宗虎，2009）。2006年5月，教育部先實施「優質高中輔助計畫」，2007年起繼而推展高中職優質化輔助方案。為因應2014年十二年國民基本教育全面推展，優質高中職應達80%以上之政策目標，根據國教署之資料顯示，2013年全臺高中職496校，優質認證校數達447校，占90.12%，教育部將持續投資高中職優質化、均質化補助經費，2013年度補助經費達14億6,107.7萬元，2014年將提高至30億7,053.6萬元，並於2014年編列更新高級中等學校設備經費10億元，以全面提升高中職教育及環境品質。此外，2013～2014年編列精緻國教基礎設施經費4,800萬元，國中小校舍耐震補強經費36億8,312.2萬元，國中小整建老舊危險校舍及充實設備經費6.2億元，興建教學游泳池3億2,890萬元（教育部教育經費分配審議委員會，2013）。

筆者自2006年起即受邀擔任臺北市優質學校「校園營造」的評選委員，並協助撰寫校園營造的指標，同時擔任教育部優質高中的評選委員和輔導訪視委員，前幾年也協助基隆市政府教育局和中小學的創意空間及優質校園環境營造之規劃與經費審查，以及協助新北市建構卓越學校環境指標，從中得到不少的實務經驗。以下擬就優質校園營造的概念、優質校園營造新觀念、優質校園營造新指標，分別說明之。

第一節
優質校園營造的概念

　　優質學校通常會將校園空間、環境和設施列入指標。例如，亞利桑那州立大學（Arizona State University, 2004）的12項認可學校的標準和品質指標，第五項為「設施資源」（facility resources）：優質學校提供具有功能和安全的設施、校地和設備，並能充分支持學校的任務和信念；第八項為「圖書館、媒體和科技資源」（library, media and technology resources）：優質學校提供圖書館、媒體和科技資源的綜合方案，並依學校的任務、信念和目的排列；第九項為「支援服務和學生活動」（support services and student activities）：優質學校界定和提供服務與活動網路，以支持每一位學生的健康、安全、發展、學習和福祉。

　　美國馬里蘭州霍華德縣公立學校系統（Howard County Public School System, 2006）指出，全國有效能學校運動界定優質學校7項特徵的第一項為「安全和有秩序的環境」（a safe and orderly environment），強調學校氣氛應有益於教學和學習，有目的性的氛圍，免於物質傷害的威脅。香港鄒秉恩（無日期）根據研究文獻指出，優質學校都應具備的10項特徵之一是，學校能提供一個妥善的學習環境，學生能愉快地學習。臺北市2006年起辦理優質學校評選，迄今8年，「校園營造」為重要向度之一，包含安全健康、人文藝術、自然科技、學習資源等4項目、16個指標和32個評審標準（臺北市教師研習中心，2013、2014）。新北市教育局2010～2012年辦理卓越學校評選，「環境營造」也是重要向度之一。由此顯見，優質校園營造之重要，不容忽視。

　　吳清基（2005）強調優質學校校園和設備規劃，應以學生學習作為核心的考量，提供完善而充足的教育設施、教學設備，支援學生完全學習，讓學生展現優質學習成果；其次，要重視校內環境建築、設施的乾淨整潔、適度美化，讓學生浸淫在優美、健康、兼具人文氣息和科技設備的校園中，這些「潛在課程」必然可以變化氣質，使學生成為文質彬彬的地

球村公民。令人感動的是，美國每年一次的學校建築週（School Building Week），2009年在華盛頓特區（Washington, D. C.）舉辦，由來自全美的中學生參與「未來學校設計競賽」（the School of the Future Design Competition），美國國際教育設施規劃者委員會（The Council of Educational Facilities Planners International, CEFPI）主席Sue Robertson於慶祝活動開幕致詞中強調（CEFPI, 2009）：

> 成功的學校營造出成功的社區（successful schools build successful communities），明日的學生、明日的綠建築者，都承諾創造健康、高成效學校和社區。讓我們給學生所需的所有工具，以支持改善孩子們的學習場所。同時，讓我們真正傾聽他們──因為他們會有一些真實的好理念。

聯合國教科文組織（UNESCO）和其他國際組織相當關心優質教育（the quality of education）之改進，並對「有教無類世界宣言」（達喀爾行動架構）（the World Declaration on Education for All, the Dakar Framework for Action），以及他們所提出許多其他的宣言、報告、文件等，重新思考其中的一些關鍵性原則。Bernard（2012）認為這些原則中最顯要的有四：安全（safety）、健康（health）、平等（equity）和融合（inclusion），每一項都顯示出優質學習環境（a quality learning environment）的重要特質。

綜上所述，所謂優質校園營造，可說是一所學校能有效創造、經營與維護具有安全健康、人文藝術、自然科技、學習資源特質之教育環境，以符應或超越使用者的教育、生活和學習需求之謂。此定義之涵義，說明如下：

（一）對象上，以個別學校為單位，包括公立、私立或委辦學校。

（二）內涵上，係指學校能有效創造、經營與維護具有安全健康、人文藝術、自然科技、學習資源特質之教育環境，包括單一、整合或整體、動態或靜態、軟體或硬體的學校教育環境。

　　（三）水準上，強調學校所建構的教育環境，至少能夠「符應」或甚至「超越」使用者的教育、生活和學習的需求，而使用者狹義以學校教職員生為範疇，廣義則包括學校教職員生、家長、志工、校友和社區人士等。

第二節
優質校園營造新觀念

　　學生是學校教育的主體，失去對學生的注意，教育的績效是空的。因此，學校建築與校園規劃應建立以「人」為核心的思維，「人」就是「使用者」，「使用者」以學生為最大主體（教職員、家長和社區人士次之），學生的教育、學習、生活和休憩需求能獲得滿足，校園建築和空間規劃始能展現實際績效。本節擬就學習空間與環境的重要、優質校園營造的新趨勢，分別加以說明。

一、學習空間與環境的重要

　　學習空間和學習環境的創造，對學習者至為重要，卻往往不受重視。Bernard（2012）即指出，為競逐在2015年達到「有教無類」（Education for All, EFA）之目的，創造最適宜的情境使之利於學習並能永續學習有其重要性，但有時候往往被忽略，且將之視為優質教育儲值之「枝節」因素。Bernard整理相關研究，證實學習空間的設計和管理，有助於學習者的積極學習成果、健康和幸福。

　　學習空間與環境營造要能著眼於學習者的角度與需求，在學校空間規劃中，如何看到學生的存在？Oblinger（2006）的說法一針見血：當你要描述學習空間，大多數人思考的是一間教室，以及一位教授在教室的黑板、投影機或互動式白板前面，此一資訊前提傳遞的是一個演講版本（lecture format）。如果我們看到的是學習者而不是演講者，如果我們看到的學習是社交的而不是大腦的，則會有什麼不同？Oblinger強調，如果我們想要改變學習，就要知道如何去看（knowing how to see）。我們

應該看到什麼？在大學校園內，會看到學習者（learners）：學生、老師和職員；會看學習（learning）：積極的、經驗的、反省的和合作的；你會看到場地（places）：教室、實驗室、圖書館、自助餐廳和虛擬空間；會看到科技（technology）：電腦、無線網路、數位學習資源、搜尋引擎和分析工具。我們應該看到真正的學習空間，看到學生和許多不同的學習者（包括教職員），而不只是單一的教師教學空間。

　　Hunley和Schaller（2006）也強調「學習空間」的重要，並說明非正式的學習發生於正式教學者激勵的情境之外，現被視為是整體學習環境重要的一部分。非正式的情境包括：圖書館、激勵團體和個別學術活動，以及電腦輔助學習的物質空間。Hunley和Schaller同時指出「科技」也重新界定學習空間的意義，並改變我們對場所和時間的通念：(1)場地的界定，兼顧物質的和虛擬的情境；(2)學習時間變得更彈性，會有正式的課程表或學習者個別的選擇；(3)學習的結構和內容，可以是正式的結構和自我導向課程。因此，學習空間的結構，可包括正式和非正式的學習、物質的和虛擬的環境、正式課表和自我選擇與彈性的時間等等，參見表9。

表9
學習空間結構評估

特徵	正式的學習	非正式的學習
環境	物質的和虛擬的	物質的和虛擬的
時間	正式課表、自我選擇和彈性的	正式課表、自我選擇和彈性的
結構	促進的	自我導向
內容	課程導向	自我導向

資料來源：Assessing learning spaces (p.13.3), S. Hunley and M. Schaller, 2006. In D. G. Oblinger (Ed.), *Learning space*, Washing, D.C.: EDUCAUSE.

　　有趣的是，學校空間、時間和行為需求，從幼兒園、小學、國中、高中到大學，各有不同（參見表10）：(1)就空間而言，「環境影響力」在幼兒園最為明顯，可透過教室情境和教材教具（如蒙特梭利教具）直接

教育幼兒（湯志民，2004b）。從幼兒教育的歷史觀之，許多教育家將環境視為「第三位教師」（the third teacher），與教師同等重要（Darragh, 2006）。良好設計的環境益增幼兒的發展和學習，規劃不良的環境則會降低整個發展和學習。小學的校園環境和教室布置，因應課程和教學需求，也有不小的影響力；及至國中、高中，教室機能學科化，專科教室需求隨學科細分更為殷切，學校環境成為以教師為中心的教學場域，其環境影響力逐漸由明顯轉為隱藏；至大學因校地寬廣，人數眾多，環境影響力完全隱藏於校園廣袤之中。其次，「功能複雜性」在幼兒園最低，單一綜合教室即可滿足大部分的教學需求，到了小學、國中、高中，校地面積逐漸變大，校園分區功能複雜度更為提高，到了大學已具有社會和都市的機能，外來車輛和人在校園中與校內教職員生共用學校環境設施，學校空間功能的複雜度最高。(2)就時間而言，「正式課程量」幼兒園算是不多不少，雖然形式上都是在教師的控制下進行課程，但實質上課程性質以「活動型」居多，加以餐飲和睡覺時間不少，乃以「中」等評之；到了小學、國中、高中，正式課程量逐漸由每節40分鐘、45分鐘上升到50分鐘，「下課休憩量」相對減少，也代表學生自行活動的「自由度」逐漸下降；到了大學突然峰迴路轉，正式課程量大減，每週約20節課，與「下課休憩量」一樣各占2.5天，加上晚上和週休二日，大學生（大多住校或租賃）可用的休憩時間量更為驚人，亦即「空白課程」時間量和自由度大增。(3)就行為而言，「自學需求量」從幼兒園、小學、國中、高中到大學逐漸增加，主要在於自主力提升，以及科展、才藝競賽、社團活動和選修課增加；而「社交需求量」更因學生日漸成長，認識朋友、社團活動與人溝通需求逐漸增加。從學生的角度觀之，學校空間、時間與行為需求因各級學校不同，其學習空間或生活空間需求，自有差異，在學習環境和學習資源規劃上亦應有所區別，如：社團辦公室和活動空間、圖書館和學習資源中心、餐廳和合作社，以及個人、小團體和大團體的研討或聚集空間，其空間種類、數量、大小和配置，從小學、中學到大學需求各有不同。

表10
學校空間、時間與行為需求比較表

項目	空間		時間		行為	
	環境影響力	功能複雜度	正式課程量	下課休憩量	自學需求量	社交需求量
	明顯－隱藏	高－低	多－少	多－少	多－少	多－少
幼兒園	■	■	■			
小學	■	■	■	■	■	■
國中	■	■	■	■	■	■
高中	■	■	■	■	■	■
大學	■	■	■	■	■	■

資料來源：優質校園營造：2010新趨勢（頁27），湯志民，2009b。載於康宗虎等編輯，2009學校建築研究：校園建築優質化。臺北市：臺北市政府教育局、中華民國學校建築研究學會。

　　二十一世紀的社會將會是一個「學習型社會」，「知其所以然」（knowing how to）比「知其然」（knowing what）更重要。科技運用在學習上，如互動式白板、個人學習環境、無線網路、網際網路和高品質數位學習資源。學習空間應能刺激學習者和促進學習，期待「學習」投入於許多不同的活動中，使學習中心（the learning centre）成為最多功能的空間。例如，大學的學習中心提供社交空間、學生服務和研究支援、圖書和筆記型電腦、充足的資訊科技和多元的工作環境，從團隊工作舒適的座位，到練習發表的「會議室」（board rooms）。一些教學元素也會出現在學習中心的環境之中。因此，學習中心的多目的性，在管理策略上應要求各個區域要有清楚的視覺，不同的學習模式分設於不同的區域或者呈現不同的地板（The Higher Education Funding Council for England, 2006）。正如Li（2013）所強調的，在學校生活中最吸引學生的應該是多樣不同的活動，我們應努力創造令人滿意的活動空間，不僅對學生能享受形形色色且有趣的學校生活甚為重要，也能給學生獨一無二的學校識別。學習中心（learning centers）局部設計範型，參見圖11，可供學校設計學習資源環境之參考。

🏰 圖11　學習中心（Learning Centers）局部設計範型

資料來源：AMA Alexi Marmot Associates（引自 The Higher Education Funding Council for England (2006). *Designing spaces for effective learning A guide to 21st century learning space design* (p.22). Bristol, UK: JISC.

　　此外，對於「學習環境」、「學習空間」或「學習資源」的規劃，有些學者專家的建議相當不錯。如Keppell、Souter和Riddle（2012）認為學習空間需包括：物質的／虛擬的、正式的／非正式的、混合的、機動的、個人的和專業的學習空間，並需考量其彈性、調適性和時間。McCreery（2008）建議「延伸學習區」（Extended Learning Areas, ELA）在學校建築中日益流行，這些多目的空間從小學到高中都很好用，省錢又好維護。如果適當地規劃和設計，「延伸學習區」能提供不同類型的教學和以學生為基礎的活動，包括個別輔導的、小團體互動和團隊專案，以及大團體教學。Gee和Hajduk（2005）強調「非正式空間」（informal space）對學習、合作和社會化的重要，包括：(1)整個校園是一個學習環境，提供進一步學習的機會；(2)非正式空間對學習、合作和社會化，是一個兼顧課表和非課表校園空間的要素；(3)空間驅使行為和行為需求，改變我們的社會認識其學習目的。Rydeen（2009）也提出學校應有調適性結構，提供從私密到大團體的「科層空間」（a hierarchy of spaces），並說明空間的操作性（manipulability of space）會使學習者主動參與，環境提供平衡的品質，如安全和冒險，遠景和庇護，活躍和安靜，社會和單獨，室內和室外，會帶來最大的滿意和有助於學習；更重要的是，Rydeen強調建築影響我們的智力、情緒、表現和動機——大部分以下意識為基礎（a subliminal basis），如果我們意識到的環境僅以需要為基礎（a need-to-know basis），則會有「視而不見」（we look, but we don't see）的問題，因此強調「以人為導向的設計」（people-oriented design），要特別注意到每一世代都有其獨特的態度、行為、期望、喜好和動機，應將其運用空間及和空間互動的世代人性特質因素納入設計考量。

二、優質校園營造的新趨勢

二十一世紀優質校園營造，將以往較重視學校行政、課程、教學等學校或大人層級的「教學環境」或「教學空間」思維，轉型並融合以學生和學習者角度出發，強化以學生和學習者主體的「學習環境」或「學習空間」，提供便利、多元、豐富、可操作的「學習資源」，讓學生和學習者能在上課或下課時間、正式課程和非正式課程或空白課程、團體或個別學習，公共、社交和個人空間、領域或私密性，都能有最大的自由度，以充分醞釀和發展潛能，開展多元智慧。

二十一世紀優質校園營造新趨勢如圖12所示，其意涵說明如下（湯志民，2009b）：(1)「安全健康」涵蓋安全校園和健康校園、「人文藝術」涵蓋人文校園和藝術校園、「自然科技」涵蓋自然校園和科技校園、「學習資源」涵蓋學習校園和生活校園。(2)安全健康以「藍色」為底，代表健康和生命；人文藝術以「紅色」為底，代表人文和生活；自然科技以「綠色」為底，代表自然和生態。(3)二十一世紀的新教育以「生命」

教育、「生活」教育和「生態」教育為主軸，貫穿課程與教學，也是教育環境建構的軸心和框架。(4)「學習資源」放在核心位置，代表校園環境應以學生、學習者為主體，三邊界臨安全健康、人文藝術和自然科技，表示這三項優質校園營造應兼融並蓄與學習資源結合；以「白色」為底，代表這一區塊以往較不重視，易被忽略，是空白有待開發的區塊；同時也以白色融合藍、紅、綠光的三原色，白色是光源，也是希望的來源，空白是學習的基礎，可以任意填滿任何色彩，白色透過三稜鏡會折射出七彩繽紛的顏色。本圖以四個正三角代表三稜鏡，也隱喻空白的學習者透過優質校園營造可以彩繪人生，使生命和生活的本質散發出色彩。

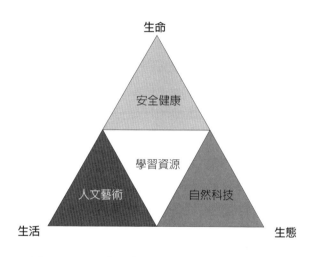

圖12　二十一世紀優質校園營造新趨勢

資料來源：優質校園營造：2010新趨勢（頁30），湯志民，2009b。載於康宗虎等編輯，2009學校建築研究：校園建築優質化。臺北市：臺北市政府教育局、中華民國學校建築研究學會。

> 第三節
> ‧‧‧‧‧‧‧‧‧‧‧‧‧‧‧‧‧
> 優質校園營造新指標

優質校園營造的做法，參考相關研究（湯志民，2007、2009b、2010、2013a；臺北市教師研習中心，2014），並根據實務經驗及前述研究文獻，可分為建置「安全健康」的校園、規劃「人文藝術」的校園、設置「自然科技」的校園、提供「學習資源」的校園，以下分別說明之。

一、建置「安全健康」的校園

校園是眾多學生聚集、活動與學習的場所，安全第一、健康為要，沒有安全和健康，教育將變得毫無意義。「安全健康」的校園，係指學校系統性的建構校園成為師生免於恐懼和傷害的安全場域，且為有益於師生生活、學習與工作的健康場所。「安全健康」的校園內涵可概分為「安全校園」和「健康校園」，其具體指標和做法分述如下：

（一）安全校園

係指學校的校地、校舍、校園運動場地及其附屬設施，都能讓使用者安全無慮，同時以積極的態度整合校內外各項資源，並制度化、系統化的建立管理系統與監控設備，以維護校園安全。具體指標有二：

1. 規劃安全的學校環境設施

「規劃安全的學校環境設施」係指學校的校地、校舍、校園、運動場和附屬設施等，皆應讓使用者（user）安全無虞。具體做法如：(1)校地的地質地勢、校舍的承載結構、建材的容許應力，應注意其安全結構，並加強學校建築的耐震設計，以避免多震帶臺灣學校師生之可能傷亡。(2)人車分道，學校的人行動線應明確順暢，彼此呼應銜接，樓梯間、地下室和廁所均應有適切的動線聯繫，以消除死角；學校停車場規劃，應使人車交錯點降至最低，提供安全警示，以維護師生行走安全；設置駐車彎、家長接送區（如圖13）、通學巷或上學步道等，以維護學生安全。(3)學校

體能設施和遊戲場器材應定期檢查維護，標示使用方法和危險程度，並設置地板防撞軟墊、沙坑或緩衝區隔，以避免碰撞之危險；鄰近球場區之校舍窗戶可加裝安全纜繩，以資保護；走廊、川堂、樓梯間的重要踏腳之處應設置防滑條（non-slip），有夜補校之樓梯應在踏腳處塗螢光漆，廁所地磚應設置粗面防滑地磚，以維護進出之安全；廊柱採圓柱形設計，加裝座椅或塑膠防撞墊，以增加安全性。(4)校舍建築施工或修繕時，應加強監工，避免「偷工減料」和「用料偽裝」，並注意安全圍籬及警告標示，以維護師生安全。(5)飲水臺的高度應以學生的身高為考量，以避免熱開水之取用發生危險；鍋爐、電壓器的電力負荷應特別注意，並適時汰舊換新。

中山國小運用後門停車場作為家長接送區，提供學生上放學安全接送之環境。

🏰 圖13　宜蘭市中山國小家長接送區

2. 建立安維的資源整合機制

　　「建立安維的資源整合機制」係指學校環境的各項設施，應有制度化、系統化的管理制度和監控設備，以維護校園的安全。校園環境安全維護應整合校內外各項資源，以建立完善的管理機制。具體做法如：(1)訂定校園開放管理辦法，加強門禁管理和健全警衛功能。(2)繪製學校安全地圖，清楚標示校園危險區域，充實更新消防設施、緊急廣播及緊急照明設備，消防避難動線明晰無礙，並注意強化校園標示。Gisolfi（2006）

指出，學校建築功能要好，必須「易讀」（be legible）。許多人進入較大的校園情境中會迷路，是因為很多學校建築不易讀，而師生和訪客應能清楚的解讀，不是在標誌寫文，而是用直覺的符號（intuitive signals）告訴他們人在何處。(3)規劃校園監視與保全系統，裝設校園緊急求救通報系統及夜間照明設備，定期於廁所、浴室等處實施反針孔攝影偵測，維護個人隱私。(4)被動式保全的設施規劃（passive security in facility planning），如①減少規模（reduce scale）：教育設施規劃者通常建議實施「校中校」（schools within schools）以創造師生彼此認識的小型學習社群。②分散領導（distribute leadership）：教育設施規劃者建議將通常集中在主出入口的行政辦公室加以分散設置，如校長室設於主出入口成為一個看門人，副校長和輔導顧問辦公室（外加看門人）分布於校舍中。③運用玻璃（use of glass）：增加視覺的觀察，玻璃相當有用，如於電腦實驗室設玻璃牆，學生於課間或課後進入，但該室無大人照顧時，可於毗連區，甚至門廳督導，行政辦公室的窗戶也可比照，但並非到處都裝玻璃，這只是被動式督導並兼顧改善美感。④建立關係（build relationships）：透過師生、家長和社區關係的自然強化被動式保全，學校設施愈有「情感歸屬」（emotionally owned）的個別服務愈佳（Locker & Dejong, 2006）。(5)建構校園安全網絡，加強資訊系統安全保密工作，防止電腦病毒入侵與資料外洩，設置電腦主機恆溫控制室，維護電腦正常運作。(6)加強實驗室安全管理，明訂各項實驗操作程序，落實校園安全自我檢核機制，訂定校園安全管理檢核項目，明訂各項安全檢核作業程序，專人專責自我檢核，定期檢查校園各項器材設施。(7)建立完善的通報聯絡體系，劃分校園安全責任區域，落實校園巡查工作，建立安全防護與危機處理機制，明訂危安事件處理流程，以利緊急事件處理。(8)有效運用家長及社會資源，結合家長及社區資源，設立安全商店，共同參與學校安全維護工作；保持與警消、醫療、輔導機構密切聯繫，建立區域支援系統。

（二）健康校園

係指學校設置多元的室內外健康體能活動和休閒設施，以強化學生

運動習慣及興趣，並提供師生衛生舒適的生活環境和設備，以因應成員互動及休閒娛樂之需。DuFault、Dyck和Jackson（2008）認為健康校園（healthy schools）會影響學習的物質因素有：室內空氣品質（Indoor Air Quality, IAQ）、溫度濕度、通風、採光、晝光（daylighting）、聲響、建築年齡、建築品質狀況、學校建築規模、班級規模、美感等。具體指標有二：

1. 設置健康的體能活動設施

「設置健康的體能活動設施」係指學校體能設施，應符應學生的體能和興趣，提供多樣化的室內外活動設備。具體做法如：(1)運動場跑道，依一般學校面積，通常設置200m跑道（面積約0.9公頃）；如校地面積不足，可設置直線跑道或採運動公園的方式（以籃球場為主）。(2)體育館，室內至少要能容納一面標準籃球場，挑高9～12m（如南投縣私立普臺國中小挑高17～20m，參見圖14），設置舞臺兼禮堂作多用途使用。

普臺國中小體育館挑高17～20m，提供優質的室內運動環境。

圖14　南投縣普臺國中小體育館

(3)球場，以設置籃球場為主，可搭配設置排球、羽球場，室外球場宜加裝夜間照明，桌球屬合作遊戲，很受學生喜歡，小學另依實需設躲避球場；運動場地狹小者，可規劃綜合球場並分年級分時分區使用。(4)游泳池，6至8水道，以設置室內溫水為理想，亦可配合委外經營（OT）增置水療床和烤箱等，益增使用效能；無游泳池者可運用鄰近學校資源。(5)遊戲場，小學以現代遊戲場較適用。(6)其他如體適能場地、攀岩場、柔道場、武術教室、生活體驗營地、拔河訓練場、重量訓練、韻律教室等，依課程實需設置。

2. 提供舒適的生活休憩環境

「提供舒適的生活環境設備」係指學校是一個生活空間，應提供師生衛生舒適的生活環境和設備，使人有安適之感。具體做法如：(1)校舍建築的物理環境，如色彩、音響、採光、通風之設計，應提供視覺、聽覺、嗅覺、觸覺之舒適感，如私立復興中小學圖書館與美術教室懸挑二樓，並以大面強化玻璃大量引進北側晝光，節能、舒適又健康。(2)校舍建築的生活休憩空間，可利用空餘教室、廊道或轉角寬闊處，設置休憩桌椅（如圖15）等，供同儕互動、遊戲或對話。(3)校園環境的生活休憩空間，可設置小劇場、涼亭、棧道、平臺、小閣樓、小橋、流水、草坪、小山丘，並設置園桌椅，以供休憩和探索。(4)圖書館、交誼廳、茶藝教室、藝廊等，也可提供知性和感性之旅。(5)健康中心應布置優雅，提供重要健康資訊情境，並定期實施健康檢查。(6)提供適當的衛生安全飲用水，飲水機濾網應定期更換，並實施水質檢測，水塔應定期清洗。(7)保持良好的整潔環境，尤其是廁所應有良好衛生環境，數量足夠，情境優雅；廚房、餐廳或合作社，應有衛生整潔的起居環境。

陽光國小運用廊道角落設置舒適的休憩桌椅。

🏰 圖15 新竹市陽光國小的休憩空間

二、規劃「人文藝術」的校園

藝術豐富人類的生活，更是充實心靈的活水源頭，學校是師生、校友和社區居民的教育與生活空間，應有人性、文化、美感和親和的形象，透過美化校園、美化人生，使教育意境更為提升。「人文藝術」的校園，係指學校應形塑具有人性關懷、文化意境、教育理念和藝術美感的教育情境，以發揮「人－境」互動、潛移默化的境教功能。「人文藝術」的校園內涵可概分為「人文校園」和「藝術校園」，其具體指標和做法分述如下。

（一）人文校園

係指校舍建築和校園環境，具有人性、文化、學術的表徵和意象，透過典章制度，慶典儀式和史蹟文物的保存，傳延校園文化，並能與鄉土和社區文化融合，形塑根留臺灣的本土教育文化特色。具體指標有二：

1. 形塑人文的校園建築風格

「形塑人文的校園建築風格」係指校舍建築和校園環境，具有人性、文化、學術的表徵和意象。具體做法如：(1)校園建築呈現傳統風格或現代化造形（如圖16），建造或保存代表當地意象的建築物，或運用當地特有建材建造校園。(2)學校建築設計以教學和學習為中心，規劃現代化的教室和教學設備，提供教師舒適教學研究室（或辦公空間）、教材製作室、研討室。(3)行政辦公室採櫃臺式規劃，以利學生洽公。(4)教室、走廊、川堂、樓梯間、校園的教學情境布置或學習成果展，如：藝文走廊、科技教室（如北京市史家小學）、美術環保教室（如圖17）、快樂農園、香草園區、水稻田、學習步道等。(5)教室趣味命名，如政大附中學科教室分別命名為李白、高斯、愛因斯坦、達爾文、塞尚、伊尹、孫子教室等。(6)規劃無障礙的校園環境，包括室外引導通路、坡道及扶手、室內通路走廊、樓梯及扶手、電梯（至少12人座，以15人座以上為理想）、廁所、浴室、觀眾席、停車位等，還有避難層、室內出入口門寬超過80cm，所有地坪皆以平面為設計原則，避免高低差的出現，以提供安全與人性化的學習場所。Gettelman（2009）指出，學校廁所、衣物櫃和浴室依無障礙法規的要求，以因應教職員、學生和校園訪客因受傷、生病或年長導致無行為能力之需求，並有助於學校遵行公民權利法、機構的聲望和增進積極的公共關係。(7)重視與建置性別平等空間，依行政院衛生署2011年5月11日「公共場所哺（集）乳室設置及管理標準」之規定設置哺（集）乳室，並注意設置更衣室，適度增加女生廁所數量，運動設施可設置「女生優先」區。

2. 傳承本土的教育文化特色

「傳承本土的教育文化特色」係指學校的人文教育情境和建築設施，透過典章制度、慶典儀式、史蹟文物或有紀念舊有意義之校舍建築和設備之保存，使校園文化得以傳延，並能與鄉土和社區文化融合，以形塑根留臺灣的本土教育文化特色。具體做法如：(1)設置校史室（如圖18）或網路數位典藏校史資料，記載學校、社區轉型的過程，並妥善保存學校相關文物（如：校徽、校歌、校服、歷屆畢業生紀念冊、學校出版品、

政大附中現代化校舍建築，造形精緻優雅，具有人文風格。

 圖16 政大附中現代化造形校舍建築

劍潭國小以環保材料的運用作為美術課之特色，並將學生作品於美術環保教室中展示，以資觀摩學習。

圖17 臺北市劍潭國小美術環保教室

史家小學校史館精緻優美，陳列學校轉型與發展史料。

圖18　北京市史家小學校史館

學校大事紀、歷年教職員工人事資料、歷年老照片、相關歷史文物等）。
(2)維護校內具有歷史性或紀念性的建物，如臺北市建國高中紅樓、龍門
國中的龍安坡黃宅濂讓居、臺南一中的紅樓、建成國中與當代藝術館共
構、南投縣永昌國小與明新書院共構、臺南市忠義國小與全臺首學臺南孔
廟共構。(3)校舍、校園融入社區特色，建構鄉土意象景觀。(4)設置鄉土
教室或鄉土教育中心（如圖19）、生活禮儀教室、茶藝教室、室外藥草
教室。(5)配合學校民俗活動或地方特色，布置鄉土教育情境。

（二）藝術校園

　　係指學校環境應設置各項藝術設施和作品，以美化校園、校舍建築和
校園環境，能應運用美感布置校園情境，益增文化氣息，並創造趣味、品
味與美感的潛移默化意境。具體指標有二：

士林國小鄉土教室布置精美，並蒐集與陳列許多彌足珍貴的鄉土文物。

1. 設置藝術的校園環境設施

「設置藝術的校園環境設施」其意義和內涵，係指學校環境應設置各項藝術設施和作品，包括公共藝術，以資美化校園。具體做法如：(1)新設校和新建校舍建築，應依規定控存1%的工程經費，作為設置公共藝術之用。(2)學校願景、特色與校園公共藝術結合，以發展學校教育目標（如政大附中以學校願景「自由、自律、創意、活力」為主題的FACE大型鋼塑）。(3)設置互動式校園公共藝術，如臺北市五常國小校門由師生共同設計，每兩個月，學生在老師指導下為校門更換彩色鋼板，增添校門不同色彩新境。(4)結合社區和學校資源，設置社區美術館，或規劃藝術家進駐校園活動（如圖20），設置藝文中心或藝廊，定期展示學生美勞和藝術作品，以擴展藝術文化活動績效和教育效果。

龍門國中由駐校藝術家帶領同學一起彩繪龍柱,增添校舍美感。

🏰 圖20　臺北市龍門國中的彩繪龍柱

2. 營造校園的美感教育情境

「營造校園的美感教育情境」其意義和內涵,係指校舍建築和校園環境應運用美感布置教育情境,以收潛移默化之效。具體做法如:(1)藝能科教室,如美術、陶藝、工藝、書法、生活科技教室等,應布置豐富的學生作品,以收美感和情境教育之效。(2)校園景觀,如新北市菁桐國小的青蛙蜻蜓升旗桿,提供生態美感,花蓮縣古風國小的布農族八部合音雕塑,卓楓國小的布農族年曆刻畫壁飾,提供族群美學和教育情境。(3)校園圍牆和壁飾裝修或彩繪、校門藝術設施、廊柱陶瓷裝飾、音樂教室音符燈飾、走廊上彩繪或鄉土畫室、樓梯間藝術彩繪、廁所搞擺藝術裝置。(4)校徽、Logo或視覺傳達系統等宜妥善規劃設計,以提升對學校的認同感,如政大附中以吉祥物大冠鷲設計的Logo,南湖高中班級名牌和課表之公共藝術識別系統。

三、設置「自然科技」的校園

社會急遽變遷，科技日新月異，永續發展更是全球趨勢，學校應善用科技創新教學，重視環保永續經營，以提升教育效能。「自然科技」的校園，係指學校應以生態、節能、減廢、健康的綠建築理念，來建構永續發展的自然校園；並以現代化資訊和科技設備，建構具有創新經營和教學效能的現代化教學環境。「自然科技」的校園內涵可概分爲「自然校園」和「科技校園」，其具體指標和做法分述如下。

（一）自然校園

係指學校建築和校園景觀應以生態、節能、減廢、健康的綠建築來規劃和經營，校舍建築和校園景觀應以地球環境保護作爲教學情境布置的主軸，並能規劃學校本位課程，融入各科課程與教學，以資永續經營和發展。美國著名的學校建築專家Kennedy（2009）爲文指出「綠色是新規範」（green as the new norm），並說明美國的「不讓孩子留在裡面法案」（the No Child Left Inside Act）極力要求美國總統追求一個新的全國性綠色學校，提升新建學校和整建方案的綠色設計；該報告鼓勵美國教育部簽署「新建或整建學校百分之百成爲『綠色學校』，以降低能源經費和溫室氣體散發」，並強烈要求歐巴馬政府支持美國眾議院已通過的「21世紀高成效公立學校設施法案」（the 21st Century High-Performing Public School Facilities Act），提供200億美元基金主要用以讓學校興建方案符合綠色設計標準。French和Oathout（2008）也強調，高成效設施（high-performance facilities）減少營運成本，改善學習，有益於環境，並且爲下一代提供典範。具體指標有二：

1. 建構自然的綠色建築環境

「建構自然的綠色建築環境」係指學校建築和校園景觀，應以生態、節能、減廢、健康的綠建築來規劃和經營。具體做法如：(1)2002年1月起申請建照之新設校或新建校舍建築（工程經費超過5,000萬元以上），應依規定取得綠建築候用證書，並於竣工驗收申請使用執照前，

取得綠建築標章。根據Kats（2006）30年來對美國綠色學校（即能源效率、健康和環境友善的學校設計）的研究，發現每年每校平均節省10萬美元（可聘2位全時教師），整個綠色學校的經費效益比例為20：1（即綠色學校每花3美元／平方英尺，可得74美元／平方英尺的經費效益），2007年K-12的學校興建總經費超過350億美元，試想興建為綠色學校會有多少經費效益？(2)舊有校舍建築，依永續或綠建築觀念整體修建，也可依學校實需加裝省水省電設施，推廣盥洗用水、雨水回收，宣導再生能源利用，增設風力及太陽能設備等，設置能源教室、太陽能園燈或地面引導燈。(3)校園景觀，可依學校實需增設校園生態景點（如圖21），增闢校園透水性鋪面，擴增校園綠覆地面積，加強綠化美化。(4)推展植物名牌標示解說，建置自然校園環境地圖，鼓勵師生家長認養校園植物，培養服務美德及愛校情操，辦理老樹尋根活動，建立完整校樹校史資料。

湖山國小運用自然校園環境，設置許多可讓學生親近的生態景點。

📷 圖21　臺北市湖山國小校園生態景點

2. 建置永續校園的教育情境

「建置永續校園的教育情境」係指校舍建築和校園景觀，應以全球性的重大議題——地球環境保護，作為教學情境布置的主軸，並能融入各科課程與教學，以資永續經營和發展。校園永續性（sustainability）不再只是學校環境運動家所倡導的邊緣運動，學校行政人員也開始瞭解永續性可

產生經濟價值和提升校園士氣和聲譽，並對社會有積極的影響（Crowley,
2009）。永續性已成為二十一世紀任何學校興建方案的共同箴言（the
watchword），永續學校（Sustainable schools）給予學生、教育人員、
社區人士積極的案例，激勵每個人在生活周遭都會思考綠色環保（think
green）（Partnership for 21st Century Skills, 2009）。具體做法如：(1)
健全推動組織，如成立優質校園及環境教育推動小組，組織校園綠色小天
使，培訓環保志工，加入綠色夥伴學校，以爭取永續校園各項建設資源。
(2)將永續校園建築和景觀，規劃作為學校本位課程，並融入各科教學，
如屏東縣彭厝國小，將校園建築景觀整建，成為永續校園示範學校。(3)
落實節水、節能、減廢、減碳，建置實驗廢氣廢水排放管線。(4)閒置空
間、設施和庭園再利用，如新北市重陽國小將閒置空間和地下室規劃為禮
儀餐廳、藝思館（如圖22）和玩具煩抖城，活化校園教育情境。(5)推行
資源分類回收，做好校園垃圾減量管理，設置垃圾處理機，有效壓縮垃圾
量；各項開會自備茶杯餐具，鼓勵辦公室紙張重複使用；舉辦舊愛新歡活
動，培養學生惜福愛物情操。(6)定期分區修剪花樹草地，積極處理落葉
堆肥。

新北市重陽國小將閒置地下室規劃為禮儀餐廳、藝思館，活化校園教育情境。

🏰 圖22　新北市重陽國小的禮儀餐廳和藝思館

（二）科技校園

係指學校建築環境，設置各項自動化、科技和資訊設備，建置校園資訊網路，網路教學平臺，落實校務行政電腦化和教學資訊化，以建構具有創新經營和教學效能的現代化教學環境。科技的重要目的是促進學習，並支持每個人之間的關係和他們的工作。今日的學生需要接近數位工具（the digital tools）和豐富的媒體資源（media-rich resources），以協助他們探索、瞭解，並在未來的世界中表達他們自己；教育人員需要接近工具和資源，以分享其他專業知識和實務，與該領域專家互動，並和他們的學生聯繫；行政人員需要接近相同的工具和資源，以管理錯綜複雜的教育企業——從學生紀錄和成就資料，到人事管理和設施營運（Partnership for 21st Century Skills, 2009）。具體指標有二：

1. 設置科技的學校環境設備

「設置科技的學校環境設備」係指學校建築環境，符應現代化和科技發展的趨勢，建置各項自動化、科技和資訊設備，使學校行政管理和教學效能大幅提升。具體做法如：(1)規劃現代化科技設施，如臺北市福興國小的屋頂電動開合游泳池（如圖23）、校門區上放學天橋自動感應的無障礙電扶梯，文山特殊學校讓學生專注的「黑屋」和鬆弛的「白屋」，政大附中衛星校正室外時鐘，私立復興中小學圖書館的電動升降桌上型電腦和視聽教室燈光模式控制器，臺北市中正高中校門區設置汽車辨識系統自動管制車輛進出，或設置攝影棚。(2)校舍建築設置自動化系統，如：自動排煙窗、電捲門裝置障礙感知器、自動照明系統等，或感應展示櫃。(3)裝置水電、照明、空調自動監測與回收系統，實踐綠建築的精神。(4)妥設各項衛生設施與疾病防治監控系統，提升師生健康生活品質。

2. 建立校園的資訊管理系統

「建立校園的資訊管理系統」係指學校建築環境，應符應知識經濟、知識管理和全球資訊化的趨勢，建置校園資訊網路，網路教學平臺，落實校務行政電腦化和教學資訊化，以建構具有創新經營和教學效能的現代化教學環境。具體做法如：(1)布建全校性全方位的網路環境，如架

福興國小位於校舍屋頂的電動開合游泳池，提供最佳游泳環境。

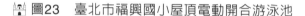 圖23　臺北市福興國小屋頂電動開合游泳池

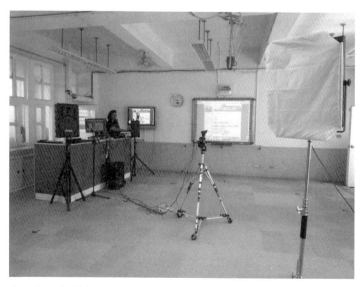

辛亥國小數位攝影棚由專業教師管理，拍攝資料數位化，並可立刻掛網上傳使用。

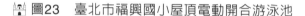 圖24　臺北市辛亥國小數位攝影棚

設全校無線與有線寬頻網路（如政大附中），完成全校數位神經系統。
(2)建構校務行政管理系統，整合學校各項業務，全面數位化，設計好用
易學且安全的檢索與彙整系統，提供優質服務，實施電子公文交換與批
閱系統，落實文書管理效能。Day（2009）指出，未來主義的辦公室設計
目標應該是提供高效率的空間，高科技的辦公室（high-tech office）必須
為每個工作空間提供健全的資料網和通訊科技、筆記型電腦、無線網路
（wi-fi）、智慧電話（smartphones），讓工作者不再被辦公桌束縛；未
來辦公室的主要目標，將是幫助工作者更加容易地和高效率地獲取和組織
資訊。(3)建立校園安全網絡確保親師生安全，如設定校園線上網路安全
管理系統，深化網路倫理精神；設置互動式線上保全監視系統，杜絕安
全漏洞；發展學校智慧卡，提供門禁讀取及回傳機制，確保學生安全，
同時結合餐廳用餐和合作社購物機能。(4)教室資訊化，依實需設置單槍
投影機、筆記型電腦，設置螢幕或電子白板（如圖25），以提升e化教學
效果。(5)建立互動式網路學習系統，推展數位學習無障礙環境；結合現

乾華國小以電子白板教學，提供最佳的e化教學環境。

🏫 圖25　新北市乾華國小的電子白板教學

有校園學習資源與多媒體製作，建立數位學習中心。(6)建構數位教學平臺、設置遠距教學系統、整合校內外教材與學習資源庫，如設計親師生互動分享平臺，暢通溝通與學習需求；發展智慧型數位學習系統，結合教育雲端，設置智慧教室、未來教室等，以提升教學成效。(7)透過館際合作整合圖書館資源庫，或與大學光纖連線（如政大附中），擴大服務功能，整合圖書館與其他各項教材資源庫，提供隨選即時功能。(8)以資訊科技構成分散式即時教室（Distributed Real-Time Classrooms），或稱之為「合作式建築」（cooperative buildings）（Long & Ehrmann, 2005）。政大附中即運用此一原理將國際會議廳、演藝廳和教室，以資訊科技連線結合，辦理e化朝會、班聯會和專題演講等，以強化空間運用效能。(9)建置校園電子圖書及書包或電子導覽系統，提供相關實境教學資源供師生使用。

四、提供「學習資源」的校園

學生是學校教育的主體，校園環境的建置應以學生為中心，提供豐富的學習資源，以落實教育績效。二十一世紀的學校，不僅是符應學術的需求，其功能如同微型城市（miniature cities），供應飲食、設施、健康、安全、交通和休閒服務（Partnership for 21st Century Skills, 2009）。「學習資源」的校園，係指學校提供學生就近便利、可操作、可選擇與運用的多樣化學習空間、設備與資源，以激勵學習動機，建置益增學生學習、生活和互動成效的主動學習環境。「學習資源」的校園內涵可概分為「學習校園」和「生活校園」，其具體指標和做法分述如下。

（一）學習校園

係指學校有充裕的教學和學習空間與設備，讓學生在上課與下課期間，都能有可供個人或團體實作的學習環境與資源，並建置數位化學習平臺，提供就近便捷利於學生選擇與運用的多樣化學習環境設備，讓學生在無空間限制的環境中，隨時與隨地皆能學習。具體指標有二：

1. 提供學生可操作學習資源

「提供學生可操作學習資源」係指學生在上課與下課期間，都有充裕的教學和學習空間與設備資源，可供個人或團體實作。具體做法如：(1)專科教室設備，如：實驗室、英聽教室、音樂教室、家政教室、生活科技教室、桌球室等，上課時，學生皆有足夠的可操作設備，以資提高學習效能。(2)教室內視聽教學設備，如CD player、單槍投影機、電腦等，學生經授權可自由操作與使用。(3)學校本位課程教室，如：鄉土教室、茶藝教室、禮儀教室、天文臺和星象館等，提供可讓學生操作學習之設備。(4)學生可申請使用數位攝影棚。(5)提供學生下課時間可自由操作和學習的設備，如川堂或廊道設置電腦或電子平臺，或科學與益智遊戲器材。

2. 建置便利的學習環境設備

「建置便利的學習環境設備」係指學校建置數位化學習平臺，提供就近便捷利於學生選擇與運用的多樣化學習環境設備，讓學生隨時隨地皆能學習。具體做法如：(1)規劃彈性教室空間，購置利於學生學習討論的桌椅（具輕量化、易移動、可拼合之特性），以利共同學習。(2)設置學生置物櫃，供學生置放學用品，規劃班級圖書櫃、走廊閱讀角、戶外移動式閱覽區等，方便學生搜尋資料，主動學習。(3)設置學習資源中心或圖書館（如圖26），提供豐富多樣的學習資源（如：電腦查詢區、視聽媒體閱覽區、班級網站製作區），多購置學生用之圖書，採全開架式管理，並有便利的借還書系統，以滿足學生學習需求。(4)在教學區附近建置無線上網環境，讓自備電腦的學生可隨時運用。(5)圖書館、交誼廳或合作社、球場、遊戲場、社團辦公室等，學生下課或午休易聚集之空間，應設置於中心點或有便捷動線可資快速到達運用，並儘量以開架式設備（即學生可自由取用），減少借用登記管理時間，增加設備使用自由度和效能。(6)建置數位學習平臺，蒐集教師教學講義、學習資源軟體、各類考試題庫、專題演講資訊、升學資訊、練習式測驗等，學生可隨時上網選用。

政大附中圖書館

民權國中圖書館

萬福國小圖書館

萬興國小圖書館

興隆國小圖書館

古亭國小圖書館

圖26　臺北市優質的學校圖書館提供豐富多樣的學習資源

（二）生活校園

係指學校應提供學生溫馨的用餐環境與多樣的飲食選擇，設置多樣的生活、休憩、互動場所，以及學生社團、學生自治團體等學生團體之活動、展演及辦公空間與設備，以滿足學生生活、交誼互動的需求。具體指標有二：

1. 布置優良的飲食互動環境

「布置優良的飲食互動環境」係指學校應提供學生溫馨的用餐環境與多樣的飲食選擇，並布置滿足學生生活、交誼互動需求的校園環境。具體做法如：(1)提供多樣的餐點，滿足學生午餐飲食的多樣需求。(2)設置布置溫馨的合作社、舒適的用餐區，提供學生良好的飲食互動環境（如圖27）。(3)利用廊道、長廊窗臺，設置可食用小點心的平臺，以增添下課期間之簡便飲食情趣。

復興中小學精緻的合作社和餐廳，提供親師生最佳餐飲互動環境。

圖27　臺北市復興中小學精緻的合作社和餐廳

2. 提供學生多樣的活動設施

「提供學生多樣的活動設施」係指學校應考量學生下課和課餘需求，設置多樣的生活、休憩、互動場所，以及學生社團、學生自治團體（班聯會）的活動、展演及辦公空間與設備，以滿足學生團體、同儕學

習、交誼互動需求的校園環境。具體做法如：(1)提供學生下課休息或課餘時間，多樣的休憩與互動場所，包含室內、室外，以及2、3樓以上的休憩空間，如：休憩平臺、屋頂花園、涼亭或庭園座椅、即興表演才藝舞臺等。(2)提供學生下課休息或課餘時間，符應學生體能和興趣的多樣運動場地和設施，如球場、遊戲場地等。(3)提供學生社團、學生自治團體或班聯會等學生團體之活動、展演及辦公之空間與設備。

優質學校校園營造，不僅僅重視校園規劃，更重視與行政、課程、教學和社區使用的營運，以及符應師生的使用需求，讓校園不只是「硬體」建設，更要與教育和學校「軟體」經營相結合，讓學校建築和校園環境成為「第三位教師」、「最大的教具」、「境教環境」、「教育舞臺」、「學習空間」、「學習資源」、「虛擬學校」、「社區教室」、「社區文化中心」……。二十一世紀，科技的進展、學習的模式、學生的角色，在教育領域和校園營造，都提供另一重要的新視野，時代的進展有其脈絡，學校建築和校園環境規劃與運用應與時俱進，有了優質校園營造指標和方向，臺灣學校建築和校園空間的發展，將會再邁入一個全新的里程碑。只要有心，美好的校園就在眼前，優質校園營造，有大家的參與會更為美好。

第三章

校園創意設計

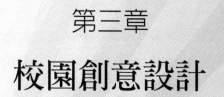

我們正在興建有史以來最具創新的教育設施，用來支持新的教育取向，而這些教育設施已經讓教育發生改變。

（We are building some of the most innovative educational facilities ever to support the new educational directives, and they're already making a difference）

——R. Yee, 2009

許多最近興建完成的學校建築具有創新設計觀念。

（Many of the recently-completed school buildings are designed with innovative concepts.）

——Q. Li, 2013

　　唐劉禹錫〈陋室銘〉：「山不在高，有仙則名；水不在深，有龍則靈。」校園具有創意與巧思，不僅能引發會心的共鳴，更是形塑學校獨特風格的不二法門。處於今日之世界，教育系統必須不斷的演化，以有效地回應急遽變遷社會之要求。Bernard（2012）強調在設計和配置環境上，需加強課程、方法學、教材和科技等之創新。2000年芬蘭教育部配合「創新芬蘭」（InnoFinland）政策，推展「創新學校」（InnoSchool），2007年委託赫爾辛基大學（University of Helsinki）擴大主持研究與推展InnoSchool，包括學校建築創新（InnoArch）、教育創新（InnoEdu）、趣味學習創新（InnoPlay）、服務創新（InnoServe），希望透過學校創新計畫形塑未來學校（Aalto University, 2012; University of Helsinki, 2007）。2006年10月11至13日，美國建築基金會（the American Architectural Foundation, AAF）在明尼蘇達州明尼阿波里斯市主辦「學校設計國際高峰會議」（National Summit on School Design），邀請30位以上的建築師、教育人員、設計專家和學生，在兩天半的「為學習設計」（Design for Learning）論壇，探討未來學校設計如何強化和改善學校設計與成就之間的連結關係，論壇獲致的10項發現之一，是發展一個創新設計的運動（a campaign for innovative design），讓人瞭解創

新設計的重要以及協助改善的方式（Sullivan, 2007）。由此顯見，校園的創新設計不僅是未來學校設計的發展重點，也是校園脫胎換骨、呈現嶄新風貌之關鍵。

近10年來，校園創意設計蔚為風潮，教育部（2002a）提出《創造力教育白皮書》，旨在將臺灣打造成一個「創造力國度」（Republic of Creativity, ROC），五大願景之一是「提供尊重差異、活潑快樂的學習環境」，即以經營創新的學習環境與活潑的教學氛圍為主體工程，提升教育視野，發展各校特色；讓包容與想像力無限延伸，營造尊重差異、欣賞創造之多元教育學習環境。各大學逐年推出翔實的創意校園營造計畫，在「創意學校總體營造」的行動方案，有宜蘭大學的「創造與社區無間的都市大學公園——宜蘭大學開放校園改造計畫」、文化大學的「草山創意生活實驗場——永續校園與生態社區之共生營造」等；在「校園創意空間營造」，有德明技術學院的「有愛無礙自在行——德明友善校園創意空間營造」、逢甲大學的「生態公園作為學院與社區的交流場所：逢甲大學學思園空間改造計畫」、中原大學的「校園創意空間營造案——楓香詩園」等（教育部，2006）。各縣市政府積極辦理校園創意空間與設計，如新北市辦理校園創意空間經營暨環境教育融入課程（臺北縣政府，2005），並在2010至2012年推展卓越學校「環境營造」向度六項指標之一為「創新的空間規劃」；基隆市政府教育局（2005）推動創意校園；宜蘭縣政府教育局（2004）將創造力融入教學、學習與生活環境中，激勵教師教學創新、培育學生創造力，豐富校園創意文化與持續地方特色發展；彰化縣政府教育局（2005）實施永續校園創意空間規劃；臺南市政府教育局（2007）推展創意校園營造——創意學習步道計畫。這些校園創意空間與設計之目的，主要在於營造各校形塑創意校園，尋求學校本位特色，建立多元主題特色學校，建構有利於師生創造力之生活空間、學校經營和校園文化。

筆者從1990年起即持續蒐集大學和中小學校園創意設計的相關資料，至2014年，筆者走過的國內外大學超過100所，中小學和其他各級學校則不計其數，從中學習不少，也得到許多校園創意設計的理念和做法，

確認創意校園的規劃與經營，要能轉化校園環境的劣勢，使之成為優勢，以創造獨特風格和組織文化，並發展學校特色（湯志民，2006b）。以下擬先要析校園創意設計的理念，其次分類闡釋做法並舉例說明之，以資參考。

第一節
校園創意設計的理念

校園一般是指用圍牆劃分出學校可供使用範圍內的區域（包括教學活動、課餘運動、學生和某些與學校相關人員日常生活），沒有圍牆的學校，習慣上則以教學和課餘活動的範圍為界（維基百科，2014a）。校園的創意設計，易引人駐足遐思，也會使校園的「境教」功能，激起「盪氣迴旋」的潛移默化之效。校園創意設計的理念，擬就校園創意設計的涵義、策略、原則和指標，分別說明之。

一、校園創意設計的涵義

校園（campus）是指學校、大學校院或教育機構的校地與建築（Wallace, 2009; Chopra, 2008），也是學校校舍和設施所形成的景觀，用以教學、研究和（或）服務（Collins Ⅲ & O'Brien, 2003）。校園的意義，狹義而言，僅指學校庭園；廣義而言，包括校舍、校園、運動場及其附屬設施。本書的校園，以廣義界定之。

創意（creativity）即獨創性的靈感，是一種創造性思考（creativity thinking）的點子，也是一種不受現存知識的限制和傳統方法的束縛，探求新求變、開放的、直覺的、從已知到未知的水平思考（lateral thinking）活動（湯志民，2005）。創意就是「有點子」、「與眾不同」、「別出心裁」、「獨樹一幟」、「同中求異」、「走出傳統」、「別具風格」、「具有特色」、「新穎獨特」、「不同凡響」、「引人遐思」、「獨一無二」；創意不是「故步自封」、「墨守成規」、「仿傚抄襲」、「拾人牙慧」、「掠人之美」、「蹈常襲故」；創意效果，猶如「人」之

「一枝獨秀」，「事」之「拍案叫絕」，「物」之「以稀爲貴」，「術」之「點石成金」，「文」之「絕妙好辭」，「詞」之「擲地有聲」，「音」之「繞梁三日」「食」之「回味無窮」，「山」之「峰迴路轉」，「水」之「波濤洶湧」，「雲」之「白雲蒼狗」（湯志民，1999）。創意、創造力和創新三者關係密切。創造力是創新的知識基礎，創新是創造力的具體實踐。「創造力」與「創新」爲一體之兩面，相輔相成。創意的產生，有賴於創造力智能的發揮；創意的績效，取決於創新成果的展現（教育部，2002a）。

設計意指有目標和計畫的創作行爲、活動，在建築、工程、產品開發及藝術等領域有重要的作用（維基百科，2014b）。校園設計（campus design）是校園規劃的藝術（Dober, 2002）；校園規劃（campus planning）係指引的準備和執行，通常包括平面圖，以資支持和促進學校物質井然地成長和發展之歷程；設計（design）則是執行計畫的活動以創造一些事物（一棟校舍、舞臺設置、教室配置等）（Collins Ⅲ & O'Brien, 2003）。

綜言之，校園創意設計係指學校的校舍、校園、運動場及其附屬設施的配置與布置，以求新求變、開放的、直覺的水平思考，使之具有獨樹一幟、引人遐思的境教功能之歷程。此定義之內涵，說明如下：

（一）設計範疇上，校園是學校校舍和設施所形成的景觀，用以教學、研究和（或）服務，其範疇包括校舍、校園、運動場及其附屬設施。

（二）設計原則上，不受現存知識的限制和傳統方法的束縛，採開放、直覺的水平思考，以求新、求變、求精、求進、求絕、求妙之原則，讓校園建築和景觀設施具有獨創性特質。

（三）設計效果上，校園創意設計的歷程、行爲與活動，具有獨樹一幟、與眾不同、引人遐思的點子、風格和特色，使校園的「境教」功能，能激起「盪氣迴旋」的潛移默化之效。

二、校園創意設計的策略

校園創意設計的策略有三：

（一）多觀摩

俗云：「他山之石，可以攻錯」，見賢思齊，有青出於藍而勝於藍之機。創意可說是一種經驗法則，來自生活的體驗，是踩著前人的腳步去發現問題、解決問題，以他人的經驗來形成自己的一種新發想（林海清和胡淑娟，2011）。因此，創意設計起步最簡易的方法，就是先到典範或標竿學校觀摩取經，可由主政者組成團隊實地訪查，培養共同經驗與默契，最好多走幾校參觀比較，以利找到與本校條件較相符者，俾利形成共識，並利後續規劃、學習與推動之參採。

（二）多思考

「智者千慮必有一失，愚者千慮必有一得」，「三個臭皮匠，勝過一個諸葛亮」，集思廣益必能增其效。思考的方式，可運用Osborn的「腦力激盪法」（brain- storming method），Whiting的「強力組合法」（forced relationships），以及Davis和Houtman《創造的思考》一書的「局部改變法」（part-changing method）、「棋盤法」（checkerboard method）、「檢核表法」（checklist method）和「比擬法」（find-something-similar method）。Brown（2009）也建議設計思考者可用腦力激盪法、視覺思考（visual thinking）的技巧，以促成創造性選擇之歷程。

（三）多動手

使用者（users）共同參與，親師生、學校和社區，團體與個人，或依實需邀請主管部門或學者專家，大家一起來共襄盛舉，激勵想法，凝聚共識。學校是一個大家庭，校園是一個生活空間，生活其間的親師生和社區鄰里，共同開闢與創建校園，可開創凝聚休戚與共具有獨特風格的校園。

三、校園創意設計的原則

衡量學校建築和校園規劃的績效，就基本層次而言，最好的是能將

預算經費和建築量體完全正確執行得100分，但是很難，能得80或90分已不容易，30至50分者比比皆是。學校建築該做的沒做（可能因無經費施做，也可能沒理念不知要做）是「0」分，但「0」分在學校建築建設成果上不算最低分，最怕的是「負」分。有太多的案例是因缺乏正確的規劃和設計理念以致做錯了，不僅浪費公帑，虛擲得來不易的經費，最尷尬的是，錯誤的成品置於現場無法收拾，運氣好的話等下一筆預算小改，運氣不好無錢大改或不能改，能將就著用也罷，不能用等報廢，可就慘了。更嚴重的是新學校充斥著舊觀念，有蓋就好，不知如何因應新世紀的快速發展與變遷（湯志民，2006c）。往高一層的是，學校建築和校園規劃能「減量」或「減錢」而增加功能（如多目的空間）；最為高明的是，能「無量體」（如無圍牆，引進晨曦夕陽的更迭、白雲蒼狗的變幻、建築光影的變化等）或「不花錢」的「無中生有」，學校建築和校園規劃的高層次績效就仰賴校園創意設計的思考和實踐。

校園創意設計的原則，湯志民（1999）提出求新、求變、求精、求進、求絕、求妙等六項原則。其中，創意校園的「求新」是呈現建築亮眼新貌，「求變」是轉化建築功能，「求精」是古蹟歷史文物強化運用，「求進」是將建築設施功能化零為整，「求絕」是廢物利用的省錢絕招，「求妙」則為柳暗花明「無中生有」的妙招，能不花經費並建設出最優質的校園環境，則為「妙中之妙」（湯志民，2006b）。今進一步詮釋說明如下。

（一）求新：樣式新穎

校園創意設計的「新」，在樣式新穎。推陳出新，除舊布新，一如「苟日新，日日新，又日新」，令人有耳目一新之效。校園創意之「新」在擺脫舊觀念和想法，校園建築新建或更新時，只要善用「局部改變法」，與舊建築在造形、色彩或材質上有所不同，即可產生令人眼睛為之一亮的功效。亦即，只要校園有新建築，就有創「新」之機會。

（二）求變：功能改變

校園創意設計的「變」，在功能改變。轉變原功能、兼具他功能或具有多功能，皆能產生功能改變之效。例如，綠籬變腳踏車場或迷宮、屋頂變花園、牛車變花臺或花壇變圍牆等，這是轉變原功能；窗洞剪影或格柵廊架創造光影，則是兼具他功能；多目的教室可因應不同課程與教學需求，戶外劇場利用坡地設置，既可當護坡、上下通道，又可作為戶外教室、演唱與集會之用，這就是多功能。俗云：「山不轉路轉，路不轉水轉，水不轉人轉」，校園建築環境要能因地制宜、因勢利導，或以局部改變方式，使之產生功能轉變與多變之效果，一如杜甫詩云：「天上浮雲如白衣，斯須變幻為蒼狗」，變化莫測。以變是唯一不變之思維，創造百「變」校園，增添無窮樂趣。

（三）求精：品質提升

校園創意設計的「精」，在品質提升。古物今用，具有錦上添花、力求精益求精之效。學校最貴重者，莫過古蹟建築、歷史文物、百年老樹，這些與學校或歷史同在，具有文化意涵與生命力之建築、老樹或景觀，記載學校的成長，凝聚大家共同的回憶，在校生以校史、文化為傲，惕勵自勉，校友返校賭物生情，緬懷過去，最易昇華情感，集結認同，化為學校成長之綿綿動能。歷史文物、建物和老樹再利用，可輕易凝結文化，創造「精」品，打造品牌，力呈風華再現之效。

（四）求進：內容增加

校園創意設計的「進」，在內容增加。使庭園成為教材園，使教育設施增添文化教育意涵或有輔助教學功能，具有填海造陸、逢水添橋、點石成金之效。校園本為一大教具，具有境教功能，也有稱之為「第三位教師」。校園建築、花草、樹木，都是最佳教材，可使之由點、線、面而至全校，形成有意義之教學園地，並與語文、數學、社會、自然、環保、美術等課程結合或自編校本課程，讓校園不只是建築，而能「進」階為文教意境，增添教風，形成具有耳濡目染、潛移默化力量的教化之地。

（五）求絕：本質逆轉

校園創意設計的「絕」，在本質逆轉。廢物利用，化腐朽為神奇，出奇致勝。校園環境條件各有不同，條件不佳者，位於崎嶇山坡地，卻能善用其險、其勢，轉劣勢為優勢，另創一番意境；或者能將閒置空間、廢棄物再利用，出奇招使之本質逆轉，形成校園景致亮點，堪稱一「絕」。

（六）求妙：絕處逢生

校園創意設計的「妙」，在絕處逢生。枯木逢春，產生始料未及的功能，猶如中國庭園的曲折迂迴，有「山窮水盡疑無路，柳暗花明又一村」之效，益增情趣。校園建築、設施與庭園景觀，規劃和設計時都有既定功能之考量，惟為非全能滿足使用者需求；如能在原功能上增添新功能，通常是使用者另增新用途，此種開創空間新功能或提升新價值，而有峰迴路轉、無中生有之效，實屬「妙」中之妙。

上述校園創意設計六項原則，比之學校建築和校園規劃的績效層次，「求新」是基本層，能將預算經費和建築量體完全正確執行得100分，並使之具有樣式新穎之效。「求變」是較高一層，使學校建築和校園規劃能「減量」或「減錢」而增加、延伸或改變功能。「求精」是不一定要花錢，運用與學校有關之古物、史蹟建築或百年老樹等無價之寶，以貫穿時間縱軸，使環境品質無窮提升。「求進」也是不一定要花錢，連結庭園成為教材園，益增設施教育和文化意涵或有輔助教學功能，以擴充空間橫向之連結內容。「求絕」是不花錢的「無中生有」，運用環保觀念和巧思，將廢物回收再利用，化腐朽為神奇，以收本質逆轉之效。「求妙」最為高明，能「無量體」或「不花錢」的「無中生有」，訣竅在於多思考，使現有設施能柳暗花明的增加意想不到之功能（但不可影響、減少或牴觸原設施功能），以收絕處逢生之效（湯志民，2007c）。

四、校園創意設計的指標

詹紹威（2005）參照湯志民（1999）校園創意設計的原則，依其特

徵提出校園創意設計的指標：

1. 求新原則（樣式新穎）方面，有三項特徵指標：(1)設施或空間在造形上與傳統不同；(2)設施或空間在色彩上與傳統不同；(3)設施或空間在材料上與傳統不同。

2. 求變原則（功能改變）方面，有三項特徵指標：(1)設施或空間具有多項功能使用；(2)設施或空間局部改變具有其他功能；(3)設施或空間轉作其他功能使用。

3. 求精原則（品質提升）方面，有三項特徵指標：(1)符合政府規定的古蹟或文物；(2)由政府列管的歷史建築或文物；(3)與學校相關的史蹟文物或設施。

4. 求進原則（內容增加）方面，有四項特徵指標：(1)串聯設施或空間，由平面擴展延伸為立體，具有教化或輔助教學功能；(2)串聯設施或空間，由線狀擴展延伸為平面，具有教化或輔助教學功能；(3)串聯設施或空間，由點連成線狀，具有教化或輔助教學功能；(4)設施或空間具有教化或輔助教學功能，成為校園的焦點設施或教材園。

5. 求絕原則（本質逆轉）方面，有兩項特徵指標：(1)廢物再利用；(2)將設施或空間的劣勢轉為優勢。

6. 求妙原則（絕處逢生）方面，有兩項特徵指標：(1)設施或空間的功能無中生有；(2)設施或空間的功能與價值提升。

第二節
校園創意設計的做法

校園創意設計的做法，參考相關研究（湯志民，1999、2007c；詹紹威，2005），可分為校園空間與設施的樣式新穎、功能改變、品質提升、內容增加、本質逆轉和絕處逢生等六方面，以下分別加以說明。

一、校園空間與設施樣式新穎

校園創意設計「求新」的做法，在校園空間與設施的樣式新穎，尤其

是造形、色彩或材料等與傳統不同，能推陳出新，除舊布新，而有「茍日新，日日新，又日新」，令人耳目一新之效。具體做法如下：

（一）校園空間與設施的造形與傳統不同

校園空間與設施的造形，在外形、塊體、結構、空間、時間和質感上，有整體綜合或局部單一的改變，使之突破傳統、與眾不同，而有新穎獨特之效果。例如：美國加州大學柏克萊分校有456棟建築，最突出、最有名的建築是1914年興建的「賽德鐘塔」（Sather Tower），塔高約93公尺，有電梯直升瞭望臺，將美好的遠近風景盡收眼底，成為柏克萊之地標（陳容香，1998）。史丹福大學筆直的棕櫚大道震撼性的延伸，紅瓦、黃牆的農莊型式建築（光華雜誌編輯部，1991），伊利諾州大學理工學院（Illinois Institute of Technology）超炫的現代化高架鐵道（railroad tracks），麻省理工學院（MIT）具後現代美感建築風格的「雷和瑪麗亞聖塔塔中心」（The Ray and Maria Stata Center），瑞典斯德哥爾摩大學（Stockholm University）造形新穎獨特的木造體育館（Futagawa（Ed.），2006），有其新穎奇特之處，甚為難得一見；日本東京工科大學2003年新建片柳研究大樓，是八王子校園的象徵，以生物耐米中心為首，校舍大樓造形雄偉，其八王子專門學校電腦動畫室、體適能場和保齡球館等，設備新穎。大陸北京大學的圖書館建築為九脊殿（歇山頂式）造形，與校園內中國傳統古建築造形相互輝映；惟現代化建材則與校內古建築大異其趣，加以立於校門中軸大道底部，愈易彰顯其為學術研究重鎮之心；北京師範大學「京師大廈」（內有圖書館和各學院）造形雄偉，具現代感（如圖28）。臺北市政大附中現代化造形的校舍建築，芳和國中與公共藝術結合的景觀電梯，古亭國小帆船造形司令臺，臺大校門區和薇閣高中前庭的校名花壇，淡江大學校門區五彩繽紛的紀念花壇和S型庭園步道綠籬，國立復興劇校顯示設校目的國劇臉譜造形石碑，蘇澳海事水產學校校門入口區突顯設校目的船錨雕塑；新北市菁桐國小益生趣味的青蛙升旗竿、貓熊洗腳池，校舍壁面的樹葉剪窗和昆蟲造形與側邊的庭園融為一體；桃園縣元生國小前庭葉片造形的圓桌椅；臺中市長安國小的毛毛蟲造

形校門（如圖29），以及配合校地地形設置160公尺的獨特直線長跑道；
南投縣潭南國小繞著校舍的沙質跑道；臺南市國立成功大學和忠義國小中
庭的優型巨榕，皆有新穎獨特之效。校園空間與設施的造形，新建設計時
能與傳統不同，益添新意。

京師大廈（內有圖書館和各學院）造形雄偉，頗富「新」意。

🏰 圖28　北京師範大學的京師大廈

長安國小六隻造形獨具的毛毛蟲「新」校門，與蝴蝶生態
園區相映成趣。

🏰 圖29　臺中市長安國小的毛毛蟲造形校門

（二）校園空間與設施的色彩與傳統不同

校園空間與設施的色彩，在色相、明度和彩度上，有整體綜合或局部單一的改變，使之產生具體或抽象的另類美感視覺效應。例如：政大強化庭園夜間照明，藝文中心外牆加裝燈飾，景美溪岸草坡點綴國立政治大學字樣，相互輝映，舊福利社改裝為樂活館，外觀整修增添鮮豔輕鬆色彩，趣味十足。新北市新和國小每條跑道顏色都是不同的彩虹PU跑道，南投縣南光國小的彩虹PP跑道；基隆市基隆女中校舍和樓梯間由學生創意設計的趣味彩繪，長樂國小校門區前庭由師生以天然卵石和彩色陶片拼貼的十二生肖地景；南投縣營盤國小的彩繪無障礙坡道。校園空間與設施，使之色彩豐富，自與傳統不同。

（三）校園空間與設施的材料與傳統不同

校園空間與設施的材料，在環保、使用、維護與安全上，有整體綜合或局部單一的改變，使其質地、觸感有舒適、親和之效。例如：南投縣和興國小以全「木造」興建校舍，廣英國小木質和鋼材結構的無障礙坡道。臺東縣紅葉國小黑岩片砌築的校門。校園空間與設施新建，選擇自然、生態或環保材料，更有特色。

二、校園空間與設施功能改變

校園創意設計「求變」的做法，在校園空間與設施的功能改變，可分為多功能、局部改變、轉作其他功能使用等，以達校園百變，益增無窮園趣之效。具體做法如下：

（一）校園空間與設施具有多項使用功能

校園空間與設施的多功能，在空間與設施的平面與立面之多元性運用，作最佳的時間規劃與經營，使之功能多元並存，益增空間的使用效能。例如：哥倫比亞大學圖書館前的大階梯，同時也是眾人喜歡席地而坐的休憩和看書場域；臺大70公尺寬的椰林大道，既是人車通行的主幹

道,同時也兼作展示場(如跑車展)。澳門中葡職業技術學校校舍底層挑高二樓的開放性空間,兼作桌球場和排球場(湯志民,2002a);培正中學綜合場館設置可電動延伸的舞臺和400個座位看臺(一名操作人員只要10分鐘即可完成),提供極具效率的多功能空間。臺北市達人女中體育館兼禮堂,牆面設置攀岩場,舞臺布幕背後裝鏡子兼韻律教室;政大附中旗艦廣場邊的創意平臺設置不鏽鋼鏡片,成為學生練習熱舞、朗誦和中秋節歌唱舞臺,體育館將室內看臺設置為100公尺室內圓形跑道,可作為場館運動、觀賞和通廊之用;私立薇閣小學與樹共構的遊戲場,讓兒童能在爬樹的樂趣中成長。宜蘭縣人文國中小將桌球桌覆蓋桌布兼作餐桌(如圖30);屏東縣屏北高中的校舍大樓梯兼作司令臺;苗栗縣大南國小游泳池與室內球場兼禮堂共構,隨季節切換使用。校園空間與設施多功能運用,增添更多效益。

人文國中小精巧多「變」的桌球桌,覆蓋桌布兼作餐桌。

🏫 圖30　宜蘭縣人文國中小桌球桌兼作餐桌

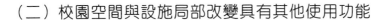

（二）校園空間與設施局部改變具有其他使用功能

校園空間與設施功能局部改變，使之具有其他功能或兼有其他功能，以延伸其使用效益。例如：英國曼徹斯特大學（The University of Manchester）綠籬腳踏車場；日本九州鹿兒島縣末吉小學別具風格、色彩繽紛的花壇邊坡牆；臺北市大橋國小前庭植草磚當停車場和以綠廊裝飾的變電器；新北市新店高中校舍廊道運用廊柱架造形，巧妙地引進變幻的光景，樹林國小隱藏前庭化糞池孔蓋，改置爲休憩接待木造庭園區，莒光國小庭園路橋兼作司令臺併日光四射的庭園步道設計；宜蘭縣過嶺國小前庭的迷宮綠籬；國立中正大學活動中心邊的廊架和東華大學庭園長廊，在日正當中時，引射出美麗的光影。校園空間與設施局部改變兼具其他功能，益增變化。

（三）校園空間與設施轉作其他使用功能

校園空間與設施功能，不使用原有設施功能，而改以其他功能來展現，以轉化其運用機能。例如：荷蘭烏得勒支大學（Utrecht University）演藝廳半圓曲通廊夾板，可轉作爲滑板運動場地（Futagawa (Ed.), 2006）。澳門的澳門浸信中學利用迴廊頂蓋做80m的PU「空中跑道」，利用校舍屋頂設計「天臺操場」（球場）（湯志民，2002a）；澳門大學附屬應用學校校舍屋頂設計寬廣精緻的屋頂花園。臺北市南湖國小校舍屋頂設計南湖星舞臺、空中遊戲場和攀岩場，供師生遊憩並兼空中聯絡廊道；育成高中運用校舍屋頂設置簡易屋頂籃球場（參見圖31），成爲學生下課休憩活動的重要場地；私立靜修女中的活動中心屋頂成爲中庭，校舍屋頂設計高爾夫球練習場；桃園縣國立桃園農工前庭的牛車花臺；臺中市私立明道中學明道樓屋頂的江南庭園；南投縣普臺中小學將校舍庭院間的階梯狀駁坎，設計成可以聚會的戶外劇場。校園空間與設施轉換功能，益增趣味。

育成高中將校舍屋頂「變」成簡易籃球場，成為學生下課休憩活動的重要場地。

🏰 圖31　臺北市育成高中簡易屋頂籃球場

三、校園空間與設施品質提升

校園創意設計「求精」的做法，在校園空間與設施的品質提升，尤其是古蹟和史蹟文物的再利用，以及具有價值和潛力設施的保存與運用，古物今用，或有史蹟建築、百年老樹，具有錦上添花、力求精益求精之效。具體做法如下：

（一）校園空間與設施古蹟的保存和運用

校園空間與設施的國家級古蹟、百年老樹或千年古物等，具有社會時間軸線的歷史價值，也是學校文化與社會歷史的融接點，應妥善保存或加以運用，以提升學校與社會的文史價值。例如：英國牛津大學有八百多年歷史、39所學院，古老的學院建築風格呈現驚人的和諧和與眾不同，其中創建於1249年的大學學院（University College）是牛津的第一所學院，於十七世紀重建，外表樸素，但充滿活力和生機，1870年創立

的克博學院（Keble College）仍保有罕見的晚餐會傳統，學生和教師一週有六個晚上在牛津最棒和最長的餐廳共進晚餐（陳康園，2005）；劍橋大學興建於1446年、完工於1515年的國王學院禮拜堂（King's College Chapel），成爲大學校園的地標建築物（Warrior, 1994）（如圖32）。美國康乃爾大學（Cornell University）1868年創校時建立的鐘樓已成爲該校的精神指標。日本東京大學的安田講堂是該校的精神象徵，60年代學生運動留下的火燒痕跡仍在紅磚牆上（光華雜誌編輯部，1992）；早稻田大學1927年興建的大學講堂是該校的精神象徵；東京都立園藝高等學校有德川第三代將軍所遺留450年樹齡的兩棵松樹（另兩棵在日本皇宮）。北京大學的燕園校區（面積106.63公頃），2001年7月被指定爲第五批國家級文物保護單位（呂斌，2005）。澳門聖羅撒女子中學優雅的百年校舍，頂天屹立，正門二、三層爲希臘科林斯柱式，廊道地板精緻的百年葡萄牙磁磚，毗連校舍有200年歷史的教堂，以及庭院中有百年樹齡的菠蘿蜜，使古樸的聖羅撒女子中學散發出濃濃的人文氣息（湯志民，2002a）。新北市私立眞理大學1882年興建作爲校史館的牛津學堂（第二級古蹟），板橋國小二樓高的枋橋建學碑（第三級古蹟）；臺北市中山女高的逸仙樓（第三級古蹟）；南投縣國立暨大附中的「大馬璘遺址」，南

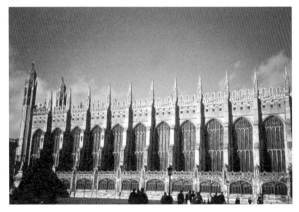

興建於1446年、完工於1515年的國王學院禮拜堂是劍橋
大學校園的地標，近五百年校舍，可謂無上「精」品。

📷 圖32　英國劍橋大學的國王學院禮拜堂

投縣永昌國小與明新書院（第三級古蹟）共構；臺南市忠義國小與全臺首學臺南孔廟（第一級古蹟）共構；高雄市舊城國小康熙23年的崇聖祠（第三級古蹟），係當地教化源頭與文化淵流探索之地。校園古蹟，國之瑰寶，是歷史文化的縮影。親近古蹟，猶如立於文化長河之中，與歷史同在。

（二）校園空間與 設施歷史建築或文物的保存和運用

校園空間與設施的縣市級古蹟、歷史建築或文物、百年老樹或古物等，具有學校時間軸線的歷史價值，是學校文化與社會歷史的接觸點，應妥善保存或加以運用，以加強學校與社會的文史價值。例如：北京大學校園綠化隊調查，全校共有古樹416株，其中300年以上的一級保護古樹有30株，100年以上的二級保護古樹有386株，為各高校之冠，是珍貴的文化遺產，校園歷史的見證（謝凝高、陳青慧和何綠萍，2005）。臺北市建國高中的紅樓、北一女中的光復樓、龍門國中龍安坡黃宅濂讓居、臺大的校門、臺北科技大學1912年興建作為陳列校史的思賢樓、建成國中與當代藝術館共構；新北市私立淡江中學八角塔校舍；臺中縣國立東勢高工「大雪山林業公司製材場」；臺南市成功大學道光28年的小西門以及道光6年和同治12年的大砲，臺南大學附小的百年老樹校園有100年樹齡的鐵刀木、銀樺、白玉蘭、金龜樹和200年以上樹齡的刺桐；宜蘭縣澳花國小有600年樹齡的樟樹；苗栗縣興隆國小有800年樹齡的樟樹；高雄市高雄中學的紅樓。百年老樹的蒼勁、歷史建築，見證學校的成長。

（三）校園空間與設施史蹟文物的保存和運用

校園空間與設施和學校相關的史蹟文物、創校紀念物、校史碑文或圖騰、列管老樹（百年以下）或古物等，具有校內時間軸線的歷史價值，是學校文化的發展點，應妥善保存或加以運用，以強化學校的文史價值。例如：美國哈佛大學的紀念教堂，被公認為最美的建築之一。大陸清華大學的「清華園」舊校門。臺灣東海大學由貝聿銘和陳其寬設計的路思義教堂，以四片雙曲面板前後組合而成，兩片曲面板在屋脊處分開成天窗，加

上室內向上揚升的格子樑，益增神聖莊嚴的宗教氣氛。政大的四維堂、志希樓、果夫樓和校史館的建置，臺中教育大學的行政大樓、臺南大學的紅樓、國北教大的禮堂等，皆屬校園紀念性建築與設施，其保存與運用，可以聯繫前後校友之情感。北京四中百年校慶將首任校長王道元之〈訓誡〉，以百萬年之冰川漂礫勒為「訓誡石」；臺北市北一女中書寫「正直、堅強、嫻淑」的校訓碑，溪山國小魯冰花時光迴廊；國立臺南一中1928年興建的紅樓廊柱壁面仍留下許多歷史意象的彈孔痕跡；新北市德音國小運用運動場看臺底邊狹小的水泥地，讓第一屆畢業生蓋手印，別具意義；花蓮縣鳳林國小中庭，民國39年由日本神社改建的小孔廟（如圖33），每年辦理祭孔典禮，使該校成為校長的夢工廠，培養出的中小學校長（曾任和現任）超過100位之多；臺東縣龍田國小校園有許多列管的珍貴老樹，如日本黑松、馬尾松、榕樹、楓樹，紅葉國小庭園中嵌入樹幹供練習揮棒的輪胎，讓人回溯時光，感受臺灣棒球源起的感動和震撼。校園史蹟文物，展現學校成長軌跡與文化生命力。

小孔廟是校園史蹟，每年祭孔大典的「精」緻文化，讓該校成為教師和校長孕育的搖籃，迄今培養100位以上的校長。

圖33　花蓮縣鳳林國小的小孔廟

四、校園空間與設施內容增加

校園創意設計「求進」的做法，在校園空間與設施的內容增加，充實點、線、面、體的整體內涵，使庭園成為教材園，使教育設施增添文化教育意涵或有輔助教學功能，具有填海造陸、逢水添橋、點石成金之效。具體做法如下：

（一）校園空間與設施單點聚焦並具教化功能

校園空間與設施的每一單點，運用巧思，讓其成為引人矚目的焦點情境，並使之具有教化或輔助教學功能。例如：英國劍橋大學皇后學院（Queen's College）的數學橋（Mathematical Bridge），原結構運用幾何學原理興建，不用釘子，後來整建已釘上釘子（Drake, 1996），該橋的留存仍具有深層的數學教育意義。美國德州達拉斯浸信大學（Dallas Baptist University）的耶穌為彼得洗腳銅雕，意含「謙卑」之意；耶魯大學（Yale University）法學院大門前著名的浮雕「小偷、法官、律師和警察」，深具啟示意義；加州大學理工學院（The California Institute of Technology）噴水池中有學生的精心傑作，是一隻鋼塑鯨魚，旋轉動力完全靠水柱帶動（光華雜誌編輯部，1992）；哈佛大學著名的「三個謊言塑像」位於哈佛園，英挺的塑像下有三行字：「約翰·哈佛、創校者、1638」，事實上，哈佛大學創校於1636年，而哈佛先生只是贊助者，更荒謬的是這個英挺的塑像根本不是哈佛本人，是因校方找不到他的檔案照片，只好找一位有模特兒風範的哈佛校友當替身，這對以「真理」為校訓的哈佛也算是糗事一件（光華雜誌編輯部，1991），卻也傳為奇聞軼事。日本早稻田大學1928年興建的演藝博物館前側有坪內逍遙先生的塑像，據說與之握過手的人可以進入早稻田大學唸書，因此該校有70%的人都與之握過手（如圖34）。臺灣交通大學百年校慶楊英風緣慧潤生的不鏽鋼雕塑作品，成為學校的地標；臺北市政大附中以學校願景「自由、自律、創意、活力」為主題的FACE大型鋼塑，天母國中蘊涵「三人行必有我師焉」的致誠化育雕塑；新北市五寮國小中庭的綠竹筍（當地特產）造

形休憩亭；南投縣親愛國小萬大分校校門區的「瑪‧札吉斯－舊部落重現圖」；臺南市忠義國小庭園的日晷設施；高雄市特殊學校的「愚公移山」雕塑；高雄縣蔡文國小的笙梯；花蓮縣古風國小的布農族八部合音雕塑，卓楓國小的布農族年曆刻畫壁飾，提供族群美學和教育情境。校園空間與設施，運用單一設施形成別具意義之教學點，簡單易行。

據說與坪內先生的塑像握過手的人可以「進」入早稻田大學唸書，因此該校有70%的人都與之握過手。

🏰 圖34　早稻田大學演藝博物館前側坪內逍遙先生的塑像

（二）校園空間與設施由點連成線並具教化功能

　　校園空間與設施由點連成線，運用巧思，整合學校的點狀教育情境，讓校園呈現系統性線性教育環境，並使之具有教化或輔助教學功能。例如：東海大學文理大道長180公尺、寬14.5公尺，兩側為合院式的學院，塑造出莊嚴的校園氛圍，而翠綠的草皮和特殊的燈光設計，為文理大道創造了日夜截然不同的風情（陳格理，2005）。東海大學的創校理念：教育不只是師生間的知識傳遞，更重要的是將生活與教育融合，就算只是行走，也能夠向大自然學習。首任校長曾約農更在文理大道中央的紀

念銅質半球體上寫道:「開創將是我們的格言」（Pioneering will be our watchword），以啓迪後學。大陸北京四中由師生選材、校友篆書，在百年校慶之際勒刻休憩迴廊的名言詩詞。澳門私立利瑪竇學校，百年校舍古樸典雅的樓梯迴廊，布置每一屆畢業生和老師的紀念照，可以讓學生知道學校的發展，並融合情感（湯志民，2002a）。臺北市興華國小沿運動場邊坡，結合校園生態自然景致，提供具有鄉土特色的環保教學步道。新北市崇德國小沿溪河邊設置自然生態教學步道。校園空間與設施，將許多教學點連成線，可形成各種有教化功能的教學步道。

（三）校園空間與設施由線延伸為平面並具教化功能

校園空間與設施由線延伸為平面，運用巧思，整合學校的線性教育情境，讓校園呈現系統性平面教育環境，並使之具有教化或輔助教學功能。例如:牛津大學的植物園（botanic garden），是英國最古老的植物園，有大量的物種和美麗的花叢林徑，汲取世界植物園不同風格之精華（陳康園，2005）。美國德州賀克蝶女子學校（The Hockaday School）作為畢業儀典之用的精緻戶外劇場。澳門葡文學校獨特的葡萄牙磁磚牆飾，讓孩子們知道他們來自葡萄牙，入門大廳牆繪「知識之鑰」，隱喻有知識的人眼界較寬，可以看到新世界（湯志民，2002a）。臺北市士林國小有敘述校史沿革具有史蹟意義的前庭;新北市秀朗國小側庭有天鵝哺育雕塑的慈暉園，莒光國小側庭有作為「言論廣場」的戶外劇場，屈尺國小漆上長頸鹿的校門柱，勉勵學生「『屈』一『尺』，伸一丈」，一如長頸鹿的頭低一尺抬頭能看丈遠，有大丈夫能伸能屈、退一步海闊天空之意;基隆市長樂國小校門區有長25m的「長樂兒童，快樂成長」馬賽克大壁畫;宜蘭縣東興國小以龜山島為鄉土地標的中庭廣場，蘇澳國小的自然生態教學園;新竹市朝山國小位處濱海地區，船形警衛室和帆形大門呈現「海的意象」;花蓮縣私立海星中學課桌椅造形的校門，有期勉用功讀書之意;屏東縣墾丁國小前庭有作為「林間教室」的戶外劇場;臺東縣加拿國小運動場護坡有寫著布農族語「MIN HU MI SAN」（謝謝您）的草坡花壇。校園空間與設施，運用平面和立面空間，可使教化功能更為廣泛。

（四）校園空間與設施由平面擴展為立體並具教化功能

校園空間與設施由平面擴展延伸為立體，運用巧思，整合學校的平面性教育情境，甚或與社區環境結合，讓校園（或與周遭環境）呈現系統性整體教育環境，並使之具有教化或輔助教學功能。例如：臺灣的中原大學「室設愛樓」整建工程之「社區」總體營造，由室內設計系師生和社區親子合作，採參與式設計，施作項目有：大綠地、星光牆、生態池、大廣場、戶外桌椅群、咖啡大廳、活花屏、畢業柱、舞臺樓梯、夜間照明和生態小農場等，營造出富有場所精神的新系館空間（胡寶林，2004）。政治大學運用「人、學、山、水、築」的複雜元素，結合校園建築水岸景觀浪漫氣氛，努力塑造校園建築文化景觀，以打造大學城特色，乃推動「政大校園十景賞」，包括日昇：朝迎晨曦登樟山，日落：目送夕陽步長堤，春耕：醉夢湖畔品學思，夏耘：環山森林浴創思，秋收：好漢登坡眺願景，冬藏：紅櫻綻枝望新年，親民：景美溪旁踏車行，愛物：指南山下觀魚游，精實：四維堂內學毅梅，誠心：八德道路習鴻儒（陳木金，2006）。新北市深坑國小將校園建築景觀整建，施作漂流木校門、生態池、雨水回收、落葉堆肥、太陽能板運用，成為永續校園示範學校；菁桐國小具有鄉土意象的礦區、運煤小火車校門、鐵軌庭園休憩區和鄉土校園景觀；宜蘭縣冬山國小的冬山河意象庭園景觀、校舍閩南馬背造形及舊校區移入的圍牆板塊，具有歷史傳承之意（如圖35）；花蓮縣太巴塱國小校門阿美族文化塑刻、庭園中阿美族先民塑像及住屋；屏東縣望嘉國小校門、圍牆、駁坎的排灣族生活彩繪圖和球場地面的太陽圖騰；三地國小校門、圍牆、運動場看臺和司令臺、洗手臺、戶外劇場、活動中心外牆、走廊女兒牆、垃圾桶等，有豐富的彩繪或雕飾排灣族生活；彭厝國小整建校園，設置引蝶植物區、景觀生態池、雨水回收、小生物棲息地和落葉堆肥區，以及後庄國小校舍的漂流木裝飾、親水走廊教學區、雨水回收、小生物棲息地、落葉堆肥、太陽能板運用、螢火蟲復育區，兩者皆為永續校園示範學校。校園空間與設施，由平面擴展為立體，為整體教育與文教情境之建置，將使學校充滿教育氣息和文化氛圍。

冬山國小的冬山河意象庭園景觀、校舍閩南馬背造形及舊校區移入的圍牆板塊，有「進」一步歷史傳承之意。

🏫 圖35　宜蘭縣冬山國小具歷史傳承的校舍建築和庭園景觀

五、校園空間與設施本質逆轉

　　校園創意設計「求絕」的做法，在校園空間與設施的本質逆轉，廢物利用，化腐朽為神奇，將劣勢轉為優勢，出奇致勝。具體做法如下：

（一）校園空間與設施廢物利用

　　校園空間與設施的廢物利用，主要運用環保觀念，將廢棄的免費物資重新回收再利用，以收美化環境和建構永續校園之效。例如：美國加州沃克曼高中（Workman High School）庭園的塗鴉石，將學校對面山上滾下來的大石頭置於庭院中，成績或表現好的同學可在大石頭上塗鴉；日本九州鹿兒島縣末吉小學將廢輪胎上油漆嵌入山丘作為遊戲場。臺灣政大將校園興建過程中，因建設之需而必須移除之樹，並未丟棄，而是集中種植於井塘樓和游泳池間之草坪區，有人稱之為「樹墳區」；政大附中籌建辦理「傳承」活動，即至此移植兩棵樹齡約30年的竹柏，種植於政大附中校門區，以示政大與附中之聯繫關係，同時竹柏（現存一棵）也「麻雀變鳳凰」，從化外邊陲之地，重新站於歷史的至高點。臺北市螢橋國中將報廢的課桌椅重新彩繪置於庭園中供休憩之用，萬華國中電腦教室將裝電腦的

紙箱作為置鞋架，大屯國小以廢紙箱板作為新書展示架，興隆國小回收教堂不用的雙面椅設置休憩空間，西園國小體育館將舊有木地板翻面，重新整理鋪用，撙節更新經費（如圖36）；宜蘭縣東澳國小將被颱風吹倒的大樹，置於庭園展示一段時間後，再將其鋸成數段，成為永續校園的小生物棲息地；屏東縣口社國小將廢棄的大卡車特大號輪胎油漆得光鮮亮麗，作為校門標示。校園空間與設施，運用廢物，化腐朽為神奇。

西園國小體育館將舊有木地板翻面，「絕」地反攻，重新整理鋪用，以撙節更新經費。

🏰 圖36　臺北市西園國小體育館舊地板翻新再用

（二）校園空間與設施劣勢轉為優勢

校園空間與設施的劣勢轉為優勢，主要將不良或不佳的教育環境條件，因勢利導加以轉換，使其形成難以超越的優勢，一如將「朽木不可雕」的消極意義，轉化為「朽木不必雕」的積極效用，以收其不可替代的獨特性效果。例如：香港理工大學位處山坡地，克服地形地勢困境，努力創造校園全境無障礙環境，並設置全校區立體點字牌；臺灣暨南國際大學

興建於半山腰，卻能克服地形，開創視野開闊的一片天地。臺北市政大附中將險峻的山坡地規劃為景觀優雅、錯落有致的校舍建築；溪山國小以舊車棚作簡易陶藝教室（如圖37），運用有15年歷史的舊電窯，成為建置校園陶藝特色環境的泉源；辛亥國小側門運用坡地落差設計兒童用的攀岩場；龍山國中將資源回收室改建為退休教師休息室，引進退休教師為學校服務；日新國小運用停車場出入口與圍牆邊之畸零地設置開心農場；螢橋國小運用閒置前庭規劃開心農場和設置水稻田，讓學生有栽植體驗；關渡國中PU跑道伸入校舍背後，不僅消弭了死角，同時增加直線跑道長度；三民國中將閒置前庭規劃為法式滾球場並屢獲冠軍；大直國小將閒置側庭規劃作為交通安全戶外教室，成為交安校本課程推行重鎮；西松國小利用回收學生的廢棄美勞作品布置資源回收場，成為小朋友喜歡聚集的聚寶屋；新北市板橋國中將閒置教室規劃作為教師休息室，國光國小將閒置庭園空間規劃為羊咩咩生態園，米倉國小將閒置教室改建成玩具圖書館和陀螺教室，並訓練學生打特技陀螺，成為該校特色。校園空間與設施，將劣勢轉為優勢，形成難以超越的特色。

溪山國小以舊車棚作為簡易陶藝教室，運用有15年歷史的舊電窯，成為建置校園陶藝特色環境的泉源，堪稱一「絕」。

圖37　臺北市溪山國小的簡易陶藝教室

六、校園空間與設施絕處逢生

校園創意設計「求妙」的做法，在校園空間與設施的絕處逢生，強調無中生有、功能與價值昇華，猶如枯木逢春，產生始料未及的功能，並收「山窮水盡疑無路，柳暗花明又一村」之效。具體做法如下：

（一）校園空間與設施的無中生有

校園空間與設施的無中生有，主要係因應校園環境之限與使用者需求，巧妙思考和增添原空間設施的功能，使之跨越原有規劃設計功能（重點在事後的發現），產生不增加空間設施即能滿足使用功能需求之奇妙效應。例如：日本鹿屋體育大學運用行政大樓頂樓的屋頂，作為參觀校園的平臺，站在校舍高點俯瞰四周的體育設施，甚為便捷且一目了然。北京大學未名湖冬季結冰，吸引許多男女老少來此滑冰，還有賣冰糖葫蘆的小攤販，真是熱鬧，使未名湖冬季結冰的湖面，成為校園人潮匯集之地（如圖38）。政治大學行政大樓入門廊道，透過大片玻璃門鏡，成為學生練習跳舞之地；而門前階梯平臺，甚至作為蚊子電影院、新年團拜場所、校慶學生表演重地，使之成為政大的新藝文和文化生活重心。澳門聖羅撒女子中學校舍前的大階梯，原為進入校舍的主動線，每年的畢業生，包括幼稚園、小學、初中和高中生，剛好坐滿整個大階梯，巧妙地成為畢業照群聚一堂的空間（如圖39）（湯志民，2002a）。臺北市中山女高前庭的成排樹林，後來發現可以作為蔭涼的停車場，每兩棵樹間距寬度剛巧可容納一輛汽車；龍山國小以學海書院為背景的孔子塑像，益顯莊嚴偉大；新北市北新國小體育館和校舍之間的通廊，學生反向用之作為躲避球場；宜蘭縣羅東高中沿校界溪流，巧妙地成為學校的天然屏障，學校設計為聆風曲（水際步道），供學生散步遊憩。校園空間與設施，善用巧思，新增功能，無中生有，是為妙策。

北京大學未名湖冬季結冰，成為校園人潮匯集之地，真是「妙」哉！

圖38　北京大學冬季結冰的未名湖

百年校舍前的大階梯，是每年幼稚園到高中畢業生，拍畢業照群聚一堂的巧「妙」空間。

圖39　澳門聖羅撒中學的室外大階梯

（二）校園空間與設施的功能和價值昇華

校園空間與設施的功能與價值昇華，主要繫於無中生有之上，運用巧思和增添原空間設施的使用及營運功能，使原功能和價值昇華，以產生不增加空間設施即能滿足使用功能需求，且能益增經費收入之奇妙效應。例如：臺大的尊賢樓、政大的憩賢樓，以及國立三重高中、北市濱江國小、新店國小游泳池委外經營，皆能引進外資和人力，協助學校有效經營空間和設施，讓學校師生生活便利，並能有權利金之營收，有利學校設施經營、管理、維護和運用。校園空間與設施引用外部資源，促使原功能和價值昇華，運用得宜，不僅無中生有，更增財源，實乃妙中之妙。

《宋史·岳飛傳》記載，岳飛對宗澤說：「陣而後戰，兵法之常，運用之妙，存乎一心。」意思是擺好陣勢後出戰，這是打仗的常規；但運用得巧妙靈活，全在於善於思考，則是高超的指揮作戰藝術。校園的設計亦然，運用大批經費建設校園建築與設施，這是興建學校的常軌，但如何發揮巧思，使之具有令人遐思的獨特創意，讓百年樹人肅然的境教環境，能增添莞爾趣味，激起蕩氣迴腸的潛移默化之效，這就是存乎一心的智慧與藝術，運用之妙無他，用「心」而已。

數十年來，臺灣的學校，不論是大學、中學、小學或幼稚園，校園創意空間如雨後春筍般的出現，這裡有許多教育主管部門的關心推動，也有更多學校行政主管和老師們的用心推展，創意成效處處湧現，多思考、多觀摩、多動手策略運作，隨手拈來都會有一份意想不到的驚奇佳作。臺灣的校園有長足的進步，校園創意設計居功厥偉，也最能快速增添、轉化和增強境教內涵與功效。企盼有志之士能在此一園地，攜手奮進，讓臺灣的學校更美麗，讓我們的孩子更有創意。

第四章

校園建築美學

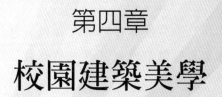

設計師的口號「每個校園都是有特色的地方」是無懈可擊的觀察，正如注意到每一天始於黎明而終於薄暮。

（The designer's slogan "Each campus is a distinctive place" is a faultless observation, like noting that the day begins at dawn and ends at dusk）

——R. P. Dober, 2002

〔教育設施設計〕……除非符應所有目的，包括高的美學滿意度和心理舒適度，否則不能說兒童完整受教，校舍建築也不能算興建完成。

（[Educational facility design]……The child is not fully educated and the building is not complete unless all goals are met, including high levels of aesthetic satisfaction and psychological comfort）

——A. Taylor and K. Enggass, 2009

校園是一項藝術作品（a work of art）（Gaines, 1991），其藝術的表達係透過建築與景觀融合於物質環境之中，並反映著我們文化的意義和重要性。睽諸世界各國，許多著名的大學，如：英國的牛津、劍橋大學、法國的巴黎大學、美國的哈佛、耶魯大學、德國的海德堡大學、中國的北京大學、日本的東京大學、澳洲的墨爾本大學等，其校園建築風格美學獨具，經過歲月的洗禮，本身即成為歷史與文化的表徵，深具人文意象，師生涵泳其間莫不受影響，學術成就大放異彩。

學校是探索知識、涵養人格與培養創造力的地方，每一個校園都應具有風格與特色（Dober, 2002）。Cornelius（2013）強調校園之美是選擇大學的第一個條件，校園建築優美的外觀的確會吸引和留住學生，而校園美學發展不僅在於重要的「第一印象」，更在於建設「長久的記憶」（Abilene Christian University, 2013）。

因此，校園建築美學成為校園建築規劃與設計的指標和重點。例

如，佛羅里達州教育設施規劃人員協會（Florida Educational Facilities Planners' Association, 2012）辦理2012建築展示獎，以「美學的社區運用」（aesthetics for community use）為評選標準之一。2012年，著名的《美國學校與大學》（American School & University）期刊舉辦的教育內部裝修競賽，評審優勝七項標準之一為：空間應引人和動人（inviting and engaging）（Hill, Doytcheva, & Stubbs, 2012）。湯志民（2001）研究學校空間革新，發現臺灣中小學認為最重要的七項規劃重點，「形塑文化藝術的學校環境」高居第二，顯見校園建築美學甚受青睞與重視。萬新知（2009）研究發現，近10年新設（建）國小在學校建築美學的整體表現，獲中高程度的肯定，以「意象美學」及「具象美學」的表現較佳。

近30年來，臺灣各縣市政府逐步更新改建學校，校園建築造形和色彩都有相當大的進步和突破。1985年起，宜蘭縣率先推動第一波校園建築美學，以「美感取向」作為規劃理念之一（莊和雄主編，2001），成為臺灣校園建築的典範縣。1992年，「文化藝術獎助條例」頒布，規定公有建築物至少以1%造價設置公共藝術，為學校建築美學環境建構提供有力的支持。1999年921震災，重創中投地區學校，教育部繼而推展「新校園運動」，南投縣重建學校以「最美麗的校園在南投」作收。2005年臺北市推動優質校園營造，「藝術校園」列入要項之一、配合花博推展校園圍籬好好看，2016年配合設計之都推動「校園角落美學」。期間，嘉義縣、臺南市、高雄市也相繼推動校園空間美學和好旺角等。2012年，教育部推動國民中小學營造空間美學與發展特色學校第三階段計畫（教育部國民及學前教育署，2012）。2013年，教育部提出「美感教育中長程計畫：第一期五年計畫（103至107年）」，擬投資新臺幣41億9,854萬5,000元，其中與校園建築有關者，包括「創造美感環境，推廣生活美學」之發展策略，「活化校園空間及學校建築美學、藝文特色社區、質樸美適之生活美學成為社會美感的時尚」之預期效益，以及「補助中小學辦理校園美感環境再造計畫，發展特色學校」之行動方案，以及具體執行方案：如永續校園局部改造計畫納入環境美學議題，國民中小學整建老舊危險校舍納入美感環境要項，設公立幼兒園（班）及改善幼兒園教學環境納

入兼具環境美學，中小學校園美感環境再造計畫發展特色學校重視營造空間美學（教育部，2013b）。

臺灣的校園建築美學政策推展甚為快速，惟校園建築美學論述較為不足，值得深入探究。以下擬就校園建築與美學、論校園建築之美、校園建築美之推展等三方面，分別探討之。

第一節
校園建築與美學

校園是校舍建築、庭園和設施所形成的學校景觀，蘊含歷史、文化與教育內涵。狹義的校園僅指學校庭園；廣義的校園，包括校舍、校園、運動場及其附屬設施，本書的校園以廣義定之。以下擬就美學的基本理念、美學的心理學理、校園建築的美學重點，分別探析。

一、美學的基本理念

「美學」一詞來源於希臘語aisthetiko，最初的意義是「對感觀的感受」，十八世紀由德國普魯士哈利大學的哲學教授A. G. Baumgarten（1714-1762）首次使用，並出版《美學》（Aesthetica）一書，使美學成為一門獨立學科，也使其成為美學之父（互動百科，2014）。美學（aesthetics）是研究美的性質和法則之學，美學的研究有三種取向（互動百科，2014；唐鉞、朱經農和高覺敷，1974；Good, 1973; Wikipedia, 2014b）：(1)美學的研究物件就是美本身；(2)美學的研究物件是藝術；(3)美學的研究物件是審美經驗和審美心理。

楊裕富（2011）認為美學泛指兼顧審美取向與藝文創作所帶來的人文慰藉與美感的知識和感受（第15頁）。黃耀榮（1990）認為美學是一種對事物美好感受的抽象表達，目的在建立一種能夠客觀鑑賞及表達事物形式美醜的方法與架構。魏麗敏和陳明珠（2014）認為美學的本質是真、善、美一體，美學的類型包含動態與靜態之美，有視覺上的美學、聽覺的美學，更有綜合美學的複雜展現。就建築而言，美學的研究主要

在創造可以引領愉悅反應的環境外觀（Bell, Greene, Fisher, & Baum, 2001）。美學的主要理論思想約可分爲三大類（鄔德儂編譯，1991）：

（一）形式主義

認爲美是形式上的特殊關係所造成的基本效果，諸如高度、寬度、大小或色彩之類的事情。這種美學思想，在建築評論中激起了建築設計比例至上的觀念，熱衷於在高、寬、厚、長的數學關係中尋找建築美的奧妙。

（二）表現主義

其基本概念強調藝術作品的表現，表現十分得體，形式才美。許多更近代的評論家則認定，建築美的重要基礎之一是表現建築物的功能或使用目的。

（三）心理學理論

以移情（Einfuhlung）和格式塔（Gestalt）的心理學理論最爲重要；前者認爲，當觀者覺得他本身彷彿就生活在作品生命之中時，這一藝術作品即具有感染力的美，是人們在一個事物裡覺得愉快的結果。在建築學中，美是由觀者對建築物現實作用的體驗而得來的，如簡樸、安適、優雅，可以說愉快寓於建築物強烈感人的丰采之中，寧靜寓於修長的水平線之中，明朗寓於輕鬆的率眞之中。後者認爲，每一個自覺的經驗或知覺都是一個複雜的偶發事件，因此，美的感受並不是簡單、孤立的情緒，它是一種感覺、聯想、回憶、衝動和知覺等等的群集，迴盪於整個的存在之中，抽掉任何一個要素，都會破壞這個整體。

二、美學的心理學理

美感的產生來自「人」能充分運用其身心靈，知覺「外界」所存有的特殊性質，而感受與領會到的美好經驗；「外界」的特殊性質之所以能普遍引起多數人心的感動，是因爲外界所存有的人、事、物，在形式與內容上能顯現美感的成分，諸如：「整潔」、「秩序」、「條理」、

「節制」、「調和」、「色彩」、「節奏」、「均衡」、「輕重」、「簡約」、「複雜」或「意義」等，讓人產生愉悅、幸福、舒適、激賞、嚮往、崇敬、情緒淨化或省思之情（教育部，2013b）。黃德祥（2014）也強調，美學本質上就是感官經驗，係透過身體感官、體驗情感、情意與美感，進而做出審美判斷，引發想像，產生愉悅、滿足與自我實現感。因此，美的發生離不開人心理因素的參與，人在審美活動中總是伴隨著各種心理活動，諸如情感、愉悅、想像等。美國美學家G. Santayana說：「美是在快感的客觀化中形成的，美是客觀化了的快感。」（互動百科，2014）校園建築的一石一木、一花一草、一池一亭，也希望創造出種種詩畫意境，一如李清照的「水光山色與人親，說不盡、無窮好」，或如辛棄疾的「我見青山多嫵媚，料青山見我應如是」，與自然景觀互為知己的感性與移情。

　　審美的經驗來自美感的心理作用，就校園建築而言，環境心理學的研究提供很好的理論基礎，其中環境知覺（environmental perception）是人在環境系統中，透過認知、感情、釋義及評估以處理環境訊息的心理歷程（湯志民，2006c），可用以說明美感詮釋的心理歷程。

　　以Brunswik之透鏡模式（lens model）為例，Brunswik將環境知覺視為一個訊息處理的系統，他以生態線索效度（ecological cue validity）的觀點提出環境知覺的透鏡模式，並進一步說明有機體將遠處分散的環境刺激重組，正如同透鏡捕抓光線並將其聚集於單一平面一般（引自Ittelson, Proshansky, Rivlin, Winkel, & Dempsey, 1974）；在此一訊息處理系統中，Brunswik強調人在知覺過程的選擇及主動性角色，以「美」來說，並非直接感知，但可從客觀、可測量的情境特徵之「遠側線索」呈現出來，而「最近線索」是觀察者對這些遠側線索的主觀印象（subjective impressions），知覺的美則是基於觀察者對「最近線索」的統整，知覺的美（perceived beauty）和實際的美（actual beauty）如契合達成，下列幾點會非常相似：(1)實際的美能真正在遠側線索中呈現，亦即有高的生態效度（ecological validity）；(2)最近線索和遠側線索密切相關；(3)最近線索與判斷的美密切相關，亦即觀察者能有最好的線索運用（引自Gifford, 1987）。Brunswik的透鏡模式，詳如圖40所示。

情境

要判斷的品質：美

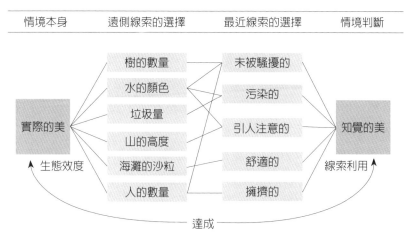

| 情境本身 | 遠側線索的選擇 | 最近線索的選擇 | 情境判斷 |

圖40　Brunswik之透鏡模式

資料來源：Perception and the Repressentative Design of Psychological Experiments, E. Brunswik, 1956.（引自Gifford, R., 1987）*Environmental psychology: Principles and practice*, p.28.

三、校園建築的美學重點

　　建築景觀能夠引發美感，係因具備良好的材質、色彩、圖像、聲音、節奏、旋律、空間、氣氛、設計、規劃或結構等之美感的特質（教育

部，2013b）。校園建築物與環境的美學，彰顯於情境，諸如境教、舒適環境感受、可欣賞的環境，隨著四季變化的環境（植栽、綠地），形成美好記憶的人、事、物背景並交互影響（王智弘和廖昌珺，2014）。對校園建築規劃而言，美學是重要的理論基礎之一，如果校園建築所提供的視覺感受雜亂無章，學生受其影響，在身心健康和情緒發展上，必然有所妨礙；反之，校園建築所提供的視覺感受有條不紊且賞心悅目，則學生在身心的健康、愉快和滿足，必然會明顯地增加。所謂「山光悅鳥性，潭影空人心」，「仁者樂山，智者樂水」，正說明了人、環境與心靈間的契合關係。

至於校園建築美學之概念，萬新知（2008）將「學校建築美學」之意義歸結爲：「學校建築之實體、空間、環境之形式及空間運用，在建築藝術與學校教育需求下所呈現之美感，其能促進使用者的美感經驗並展現教育空間應有的風格。」（第42頁）

詹紹威（2014）認爲建築美學係指：「校園結合教育理念與建築技術，在質料、形式、象徵意涵及空間功能等方面，表現校園建築特有的美感與風格。」（第16頁）

湯志民和廖文靜（2014）認爲校園建築美學係指：「學校教育設施和景觀的造形與色彩，在功能、形象和蘊意上，具有自然、舒適、愉悅的美感與風格。」（第57頁）

因此，校園建築美學可說是學校教育設施和景觀的造形、色彩、結構、量體、質感、光影、符號和表徵等，在功能、形象和蘊意上，具有自然、舒適、愉悅的美感與風格。校園建築的造形、學校建築的色彩，以及校園的綠化美化，爲校園建築的美學重點，企求能呈現最優美雅致的教育情境。

（一）校園建築的造形

校園建築造形包括：(1)學校建築實體造形；(2)學校空間造形；(3)室內造形；(4)動線造形；(5)學校特徵造形；(6)其他造形等種類（蔡保田、李政隆、林萬義、湯志民和謝明旺，1988）。在規劃上，應先掌

握的造形四要素的特質，如：點（point），是造形之最基本元素，僅具有位置；線（line），是點的移動軌跡，具有長度、方向和位置；面（plane），是線的移動軌跡，具有長度、寬度、形狀、表面、方位和位置；體（volume），是面的移動軌跡，具有長寬高、造形、空間、表面、方位和位置（李琬琬，1989）。其次，校園建築造形必須從外形的美醜、塊體的量感、結構的力學原理、空間模式的變化、造形的象徵性、時代的意義性、陽光與陰影的變化，以及色彩、質感所產生獨特風格的藝術效果等等，加以探討。Keats曾說「美即是真，真即是美」，美唯有當造形不論是哥德式建築或後現代建築，能滿足最高的教育目標、教學需要、文化與環境的協調，始得稱為永恆的美，亦即至真、至善、至美（蔡保田等人，1988）。

需補充的是，發軔於1950年代的後現代主義對建築造形的轉型與發展有很大的影響，後現代建築反對並批判現代建築過度理性、形式單調、強調機能與機械複製之國際式樣風格塑造與發展，企圖承繼與超越現代建築，並在建築造形和空間形式，呈現符號、隱喻、裝飾、歷史、文脈、折衷等重視表徵與表意之建築形式；整體來看，後現代建築在建築造形和空間形式會呈現結構複雜、造形獨特、象徵符號、價值多元之特徵，會給人創意、醒目、驚豔或突兀、反諷、戲謔之感，但卻令人回味無窮（湯志民，2013b）。需提到的是，臺灣在邁入1980年後，因信心與經濟力創造了一波新建築熱潮，建築的多元發展反應出後現代主義的趨勢，後現代理論大師 F. Jameson等造訪臺灣也推波助瀾後現代主義之流行（傅朝卿，2013）。後現代主義建築在形成世界趨勢的同時，也對臺灣建築及校園建築形成不可忽視的影響。

（二）學校建築的色彩

優美的色彩對兒童們具有陶冶身心、激發學習興趣、誘導情緒正常發展、培養對美的鑑賞、維持視覺舒適，使兒童心情輕鬆、精神愉快等作用。Vickery（1972）認為色彩對學校重要的原因有四，在學校建築規劃上值得我們注意：

1. 不同的色彩給予學生不同的情感反應（如興奮、平靜）。

2. 色彩可使空間形式和發音（articulation）更明顯，有助於學生的知覺發展。

3. 色彩調節室內的日光反射，可提高照明度。

4. 非常技巧的使用，色彩有助於減少眩光所引起之不適。

事實上，色彩的運用，如橙、黃、紅等暖色，具有前進性、積極性，以及活力、熱情之聯想；而青、青紫、青綠等冷色，具有後退性、消極性，以及沉靜、悠久、理智之聯想（國立編譯館主編，1983）。在學校建築規劃上，可適切的表現建築物之特性及不同功能。

（三）校園的綠化美化

在校園景觀上，綠化美化是學校建築規劃的首要工作，而「外師造化，內發心源」的形式美和深一層意境美的掌握，是其基本法則。在具體做法上，可從黃耀榮（1990）所提的「內向與外向」、「看與被看」、「主從關係」、「空間對比」、「疏與密」、「引導與暗示」、「滲透與層次」、「借景與分景」等各種布局和配置手法，詳加運用。

第二節
論校園建築之美

校園建築美學主要表現在校舍建築和庭園景觀上，兩者整體美感的融合則為校園之美的內涵。以下分別就建築之美、庭園之美與校園之美加以說明。

一、建築之美

建築之美，因「功利關聯」、「形式愉悅」或「意蘊表現」而顯現不同之美感，茲要析如下（汪正章，1993；湯志民和廖文靜，2001、2014）：

（一）功能美

建築物的美由功能衍生而出，有用即美，實用是萬美之源。「功能主義」是近代「益美」說的最典型、最具權威性的代表之一。美國建築家Sullivan提出一個意味深長的劃時代口號，叫作「形式追隨功能」（form follows function）；亦即，建築外在的形式美應當服從建築內部功能的需要，建築形式應當由內部功能自然形成，而不應當套用現成的歷史式樣，或是隨心所欲地任意塑造。

（二）形象美

建築物的美自有外在形式美的規律。美在形式，美在形象，美在形象的完整、和諧、生動和鮮明，從而激起人的「愉悅性」美感。建築的美在於其自身形象的優美，建築審美客體的形體、結構、材料、色彩、裝飾、質地、肌理等構圖要素及其所構成的相互關係，表現普遍的美感概念，諸如建築形體的均衡、建築結構的對稱、建築材料的質感、建築色澤的鮮明、建築裝飾的和諧、建築質地的協調、建築肌理的秩序等等。「黃金分割比」（1：1.618）是西洋視覺藝術上理想的比例法則，對建築美的形體比例影響最大。

（三）蘊意美

建築物的美在於能表達某種意義、思想、情感及外在的客觀世界，這類「表現」之說，強調美的蘊涵性。例如，羅馬建築的雄壯美，在於表現奴隸主專制帝國的顯赫霸業；哥德建築的崇高美，在於表現宗教的意識狂熱。其基本思想是經由建築形式和空間表現某種意義及觀念，表現人的情感，表現一定的意境氣氛等等。例如，表現生活現實和歷史文化的「關聯性」，可從古典建築的柱式、山花、拱捲等部件中提煉一些裝飾符號，加以異化、分解、加工和重構等變形處理，融入現代建築語言系統，運用在建築創作中。許多校園建築，特別是大學校園的行政大樓、圖書館和學院大樓，常以此表現校園美學。而大學要像「知識殿堂」，中小學要像

「家」一樣溫馨，也是建築蘊意美的詮釋與表現。

建築之美以能涵融功能美、形象美和蘊意美爲最。建築是環境藝術之母，可從「凝固的音樂」、「石頭的史書」、「木頭的畫卷」、「混凝土的詩篇」、「鋼鐵和玻璃合奏的交響曲」、「巨大的空心雕刻」等詮釋和讚譽中，深刻體會。

二、庭園之美

中西文化源流互異，庭園景觀各有特色。校園景觀以中式庭園、西式庭園和日式庭園爲主要典範，其庭園美學更有擅長，茲要析如下：

（一）中式庭園美

中國庭園「蟬噪林愈靜，鳥鳴山更幽」的亭臺榭舫，「山窮水盡疑無路，柳暗花明又一村」的迴廊曲徑，「春江水暖鴨先知」的小橋流水、荷池水塘，以及拱門格窗、假山樹叢、玲瓏怪石、參天古木等等，具巧、宜、精、雅的特色（王鎭華，1989；阮浩耕，1994；洪得娟，1994；許石丹，1987）。「雖由人作，宛自天開」，自然與人文交融的氣息，創造出「生境」、「畫境」、「意境」的獨特風格（周鴻和劉韻涵，1993），寓富有詩情畫意，令人低迴餘味不盡。

（二）西式庭園美

如歐洲庭園布局對稱成幾何圖形，花草如毯，樹籬剪形，水池雕像，對比強烈，氣氛活潑，節奏明顯，進入庭園一覽無遺（陳志華，1990；Enge & Schroer, 1990）。

（三）日式庭園美

日本庭園池中設島，陸橋相連，園中布溪，水邊置石，土山植樹爲林，點綴瀑布，草坪樹籬平整，砂石步道貫穿其間，橋低矮小裝飾燈具，誠爲大自然之縮影（Carver, 1993; Oster, 1993）。

庭園之美，比之建築，意境更爲深遠。北京大學的「一塔湖圖」

（博雅塔、未名湖、圖書館），構成燕園建築精髓。博雅塔是北京大學的象徵，佇立於未名湖畔，湖光塔影，相映成趣；未名湖畔有一玲瓏的六角鐘亭，內懸一口鐫有龍、海濤和八卦圖案的銅鐘，亭外古木蒼茫、翠枝綠蔭，蔚爲燕園古樸一景。大陸清華大學清朝康熙年間爲圓明園附屬園林，稱熙春園，園內林木俊秀，清華池、牡丹園、聞亭、聞一多像、荷塘月色、古月堂、水木清華等園林建築，展現中國傳統的皇家園林風格。此外，復旦大學的「曦園」、同濟大學和蘇州大學庭園的曲橋亭榭、華東師範大學的荷塘映月，益添園景新貌和趣味。

三、校園之美

校園，凝神觀賞外表，會感受其造形美；在行進中觀賞，步移景異，會感受其空間美；置身校園內外，多方品評，會感受其環境美。校園的「造形美」、「空間美」和「環境美」，是融合建築之美與庭園之美的獨特美感表現，茲要析如下（汪正章，1993；湯志民和廖文靜，2001、2014）：

（一）校園的造形美

訴諸「實體」型態，強調「體形美」和「立面美」、「靜態美」和「動態美」、「外飾美」和「素質美」。

「體形美」以體積、體量和體態呈現美感；「立面美」重視比例尺度、對稱均衡、節奏韻律等形式美法則，講究雕塑性的美感。對稱、規則的造形和平面風格易產生「靜態美」；非對稱、不規則的造形和立體風格易產生「動態美」。「外飾美」重視對原型素質外表的修飾；「素質美」則由空間的外在形體、結構型態、材料質感及明暗色澤等共同組成。

（二）校園的空間美

訴諸「虛體」型態，強調單一圍合空間的「靜態美」、有機複合空間的「動態美」，以及園林趣味空間的「變幻美」。

「靜態美」的單一空間只有「空間性」，沒有「時間性」，它是純

粹的三度視覺空間，一種安寧、靜穆、隱蔽、清晰的空間型態，有較好的
「私密感」和「安謐感」，其出發點是建立在人靜止不動的視覺基礎上。
「動態美」的複合空間，加上「時間」因素而成為四度空間，一種外向、
連續、流通、滲透、穿插、模糊的空間型態，建立在人不斷變動的視覺基
礎上，「靜寓動中，動由靜出」，正因為經過視點的連續變動，才使人真
正領略到此一「流動空間」、「有機空間」之美。至於「變幻美」，是一
種特殊型態的有機複合空間，或許是五度、六度、甚至無數度空間，由無
數散開的透視點所構成，無固定透視點，呈現「豐富性和多變性」、「無
限空間和永恆時間」，而建築和庭園交織，複合和單一交錯，動態和靜態
交融，園亭樓閣、小橋流水、綠樹成蔭、栽花取勢，大中見小，小中見
大，實中有虛，虛中有實，漫遊其間會感到空間動靜交織，回味無窮。

（三）校園的環境美

訴諸其「綜合」型態，強調校園環境的「整體美」、「系統美」和
「綜合美」。

「整體美」是古老的美學概念，追求自我完善、自我淨化，古典建
築藝術把建築整體美發展到極端化和絕對化，現代建築從建築個體轉向建
築環境，不在求自身形象的「盡善盡美」，而在求與整體環境的和諧結
合，建築的個性、鮮明、特色等，皆應納入校園的整體美之中，而校園建
築和景觀更應融合於自然環境中。「系統美」強調校園與環境的有機結
合。校園環境是一個複雜、多元、多層面的大系統，「城市－學校－建
築」、「室外－半室外－室內」、「自然－半自然－人工」組構校園環境
系統的鉅觀、微觀之不同層次，建築與建築、建築與景觀、建築與自然，
都要在環境美的系統秩序中相互扶持、和諧共存；然環境美的奧妙在「結
合」，建築和環境要素的「協調」、「對比」，都是一種結合，建築環境
的自然、人工或文脈要素，皆可以不同結合方式取得統一和諧的美學效
果。「綜合美」強調建築環境藝術的主旨不但要創造和諧統一的「環境建
築」，而且要造成豐富多彩的「建築環境」。不僅小品、噴泉、水池、山
石、花木、草坪、步道等園林景觀皆為建築環境的有機部分，即使室內外

的公共藝術、雕塑、壁飾、園桌椅、地毯、家具、裝修、陳設等，也都直接為建築環境藝術注入「美」的生機，一如音樂小調、大調在和諧樂章中變化交融，牡丹需綠葉扶持，玲瓏棋局一子點活，校園設施應有畫龍點睛之效，並與建築環境一起共生、共存、共榮，此為建築環境美的綜合性。

　　校園之美，漫步其間，最能體會。哈佛大學位於查理斯河畔歷史悠久、造形優雅的古典校舍建築和優美的庭園景觀，劍橋大學清幽雅致的古典學院建築和述說無數動人故事的康河，史丹佛大學直奔學術殿堂的棕櫚大道，校舍石砌拱形迴廊浪漫的光影變幻，前庭廣闊優雅的花園廣場，優遊徜徉，浸淫校園之美，令人醉心。

第三節
校園建築美之推展

　　校園場所的美學建構，讓生活在其中的人有機會享受美感的愉悅，而學校經歷時間與空間的刻痕，人、事、物生命的累積，所形塑校園美學的特殊性，更是學校特色的最佳指標（陳瓊花，2014）。校園美學的內涵，魏麗敏和陳明珠（2014）認為包括材質美、造形美、意境美、傳承美、教育美等五項。黃宗顯（2014）進而分析校園空間美學營造的實踐原則，包括功能性、參與性、專業性、整體性、合法性和節能性，並將具體作為分為「規劃期」、「施作期」、「成果應用期」和「維護期」等四個階段，在校園空間美學營造的概念和實作之論述，甚為精闢，值得參考。校園建築美之推展，擬就推展策略和具體做法，分別說明之。

一、校園建築美之推展策略

　　國外許多大學設置設施管理（facilities management, FM）部門，對校園規劃與發展有長期計畫，也會針對校園美學先作環境影響評估（The University of California, Berkeley, 2004），據以發展校園美學政策（Saint Mary's University, 2007），提出校園美學指引（University of Maryland, 2014），或成立校園美學委員會讓師生申請建設校園方案，並

提供公共藝術指引與政策（Pitzer College, 2014）。例如，加拿大聖瑪麗大學（Saint Mary's University, 2007）將校園美學列入政策，承諾為學生、教職員和訪客，提供一個富有美感、愉悅、溫暖和安全的校園，實施程序臚列如下：

（一）設施管理部門負責確保學校建築和場地的美觀，符合以下指導原則：(1)發展學校建築和場地，創造並維持一個愉悅、溫馨、安全、舒適的學習和工作環境。(2)景觀規劃應強調自然的綠樹濃蔭的校園，綠地、停車場、指示牌、步道、體育設施和建築的適當組合，以滿足學生和社區的需求。(3)校舍建築應以柔性愉悅的方式融入聖瑪麗大學的校色，而保持大學建築和場地的優雅、宏偉和獨特。(4)校園規劃應盡可能地符合校園總體計畫。

（二）設施管理部門應建立校舍建築內部、外部和場地的建築標準和準則，以為規範。

（三）校園內所有標語、布告欄、海報、指示牌及其他一般廣告類型項目的設置地點，以及在校園派發雜誌、文件和傳單，都應經過設施管理部門批准。

（四）各部門整修物質空間時，應按照設施管理制訂的規範性裝潢準則。標準化的裝修時間表包括窗戶修繕、油漆類型和顏色、室內裝潢和地板。

（五）申請油漆應透過工單系統向設施管理部門提出。申請更廣泛的裝修應直接向設施管理部門主任提出。

國內學校有校園整體規劃，會強調美學的重要，但像國外大學將校園美學列為學校長期發展重點者則少之又少。惟仍有學校相當努力地推展校園建築美學：成立校園藝術小組負責校園美化和裝置藝術（如臺北市西松高中）、美術老師擔綱協助校園和校門圍牆美化（如臺北市五常國小）、設置美術環保教室（如臺北市劍潭國小）、美術資優班擔綱協助校園美化設計和執行（如臺北市明倫高中）、有興趣之老師協助校園美化（如新北市新店國小）、駐校藝術家帶領學生美化校園（如臺北市龍門國中）、全體師生共同參與建置藝文中心（如臺北市成德國中、大直國小）、由畢業

生系統的裝置畢業陶版（如臺北市濱江國小）、或以工程招標委請校園工藝專家進行專業美化彩繪（如新北市重陽國小），這些校園建築美的推展策略，值得參考。

二、校園建築美之具體做法

校園建築美之推展，應以校園整體規劃和發展為基礎，發展校園環境美學藍圖，運用美感布置校園情境，益增文化氣息，並創造趣味、品味與美感的潛移默化意境（湯志民，2010）。具體做法有下列幾種方式可資參採（湯志民和廖文靜，2014）：

（一）強化建築設計

校園建築新建之際，即應將美學列為重點，將主從、尺度、比例、層次、平衡、勻稱、韻律、反覆、變化、秩序、簡明、性格、對比、統一、和諧等，列為規劃設計原則，力求建築造形之美。

（二）呈現獨特風格

校園建築造形應回應當地文化環境背景，如宜蘭縣冬山國小、南投縣南光國小的閩南馬背建築造形，桃園縣龍星國小、臺中市東勢高工的客家圍屋造形校舍，蘭嶼朗島國小傳統地下屋校舍，皆創造出獨特風格。

（三）保存史蹟建築

保存與運用校內具有歷史性或紀念性的建物，如臺北市建國高中紅樓、龍門國中的龍安坡黃宅濂讓居、臺南一中的紅樓、私立淡江中學的八角塔校舍等，力呈歷史文化之美。

（四）設置公共藝術

新建校舍建築依規定設置公共藝術，如政大附中以學校願景「自由、自律、創意、活力」為主題的FACE大型鋼塑、臺北市文山特殊學校融合教育目標的「遨翔」巨幅磁磚壁畫，形成校園美學焦點。

（五）裝置互動藝術

　　定期更新互動式的藝術裝置作品，如臺北市天母國中的前庭是由美術老師設計，並隨季節變換，以增添美感、變化和趣味；五常國小校門由師生共同設計，每兩個月由老師指導學生更換彩色鋼板，進入校門常有新意新境，開創動態美學藝術（如圖41）。

五常國小校門每兩個月由老師指導學生更換彩色鋼板，進入校門常有新意新境。

🏰 圖41　臺北市五常國小會變色的校門

（六）設置藝文中心

　　美感源自文化藝術之素養，如臺北市龍門國中、成德國中和大直國小設置藝文中心，臺北市大安國小和國北師附小定期辦理學生美勞作品展，臺北市吉林國小和新北市南山中學設置社區美術館等，推展藝術教育，涵養藝術之美。

（七）美化校園情境

善用師生藝能作品布置教育情境，如美術、陶藝、工藝、書法、生活科技等藝能科教室，以及川堂、廊道、樓梯間等（參見圖42），布置師生藝能作品，以收美感和情境教育之效。

溪口國小在樓梯間設置藝廊，布置學生藝能作品，益增美感和情境教育。

🏰 **圖42　臺北市溪口國小藝廊**

（八）強化庭園景觀

自然就是美，庭園景觀是學校弱勢空間，應加強花草樹木、花壇綠籬、大型喬木之種植，規劃亭臺樓閣，園路水池、迴廊曲徑、戶外劇場，益增師生同儕互動與休憩情趣，並注意與環境共生，力求自然與生態之美。

（九）增添校園色彩

色彩可以增添校園活力，如臺南市六甲國小打造色彩繽紛的新校舍、臺北市興德國小師生共同彩繪校園等，益增校園美感和活力。

（十）加強優質裝修

優質裝修可活化校舍，如臺北市南湖國小未來教室和天文臺，萬福、萬興和古亭國小圖書館，新湖國小音樂教室（參見圖43），興雅國小和大直國小校史館，成淵高中英語情境教室和廁所，士林國小鄉土教室等，皆呈現裝修之美。

新湖國小音樂教室呈現裝修之美

🏰 圖43　臺北市新湖國小音樂教室

（十一）美化校門圍牆

　　校門圍牆是學校的門面，也是建立社區良好關係的第一道防線，如臺北市華江（參見圖44）、興隆、西園國小的校門圍牆矮化、綠化、美化、透明化、生活化，帶動校園與社區環境之美。

華江國小拆除四周舊圍牆並加以美化，帶動校園與社區環境之美。

圖44　臺北市華江國小圍牆美化

　　學校是教育的場所，境教環境、教育氛圍、學校文化、專業社群、師生互動、家長參與、行政效能，都要在優美的校園建築和環境之中蘊育，唯有美的涵養，可以讓國民的素養深化和提升。學生的氣質，無美不足以涵融；學生的教養，無美不足以圓融；學生的素養，唯美方得浸潤。校園

建築之美，何其重要，唯有最美麗的校園，才會成爲師生永恆的回憶。

　　什麼是校園建築美？與環境共生的生態建築，優美的造形、豐富的色彩、愉悅的情境、節能的設施、優質的空間、文化的意境、亮麗的質感、良善的設備、便利的操作，在功能、形象、蘊意上，能融合庭園與建築之美，呈現與大自然契合、與環境共生共榮之校園美，才是校園建築之美。

　　校園建築之美是可以細心體會的，有立體造形、實虛相應的空間之美，有光影變幻、四季蒔花的時間之美；有花草樹木、鳥語花香的自然之美，有匠心獨具、韻律勻稱的人工之美；有樹枝搖曳、群魚悠游的動態之美，有庭園景觀、水平如鏡的靜態之美；有量體均衡、尺度和諧的造形之美，有色澤繽紛、亮麗鮮明的色彩之美；有節能減碳、環境共生的生態之美，有師生漫步、樹下對話的教育之美；有Google earth俯視鳥瞰的鉅觀之美，有蜂探蜜、蝶戀花、葉含露的微觀之美；有史蹟文物、歷史建築的傳統之美，有簡明理性、形隨機能的現代之美，更有造形獨具、符號表徵的後現代之美；有校園活化、閒置空間再利用的再生之美，有分期興建、嶄新建築的新生之美，有921震災、風災水災、新校園運動的重生之美；有校地廣袤、環境雅致的大學之美，有校舍相連、景致錯落的中小學之美，還有設備豐富、色調活潑的幼兒園之美（湯志民和廖文靜，2014）。校園之美，無所不在，用心而已。

第五章

學校綠建築規劃

10年前，一些願景家想像著綠色學校可能的模樣，然而實現此節能的、自我永續的、友善地球的校園，如同到火星旅行般地遙遠。

雖然大多數學校在本質上傾向於保守和抗拒改革，但是過去10年來，我們看到許多新理念和成功的教育實務如潮水般地湧現，許多老師將環境置於課程重，許多教育者開始運用其校園作為探索永續生活模式的實驗室與示範地。

————T. Grant and G. Littlejohn, 2002

二十一世紀，「永續性」（sustainability）概念，明確提升了學校設計的境界。「永續性」並不僅是一個趨勢，它是一項新標準——一個設施發展上重要的進階，能協助我們節省資源和保障我們孩子的未來，正如Fanning（2003）所言：

現在是重新界定學校設計基本要素的時候了，我們希望學校建築延續到世世代代……。甚或，這些學校建築有機會成為工作實驗室，讓學生瞭解建築物如何與環境和諧相處地營運。在實務上，教育設施是作為突破永續性範例的理想候選人，教育人員及其規劃設計顧問應該領航倡導永續運動，而非僅是旁觀者。過去已展現架妥舞臺的姿態，但是真正的表演才剛開始。

近百年來，人類毫無節制地開發與消耗能源，使地球CO_2的濃度逐年劇增，造成地球高溫化、臭氧層被破壞、氣候異常、森林枯絕、物種消失、淡水減少等現象。建築會影響人類生存的環境，建築營建和大氣中CO_2的製造有莫大關係。事實上，建築用了全球40%的能源，並在世界上製造出40%的碳足跡（carbon footprint），且用掉了全世界20%可飲用的水（NSW Office of Environment and Heritage, 2014）。因此，如何使建築物成為消耗最少的地球資源，製造最少的廢棄物，並具有生態、節能、減廢、健康特性的綠建築（green buildings），已成為全球性的議題。

學校建築為公共建築的一環，也是教育的場所，學校綠建築的規劃及設計，融合綠建築與相關環境教育，更引起世界各國的重視，如：永續學校（sustainable school）、生態學校（eco-school）、綠色學校（green school）、健康學校（health school）、高成效學校（high performance school）、智能學校（smart school）和種子學校（seeds）等等，如雨後春筍般因應而生。

世界綠建築協會（World Green Building Council, 2013）在2013年「世界綠建築週」（World Green Building Week 2013）特以「綠建築、好地方、健康人」（Greener buildings, better places, healthier people）強調綠建築對人的價值——辦公人員會有較高產出，學生會改善學習成果，教師和護士會有較佳的工作場所，或讓全世界的人都有好住家。美國教育設施規劃委員會（Council of Educational Facility Planners International, CEFPI）每年4月都會與美國環境保護署（the U. S. Environmental Protection Agency）、美國建築師學會（the American Institute of Architects）、全美教師聯盟（the American Federation of Teachers）、全國教育協會（the National Education Association）、美國綠建築委員會（the U. S. Green Building Council）及超過20個協會和私人企業，共同辦理「學校建築週」（School Building Week）之「未來學校設計競賽」（School of the Future Design Competition）（CEFPI, 2012a）。2010年4月26-30日學校建築週的「未來學校設計競賽」，挑戰中學生創造設計明日的綠色學校，以增進學習、保護資源、回應環境並融入社區（CEFPI, 2010）；2012年4月23-27日學校建築週更擴大到讓加拿大和英國的中學生團隊參與，並讓大眾體認良好規劃、健康、高成效、安全及永續學校的重要，以增進學生的成就和社區的活力，使學校成為終生學習的永續空間（sustainable spaces for lifelong learning），以及社區發展未來的基石（CEFPI, 2012b）。2013年學校建築週之未來學校設計競賽，挑戰來自世界各地的學生，規劃和設計出未來二十一世紀的學習環境，並思考和創造如何使之增進教學和學習的創意，成為健康、保護資源及與社區融合之環境（CEFPI, 2013）。CEFPI（2014）強調每年的「未來學校設計

競賽」都著重在高成效、健康、安全和永續的校園設施，及其與學習的連結，並能與社區融合。中國大陸國務院辦公廳（2013）規定政府投資的學校、博物館、科技館、體育館等建築，自2014年起全面執行綠色建築標準。

臺灣行政院國家永續發展委員會於1997年成立，經建會將「綠建築」列為「城鄉永續發展政策」之執行重點，內政部營建署透過「營建白皮書」正式宣示全面推動綠建築政策，環保署亦於「環境白皮書」納入永續綠建築的推動。此外，內政部分別於1995年、1997年在「建築技術規則」中增（修）訂「節約能源」條款，並於1999年8月18日頒訂「綠建築標章推動使用作業要點」，同年9月1日開始受理申請綠建築標章，2000年3月函送「綠建築與評估手冊」、「綠建築宣導手冊」與「綠建築標章申請作業手冊」等，供各政府機關興建綠建築之參考（內政部，2001）。2001年行政院核定「綠建築推動方案」，規定中央機關或受其補助達二分之一以上，且工程總造價在新臺幣5,000萬元以上之公有新建建築物，自2002年1月1日起應先行取得候選綠建築證書，始得申請建造執照；直轄市、縣（市）政府公有建築訂定實施方式比照辦理。2004年內政部在「建築技術規則」中再增訂「綠建築專章」，以強制執行新建建築推行綠建築設計。

2002～2007年內政部建築研究所推展「綠色廳舍暨學校改善計畫」，協助高中職、特殊學校和大專院校就綠化、保水、屋頂隔熱、立面外遮陽、建築空調節能、建築照明節能、節水、雨水中水再利用、生物多樣性、太陽能熱水系統等項目進行改善（內政部建築研究所、財團法人臺灣建築中心，2009）。2008～2011年實施「生態城市綠建築推動方案」，2010～2015年再推出「智慧綠建築推動方案」（內政部建築研究所，2014）。至2004年年底，申請綠建築標章和證書快速成長計551件，其中學校建築所占數量最多計232件（占42%）（游嘉文，2005）；推行至2012年4月底止，臺灣已有3,993件綠建築標章或候選綠建築證書，使用階段預估每年可省電約10.09億度，省水約4,483萬噸（相當於17,932座國際標準游泳池的容量），其減少之CO_2排放量約為6.79億公斤，這個

量約等於4.56萬公頃人造林（約等於1.55個臺北市面積）所吸收的CO_2量（內政部建築研究所，2014）。

921震災災區的「新校園運動」，清楚的以「永續發展的綠色校園環境」作為其校園重建的8項具體原則之一（湯志民，2006a）。行政院（2001）更於「8100臺灣啓動」計畫中，投資3億元推動綠建築方案，進行永續校園改造推廣第一期計畫。2003年，教育部發布「教育部補助永續校園局部改造計畫作業要點」，全力推展「綠校園」推廣計畫（教育部，2003a）。2004年，屏東縣彭厝國小、花蓮縣壽豐國小、南投縣社寮國小、新北市深坑國小榮獲第一屆國家永續發展績優獎（行政院國家永續發展委員會，2004）。2008年，教育部啓動「綠色大學」的發展，擬定大學減碳手冊，期以軟體改造為主、硬體改造為輔，打造環保、生態的低碳校園環境（林海清、林秀芬和林宜箴，2010）。2011年，臺灣科技大學臺灣建築科技中心獲優良綠建築貢獻獎，國立南科國際實驗高中、高雄市立前鋒國中獲優良綠建築設計獎，還有許多學校，如：國立臺南藝術大學、淡江大學蘭陽校區、國立屏北高中、國立新化高中、臺南市億載國小、紅瓦厝國小、新民國小、宜蘭凱旋國中等，皆為優良綠建築案例（內政部建築研究所，2014）。2012年，成功大學孫運璿綠建築科技大樓、國立南科國際實驗高中、臺南市億載國小榮膺綠建築示範基地，對學校綠建築的推展提供值得學習之典範。

學校綠建築的觀念已蔚為世界趨勢，行政院和教育部亦積極介入推動。蕭江碧等（2001）曾對一般中小學進行研究，發現許多學校綠建築規劃問題，甚值關切。學校建築該如何規劃，以符應「綠建築」之規準，以利未來理想校園之構築，實值深入探討瞭解。以下擬就學校綠建築的基本概念、各國學校綠建築的方案、學校綠建築的規劃原則、學校綠建築的設計要點，分別加以探析。

第一節
‧‧‧‧‧‧‧‧‧‧‧‧‧‧‧‧‧
學校綠建築的基本概念

　　學校綠建築的基本概念，擬從學校綠建築的涵義和學校綠建築的重要，加以闡明。

一、學校綠建築的涵義

　　「綠建築」，日本稱為「環境共生建築」（建築思潮研究所編，2004），中國大陸稱為「可持續性建築」或「綠色建築」，係指在建築的全壽命週期內，最大限度地節約資源（節能、節地、節水、節材）、保護環境和減少污染，為人們提供健康、適用和高效的使用空間，與自然和諧共生的建築（中華人民共和國建設部，2006，第4頁）。在歐洲國家稱為「生態建築」（ecological building）或「永續建築」（sustainable building），主要強調生態平衡、保育、物種多樣化、資源回收再利用、再生能源及節能等永續發展課題；在美國、加拿大等國稱為「綠建築」（green building），主要講求能源效率的提升與節能、資源與材料妥善利用、室內環境品質及符合環境容受力等（內政部建築研究所，2014；林憲德主編，2012a）。臺灣則採用「綠建築」之名稱，界定為「生態、節能、減廢、健康特性的建築物」（內政部建築研究所，2003；林憲德主編，2003）；近年進一步定義為「以人類的健康舒適為基礎，追求與地球環境共生共榮，及人類生活環境永續發展的建築設計」（內政部建築研究所，2014）。

　　「學校綠建築」（green school buildings, green building for school），或「學校永續建築」（sustainable building for schools, sustainable school buildings）、「綠教育設施」（the greening of educational facilities），或稱之「高成效學校」（high performance school）。學校綠建築的涵義，可從一些學者專家和相關權威機構的描述或界定來加以瞭解。例如：

Weiss（2000）認為永續學校（sustainable schools）有以下特徵：(1)在學校設計、建造和營運期間，所運用到的資源應減廢；(2)無論何時都盡可能使用可更新再用的資源；(3)學校自行製造可代替的資源；(4)利用學校所在地的氣候及城市環境的優點，來降低對化石燃料（fossil fuels）的依賴；(5)在合理的運作費用下，創造健康及安全的學校；(6)創造一個學校環境成為不可或缺的教育工具和社區資源，以展示並告知學生和社區其經濟體系、環境和社會。

美國能源部（U. S. Department of Energy）（2003）界定高成效學校是：(1)有高品質的室內空氣；(2)節能；(3)省建材；(4)省水；(5)易於維護和營運；(6)操作方法是經過設計的；(7)溫度、視覺、聽覺上的舒適；(8)尊重校地和周遭環境；(9)跨學科學習的資源（a resources for interdisciplinary learning）；(10)安全和保全；(11)社區資源；(12)激勵性建築（a stimulating architecture）；(13)能適應變遷的需求。

教育部（2003a）界定「綠校園」是將已具備環境自覺及實踐能力的綠色學校，施以綠建築及生態校園環境之改造技術，使符合永續、生態、健康原則之校園環境。

林憲德主編（2012b）界定「綠色校園」專指為了打造學校成為環境教育基地所必要的學校硬體設施，亦即為了實現地球永續、環境友善之綠色學校所需要的校園營造工程（第6頁）。

簡言之，學校綠建築（green school buildings）是具有生態、節能、減廢、健康特性的校舍、校園、運動場及其附屬設施（湯志民，2003）。

需提到的是，世界各國學校綠建築的推展有許多不同的名稱，如：永續學校（sustainable school）（如澳洲、美國）、生態學校（eco-school）（如歐洲、英國）、綠色學校（green school）（如美國、瑞典、日本、臺灣、中國大陸）、健康學校（health school）、高成效學校（high performance school）和智能學校（smart school）（如美國）、種子學校（seeds）（如加拿大），以及「綠校園」、「綠色學校」或「永續校園」（如臺灣）等等，這些學校綠建築計畫重點各有不同，如日本的

綠色學校計畫專注於學校硬體是否符合綠建築的標準，在日本文部科學省與經濟通產省的綠色學校計畫中，1997～2001年選出的147所示範綠色學校，分別進行太陽能光電、太陽能熱水器、風力發電、生態綠化、中水系統、外殼節能改善等改造工程（林憲德，2004）；美國的高成效學校、健康學校、綠色學校和智能學校，則鼓勵學校做省能源的硬體改善和進行相關教學及活動；英國的生態學校，以環保教育為主體，兼顧綠建築之設計；臺灣的學校綠建築，先以著重環保教育的「綠色學校」起家，之後並行推展綠建築規劃設計的「綠校園」；「綠校園」名稱於半年後正式定名為「永續校園」，使用迄今。

二、學校綠建築的重要

基本上，任何教育者都想提供學生最好的學習環境，但許多學生通向卓越之路的障礙是：學校建築本身，如學校設施未經慎思的設計、不當的通風、不良的音響、黯淡的照明、透風的門窗、耗能的空調系統和其他裂隙，都會減弱學生學習的能力（Kennedy, 2003）。Bolin（2003）指出永續建築設計的裨益，主要分為三方面：(1)生態利益（economic benefits），包括減少生命週期和運作成本；(2)環境利益（environmental benefits），包括增加能源和水的效率，減少污染和垃圾填埋；(3)社會利益（society benefits），乃藉著降低環境衝擊，增加建築使用者的舒適、健康和生活品質。Gelfand（2010）根據研究指出，永續學校的好處有：(1)提升學生測驗成績；(2)營運經費較低；(3)增進教師表現和滿意度；(4)增加建築使用年限；(5)環境影響較低；(6)改變態度。美國佛羅里達州教育廳（Florida Department of Education, 2010）認為成為綠色學校的好處有：(1)健康、安全的學習環境；(2)高學生成就；(3)增加教師和職員的滿意度和留校率；(4)增加教師、職員、學生和家長的歸屬感；(5)增加社區和學校的連結；(6)讓學生瞭解和面對現在與未來的環境變遷；(7)與社區建立夥伴關係，共同設計、執行健康和安全學校方案；(8)將學校建築和校地作為教學工具；(9)在建築、景觀設計、減少維護費上，成為環境保護實務典範；(10)避免經費賠償；(11)減少營運經費；(12)減少消耗和

營運費,可撙節經費;(13)保護自然資源;(14)減少債務,避免壞名聲。Mill, Eley, Ander, & Duhon(2002)的研究,以及美國環境保護署(U. S. Environmental Protection Agency, 2014)指出,高成效學校的優點有:(1)較高的測驗分數;(2)增加每日平均出席率;(3)減少營運經費;(4)增加教師的滿意度和留校率;(5)減少曝曬;(6)降低環境影響。

　　因此,學校綠建築的重要,主要在影響學習成就、推展環保節能和作為教學場域三方面,茲說明如下。

(一)影響學習成就

　　Lemasters於1997年的博士論文〈學校設施、學生成就和學生行為有關研究綜論〉(A Synthesis of Studies Pertaining to Facilities, Student Achievement, and Student Behavior)發現:(1)設施情況上,有空調的學校,學生會有較高的成就;學校設施可個別優先選擇熱能者,學生成就較高。(2)室內設施的色彩上,學校牆壁塗上柔和的色彩,學生會有較高的成就。(3)校舍的噪音上,學校室外噪音較少,學生成就較高。(4)室內設施的光線上,光線對成就有正向的影響,教室中的日照會增進較高的成就(引自Earthman & Lemasters, 1998)。美國綠建築協會(The U. S. Green Building Council, 2014a)綜合許多研究指出,綠色學校有助於學習。

　　就日照而言,使用「晝光」(daylight)作為照明光源,可以使人們較為快樂、健康及更有生產力。所謂「晝光」,係指多雲天空中漫射的光線,所有方位均為上方明亮、地平線處黑暗,其溫度和色彩兩者同屬溫和、涼爽(Loveland, 2002)。美國環境保護署(U. S. Environmental Protection Agency, 2014)根據對加州、華盛頓、科羅拉多州的一項學區研究指出,增加晝光(day lighting)和提高學生成效有強烈相關。以加州為例,教室晝光最多比最少者,在一年之中,學生數學測驗進步20%,閱讀測驗進步26%;該研究也從教師、學生和家長數年之體會中證實:好的設施——舒適的音響、採光、室內空氣品質等,會增進學習和測驗成績。再就通風設計來看,美國綠建築協會(The U. S. Green Building Council, 2014a）根據勞倫斯柏克萊國家實驗室（Lawrence Berkeley National Laboratories）研究人員指出，當通風率在最低或低於最低標準時，在學生成就測驗的特定觀念上會降低5～10%。

（二）推展環保節能

美國能源部（U. S. Department of Energy, 2003）指出：全國超過70%的學校在1970年以前建造，有50%的學校需要更新。美國重建「能源智能學校」（Energy Smart Schools）將節能措施納入1億7,400萬平方英尺（約1,616公頃）學校建築之中，每年節省超過7,200萬美元。美國綠建築協會（The U. S. Green Building Council, 2014b）表示，如果今天美國所有新學校的興建和整建都使之成為綠色學校，則未來10年整個能源經費會節省超過200億美元；根據研究指出，綠色學校比之傳統興建學校節能33%，節水32%，在運作經費上平均每年省10萬美元，可至少新聘一位教師、買200臺新電腦或5,000本教科書。加州能源委員會（California Energy Commission）估計，以高成效學校為例，新學校（new schools）每年可以節省經費30～40%，在整建學校（renovated schools）每年可以節省經費20～30%，如果學校整合運用多種節能措施，從設計歷程開始，到每一建築要素（如：窗戶、牆、建材、空調、景觀等），都視為連動的統整系統，整體考量使之有最大成效，經積極的設計則每年可以節省50%的經費（U. S. Environmental Protection Agency, 2014）。對永續學校而言，室外環境與室內環境一樣重要。根據卓越的永續學校發展中心（the Center of Excellence for Sustainable Development）的研究指出，校地適當的美化可降低30%的熱能消耗，空調能源消耗減少75%，水資源的消耗減少80%（Moore, 1999）。洛杉磯學區和市府水電部（Department of Water and Power）合作的「涼爽學校」方案（"Cool Schools" program），在校園中種植8,000棵樹，可保持建築物涼爽，降低空調和其他電力的花費到20%，並吸收二氧化碳，鎖住水分，且用在「涼爽學校」的每一塊錢會因為減少能源花費及增進空氣品質而回收大約美金2.37元（Kennedy, 2001）。

（三）作為教學場域

學校綠建築是結合生態、科技、環保、節能、健康的教育設施，極具教育意義，亦可提供絕佳的教學場域。林憲德（2004）即指出，學校的生態系統是城鄉人造環境中最重要的一環，在國土配置上最均勻而廣泛，大專院校、高中職、國中小、乃至於幼稚園所擁有的廣大校園，皆具備最優良的綠化、透水、生物棲息條件，如能以「永續校園」的方向，廣建更優良的生態環境，對於城鄉生態綠網、都市氣候、生物基因交流、國土生態保育和全民生態教育，當有莫大的幫助。

需注意的是，綠建築和節能建築都不是我們的目的，而是使我們的教育設施能成為最好的教育設施之策略（Ohrenschall, 1999）。因此，學校的設計、建造、運作和維護，都必須對學童最有利，尤其是學校能源效率的處理，更應以「改善教師的教學和學生的學習」為我們第一和唯一的目的，如此才能完成節能、永續和綠色學校（Schoff, 2002）。

第二節
各國學校綠建築的方案

全球永續發展理念的推展，帶動各國建立綠建築指標，如：1990年英國的建築研究組織環境評估法（BREEAM）、1996年美國的能源及環境設計領導計畫（LEED）、1998年加拿大的綠色建築挑戰（GB-Tool）、1999年臺灣綠建築的九大指標（EEWH）、2002年日本的「建築物綜合環境性能評估系統」（CASBEE）、澳洲的「國家建築環境評估系統」（NABERS）、2006年中國大陸的「綠色建築評價標準」，至2011年全球正式擁有綠建築評估系統已達26個國家，已成立或正式籌組綠建築相關協會的國家有89個（林憲德主編，2012a）。這也促進了世界各國學校綠建築的推展趨勢，並有許多不同的稱號。以下擬就澳洲的永續學校、英國的生態學校、美國的高成效學校、加拿大的種子學校、臺灣的永續校園，分別要略說明，以明梗概。

一、澳洲的永續學校

2001年7月，澳洲新南威爾斯州（NSW）教育與訓練部（Department of Education & Training）提出「學校環境教育政策」（Environmental Education Policy for Schools），要求公立學校在2002年第一學期起發展「學校環境經營計畫」（school environmental management plan, SEMP），該計畫有3個相關的中心範疇：課程、校地經營和資源管理，學生學習聚焦於校地和資源管理，並讓環境的學習與課程結合（Caddey, 2007; NSW Department of Education, 2002）。

2002年8月至2004年7月實行第一階段「永續學校方案」（The Sustainable Schools Project），預期成果為（NSW Department of Education, 2002）：

1. 所有公立學校將落實某些永續的行動來支持他們的學校環境經營計畫，將近25%的公立學校爭取成為永續學校或已獲得認證。

2. 建立一套界定障礙、利益和成功學校個案研究的評鑑計畫，為未來計畫執行的拓展和改進，提供指引資料。

3. 建立中央資料庫，蒐集各校的垃圾製造、水和能源消耗，以及校園生態多樣性做法等資料。學校將作為永續實踐的楷模，貢獻教育，並激勵社區力行屬於自己的永續經營。

澳洲學校的永續發展可分為三個時期，各校可依其實需而有不同：(1)學校自我評量期（the school self-assessment phase）；(2)學校規劃期（the school planning phase）；(3)執行期（the implementation phase）。地區教育局成立永續學校，透過下列程序辦理：(1)成立9人指導委員會；(2)列出官方與非官方潛在支持者名單，清楚界定他們的可能貢獻、角色與目的；(3)選出有潛力的學校參與為期18個月的初始計畫；(4)選擇20個轄內學校與5個非轄內學校實施細部研究，記錄學校在這18個月中朝向永續經營及獲致認可所做的努力和革新成就；(5)規劃「永續學校方案」評鑑歷程和架構，並向教育與訓練部、天主教教育委員會及澳洲環境（Environmental Australia）提出報告；(6)繼續提供一般性支援給予

那些未參與此計畫，但持續依個別步調實施自己的學校環境經營方案的學校（NSW Department of Education, 2002）。

需提到的是，澳洲政府的全國環境教育網（National Environmental Education Network）推動「澳洲永續學校開創」（Australian Sustainable School Initiative, AuSSI），旨在建立澳洲全國各地的永續學校夥伴，2002～2005年實施先導計畫，2007年起推展至所有的州和地區；2008年新增網路主要入口，讓所有永續學校在新南威爾斯州運作，並與AuSSI夥伴學校協商以調整：(1)學生學習資源；(2)監督工具——能源、水、材料；(3)學校環境經營計畫（SEMP）型板；(4)學校個案研究（Caddey, 2007）。新南威爾斯州的永續學校轄屬AuSSI，新南威爾斯州政府2007年創立氣候變遷基金，該基金將投資總額澳幣7億元（約新臺幣210億元），執行至少5年，其中包括學校節能方案和學校雨撲滿（rainwater tanks），各投資澳幣2,000萬元（各約新臺幣6億元）（The Office of Environment and Heritage（OEH）& the Environment Protection Authority（EPA）, 2013）。

二、英國的生態學校

生態學校（eco-school）是由歐洲環境教育基金會（The Foundation for Environmental Education, FEE）所領導推動，鼓勵學校主動引導學生發展環境覺知與認識，並經營管理整個學校的一項環境行動。為因應1992年聯合國環境與發展會議（the 1992 UN Conference on Environment and Development）協議的需求，1994年在英國、丹麥、德國和希臘的共同支持下，環境教育基金會正式開始發展生態學校國際計畫，生態學校目前在全世界53個國家實施，與超過40,000所學校結合，從英國到法國、從摩洛哥到南非，英國生態學校數則居全世界之冠，有70%的英國學校（將近17,000所）註冊參與此一環境教育計畫（Eco-Schools, 2014a）。

英國的生態學校，根據「英國永續發展策略」的「邁向綠大地計畫」（Going for Green）來推動，該計畫授權英國政府部分投資的「保持英國整潔」（Keep Britain Tidy）環境慈善團體經管（Eco-Schools,

2014a）。生態學校計畫聚焦於9個向度：能源、水資源、生態多樣性（biodiversity）、校地、健康的生活環境、交通運輸、環境整潔、廢棄物、全球公民。想要取得生態學校認證的學校，必須依循7項步驟：(1)成立生態委員會（the eco-committee），這個委員會是一個行動委員會，至少每8週開一次會，委員必須包括：不同年級的學生代表、一位擔任生態協調的老師（但非領導該委員會），並盡可能包括：校長或高層管理團隊、其他教師、管理者、家長、職員、校地管理人、當局代表，以及社區成員。(2)進行校園環境檢核（environmental review），需提出「綠色行動政策」（green procurement policy），並回應生態學校計畫9個向度之議題。(3)擬定行動計畫（action plan），這是生態學校的核心工作，要根據環境檢核結果，並且確立改進行動、如何測量及其達成時間量。(4)進行宣傳與投入（informing and involving），讓學校所在的社區及鄰近社區都能知道各步驟正在進行的工作、原因和成果。(5)融入課程（linking to the curriculum），將生態學校融入課程在使整個學校投入該方案，並提升他們的永續知識和理解。(6)成立整個行動計畫的監測與評估（monitoring and evaluation）系統。(7)制訂學校的生態公約（eco-code），生態公約是對任務的陳述，可以是簡單的詞句、詩或一首歌（Eco-Schools, 2014b）。

英國的生態學校是一個長程方案，獎勵的方式分為銅、銀或綠旗的授旗，第一支綠旗必須完成3個生態學校計畫向度，「能源」為必選向度（Eco-Schools, 2014b）。「獎」每兩年更新一次，這個綠色的旗子可以在學校門口飄揚，也可以在門廳、接待室等地展示，獲獎的學校還可以得到一本證書和一個標幟（logo），並且可以將此標幟印製在公文、信函、筆記本或任何出版品上；這個獎勵沒有獎金，因為希望每一個達成「生態學校獎」要求標準的學校都能獲獎（王鑫，2003）。

三、美國的高成效學校

1993年6月14日，柯林頓總統簽署行政命令成立「總統永續發展委員會」（President Council on Sustainable Development），同年12月提出

永續發展策略（盧誌銘和黃啓峰，1995）。1994年，「總統永續發展委員會」在《永續教育：一項行動議程》（*Education for Sustainability: An Agenda for Action*）專書中，建議實施綠色學校行動，在小學至大學的各級學校中，用心設計和支持各種機會，將永續性的教育概念與原理整合到正軌教育方案中，並獎勵支持及表揚可作爲模範的「綠色校園」，促使教學機構在規劃、決策時，能夠考慮永續發展教學環境的作業性實務（例如：校園建築省電、省水措施、綠美化措施等）（王鑫、李光中、吳建成、許玲玉和鄭曉昀，2003）。

美國學校綠建築的名稱最多，主要有高成效學校、綠色學校和健康學校等，其中心概念大致以生態、節源、減廢、健康和教育爲核心，尤其重視室內空氣品質和畫光的運用。以下分別要述，以明梗概。

（一）高成效學校

2001年美國國會通過「2001年高成效學校法案」（the High-Performance Schools Act of 2001）（Environmental and Energy Study Institute, 2001）。高成效學校重視物質設施，學校建築和校地是以節能、減廢、省錢方式來改善學習環境，強調理解高成效學校的生命週期價值，並能在設計和興建歷程中有效地管理優先序、時間和預算。

高成效學校的特徵有：(1)健康；(2)溫度、視覺、聽覺上的舒適；(3)節能；(4)省建材；(5)省水；(6)易於維護和營運；(7)執行承諾（commissioned）；(8)尊重校地周遭環境；(9)一項教學工具；(10)安全和保全；(11)社區資源；(12)激勵性建築（a stimulating architecture）（U. S. Environment Protection Agency, 2014）。

（二）綠色學校

美國的綠色學校由綠色學校基金會（U. S. Green School Foundation, 2014）主導推展，提供綠建築、學校庭園、太陽能、風能、水、生物多樣性、氣候變遷等14項環境議題之相關課程資源和影片，運用環境永續性和節能的相關教育資源以豐富K-12之課程。

綠色學校的特徵有（The U. S. Green Building Council, 2014c）：(1)
保護能源和自然資源；(2)節省納稅人的錢；(3)改善室內空氣品質；(4)去
除兒童學習和遊戲場地的有毒器材；(5)使用晝光策略和改善教室音響效
果；(6)引進永續採購和環保清潔；(7)改善學生的環境素養；(8)減少都市
用水和廢水處理；(9)致力廢物處理利於社區和當地；(10)保護新鮮飲用
水和管制暴雨；(11)增進資源回收；(12)促進棲息地保護；(13)減少當地
垃圾掩埋場需求。佛羅里達州教育廳（Florida Department of Education,
2010）要求公立學校的綠色學校設計範疇包括：(1)節能；(2)節水；(3)永
續校地景觀（sustainable site features）；(4)健康和室內空氣品質；(5)符
應當地氣候之建材；(6)防災（disaster minigation）。

（三）健康學校

美國環境保護署的「健康學校環境資源」（Healthy School Environ-
ment Web Resources）提供線上資源服務，以協助設施管理者、學校行政
人員、建築師、設計工程師、校護、家長、教師和職員，學校的環境健
康議題和資訊如：(1)化學藥物運用和管理；(2)學校設計、建造和更新；
(3)能源效率；(4)環境教育；(5)設施的運作和維護；(6)室內環境品質；
(7)法律及規則；(8)室外空氣污染；(9)簡易教室；(10)安全／準備；(11)
廢棄物；(12)廢棄物減量；(13)水資源（U. S. Environment Protection
Agency, 2013）。

四、加拿大種子學校

加拿大種子學校係由創立於1976年的非營利組織「加拿大社會、環
境、能源發展研究基金會」（Society, Environment and Energy Develop-
ment Studies Foundation），簡稱種子基金會（the SEEDS Foundation）
所推動的綠色學校計畫。該基金會編寫了96個可以讓學生展現活力、促
成學校環境更綠色化的行動指引，有興趣的學校評估自己的需求後，先選
擇其中的方案，進行活動，然後將活動成果寄給基金會，基金會再頒發綠
色獎品。該96個活動內容主要是以班級為單位，在學校社區可以推動的

活動。除了分散在不同的學科上進行外，也可以在學校的節慶、活動或重大節日時機來推動，以改善校園環境及提升環教品質。種子計畫本身也是採用自由參加的方式，但是整體而言也是學校的環境改造計畫（教育部環境保護小組，2003）。

參加種子基金會的綠色學校計畫，要將計畫結果回報至種子網站（SEEDS），完成100項方案的學校，可成為綠色學校（green school），完成250項方案可達到玉級（jade status），完成500項方案可達到綠寶石級（emerald status），完成1,000項方案則達到地球學校級（earth school status）。這些學校還會不受等級的限制完成更多的計畫，1990～2010年註冊參與的中小學有6,000所以上完成100萬項環境方案（SEEDS Foundation, 2010）；截至2013年1月，加拿大有275所完成了1,000項方案的地球學校、16所地球二級學校完成了2,000項方案、5所地球三級學校完成了3,000項方案、4所地球四級學校完成了4,000項方案、2所地球五級學校完成了5,000項計畫、1所地球六級學校完成了6,000項方案、1所地球七級學校完成了7,000項方案（SEEDS Foundation, 2014）。

五、臺灣的永續校園

「臺灣綠色學校夥伴網路計畫」（簡稱綠色學校計畫）自2000年7月開始設立。2001年，教育部擬定「建立永續發展的綠色校園」中程施政計畫（2001～2004年），並持續委託臺灣師大環境教育研究所辦理。2002年，委託成功大學建築系編印《打造永續、綠色、健康的校園環境——綠校園手冊》，推廣宣導「綠校園」政策（王鑫等，2003）。2003年，延伸綠校園理念，正式推動「永續校園推廣計畫」。

臺灣學校綠建築的發展可分為兩階段：首先，學校只要重視環境教育，並主動上網登錄，即可成為「綠色學校」一員。其次，加入建築及環境改造技術的應用，將已具備環境自覺及實踐能力的綠色學校，施以綠建築及生態校園環境之改造技術，使符合永續、生態、環保、健康原則之校園環境，即成為「綠校園」（教育部，2003a），之後正式更名為「永續校園」（sustainable school）。以下擬就臺灣的綠色學校和永續校園，分

別說明之。

（一）臺灣的綠色學校

臺灣的綠色學校係以學校為基礎的環境教育策略，以學校的生活、空間建築、教學、政策四個面向為內涵，採ISO14000的精神，鼓勵及推動自評、訂目標及採取行動，強調由下往上及由上往下的雙軌制來推動及建構；在過程的精神內涵上，則強調「生態思維、人性關懷、夥伴網路、學習成長」，其目標是達到師生個人環境素養的建立、教學方式及內容的改革、學校組織政策、硬體空間的綠化（greening）（王順美，2002）。綠色學校鼓勵師生多多的參與，其內涵包括環境政策、學校校園、學校課程教材與計畫和學校生活等四個面向（教育部環境保護小組，2003）。

綠色學校計畫係藉由網站分享及給希望樹葉子獎勵的方式來推動。學校先將綠色學校的願景（包括行政、教學、空間、生活四個面向）、自評表、校內推動的方式等公布在網站上，即可成為綠色學校的夥伴，接受希望樹的種子，但必須下載自評表填報完繳回，種子才可以發芽。然後將師生的環境行動及環境教學提報上網，經審核可獲一至五片葉子，添加於該校的希望樹上。學校做得愈多，葉片就愈多，甚至開花、結果、獲得樹屋等，但過程中無任何經費補助（王順美，2002、2004）。綠色學校自萌芽迄2005年，已有2,018校加入，包括幼稚園4所、國小1,467校、國中348校、高中職165校、大專院校34校（國立臺灣師範大學環境教育研究所，2005）。至2014年初，各校申請綠色學校實施方案，所提報分類有14大項53種主題，總計有43,527案，每年平均2,627案，其中第十大項「空間」的3個主題類別「校園規劃、營造、管理」有3,084案（排名第5），「環境藝術」有901案（排名第13），「生態友善的科技」有237案；第五大項「環境污染與安全」的6個主題類別「環境衛生」有804案（排名第16），「健康與環境」有792案（排名第18），「水污染」有365案，「實驗室廢棄物、放射性物質」有237案，「空氣污染、土壤污染」有163案，「噪音」雖敬陪末座仍有21案之多（教育部，2014a），顯見綠色學校之成效卓著。

（二）臺灣的永續校園

永續校園在硬體方面含括「生態環境恢復與維護」及「永續建築」兩大項，教育部（2014b）希望學校能從瞭解自身校園地域、文化、歷史與生態等特色，從而創造出完全不同且多樣的校園環境；除建立省能、省資源、健康、舒適的校園建築及生態環保回收利用之校園環境外，亦能建立本土永續校園技術應用與評估實例，以整合成省能環保健康之校園環境應用技術，提供未來國內永續校園規範依據。臺灣地區現有17所永續校園示範學校（如：新北市深坑國小、臺北市公館國小、南投縣水尾、社寮國小、臺中市曉明女中、高雄市加昌國小、屏東縣彭厝國小、花蓮縣壽豐國小等），教育部並協助建置永續大學（如：臺大、成大、臺北科大、中興大學、雲林科大、高雄大學、屏東科大、東華大學，以及私立淡江、逢甲、中華大學等）。

教育部於2002年開始推行永續校園計畫，永續校園的建設希望創造一個富含環保概念、永續發展與再生能源利用的環境，讓學生在自然環境中的太陽、水、風資源中學習，從小奠定與自然和平共處的體認與使命（范巽綠，2003）。2004年3月教育部發布「教育部補助永續校園局部改造計畫作業要點」，至2011年有9次修正，補助對象包括公私立大專校院、高中（職）及國民中小學，依最新的規定補助項目有五大類（教育部，2013c）：(1)節能減碳資源循環類：補助項目包括雨水或再生水利用、自然淨化水循環處理、再生能源應用、節約能源設計及管理監控措施、節水措施等。(2)環境生態永續循環類：補助項目包括透水性鋪面、地表土壤改良、親和性圍籬、多層次生態綠化等；並應注意採用原生種、鄉土物種或適應當地氣候條件之植栽，且不可除去原有木本植物，而全校透水面積未達校園基地法定空地面積之50%者，應優先採用當地材料、再生建材、非人工鋪面（如：草地、碎石等透水材），且不得破壞既有透水鋪面（如：綠地）。(3)健康效率學習空間類：補助項目包括健康建材與自然素材、室內環境改善（含音環境、光環境、溫熱環境或空氣循環等之改善）。(4)防救災與避難類：補助項目包括災害預警系統、避難空間

規劃、防救災水電系統、綜合規劃類等。(5)其他類：可發揮創意，執行符合永續發展精神之項目。2002至2013年，永續校園局部改造計畫計補助個別案349校、整合案527校、獎勵案33校、示範案17校、推廣案3校、永續大學24校；2014年核定補助個別案50校、整合案14校（教育部，2014c）。

2010年起由印尼大學（Universitas Indonesia）主辦的世界綠能大學排行（Greenmetric Ranking of World University），評分項目分六大類41項指標：(1)建築環境和基礎設施（setting and infrastucture）（15%），包括校園環境、校園面積、樓地板面積、永續經費預算、學生數、教職員數、校園綠覆率等11項指標。(2)能源和氣候變遷（energy and climate change）（21%），包括節能裝置、再生能源資源、年耗電、綠建築要素、氣候變遷調適和減緩計畫、溫室氣體排放降低政策等7項指標。(3)廢棄物處理（waste management）（18%），包括大學廢棄物回收計畫、有毒廢棄物回收、有機廢棄物處置、下水道清理、校園紙張和塑膠減量與使用政策等6項指標。(4)水資源運用（water usage）（10%），包括水資源保護計畫、水管用水量等2項指標。(5)交通（transportation）（18%），包括機構自有車輛數、大學每日出入車輛數、校園每日可見之腳踏車數、限制汽機車數之交通政策、校園停車位限制或減少之交通政策、校園巴士、校園腳踏車和步行政策等7項指標。(6)教育（education）（18%），包括環境和永續相關課程數、環境和永續專案研究經費、環境和永續出版獎勵金、環境和永續相關學生組織、現有大學經營的永續網站等8項指標（Universitas Indonesia, 2014a）。

2012年有49個國家、215所大學參加評比，2013年增至61個國家、301所大學參加。2013年世界綠能大學前三名依序為：英國諾丁漢大學（University of Nottingham）、愛爾蘭大學院寇克國立大學（University College Cork National University of Ireland）、美國東北大學（Northeastern University）；臺灣有臺北科技大學（第23名）、亞洲大學（第41名）、中興大學（第51名）、屏東科技大學（第54名）、雲林科技大學（第67名）等17所大學上榜（Universitas Indonesia, 2014b）。尤其是百

名之內的世界綠能大學，臺灣有高達12所之多（占臺灣參與評比校數的70%），成績極為亮眼，顯見臺灣有許多大學在環保、永續和綠能校園環境的努力上，已達世界級之上層水準。

第三節
學校綠建築的規劃原則

學校綠建築的規劃原則，根據湯志民（2003）之研究，可從生態、科技、教育、效率、健康來加以論述。

一、生態原則

人類社會進入工業文明後，對自然態度開始轉變，從過去以「自然生態」為中心的思想轉變為以「人類自我」為中心，以「順應自然與自然共生」為法則轉變為以「征服自然與經濟掛帥」為原則，以致造成自然生態環境日趨滅絕，人類生存環境日漸產生危機，因此二十世紀中葉對自然環境有識之士，遂高聲疾呼拯救自然環境，進而促使生態文化的思潮再起（陳錦賜，2001）。而綠色學校或永續校園的環境教育，必須由「人本中心主義」朝向「生命中心主義」而及於「生態中心主義」（王俊秀，2003）。

三十幾億年前，自然界本身是永續的，並透過其寄生者的智慧系統不斷的增強。自然系統運用「循環圈」（loops and cycles）而非「線性的『輸入－輸出』流動」（linear input-output streams），以有效運用不同的資源。而生物上的不同生態系統（ecosystems）所呈現的高科技特徵，在一些笨拙的人類科技中是看不到的。Companion、Laurie和Shaw（2002）特別就此強調「自然是高科技的」（Nature is high-tech），運用自然的智慧科技及其自我永續系統，可作更為永續的人類社會之模式。

學校綠建築規劃的生態原則，可從校外生態環境、校內生態環境和整體生態環境來思考（方智芳，2003；江哲銘等，2001、2002；林憲德，2004；梁明煌，2002）：

（一）在校外生態環境方面

學校的規劃設計和空間配置，應將學校的地理、地形、地貌、坡度、降雨、排水、日照時數、風向、風速、土壤、地質、地震與環境敏感性問題等，列入學校校舍和校園配置、座向、建築立面等對應方式之考量，並注意學校外在環境的可能負面影響，同時降低校園對周遭環境交通、噪音、垃圾、水污染之影響。

（二）在校內生態環境方面

學校應視校地之大小而有適度之規模，學校的人數過多會影響共生生物的生存、覓食與生殖行為，必須預先估計，並且適時的補充種植植物。學校本身就是個生態園，沒有必要刻意去創造一個小型的耗能源及人力的教材園地。如果學校校地有起伏，可以挖掘、設置小型的自然型的濕地為滯洪池，作為蒐集地表逕流或回收降雨使用，必要時可以做消防用水；如果要吸引更多的生物進入校園，則校內綠帶儘量以複層林方式設計，兼容許多的樹種，可以增加生存的物種數；校園內的綠帶線型空間，要儘量能連結或形成區塊，且盡可能與學校的周圍綠地有連接的機會，才能便於校內外生物間的移動，必要時要在校外種樹以形成走廊。

學校是個大污染源，每天產生大量的固體、氣體與液體廢棄物，但並沒有很好的分解系統以處理廢棄物，因此為了減少環境的負荷，可將落葉、廚餘剩菜加以蒐集，覓地堆肥，並作為校園植物的肥料；學校內的有機生活污水、毒性物質、實驗室污水的排放要謹慎處理；校園要有高的綠視率與綠覆率，並種植適合校園環境的多樣性本地生物或民俗植物；規劃生機花園、菜園與農場，作為生態教材園；學校土地應可透水呼吸，以涵養地下水；減少校地暴雨地表雨水逕流、降低校園溫度（梁明煌，2002）。

（三）在整體生態環境方面

學校應融入整體環境中，並創立學校的風格和特色。位在海邊的學校，就盡情展現海岸生態的風情、海岸文化的特性；位在都市的學校，

就盡情彰顯都市發展的歷史軌跡。例如，印尼峇里島綠色學校（Green School Bali）（參見圖45）是一所由幼兒園到高中的國際學校，由John

印尼峇里島綠色學校竹造校舍、開放空間的教室，運用自然採光、通風和太陽能，是生態校園建築的典範。

🏰 圖45　印尼峇里島綠色學校（Green School Bali）

Hardy夫婦於2008年9月創立，目的在成為世界上的永續教育典範學校，校地面積20英畝（約81,000平方公尺），竹造校舍、太陽能和自給自足校園，開放空間的教室，吸引自45個國家300位學生，來此尋求唯一以自然為本和學生中心的教育。2011年10月由社區資助興建的綠色學校新橋，稱之為「千年橋」（Millennium Bridge），係以192根竹竿建構而成，代表聯合國的192個國家。該校的願景是建置自然、全人、學生中心的學習環境，以激勵和增進學生成為具有創意、創新和綠色的領導人，並獲得美國綠建築協會（U. S. Green Building Council）「2012年地球最環保學校獎」（2012 Greenest School on Earth）之殊榮（Greenschool, 2013; Wirya, 2011）。峇里島綠色學校以竹造校舍，採自然風、自然光，結合自然環境實施綠色課程，校舍和校園建築與當地自然景觀完全融合，這是最典型的生態校園建築。

二、科技原則

綠建築可以是高科技（high tech）（如歐洲流行的雙層玻璃牆），也可以是低科技（low tech）（如美國南部州的稻草屋Straw Bale Home），但基本上均對自然生態體系做出敏感的對應，態度上不再嘗試去「征服自然」，而是採取謙遜的姿態來「順應自然」。工業革命後，240多年以來，人類終於重新再反省自己與天地萬物間的關係（洪育成，2002）。

根據瑞典皇家理工學院教授的研究觀察，歐洲的生態建築（building ecology）發展可大致分成三大流派，分別為德國、荷蘭以及北歐三大區域，各自有其專長領域以及對生態建築之觀點（江哲明、周伯丞和張桂鳳，2002）：(1)德國：應用高科技與精確施工技術進行建築環境控制。德國具有厚實的科技工業基礎，對生態建築之發展，較強調應用高科技設備與施工水準，諸如法蘭克福即有不少高層辦公大樓生態案例，運用了高能換率的太陽能光電技術等科技產品。(2)荷蘭：政府執行生態政策促進生態規劃與環境。荷蘭由於地狹人稠且環境較其他國家惡劣，因此應用民間與政府共同推行生態建築之模式，其政策層面之法規規定與操作模式能

有效連成一氣，推動生態建築。(3)北歐：以實踐及發展共生生態技術爲主旨的低科技實例。北歐四國較少如德國運用大量的高科技產品與技術，而應用低科技之自然對策（natural solution）。對建築生態學之看法，根源於Eruick之生態動能（bio-dynamics）之看法，將可應用之事物回歸於大地應用，並採用簡易之設備技術，達成生態建築之目的。

學校綠建築規劃的科技原則，可從高科技、低科技來思考（李華東主編，2002；李道增，2000；林憲德主編，2004、2012a、2012b）：

（一）在高科技方面

記憶合金（可將溫度轉換爲機械動作）、智能室溫調控系統、智能採光系統、陽光自動追蹤系統、太陽能板、風車、中央空調、雙層幕牆、隔熱玻璃、氣密窗、中水系統、垃圾壓縮機、高效率照明設備（如教室T5燈管更新、運用LED燈）、自動照明、高效率機械系統和控制、高效率的配管設備等，皆爲學校綠建築常採用之高科技或生態科技設備。例如：1994年Volkdr Hartkopf教授在美國匹茲堡卡納基梅侖（Carnegie Mellon）大學原有老建築的屋頂上，加建了一整層永續建築試驗室，運用了最新、最先進的技術裝備，號稱「智慧型辦公場所」，採用可調節的自然採光、可調節的鋁合金隔片、可調節的自然通風空調裝置，隨處都可打開地板，安裝電腦連網插件和電話插座、局部通風照明等；辦公室之間可分可合，布置高度靈活，家具均按人體工學原理設計等等。此外，學校是知識創造、傳遞和分享的匯集地，「資訊科技」（information technology）的運用，可增加知識管理效能，減少大量知識的庫存空間，同時減少資源浪費（如紙張、印刷等）和其他污染，就學校綠建築長期推展而言，效用無窮。

（二）在低科技方面

如Bolin（2003）所述的消極系統（use passive systems），運用日光、自然通風、沒有製冷的機械通風、蒸發式冷氣（evaporative cooling）和消極的太陽能暖氣等，以消極技術調節建築。例如，美國的紐波

特海岸小學（Newport Coasts Elementary School）利用日照和自然通風的策略，充分利用了南加州氣候的優點，設計重點如下：(1)校園有山牆式屋頂，木製結構圍繞著庭園，並有兩種形式的教室：直線型教室（linear classrooms）在東西兩側有活動窗，讓自然光從兩側進來並通風；背對背式教室（back-to-back classrooms）的共用牆則在屋脊下方，有南向或北向之活動窗，此一北向高窗可引進陽光，惟因不通風，在屋簷下設置排氣管，以利透過活動窗引入新鮮空氣。(2)窗上的遮陽板（light shelves）可減少太陽熱能和避免陽光從天花板反射入教室。為干擾陽光，設計者為每一類型教室設置不同的天花板結構，但選用單一適於各教室的遮陽板。雖然遮陽板在南端最有效，但本案的遮陽板寬度適用於任何方位。(3)該校利用日照和自然通風的策略，加上「使用中感應器」（occupancy sensor）和複合開關（multiple switch）等，全校可節省43%的能源，達到加州能源法規之最低規定（Gonchar, 2002）。

三、教育原則

1990年代，本質保守、反抗改革的學校，展現了許多新理念和新做法，許多教師將環境置於課程重心，還有許多教育者開始運用校園探索永續生活模式（Grant & Littlejohn, 2002）。一般來說，教師認為綠色學校（green school）意指在課程之中強調生態的部分，但一般企業主管的直接回應卻是「建造材料的生命週期成本（life cycle costing）」，就學校綠建築而言，涵蓋此兩個範疇，強調綠色學校是教導有關於環境和環保的概念，而不只是考量成本，在設計和建造時使用適當材質，並考量生命週期成本的節能學校（Abramson, 2002）。

綠色一詞融合了永續（sustainable）的概念，所以，綠色學校至少是一所永續經營的學校。Anstrand認為綠色的概念有好幾個層次（引自Abramson, 2002）：(1)第一個層次，應盡可能在建築的設計、建造與運作上，審慎使用可更新的資源，並考量節約資源。(2)第二個層次，是打造綠色的教科書（a green textbook），這個概念是指建築可以作為展示不同綠色原則的典範。(3)第三個層次，是提供計畫本位與隨時學習的機

會，學校應透過教學與示範來教導環境的管理工作（environmental stewardship）；亦即，學生需要身體力行，以減少建築物對環境的影響。

學校綠建築規劃的教育原則，可從參與過程和教學工具來思考（方智芳，2003；江哲銘等，2001；林憲德主編，2002、2004、2012b；梁明煌，2002；Cunningham, 2002）：

（一）在參與過程方面

專家的參與上，Bolin（2003）指出，欲成功地發展永續設施，學校必須將正確的利害關係人（stakeholders）聚集起來，包括學校行政人員、建築師、工程師、建造商、建築使用者和設施操作者。而在理念設計階段，他們協助建立建築計畫的明確目標、預算、期程、美學、環境影響，以及運作和維護；學生的參與上，如英國西南部的一所學校，擁有一座自然觀察區，學校希望能夠改善該區的環境，故透過討論決定由師生來規劃一座生態池塘，由高年級學生計算改建池塘所需的泥沙量，並向廠商訪價，部分學生及老師挖掘池塘、部分學生調查植物、培養單細胞生物……，從施工到環境調查都由師生完成，爾後這座改建的池塘，也成為教材的一部分（方智芳，2003）。社區的參與上，歐洲的「透過景觀學習」（learning through landscapes, LTL）是一個全國性的慈善單位，倡導發展校園環境，以強化學生的學習經驗，並提供學校追求永續改善之專業諮詢。LTL首先提倡家長與社區在整個規劃中所扮演的角色，認為他們的參與監督及規劃，乃是整個校園發展成功與否的關鍵。江哲銘（2002）則說明以永續經營之理念建構綠色生態校園，應發展成與社區共存的校園，以校園為社區資源能源中心、生態環境中心、資訊網絡中心等，引領社區朝向兼顧生態平衡、省能省資源、新能源開發、健康舒適的永續發展。需提到的是，當學校建築利害關係人有較多的歸屬感（sense of ownership），則破壞會降至最低（Hill, Comely, & Koralek, 2002）。

（二）在教學工具方面

「永續性」是一個建築物如何被使用來作為教學考量要素之一，基

本重點在利於環境的設計，也包括教導學生有關於環境的保護，用建築作為學習工具是一個創新的取向，例如，風車、生態池、防火灑水控制器都可以變成教學工具和有效的建築元素。校園環境中每個事物都是有潛能的互動學習工具，包括每個物品及其顏色、材質、大小與放置處，都可能成為學習過程中論辯的經驗基礎（Cunningham, 2002）。校園應該「自我博物館化」，成為學習的開眼器（eye-opener）；尤其在潛在課程的觀點下：校園是一本打開的課本（王俊秀，2003）。因此，不只從教科書內容教導三年級生有關於生態池與自然棲息地，而要帶學生花一整個下午來探索校園的池子；不只是講述太陽能的科技，更要向學生說明學校的太陽能板可以降低學校的暖氣經費，這就是為什麼設計者要問每一個教育的涵義，並投入審思、時間與有效率的規劃技術，才可以建造出最理想的學習環境（Cunningham, 2002）。

　　就此而言，成功大學新建的綠色魔法學校（參見圖46），建築面積4,800平方公尺，包括國際會議廳（崇華廳）、6間中小型會議中心、成大博物館、亞熱帶綠建築博物館、拯救地球行動導覽室等；特殊設計如：會呼吸的地下停車場、浮力通風塔運用「灶窯通風」的流體力學，使室內在酷暑之際不用冷氣空調仍能涼爽不悶，崇華廳夾層牆放置「備長炭」可防潮除濕、吸附臭味和環境有毒物質，使室內空氣永保清新健康；辦公室門扇設計可開關的百葉通風門，所有窗框皆設換氣柵門，屋頂諾亞花園種植耐旱、耐瘠、耐風、耐鹽、耐污染的多年生本土草灌木，易於維護管理，有風舵的金錢豹紋廁所通風器可隨風搖頭，利用縮流效應排放廁所臭氣；主入口通道可開坦克車的透水鋪面，以枯木、竹管建造基層生物集合住宅，復育多樣性生物，室內一座以八八水災漂流木打造的諾亞方舟大壁畫；太陽能光電板、風力發電塔、生態池、人工濕地、雨撲滿和百分百綠建材等，不但是臺灣首座「零碳建築」，更是全球亞熱帶綠建築教育中心，榮獲臺灣綠建築系統（EEWH）鑽石級的「評價綠建築」，以及美國LEED白金級綠建築，並以拯救地球的「諾亞方舟」為期許（林憲德，2010a），成為臺灣最佳綠建築學術研究與實務推廣之教學場域。

成大綠色魔法學校是臺灣首座「零碳建築」，更是全球亞熱帶綠
建築教育中心。

🏰 圖46　成功大學的綠色魔法學校

四、效率原則

　　地球所能給予的資源有限，減少人類對地球的影響，是現在與未來
世代最重要的挑戰，亦即應學習去創造無廢棄物和有效自然資源運用的建
築物、科技與社區（Companion, Laurie, & Shaw, 2002）。綠建築是一項
世界性趨勢，最新建造的建築平均耗能低於傳統建造者達10～50%之多，
但經費只比標準建造的多一點點。綠建築並不需要昂貴的儀器、複雜的
新科技、固定的監視，或更為後現代的結構，以達到顯著的節能；相反
的，應以整體的建築設計，如結合窗戶、建築方位（building siting）、
採光和空調（heating, ventilation and air conditioning, HVAC）系統和其
他要素來節能（Alvey, 2003）。還有，再生能源的運用，歐美國家已發
展出成熟的利用模式，其中冰島再生能源比值已超過65%，瑞典、挪威、

紐西蘭、芬蘭、奧地利也都超過20%，有鑑於此，我國政府決定積極推動
再生能源的開發利用，政府為了趕上先進國家的環境指標，特地於「挑戰
2008：國家重點發展計畫」中規劃「再生能源發展方案」，一方面推動
再生能源立法，一方面則推動研究發展與推廣應用，同時也加強示範，包
括：水力、風力、太陽能、地熱，以及生質能等重點「再生能源」的利用
方式（教育部，2003a）。

學校綠建築規劃的效率原則，可從節能、減廢、省資源、省力來思考
（方智芳，2003；行政院，2003；江哲銘等，2001；吳國銑，2001；林
憲德主編，2012a、2012b）：

（一）在節能方面

校舍建築的規劃，要能儘量減少電力、瓦斯和水的浪費，鄰近的校
舍翼要間隔相當的距離，以利採光；中軸廊教室不利自然通風，缺乏空調
設施和經費者，不宜設計；東西向校舍不僅東西曬，即使開空調冷氣也會
相當耗費能源，應儘量避免；南北向教室設計了過寬走廊，還採高窗設計
（但美術教室可以設計高窗），結果沒有達到原設想阻絕走廊噪音之功
能，卻阻擋了珍貴的陽光能源；班群教室的共用（開放）空間，如不配合
教學功能之運用，不僅空間量體變大，不符環保且增加許多電費支出。

（二）在減廢方面

學校污廢水處理，應設置污廢水及化學實驗室廢氣處理設施，盡可
能減少垃圾量；工程施工應力求校內土方平衡或配合景觀善加利用；建築
結構輕量化，採用鋼構造與金屬外牆設計，或採用大跨距的木造建築物，
以降低營建廢棄物與施工空氣污染；營建及施工自動化，如：系統模板、
預鑄外牆、預鑄樑柱、預鑄樓板、整體預鑄浴廁、乾式隔間等自動化的工
法，對施工中的廢棄物減量有莫大的助益；污染防制措施，如：有效噴灑
水，洗車臺、擋風屏（牆）、防塵網、人工覆被等，可減少建築施工過程
的空氣污染。

（三）在省資源方面

依資源回收的5R原則：拒用（refuse）（不合環保之物）、減量（reduce）、重複使用（reuse）、回收（recycle）和再生（regenerate），運用再生能源（如：太陽能、風能、地熱），如：裝設太陽能板、風車；使用回收再生建材（如：再生地磚、再生面磚），相當於減少建材生產能源、減少二氧化碳排放、減少營建廢棄物，一舉數得；還有，建築材料本體可重複使用，雨水保存再利用，校園使用低沖水量衛生系統之設備等，皆具效率性。

（四）在省力方面

在選擇建材上，需先瞭解材料之物化特性，採用吸濕性低與含濕性低之建築材料，具備容易清潔、保養、維修及更換之基本功能。在人力維護上，校園美化景觀怡人但需大量維護管理（如維持草皮的美觀，必須一個月修剪一次；維持草花的繁盛度，必須一季更換一次），適合學校生長的植物或生態植物（多為常綠性）具低維護性，但景觀變化較少，因此，可以考慮校園的入口處、活動率較高的場所加強綠美化，如種植鮮豔的草花、加強維護管理；在使用率較低的區域加強生態化，如種植原生植物並減低維護管理，讓自然去管理這個區域。

五、健康原則

綠建築必須以人類生活的健康、舒適為原點，對於居住環境進行全面性、系統性的環保設計，並強調與地球環境共生共榮的環境設計觀，以及追求永續發展的建築設計理念（林憲德，2002）。學校是教育的場所，學校建築對於健康規劃的想法，應在舒適、自然之外，有其一定的安全考量，學校的環境以師法大自然為上乘，重視「原味」而非「野味」，或至少能保持「野而不荒」、「荒而不亂」、「亂而不髒」，絕不能超越於「髒不污染」及「絕無毒害」之底線。

學校綠建築規劃的健康原則，可從舒適、自然、避免危害來思考

（江哲銘等，2001、2002；林憲德主編，2012a、2012b；張子超，2001）：

（一）在舒適方面

空間尺度應符合使用機能與使用者特性，家具選用應符合人體工學設計；應用良好通風系統維持健康的室內環境品質；應用吸濕性低與含濕性低之建築材料；建築組構材宜用高隔音度之材料與工法。

（二）在自然方面

學校綠建築的規劃應以自然為師，給予自然的體驗，可讓身體感官體驗自然環境的美感與傳遞的訊息，聽聽土地或樹木的聲音，聞聞花、草、土的味道，觀察自然生命的現象與環境的變遷；給予自然的學習，讓師生親近自然，向大自然學習，感受自然的韻律，建立規律的生活作息，喜愛自然的生活，養成簡樸的生活與態度，探究自然的內涵，增進科學、藝術、人文的認知，體認人與自然的相互關係；給予自然中成長，追求校園生活品質的提升，並經由環境關懷而達成自我的成長與自我實現。學校建築修建應儘量保持基地原貌，減少人工斧鑿之痕，或運用當地自然材料，如宜蘭縣大溪和蓬萊國小校舍改建，分別保留原庭園之老樹；921震災許多重建學校，對於校地原有之樹木都盡可能不遷移，留在原地；潭南國小的校舍建築材料，運用當地富產的卵石、檳榔樹幹、石板作為牆面與地面的裝飾，洋溢著自然趣味。

（三）在避免危害方面

教室裝修宜使用自然材料，壁面及家具之塗裝應使用無鉛塗料，並避免過度裝潢，以有效降低揮發性化學物質的毒害。建材之組裝，宜使用可更替工法與乾式組構方式，降低室內污染物生成，控制有害污染物。妥適規劃班級掃具、拖把等清潔用品，以及垃圾桶與回收箱的置放地點，避免全部堆置於教室內，影響室內環境品質。巧妙運用自然通風，設置通風高窗、旋轉窗、百葉及透空欄杆，藉由自然通風來達成空氣交換和室內熱舒

適，減少空調設備使用，避免因使用空調可能造成之「退伍軍人症候群」等呼吸道疾病。自然光線有助於人體健康和心情舒展，學校應盡可能運用日照，並妥善規劃適當的遮陽設施，避免陽光直射和眩光。倡導學生步行或騎腳踏車上下學，路途較遠者可採汽車共乘，以減少廢氣污染。

第四節
學校綠建築的設計要點

行政院2001年3月8日臺九十內字第010807號函核定「綠建築推動方案」，內政部（九十）內建研字第9088505函自2001年3月21日起實施，其實施方針規定，中央機關或受其補助達二分之一以上，且工程總造價在新臺幣5,000萬元以上之公有新建建築物，自2002年1月1日起，應先行取得候選綠建築證書，始得申請建造執照。而「綠建築標章暨候選綠建築證書」評定審查作業之評估指標系統，進一步自2003年1月1日起，由現行的7項指標增加為9項指標，原綠建築指標之通過數亦由原定2項門檻指標增訂為4項指標，其中「日常節能」及「水資源」兩項仍為必須通過之門檻指標（內政部建築研究所，2003、2014）。

以下參考相關研究（中華民國建築學會，1999；內政部建築研究所，2014；林憲德，2004、2010b；林憲德主編，2002、2012a、2012b；湯志民，2003、2006c），擬就學校綠建築設計的九大指標（參見表11）：生物多樣性、綠化量、基地保水、日常節能、CO_2減量、廢棄物減量、室內環境、水資源、污水及垃圾改善等之規劃要點，分別加以說明。

表11
臺灣綠建築評估系統EEWH

大指標群	指標內容	
	指標名稱	評估要項
生態	1.生物多樣性指標	生態綠網、小生物棲地、植物多樣化、土壤生態
	2.綠化量指標	綠化量、CO_2固定量
	3.基地保水指標	保水、儲留滲透、軟性防洪
節能	4.日常節能指標（必要）	外殼、空調、照明節能
減廢	5. CO_2減量指標	建材CO_2排放量
	6.廢棄物減量指標	土方平衡、廢棄物減量
健康	7.室內環境指標	隔音、採光、通風、建材
	8.水資源指標（必要）	節水器具、雨水、中水再利用
	9.污水及垃圾改善指標	雨水污水分流、垃圾分類、堆肥

資料來源：綠建築，內政部建築研究所，2014。取自http://green.abri.gov.tw/

一、生物多樣性的規劃要點

（一）生態綠網

1. 綠地面積至少25%以上。

2. 周邊綠地系統：綠地配置連結周邊外綠地系統且未被封閉圍牆或寬度30m以之人工設施、無喬木綠帶道路所截斷。

3. 區內綠地系統：基地內綠地連貫性良好且未被封閉圍牆或寬度30m以上之人工設施、無喬木綠帶道路所截斷。

（二）小生物棲地

1. 水域生物棲地

自然護岸，溪流、埤塘或水池具有平緩、多孔隙、多變化之近自然護岸，岸邊水生植物綠帶寬0.5m以上或岸上混種喬、灌木林寬1m以上；生

態小島，在水體中設有植生茂密、自然護岸，且具隔離人畜干擾之島嶼。

2. 綠塊生物棲地

混合密林，多層次、多種類、高密度之喬灌木、地被植物混種之密林面積30m²以上，最好被隔離而少受人為干擾；雜生灌木草原，當地雜生草原、野花、小灌木叢生的自然綠地面積50m²以上，少灌溉、少修剪，最好被隔離而少受人為干擾。

3. 多孔隙生物棲地

生態邊坡或生態圍牆，以多孔隙材料疊砌、不以水泥填縫、有植生攀附之邊坡與圍牆，或以透空綠籬做成之圍牆；濃縮自然，在被隔離而少受干擾的隱蔽綠地中堆置枯木、薪柴、亂石、瓦礫、空心磚、堆肥的生態小丘，或人造高密度、多孔隙動物棲地。

（三）植物多樣性

根據成大建研所之調查發現，臺灣的國民中小學校園平均種植喬木只有15種，而平均種植灌木只有13種，甚至有些國中小校園中只種3至4種喬木與2至3種灌木而已，如此很容易造成植物群落弱化的現象。這種「少物種大量栽培」的做法，不但降低了植物族群的穩定性，也造成了野生原種生物快速消失，一旦發生病蟲害或異常氣候時，植物就會變得毫無抵抗能力，甚至導致全體死亡（林憲德主編，2012a）。因此，植物多樣性設計首重植物之「歧異度」。

1. 校園喬木種類愈多愈好，最好有20種以上。

2. 校園灌木或蔓藤植物類愈多愈好，最好有15種以上。

3. 植物最好選用原生種（參見表12）或誘鳥誘蝶植栽，避免種植黑板樹、肯氏南洋杉、小葉欖仁等少數外來明星樹種，或種植大面積的觀賞用草花花園與韓國草坪。而所謂的「原生植物」也必須因地制宜，例如在海岸區域的基地之原生植物必須是林投、草海桐、馬鞍藤之耐鹽分、耐風害的海岸植物，或在臺南、高雄白堊地質之處則必須是孟宗竹林、龍眼、芭蕉之耐鹼植物，設計者只要應依當地水文地理條件就近尋找當地植栽即可。

4. 複層雜生混種綠化，以大小喬木、灌木、花草密植混種（喬木間距均在3.5m以下）來提升綠地生態品質，綠地最好三成以上採複層綠化。

表12
原生植物參考表

闊葉大喬木	樟葉槭、蓮葉桐、糙葉榕、香楠、臺灣欒樹、大葉楠、欖仁、苦楝、烏心石、楓香、刺桐、白雞油、榕樹、樟樹、茄苳、紅楠、山欖、雀榕、青剛櫟、稜果榕、臺灣朴樹、臺東漆、青楓、竹柏、假三腳鼈、欖仁舅、九丁樹、瓊崖海棠。
闊葉小喬木、針葉林或疏葉型喬木	港口木荷、黃槿、穗花棋盤腳、山刈葉、山黃皮、香葉樹、披針葉饅頭果、鐵色、橄樹、恆春厚殼樹、鵝掌柴（江某）、牛乳榕、臺灣石楠、無患子、黃連木、流蘇樹、野桐、血桐、杜英、九芎、大頭茶、山黃麻、羅氏鹽膚木、鐵冬青、魯花樹、相思樹、臺灣山枇杷、臺灣肖楠、水柳、珊瑚樹、臺灣扁柏、水黃皮、火筒樹、臺灣黃楊、筆筒樹、山黃梔、百日青、海檬果、破布子、內冬子、菲律賓饅頭果、過山香、呂宋莢、臺灣海桐。
棕櫚科	臺灣海棗、山棕。
灌木	蘭嶼羅漢松、華八仙、海埔姜、七里香、苦林盤、海桐、野牡丹、銳葉枋木、杜虹花、勺骨消、月桃、芙蓉菊、厚葉石斑木、鵝掌藤、姑婆芋、木槿、金毛杜鵑、臺東火刺木、硃砂根、三葉埔姜、苦檻藍、臭娘子、枯里珍、雞母珠、紅柴。
草本	巒大秋海棠、桔梗蘭、臺灣澤蘭、水鴨腳、文珠蘭、蛇莓、兔尾草、假儉草、沿階草、紫蘭、車前草、香蒲、槍刀蔡、奶葉藤、爵床、天胡荽、山蘇。
蔓性及懸垂植物	馬鞍藤、薛荔、蟛蜞菊、虎葛、地錦、海金沙、濱刀豆、金銀花、臺灣木通、葎草。
海濱植物	大葉山欖、欖仁樹、黃槿、棋盤腳、臺灣海桐、銀葉樹、海檬果、臺東漆、水黃皮、瓊崖海棠、臺灣海棗、苦林盤。 海埔姜、台東火刺木、毛苦參、三葉埔姜、苦檻藍、山豬枷、臭娘子、枯里珍、白水木、草海桐、濱刀豆、馬鞍藤、蟛蜞菊。
水生植物	野慈菇、香蒲、鴨舌草、水芹菜、滿江紅、臺灣水龍、大安水蓑衣、水丁香、圓葉節節菜、臺灣萍蓬草、水竹葉、菖蒲、小莕菜、燈心草。

資料來源：綠色校園建設參考手冊（第56頁），林憲德主編，2012b，新北市：內政部建築研究所。

（四）土壤生態

1. 表土保護，係保護土壤內原有微小生物之分解功能，以提供萬物生長的養分。在生態條件良好的山坡地、農地、林地、保育地之基地新開發案中，對於原有表土層50cm土壤有適當堆置、養護並再利用。需注意的是，在基地開發上常常會挖掘大量表土，通常必須將表土往基地一端堆積保養，並將表土置於有灑水養護之陰涼處，上面可種植豆科植物或以落葉草皮覆蓋，以免表土乾燥風化而傷害土中微生物的生存；待建築開發完成後，再將表土回填至基地內綠地之上層1.0m左右作為滋養綠地之基礎，如此，綠地才能保有分解微生物、昆蟲的活動，植生群落生態也較容易達成熟穩定之群落。

2. 採有機園藝、自然農法，全面禁用農藥、化肥、殺蟲劑、除草劑，並採用堆肥、有機肥料栽培。需提到的是，土壤中的細菌、真菌、微生物、草履蟲、小蜘蛛、馬陸、蜈蚣、擬蠍子、跳蟲、小甲蟲等，每一種生物都扮演草食者、掠食者或是清道夫的角色，將動植物的廢屑不斷轉換成土壤的養分。例如：蚯蚓的排泄物可提供比一般土壤多上1000倍的催化腐爛的細菌、5倍多的氮含量、7倍多的磷，以及11倍多的鉀，遠比人類製造的化學肥料更具養分。現在最新的「自然農法」，甚至完全不施藥施肥，順著節令、土壤、氣候等大自然的作息去栽種最適當作物的方法，是最生態的園藝。

3. 廚餘堆肥，通常在有學校餐廳或有營養午餐的學校中進行。過去有些採用簡易廚餘乾燥處理機的方式，常產生有礙公共衛生與環境污染之後遺症。「廚餘堆肥」必須以最生態的完全發酵處理方式，才可能確保安全無虞的有機肥料。

4. 落葉堆肥，是取自基地內植物落葉，經堆放、絞碎、覆土、通氣、添撒發酵劑（石灰或氮）、定期翻堆澆水等處理後而成為堆肥之方法，對「土壤生態」有很大助益。由於堆肥腐熟需時3～6個月，同時必須反覆翻堆澆水工作，因此常需要專業知識與長期人力來維護，方能順利進行。

（五）照明光害

1. 避免路燈眩光，所有路燈照明必須以遮光罩防止光源眩光或直射基地以外範圍。

2. 避免對鄰地投光、閃光，凡是設有閃光燈、跑馬燈、霓虹燈、雷射燈、探照燈、閃爍LED廣告燈等，均會造成鄰地侵擾的投光、閃爍光。

3. 避免建物頂層投光（天空輝光防制），不可有向上投光至建築頂層立面或頂層廣告之照明。

（六）生物移動障礙

1. 避免人工鋪面之廣場或停車場障礙，400m² 以上人工鋪面之大型廣場或停車場，至少單向每20m間距應有一條喬木綠道分割（但喬木間距應在6m以下）。

2. 避免道路沿線障礙，基地內10m寬以上之道路，交叉路口10m以外之兩邊皆無綠帶者，應予避免。

3. 避免橫越道路障礙，基地內20m寬以上道路，未設中間綠帶，應予避免。

（七）生態池的設計

1. 理想的生態池，大部分池面每天應維持至少5小時之日照條件，以利各種動植物繁殖生長，所以應避開高大建築物或太接近大樹。有些學校常在樹林內建造生態池，常造成水生植物成長不良的現象。

2. 生態池底必須具備一定的保水能力，以滲透性係數小於10-7（公分／秒）之黏土質才能達不透水之標準；如要在無此黏土條件之地建生態池，則需在水池底進行防水構造工程。一般生態池底防水構造工法有5種（林憲德，2004）：(1)混凝土構造工法：是較昂貴的工法，池底應有加強雙層鋼筋並表面防水粉刷，否則易龜裂漏水，混凝土池底應有30cm以上混和砂石之土壤層方能植生良好，才能接近生態化水池。(2)皀土毯工法：是一種新的地工合成材料，防水功能甚佳，但價格偏高。需注意接縫

處要有20cm之重疊，施工不慎也易漏水。(3)塑膠防水布工法：在高透水的砂質土壤，塑膠防水布是不得不採用的工法，其護岸需十分和緩，坡度20度以下，否則難以覆土，防水布厚度2mm以上，有時需用2、3層，防水布上需鋪設30cm以上混和砂石之土壤層才能植生良好，才能接近生態化水池。(4)牛踏層工法：與水稻田的保水處理相似，過去用牛踐踏，現在用機器處理，適用於黏性粉土，砂質土壤不適用，完工應經數日放水試漏，如每日降水20cm表示有滲水之虞，需再清理夯實再試。(5)黏土夯實法：最自然的方法，利用黏土成分高的土壤逐層鋪設夯實，黏土層應有30cm 以上，中鋪設椰纖網或地工網可防龜裂，黏土層上應有30cm 以上砂質保護土壤層以利植生。

　　3. 校園生態池規劃上需注意（盧秀芳，2002）：(1)水深需考量安全性，以不超過1m為考量；若有深淺變化上的設計，則應標示清楚，以避免危險。(2)避免過度使用水泥或磁磚等材質，並可於池底挖溝、堆石、枯木，便於水棲昆蟲及魚蝦生存棲息。(3)池岸邊坡應平緩，維持多孔隙性及多變化性，並可栽種親水的原生地被、灌木、喬木，但避免種植過於高大的樹木，以免水池日照減少，影響生物繁殖。(4)流動的水聲可營造活潑的校園氣氛，同時對某種動物具有吸引力，亦可用沉水馬達創造類似的循環水流。(5)水源及水量應維持清潔及穩定，可加裝濾水裝置避免水池優氧化，池中及岸邊植物應視生長及競爭情形做必要之整理。(6)設置生態水池解說牌，並禁止任意放生，以防過多外來物種破壞原生物種生態。

二、綠化量的規劃要點

　　（一）綠地面積儘量維持在校地總面積15%以上，大部分綠地種滿喬木或複層綠化，小部分綠地種滿灌木，減少人工草坪或草花花圃。

　　（二）校園內校舍建築物、田徑場、球場和消防水池等以外之空地，空地面積50%以上應予綠化，且單位綠化面積的CO_2固定量需大於基準值$500kg/m^2$。各種植栽單位面積CO_2固定量，參見表13。

表13
各種植栽單位面積二氧化碳固定量Gi（kg／m^2）

栽植類型		CO_2固定量Gi（kg／m^2）	覆土深度	
			屋頂、陽臺、露臺	其他
生態複層	大小喬木、灌木、花草密植混種區（喬木間距3.5m以下）	1200	1.0m以上	1.0m以上
喬木	闊葉大喬木	900		
	闊葉小喬木、針葉喬木、疏葉喬木	600	0.7m以上	
	棕櫚類	400		
灌木（每m^2至少栽植2株以上）		300	0.4m以上	0.5m以上
多年生蔓藤		100		
草花花圃、自然野草地、水生植物、草坪		20	0.1m以上	0.3m以上

資料來源：綠建築評估手冊——基本型（2012 Edition）（第30頁），林憲德（主編），2012a，臺北市：內政部建築研究所。

（三）大喬木是成樹平均生長高度可達10m以上之喬木，小喬木是成樹平均生長高度10m以下之喬木。所謂臺灣常見的闊葉大喬木，有榕樹、刺桐、樟樹、楓香、梧桐、菩提、臺灣欒樹、火焰木等。此類喬木類植物的特色是樹形較為高大，樹葉量多，其CO_2的固定效果亦屬最佳，常用於遮蔭、觀景與行道樹。所謂闊葉小喬木就像阿勃勒、無患子、含笑、海檬果、黃槿、羊蹄甲、枇杷等；針葉木就如小葉南洋杉、龍柏、圓柏、琉球松等；疏葉形喬木就如小葉欖仁、木棉、相思樹、垂柳等，此類樹種之葉面積量較闊葉大喬木少，其CO_2固定效果亦較小。

（四）為保有植物根部充分的生長空間，植物必須保有充足的覆土深度，喬木與大棕櫚類為1.0m以上，灌木及蔓藤為0.5m以上，花圃及草地為0.3m以上。

（五）建築配置避開既有老樹設計，老樹是米高徑30cm以上或樹齡20年以上之喬木，施工時保護老樹不受傷害；即使在人工鋪面上，也應以植穴或花臺方式儘量種植喬木。需提到的是，移植老樹因存活率極低，為免反生態且助長偽裝自然之歪風，在綠建築指標計算中由外移植來的老樹一律視同新樹評估。

（六）鼓勵在陽臺、露臺、屋頂、建築牆面加強立體綠化，並注意要有良好防漏水設計及固定水源供應（如雨水回收），同時要定期澆灌與維修。惟需注意的是，屋頂花園、花架或農場需有極大的維護人力和不少水費，學校應依時需規劃設置。

（七）校園儘量以透空性圍籬或喬木、灌木混種的綠化作為校界。

（八）綠化應採用當地原生植栽樹種為宜，綠化時避免採用單一樹種大量的植栽方式，而應力求植栽的多樣化，期能創造具有教學功能之教材園。

（九）校園綠化不只為美化，應同時考量綠化效果如何落實於環境教學之需求。

三、基地保水的規劃要點

（一）「基地保水設計」主要分為：(1)直接滲透設計：是利用土壤孔隙的毛細滲透原理來達成土壤涵養水分的功能；校地位於透水良好之粉土或砂質土層時，以直接滲透設計為主。(2)貯集滲透設計：是設法讓雨水暫時留置於基地上，然後再以一定流速讓水滲透循環於大地的方法；校地位於透水不良之黏土層時，以貯集滲透設計為主。

（二）直接滲透設計包括：(1)綠地、被覆地或草溝設計；(2)透水鋪面設計；(3)貯集滲透空地；(4)滲透排水管設計；(5)滲透陰井設計；(6)滲透側溝設計。貯集滲透設計包括：(1)花園土壤雨水截留設計；(2)景觀貯集滲透水池設計；(3)地下貯集滲透設計。

（三）校地位於透水良好之粉土或砂質土層時，可以參考下列設計對策：(1)建築空地儘量保留綠地；(2)排水路儘量維持草溝設計；(3)將車道、步道、廣場全面透水化設計；(4)排水管溝透水化設計；(5)在空地設

計貯集滲透廣場或空地。

（四）校地位於透水不良之黏土層時，可以參考下列設計對策：(1)在陽臺（或必要時在屋頂）設計良質壤土人工花圃；(2)在空地設計貯集滲透水池、地下礫石貯留來彌補透水不良；(3)將操場、球場、遊戲空地下之黏土更換爲礫石層，或埋入組合式蓄水框架，以便貯集雨水並促進滲透。

（五）校地爲透水性良好的砂質土壤，採用綠地或透水鋪面之直接滲透設計即有良好的保水效果，不必花費龐大經費於地下滲透管溝、滲透井、礫石貯集之設施上。但校地爲透水性不良的黏質土壤，採用透水鋪面或植草磚設計反而較無效果，這時以人工花圃、地面貯集、地下礫石貯集之保水設計較有效果。

（六）「透水性鋪面」表層通常由連鎖磚、石塊、水泥塊、磁磚塊、木塊、高密度聚乙烯格框（high density polyethylene, HDPE）等硬質材料，以乾砌方式拼成，表層下的基層由透水性十分良好的砂石級配構成；透水性鋪面下爲地下室或基層由混凝土層等不透水材料構成的鋪面，一概不予計入透水鋪面。學校常有許多透水性鋪面設計，因基層砂石級配夯實不足而產生不均勻沉陷之現象，宜慎處以確保透水與安全功能。

（七）「貯集滲透空地」通常利用停車場、廣場、球場、遊戲場、庭園廣場空間，做成能匯集周邊雨水之透水型窪地，此窪地依其功能可做成草地、礫石地，也可做成滲透型鋪面廣場，平時作爲一般的活動空間，下暴雨時則可暫時蓄洪。爲了公共安全，這些「貯集滲透空地」的蓄水量必須在24小時內消退完畢，因此在土壤滲透係數k在10-7m／s以上時，其蓄水深度，小學必須在20cm以內，中學必須在30cm以內，一般情形則在50cm以內，其邊緣高差應分段漸變以策安全。

（八）「滲透排水管」及「滲透陰井」通常設置於操場、庭院、坡崁、擋土牆來收集土壤內積水，是地面下的排水系統，兩者最新皆使用高密度聚乙烯透水網管，因爲使用毛吸透水原理，不必使用碎石或不織布也不會造成阻塞。

（九）「滲透側溝」則是收集屋頂排水或表面逕流水的地表排水系

統，滲透側溝入流處、彎折或寬度變化點應設置陰井，以進行初步之穩流與沉砂。滲透側溝不要鄰接建築牆面、擋土牆、圍牆，以免失去滲透之功效。滲透側溝較好的設計還是以滲透網管把水溝暗管化，可免除阻塞及防止積水而產生蚊蟲污染之困擾。

（十）「花園土壤雨水截留設計」是在人工地盤或不透水黏土層上設計綠地花園，利用土壤孔隙之含水性能來截留雨水；如能在全面人工地盤的基地，開闢基地一成面積以上、土壤1m深的人工綠地，即可合於「基地保水指標」的要求。

（十一）「景觀貯集滲透水池」通常將水池設計成高低水位兩部分，低水位部分底層以不透水層為之，高水位部分四周則以自然緩坡土壤設計做成，其水面在下雨後會擴大，以暫時貯存高低水位間的雨水，然後使之慢慢滲透回土壤；在平時則縮小至一定範圍，維持常態之景觀水池，水岸四周通常種滿水生植物作為景觀庭園。

（十二）「地下貯集滲透」是在空地地下挖掘蓄水空間，此地下空間埋設的礫石愈大，其蓄水孔隙率愈大，尤其是蓄洪專用的組合式蓄水框架的蓄水空間比更高達80%以上，因此下大雨時，此地下空間便能貯集較大的水量，然後使之慢慢滲透回土壤中，以同時達到貯集及滲透的保水功效。「地下貯集滲透」可在廣場、空地、停車場、學校操場、庭院等開闊區域廣為設置，有時透過一些配管抽水手法，更可將貯集的雨水作為洗車、澆花等雜用水的利用。

（十三）特殊保水設計（如：貯集滲透空地、滲透排水管、滲透陰井、滲透側溝、景觀貯集滲透水池、地下貯集滲透設計），在山坡地及地盤滑動危機之區域應嚴禁採用。

（十四）可以植草磚、碎石或廢棄混凝土塊做鋪面，設計透水停車場。惟供車道和停車場用之植草磚需有20cm以上的級配層，才有足夠載力。

四、日常節能的規劃要點

「日常節能指標」以建築外殼、空調系統及照明系統等3項來進行節

能評估，這3項必須同時通過才算合格。

（一）校舍建築外殼節能設計

1. 學校、辦公類建築物，應儘量設計建築縱深小於14m，以便在涼爽季節採自然通風，並停止空調以節能。校舍空間縱深超過14m，必須長期依賴空調換氣設備，因此非因教育實驗或教學需求，不宜設計超過14m寬的班群教室空間（會有室內通風、照明和電費問題）。

2. 切忌採用全面玻璃造形設計，辦公類建築開窗率最好在35%以下，其他建築在合理採光條件下，不宜採用太大開窗的設計。

3. 儘量少採用屋頂水平天窗設計，若有水平天窗，其開窗率應控制於10%以下，且必須採用低日射透過率的節能玻璃。

4. 開窗部位儘量設置外遮陽或陽臺以遮陽。

5. 校舍（尤其是教室）東西曬方位應避免設置大開窗面。

6. 空調型建築多採用低輻射玻璃（low emissivity class）。Low-E玻璃是表面具有極細薄的氧化金屬鍍膜的透明玻璃，此一膜層容許波長380nm至780nm的可見光波通過，但對波長780～3000nm以及3000nm以上的遠紅外線熱輻射的反射率相當高，因此在寒帶地區可以隔熱保溫，在熱帶或亞熱帶地區可以減少室外陽光所傳遞的熱，以減輕空調負荷。

7. 校舍建築屋頂之平均熱傳透率（U值）應維持在$1.0W/(m^2.K)$以下，以利提升屋頂隔熱性能。一般混凝土樓板或五腳磚、空心磚、泡沫混凝土所組成的屋頂結構的隔熱效果並不好，最重要的要加入玻璃棉板之類的纖維保溫材或聚乙烯發泡板（polyehylene, PE）之類的樹脂保溫材，才會有良好的隔熱，但因保溫材不耐磨耐候，通常要外加五腳磚或鋼筋混凝土以保護保溫材。如要設置雙層屋頂，應注意成本不便宜，而空氣層需夠大且通風夠好，否則不如直接採用具有良好保溫層的高隔熱屋頂設計（林憲德主編，2012b）。

（二）空調節能效率設計

1. 中央空調，中小學學校建築圖書館、體育館、禮堂、大型演藝廳

或視聽教室（容量約150人以上）、大學校院單棟建築（尤其是行政辦公大樓）等，冷氣需求量大且有固定使用時間者，採水冷式冰水主機為佳，也可考慮採水冷式儲冰主機較節省經費。需注意避免使用低效率的水冷式箱型空調機系統（有嚴重噪音和耗電問題）；惟因各校使用條件不一，仍應請空調工程師設計。

2. 中央空調，建築空間應依空調使用時間實施空調區劃，依據實際熱負荷預測值，選用適當適量的空調系統、高效率熱源機器，並嚴格執行空調熱負荷計算，避免冷凍主機超量設計，依空調重要度而定其備載容量，且不宜採太高的備載設計。大型高耗能中央空調建築物，宜採用建築能源管理系統（building and energy management system, BEMS）。

3. 分散式教師辦公室、教學研究室、教材製作室和研討室等中小型校舍空間（容量約50人以下），較適用氣冷分離式冷氣機。

4. 選用高效率冷凍主機或冷氣機，切勿貪圖廉價雜牌貨或來路不明的拼裝主機，以免浪費大量能源而得不償失。

5. 中央空調應採用主機臺數控制節能系統，亦即不要採用單一大容量的熱源機器，而採用複數個容量較小的熱源機器以應付多樣化的負荷變動，當負荷小時只開動其中一臺熱源機組以節約能源，而負荷大時才開動複數臺之熱源機組以達空調要求。

6. 為維持健康的空氣環境，可採用CO_2濃度外氣控制空調系統。一般健康的空調空氣之CO_2濃度不超過1000ppm，據此，每人每小時大約需要20立方米的外氣量，而以最大設計外氣量供應空調的一般系統在平常非尖峰人員量時，常常引入過多的外氣量而大量的浪費能源，甚至盲目地為省電之故，任意關閉引進外氣設備，使室內空氣品質惡化。CO_2濃度外氣控制空調系統，係利用室內CO_2濃度指標來自動調降外氣量，以降低外氣負荷的節能系統，此一方法對於室內人員變化量大的建築物特別有效。

7. 主機及送水馬達採用變頻控制等節能設備系統，風管式空調系統採用全熱交換器等節能設備系統。還有，變風量（variable air volume, VAV）節能設備系統是將送風溫度固定，而以調節送風量的方式來應付室內空調負荷之變動，亦即以一定溫度來送風，視室內熱負荷變動來改變送

風量大小的空調方式。此一方式一方面透過風量的調整來減少送風機的耗電量，另一方面可增加熱源機器的運轉效率而節約能源。

（三）照明節能設計

1. 校舍建築應保有充足開窗面，以便利用自然採光；室內採用高明度的顏色，以提高照明效果；大型辦公室之窗邊，宜設置晝光感知控制自動照明點滅控制系統。

2. 一般空間儘量採用電子式安定器、高反射塗裝燈具之螢光燈，避免採用鎢絲燈泡、鹵素燈、水銀燈或採用無安定器、無反射燈罩之低效率燈具，並合理設置自動調光控制、紅外線控制照明自動點滅等照明設計。

3. 體育館、演藝廳等高大空間，儘量採用高效率投光型複金屬燈、鈉氣燈來設計；閱覽、製圖、縫紉、雕刻等精密工作空間之天花板照明不必太亮，儘量採用檯燈、投光燈來加強工作照明即可。

4. 教室照明配合室內工作模式做好分區開關控制，以隨時關閉無人使用空間之照明，或於採光充足時逐排關掉靠窗之照明器具。

五、CO_2減量的規劃要點

（一）結構合理化：為了降低建材的使用量，首重合理而經濟的結構系統設計。因此，校舍建築外觀以簡樸素雅為主，避免不必要的裝飾表現，造形變化愈多，會產生更多結構弱點，導致補強建材之增加。因此，校舍建築平面設計儘量規則、格局方正對稱，除了大廳挑空之外，儘量減少其他樓層挑空設計；建築立面設計力求均勻單純，沒有激烈退縮出挑之變化；建築樓層高度均勻，中間沒有不同高度變化之樓層；建築物底層不要大量挑高、大量挑空；建築物不要太扁長、太瘦高。

（二）建築輕量化：建築物的輕量化直接降低了建材使用量，進而減少建材之生產耗能與CO_2排放。因此，校舍建築鼓勵採用輕量鋼骨結構或木結構、輕隔間、輕量化金屬帷幕外牆、預鑄整體衛浴系統，以及採用高性能混凝土設計以減少混凝土使用量。

（三）耐久化：耐久性的提升有助於建築壽命的延長，相當於節約建

材使用量。因此，校舍建築結構體設計耐震力要提高20～50%，柱樑鋼筋和樓板鋼筋之混凝土保護層增加1～2cm厚度，屋頂層所有設備以懸空結構支撐，與屋頂防水層分離設計，空調設備管路、給排水衛生管路採明管設計，電氣通信線路採開放式設計。

（四）再生建材使用：鼓勵採用高爐水泥和高性能混凝土，校舍室內外建築採用再生面磚作為表面材，採用再生骨材作為混凝土骨料、採用回收室內外家具與設備。此外，不使用再生建材，直接使用廢輪胎、廢棄建材、廢棄混凝土塊等作為坡崁、景觀鋪面，也很環保。

（五）熱帶雨林大量遭到濫墾，因此應避免使用非經過森林管理與計畫伐林之木材；使用木構造為輕量化獎勵對象者，應提出永續森林經營的林木出產證明。

（六）保存校園史蹟建築，加強舊建築物整修、空餘教室及閒置空間再利用。

六、廢棄物減量的規劃要點

臺灣擁有全球最高密度的鋼筋混凝土（RC）建築物，使臺灣的營建廢棄物污染尤其嚴重。臺灣的鋼筋混凝土建築物每平方公尺樓板面積，在施工階段約產生$0.314m^3$之建築廢棄物、$0.242m^3$之剩餘土方、1.8公斤的粉塵，在日後拆除階段也產生了1.23公斤的固體廢棄物，不但危害人體，也造成廢棄物大量處理的負擔（林憲德主編，2012a）。「廢棄物減量指標」著眼於減少施工中與拆除後之環境污染量，對策有：

（一）基地土方平衡

校地開發最好是現地取得土方平衡，如土方不平衡，不論是需運出多餘土方，或需由外運入基地填方，均為相同的環保負荷。因此，校舍建築應掌握地形、地質、地貌，儘量減少地下室開挖以減少土方；如有多餘土方，大部分均用於現場地形改造或用於其他基地工程之土方平衡。

（二）減少施工和拆除廢棄物

校舍建築工程應減少施工廢棄物和拆除廢棄物，可採用木構造或輕量鋼骨結構，以減少水泥用量；如為RC構造，可採用爐石粉替代率約30%的高爐水泥作為混凝土材料，可採用再生面磚作為建築室內外建築表面材，可採用再生級配骨材作為混凝土骨料，戶外道路、鋪面、設施儘量採用再生建材。

（三）營建自動化

校舍建築工程採用RC構造時，應儘量引進營建自動化工法以降低營建污染，例如採用金屬系統模板、預鑄外牆、預鑄樑柱、預鑄樓板、整體預鑄浴廁、乾式隔間等，以減少木模板使用和現場廢棄物。

（四）防制施工空氣污染

校舍建築工程應對各種施工採行空氣污染防制措施，例如工地四周有1.8m以上防塵圍籬，結構體施工後加裝防塵罩網，土石運輸車離工地前覆蓋不透氣防塵塑膠布，工地車行路面全面鋪設鋼板或打混凝土，建築工地設有施工車輛與土石機具專用洗滌措施；工地對於車輛污泥、土石機具之清洗污水與地下工程廢水排水設有污泥沉澱、過濾、去污泥、排水之措施，工地的車行路面、堆料棄土區／傾卸作業、裸露地面等灑水噴霧，在裸露地或堆料上植被、噴灑化學防塵劑等措施，以防營建污染。

七、室內環境的規劃要點

（一）音環境

音環境主要控制空氣傳音和固體傳音。空氣傳音的控制方法以隔絕噪音為主，要選擇隔音性能較佳之門窗及牆壁構造；固體傳音的控制則以樓板結構體之剛性設計及增設緩衝材、空氣層來對應。

1. 建築RC外牆均要有15cm以上，以隔絕戶外噪音。

2. 依據既有隔音材料實驗檢測，推開式氣密窗在隔音性能上有較佳之效果，一般推開窗玻璃厚5mm以上；雙層窗對於隔音性能很有利，雙層窗玻璃厚度5mm，間距大於20cm為佳。一般建築物較常使用之橫拉窗，其氣密性與隔音性能較差，橫拉窗玻璃厚要有8mm以上或用6＋6mm之膠合玻璃。

3. 建築樓板厚度RC為15cm、鋼構複合樓板為18cm。另於樓板構造上加設緩衝材或空氣層，皆有助於減少垂直向樓板衝擊音之干擾。空氣層厚度≧30cm，可有效衰減衝擊音約10dB。

4. 校舍噪音控制，室內噪音應為40～50dB為理想，以60dB為極限，並注意避免製造噪音，如學校擴音器隨意亂用；避免受噪音干擾，如校舍與主要道路以及校舍之間距至少30m；音樂和韻律等教室易產生噪音，需加強隔音及與需安靜的教學區隔離或單獨設置；體育館和演藝廳會有噪音或回音，其室內牆面與天花板應有良好吸音設計。

（二）光環境

1. 校舍建築除有空間機能需求之考量（如：攝影棚、暗房、視聽教室等）外，應多運用自然採光。校舍建築深度儘量維持在14m以內，並儘量維持一字形、L形、ㄇ形、口形的配置，以保有採光潛力。

2. 校舍所有開窗面最好有1m以上的水平外遮陽設計，在東西曬方位更應有深邃的格子板遮陽，或是活動百葉遮陽設計。

3. 燈具要有防炫光格柵、燈罩或類似設施（燈管不裸露），教室室內照明桌面照度不低於500Lux，黑板照度不低於500～800Lux。

4. 儘量採用明亮的清玻璃或淺色Low-E玻璃，不要採用高反射玻璃（因容易造成室內陰暗與反光公害）或重顏色之色版玻璃，以保有良好採光。

（三）通風換氣環境

1. 校舍建築通風換氣，目的主要在於引入室內足夠之新鮮空氣，稀釋室內污染物濃度，去除室內環境（如：教室、實驗室、游泳池、廁所、

廚房、地下室等）之熱量、濕氣或異味，保持室內適度的溫濕度。主要通風方式有自然通風、空調和機械通風。

2. 良好的通風系統應提供每生每分鐘10～15立方英尺的新鮮空氣，並使教室內溫度在20～26℃，濕度在60～65%。

3. 校舍建築深度（含陽臺、走廊）應儘量維持在14m以內，外形儘量維持一字形、L形、Ⅱ形、口形的配置，並注意對流通風設計，以利自然通風：(1)校舍單側或相鄰側通風路徑開窗之空間深度（含陽臺、走廊），需在2.5倍室內淨高以內。臺灣的中小學教室大多為寬7.5m，加上單面走廊寬2.5m，因此需相對側開窗。(2)校舍相對側或多側通風路徑開窗之空間（含陽臺、走廊），至少有一向度深度在5倍室內淨高以內。有些班群空間或多目的活動空間（含陽臺、走廊）之空間深度擴大至12～15m，不利自然通風和採光。(3)以通風塔、通風道系統、送風管或其他通風器輔助，有助於自然通風。

4. 校舍單側開窗、相鄰側開窗，較難使新鮮外氣進入室內遠端而排除遠端的污染物；相對側開窗及多側開窗方式，可以使氣流以近似活塞流的方式將室內髒空氣推擠出去，而有較佳的空氣置換效率；其他如配合機械輔助或熱浮力動力之通風方式，也能形成良好的通風路徑。中央空調系統與分離式系統，均應設置新鮮外氣系統以保有良好空氣品質。

5. 教室走廊矮扶牆不應做成密不通風的矮牆，應設計成鏤空欄杆，以利風能穿越進入教室。

6. 儲藏室和地下室需乾燥或易潮濕的地方、游泳池和淋浴間的濕氣、廚房五味雜陳的空氣、化學和生物實驗室等易產生有毒氣體的地方，需藉助機械通風系統抽風。

7. 中小學校舍地下室通常不深邃，如在地下室四周設計寬1m的採光通風天井，並設計耐陰性之植物庭園，依靠兩邊天井自然通風對流即可保持空氣新鮮，不用啟動機械通風；也可在室內裝設CO濃度偵測器，在CO濃度10ppm以上時才啟動機械通風，全年可能無須使用機械通風，可大量節能（林憲德主編，2012b）。

（四）室內建材裝修

1. 室內裝修以簡單樸素爲主，儘量不要大量裝潢，不要立體裝潢，並多採用具有國內環保標章、綠色標章之建材（即低逸散性、低污染、可循環再利用、廢棄物再利用之建材）。

2. 室內裝修建材儘量採用無匱乏危機之天然生態建材，例如填縫劑數量50%以上採用天然材料；木材表面50%以上採用天然保護塗料；管線50%以上用非PVC管（如：金屬管、陶管）替代，或具有綠建材標章或環保標章認可之管線；隔熱材50%以上採用天然或再生材料。

八、水資源的規劃要點

（一）大小便器與公共使用之水栓必須全面採用具省水標章或同等用水量規格之省水器材，並將一段式馬桶改成具省水標章的兩段式馬桶。

（二）省水閥、節流器、起泡器等省水水栓之節水效率較有限，可改用自動感應、自閉式或腳採式水栓，節水效率更好。但廚房或有清洗供水之需者，可採用一般槓桿式水龍頭並供應正常出水量。

（三）採用具備減少冷卻水飛散、蒸發、排放功能之節水型冷卻水塔，冷卻水塔除垢方式由化學處理方式改爲物理處理方式。另外，鼓勵設置空調冷凝水回收系統。

（四）儘量不要設置大耗水的人工草坪或草花花圃，如有設置，則應裝置自動偵濕澆灌等節水澆灌系統。

（五）設置親水設施、游泳池、噴水池、戲水池、SPA或三溫暖等耗水設施者，必須設置雨水貯集利用或中水利用設施。

（六）開發總樓地板面積2萬平方公尺以上或基地規模2公頃以上者，必須設置雨水貯集利用或中水利用設施。

（七）雨水貯集利用系統比中水利用系統更簡易經濟。校園建築受限於經費，可優先採用雨水貯集利用系統，如校舍屋頂及校園地面之雨水宜規劃匯集至雨水槽，經簡單過濾後作爲綠地澆灑花草用水，能多重使用尤佳。

九、污水及垃圾改善的規劃要點

（一）污水及垃圾改善指標大多為興建設備空間與營建管理有關的規定，學校需從規劃設計階段即開始注意各設置要項，並於施工階段預留專用管道空間及排水孔（尤應注意管道暢通，避免破裂或阻塞），並確實督導水電設計及施工者將排水管接續至污水處理設施或污水下水道。

（二）污水改善上，廚房、餐廳、宿舍、浴室及洗衣空間的生活雜排水均確實接管至污水處理設施或污水下水道；其中，廚房及洗衣空間需設有油脂截留器並定期清理。

（三）垃圾改善上，專用垃圾集中場應設有充足垃圾儲存處理及運出空間，加強綠美化或景觀化，設置防止動物咬食的密閉式垃圾箱，並定期執行清洗及衛生消毒。其次，應設置資源垃圾分類回收系統、廚餘收集再利用系統，並設置垃圾壓縮機、有機肥處理、廚餘處理等設施，使資源回收和垃圾處理更有效能；資源回收桶可分為廢紙類、玻璃瓶、塑膠瓶、鐵鋁罐、鋁箔紙盒包等。

面臨全球暖化日益嚴重，氣候急遽變遷，「綠」即王道，重視與力行節能、減碳、減廢，以及運用再生能源等環保觀念，不僅是教育的大主流，在校園建築環境上，學校綠建築和永續校園也是莫之能禦的大趨勢，自然生態、綠建築、綠建材、智慧綠建築、永續環境之建置蔚為世界風潮。校園是教育基地，也是地球環保的先鋒，每一塊校地成為美麗的綠色園地，以致力永續發展觀念的扎根與延伸，將是地球恢復更清新亮麗之契機，期待大家的努力，使校園更綠、更美麗。

第六章

無障礙校園環境

就教育人員和設施設計者所知，使新的或現有的公立學校設施有可及性是難以克服的事項。一般對設施可及性的「解決」，如無障礙設計或通用性設計，並不是要滿足不同的行動不便兒童的所有需求，也不全然在於補償不足的空間分配、不足的基金或教育實務和發展中法令之間的不一致。……而對設施設計可及性的最好實務應用，其關鍵是讓所有使用學校的人能便利、安全、獨立和有尊嚴。

（The message for educators and facilities designers is that making new or exiting public school facilities accessible remains a formidable undertaking. Routinely proffered "solutions" to facilities accessibility, such as barrier-free design or universal design, are not likely to accomodate satisfactorily the spectrum of need presented by the diverse population of children with disabilities or to compensate fully for insufficient space allotment, inadequate funding, or inconsistency between educational practice and cvolving law.....Application of accessibility's best practices to facilities design is key to enabling all who use our schools to function with ease, safety, independence, and dignity）。

——J. Ansley, 2000

「無障礙環境設計」（barrier-free environment design）主要起源於1950年代末期北歐斯堪地那維亞半島諸國的「正常化」（normalization）概念，認為「只以健康的人為中心的社會，並不是正常的社會」，主張讓身心障礙者也能和一般人一樣地在地域社會過普通的生活，希望解除社會隔離的制度，使身心障礙者回歸社會主流（mainstreaming），達到社會整合和統合（integration）的目的。不久，這種訴諸身心障礙者權利，強調身心障礙者應在社區中和一般人共同生活重要性的「正常化」思想，馬上自北歐諸國向歐洲本土延伸，然後擴及美國（田蒙潔，2001；曾思瑜，1996、2001）。

　　1959年，歐洲召開關於建築障礙的歐洲會議，並議決「考慮肢體障礙者方便使用的公共建築物設計及建築」。1969年，國際復健協會（Rehabilition International）制訂「為身心障礙者設計的國際符號標誌」，讓身心障礙者容易接近、方便使用建築物。1974年，聯合國與國際復健協會合作，根據身心障礙者生活環境專家會議，整理出報告書，「無障礙設計」（barrier free design）一詞於是普及。

　　英國於1963年訂定「行動不便者可及性建築」（Accessible for the Disabled to Buildings），1999年教育暨職業部（Department For Education and Employment, DfEE）提出「行動不便者可及性學校建築：管理和設計指引」（Access for Disabled People to School Buildings: Management and Design Guide）（DfEE, 1999）。瑞典於1969年制訂「身心障礙者建築基準」（SBN 67, Sweden Building Norms）。加拿大於1965年制訂「身心障礙者建築標準」（Buildings Standards for the Handicapped），1999年英屬哥倫比亞省教育、技術與訓練部（Ministry of Education, Skills and Training, 1999）提出「可及性學校設施：規劃資源」（Accessible school facilities: A resource for planning）；1974年，日本東京都町田市制訂全國最先驅的「町田市福祉環境整備綱要」，之後頒布「考慮身心障礙者使用之設計標準」（1982年），而各縣市及地方自治體也紛紛著手於「無障礙環境」相關的「福祉鄉鎮建造整備指針」（東京都，1988年）、「建築基準法施行條例」（神奈川縣、兵庫縣，1990年）之訂定（曾思瑜，1996、1997）。

　　美國的無障礙環境法規制訂最早也最完整。1961年，美國國家標準局（American National Standard Institute, ANSI）訂定「可及和可用的建築與設施」（Accessible and Usable Buildings and Facilities），這是世界上最早有關「無障礙環境」設計的規範，1968年制訂「建築障礙法案」（Architectural Barriers Act, ABA [Public Law 90-480]），1973年制訂「復健法案」（Rehabilitation Act [Public Law 93-112]），1975年制訂「所有身心障礙兒童教育法案」（the Education for All Handicapped Children Act [Public Law 94-142]），1984年訂定「統一全國可及性標

準」（Uniform Federal Accessibility Standards, UFAS）。1990年修改「所有身心障礙兒童教育法」為「行動不便者教育法」（Individual with Disibilities Education Act, IDEA [Public Law 101-476]），再次強調提供「最少限制環境」（the least restrictive environment）的重要政策，主張身心障礙學生應盡可能安排在最能適應的正常教育環境中接受教育，並使身心障礙者統合於非障礙者的主流學習環境中，同享正常化的學習環境。1990年制訂「美國行動不便者法案」（The Americans with Disabilities Act, ADA [Public Law 101-336]），1991年制訂「美國行動不便者法案可及性設計標準」（ADA Standards for Accessible Design），1994年「美國行動不便者法案可及性指引」（ADA Accessibility Guidelines, ADAAG），2004年修正提出「ADA和ABA的建築與設施可及性指引」（ADA and ABA Accessibility guideline for buildings and facilities）（Abend, 2001; Ansley, 2000 ; Bar & Galluzzo, 1999; The WBDG Accessible Committee, 2012）。2010年修訂1994年版的「美國行動不便者法案可及性指引」，並提出「2010美國行動不便者法可及性設計標準」（2010 ADA Sstandards for Accessible Design），詳訂無障礙設施之各項規範（U. S. Department of Justic, 2010）。

臺灣於1980年第一次公布「殘障福利法」；1988年「建築技術規則建築設計施工篇第十章」列入「公共建築物殘障者使用設施」，首次對無障礙校園設施予以規範；1990年修正「殘障福利法」，並明訂公共設施、建築物、活動場所及交通工具，都該考慮無障礙環境之設計，未符合規定者，不得核發建築執照，並規定舊有建築物在5年內改善；1997年修正並將「殘障福利法」更名為「身心障礙者保護法」，建築技術規則也將「殘障者」更名為「行動不便者」；1999年「憲法」增修條文第10條也規定國家對於無障礙環境之建構應予保障；2007年將「身心障礙者保護法」再更名為「身心障礙者權益保障法」，依2013年6月最新之規定第23條：「各級教育主管機關辦理身心障礙者教育……應依其障礙類別與程度及學習需要，提供各項必需之專業人員、特殊教材與各種教育輔助器材、無障礙校園環境、點字讀物及相關教育資源，以符公平合理接受教育之機

會。」第57條明列：「新建公共建築物及活動場所，應規劃設置便於各類身心障礙者行動與使用之設施及設備。未符合規定者，不得核發建築執照或對外開放使用。公共建築物及活動場所應至少於其室外通路、避難層坡道及扶手、避難層出入口、室內出入口、室內通路走廊、樓梯、升降設備、哺（集）乳室、廁所盥洗室、浴室、輪椅觀眾席位周邊、停車場等其他必要處設置無障礙設備及設施」。2008年內政部營建署訂定「建築物無障礙設施設計規範」，並於2012年11月修正，同時發布「既有公共建築物無障礙設施替代改善計畫作業程序及認定原則」（內政部營建署，2012a、2012b），於2013年1月1日生效，取代建築技術規則，成爲無障礙校園環境設計最重要的法規依據。

　　無障礙校園環境不僅在法規上要求，教育部局處也大力推展無障礙校園環境。教育部於2003年起訂定「教育部補助改善無障礙校園環境原則」，補助各直轄市和縣市政府，以及所屬大學校院、國私立高中職（含特殊學校），改善無障礙建築設施及設備（包括裝設無障礙電梯）（教育部，2011a）。2009～2011年，教育部依內政部「建築物無障礙設施設計規範」，補助國私立高中職721校次計6億元，以落實提供無障礙校園環境（林純眞，2012）。2013～2014年，教育部補助大專校院改善無障礙校園環境計1.5億元，補助中小學改善無障礙校園環境計3.1億元（教育部教育經費分配審議委員會，2013）。有些縣市中小學評鑑也將無障礙環境列爲評鑑要項之一，尤其是新建學校和校舍工程無障礙設施需審核通過方能取得使用執照，顯見無障礙校園環境和設施，已成爲校園規劃的關鍵項目之一。惟經25年以上的觀察、研究和實地評鑑，發現無障礙校園環境規劃設計仍有許多亟待改進之問題。本節擬就無障礙校園環境的基本理念、整體規劃和設計要點，分別加以說明，以供學校規劃和設計無障礙環境之參考。

第一節

無障礙校園環境的基本理念

本節擬就無障礙校園環境的意義、無障礙校園環境的重要,分別說明之。

一、無障礙校園環境的意義

無障礙(barrier free)一詞的「barrier」是指棒子(bar)在途中碰到妨礙,於是用來當作障礙、壁壘之意;「free」則是自由、開放、解決之意,直譯為「去除障礙」;意指對於以高齡者與身體障礙者等人的生活有關之建築、室內以及環境等整體,創造出容易生活且採取安全、纖細之考慮的舒適設施以及照護環境(崔征國譯,2002)。無障礙環境(barrier free environment)一般通俗的用語為「可及性環境」(accessible environments),也有採用「賦能的環境」(enabling environments)一詞(Steinfeld & Danford, 1999)、「融合性設計」(inclusive design)(Imrie & Hall, 2001)或「融合性建築環境」(inclusive built environments)(Sawyer & Bright, 2004),在特殊教育領域用語則為「最少限制環境」(the least restrictive environment)(Abend, 2001; Ansley, 2000)。無障礙校園環境係以無障礙環境理念來建構的校園環境,或稱之為「無障礙校園」、「無障礙學校」或「可及性學校」(accessible schools)(Ansley, 2000; Bar & Galluzzo, 1999; Department of Education and Lifelong Learning, 2002; Ministry of Education, Skills and Training, 1999),其涵義可從下列學者專家之界定,知其梗概:

Kowalski(1989)認為就學校而言,無障礙環境係去除設施的障礙,使行動不便者能正常的和依原來的方式運用(p.183)。無障礙校園環境是一個建築和設備無障礙的情境,其中,建築的障礙,是設計或建造的因素,使得行動不便者無法以適度的力量進入使用建築或學校設施;設備的障礙,則因學校的設備或本然的設置,使行動不便者受到同樣的限

制。

吳武典（1992）認為「無障礙的校園環境」，主要藉助校園內軟體（師生態度、教材、教法、教學及行政措施等）、硬體（建築物、設備等）的改善，使身心障礙學生能在最少限制的環境下，做最有利的學習，同時達到統合安置的最大目標——相互瞭解、相互幫助、相互接納（第23頁）。

楊國賜（1992）認為「無障礙校園環境」，就是要排除現存於校園內對殘障學生形成障礙的一切措施，使殘障學生在最少限制的環境中，接受適性的教育，以充分發揮其潛能（第9頁）。

李素珍（2003）認為無障礙校園環境，是一個以整體性的概念透過軟硬體設施與態度所建構出來的人性化校園環境，是一個完整包含物理、社會、心理各層面的無障礙環境，達到提供使用者一個「人性」、「安全」、「便捷」、「順暢」、「連貫」、「可及－可到達、可進出（逃生、避難）、可使用」的整體環境，以滿足國民參與性格的心理取向、展現人權均等的精神。

簡言之，無障礙校園環境（barrier-free school environment）係以無障礙空間和設施構成行動不便者可到達、可進入、可使用的學校建築與校園環境（湯志民，2002b）。其中，無障礙空間是指以無障礙設施使學校建築的室內外區域，成為行動不便者可進出運用之空間。無障礙設施，根據內政部營建署（2012a）「建築物無障礙設施設計規範」，係指定著於建築物之建築構件，使建築物、空間為行動不便者可獨立到達、進出及使用，無障礙設施包括：室外通路、坡道及扶手、避難層出入口、室內出入口、室內通路走廊、樓梯、昇降設備、廁所盥洗室、浴室、輪椅觀眾席位、停車空間等（參見圖47）。至於行動不便者，係指個人身體因先天或後天受損、退化，如：肢體障礙、視障、聽障等，導致在使用建築環境時受到限制者；另因暫時性原因導致行動受限者，如：孕婦、老人、抱小孩的成人、肢體受傷、病患、骨折患者、提重物者等，為「暫時性障礙者」。

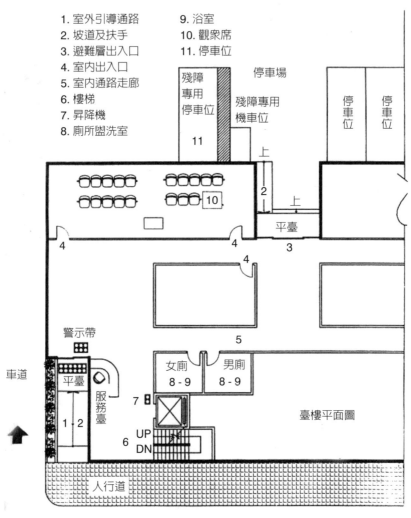

1. 室外引導通路　　9. 浴室
2. 坡道及扶手　　　10. 觀眾席
3. 避難層出入口　　11. 停車位
4. 室內出入口
5. 室內通路走廊
6. 樓梯
7. 昇降機
8. 廁所盥洗室

圖47　建築物無障礙環境設計參考圖

資料來源：臺北市無障礙環境設計手冊（第23頁），劉王濱和田蒙潔，
1996，臺北市：臺北市政府。

二、無障礙校園環境的重要

　　1997年美國K-12年級需特殊教育的行動不便者學生有六百萬名，其
中有75%在普通教育教室中上課（Ansley, 2000）。據美國教育部（the

U. S. Department of Education）之報告，1988～1989學年度至1997～1998學年度，行動不便學生有80～100%時間在普通教育教室中上課之比例由30%提升到46%，同時安置於獨立的公私立設施則由5%降至3%（Abend, 2001）。因此，校園無障礙環境的需求和重要性日益提升，惟其建設費用卻不高。根據美國會計總署（the U. S. General Accounting Office, GAO）建議興建完整的無障礙校園環境，新學校約占興建總經費的0.5%，如一所學校興建經費要1,500萬美元，無障礙校園環境經費為7.6萬美元；如為舊校對既有結構更新或做現代化裝修，約占總經費的1.5～3%，在一所300萬元的學校更新案中，無障礙校園環境經費大概在1.5～9萬美元之間（Earthman, 2013）。由於無障礙校園環境需求性高和經費需求不高，在學校建築「成人之美」的效益上，相當值得投資。

就臺灣地區而言，校園規劃無障礙環境以提供行動不便者最少限制環境的重要和必要性，可從特殊教育學生、身心障礙者和老年人口增加，見其端倪。

（一）特殊教育學生需求增加

依特殊教育法「零拒絕」的規定，接納日益增加的特教學生回歸主流及實施融合教育是必然趨勢，校園環境自應有所回應。

各教育階段身心障礙類學生，95學年度計93,735人，逐年增加至101學年度計113,772人，其中學前教育計11,339人，國小計40,687人，國中25,202人，高中職23,893人，大專教育12,651人（教育部，2013a）。整體而言，各教育階段身心障礙類學生6年來成長了21%。

高級中等以下學校身心障礙類學生，95學年度計85,947人，逐年增加至100學年度計103,864人（占學生總數3%），其中肢障5,095人（占身心障礙學生總數5%），視障1,384人（占1%），聽障3,412人（占3%），智障30,052人（占29%），身體病弱3,709人（占4%），其他各類障礙60,212人（占58%）。大專校院身心障礙學生，95學年度計7,788人，逐年增加至100學年度計11,521人，其中肢障者2,908人（占身心障礙學生總數25.2%），視障者675人（占5.9%），聽障者1,217人（占10.6%），

身體病弱者2,908人（占25.2%），其他3,813人（占33.1%）（蔡昆瀛，2013）。

由此可知，一般學校、特殊教育學校和大專校院皆安置許多身心障礙學生，基於其學習權，校園環境自應提供最少限制環境的教育機會，無障礙校園環境為其受教的基礎。此外，學校教職員依規定至少要有2%聘用身心障礙者，亦增加無障礙校園環境規劃的重要性。

（二）身心障礙及老年人口增加

學校是公共財，也是社區活動的重要場所，校園開放人人有權進入使用，身心障礙者和老年人亦同，無障礙校園環境的需求自因身心障礙和老年人增加，益顯重要。首先，臺閩地區身心障礙人數，2000年為711,064人，至2013年初增為1,125,615人（占總人口數的4.82%），每年約增加3.2萬人，其中肢障者382,391人（占身心障礙總數34.0%），視障者56,848人（占5.1%），聽障者122,840人（占10.9%），多重障礙者115,309人（占10.2%），平衡機能障礙者4,190人（占0.4%）（衛生福利部社會及家庭署，2014a）。其次，臺灣人口老化，65歲以上人口比率逐年升高，截至2013年底總人口達2,337萬人，65歲以上人口269萬4,406人占11.53%，需注意的是，衡量人口老化程度的老化指數為80.5%（65歲以上老年人口對0～14歲人口之比），近10年已增加33.9%。2013年老化指數雖較加拿大、歐洲各國及日本等為低，但較美國、紐西蘭、澳洲及其他亞洲國家為高（內政部統計處，2014）。據經建會推估，107年老年人口將達344萬9,000人，占總人口14%，正式進入高齡社會（內政部社會司，2013）。有鑑於此，校園於週休二日、其他開放時間、夜補校和社區大學等，提供給身心障礙和高齡者使用的機會率日增，無障礙校園環境規劃與設計，更顯迫切。

此外，學校內師生還有許多短暫性行動不便現象，如打球手腳骨折或扭傷、生病體虛或貧血、女教職員懷孕、女生生理期、搬運教材教具、推營養午餐車，還有提送重物或送貨的工人，乃至於穿高跟鞋等等，皆需校園無障礙設施的扶持。因此，無障礙校園環境規劃設計之目的，主要在於

改善校舍建築和教學環境設施，消除校園內各種有形與無形之障礙，以增進行動不便師生對校園生活的教學、學習和適應能力，使其能在最少限制的環境中，與一般師生共同運用學校空間和設施，並讓其他行動不便的家長和社區人士能在校園中自由的進出與活動（湯志民，2002b）。惟需注意的是，許多學校常認為行動不便的學生很少或沒有，而忽略了無障礙校園環境的設計需求，或囿於經費和缺乏規劃設計實務經驗，致無障礙校園環境之建構，成效十分緩慢，甚至許多新設學校仍出現許多嚴重的無障礙校園環境規劃與設計問題，實值關切，並速謀求改進。

第二節
無障礙校園環境的整體規劃

對行動不便者而言，校園是一個相當廣闊的公共空間，校舍建築系統複雜或聚或散，其無障礙空間和設施，如何配合學校環境和多樣的行動不便者需求，尤需整體規劃。以下參考相關研究（林敏哲，1998、2002；Abend, 2001），擬就整體規劃的原則和做法，分別加以說明（湯志民，2002b、2006c）。

一、整體規劃的原則

（一）整體性（Entirety）

無障礙校園環境整體性之規劃，可從設施設置、平面設計、立體環境來思考。在學校設施設置上，建築法規要求之無障礙設施和特殊教育所需要之教學設備，應完整設置。在平面設計上，各校舍樓層每一平面層應有連貫的無障礙通路，每一校至少有地面層應有連貫的無障礙通路和設施。在立體環境上，校舍、校園、運動場之間，無障礙環境應整體連貫，水平和垂直（如樓梯、電梯）、室內和室外之無障礙通路應銜接。

（二）通用性（Universality）

無障礙校園環境通用性之規劃，可從使用者、正常化來思考。在使用者上，應兼顧行動不便者和行動無礙者的需求，讓所有人皆能安全、舒適和有尊嚴的運用校園環境。在正常化上，將無障礙空間和設施，很自然的融入環境設計，讓校園環境成為行動不便者和行動無礙者的共用環境。

需補充的是，「通用性設計」（universal design）在日本譯為「共用環境開發」（崔征國譯，2002），其原則有七：(1)公平的使用（equitable use）；(2)使用的彈性（flexibility in use）；(3)簡單且直覺的（simple and intuitive）；(4)可知覺的資訊（perceptible information）；(5)容許錯誤（tolerance for error）；(6)不費力（low physical effort）；(7)易接近與使用的空間及尺度（size and space for approach and use）。當然，這些原則不一定適用於所有的設計，設計者在設計歷程中仍應併入其他考量，如經濟、工程學、文化、性別和環境關懷（Connell et al., 1997）。

（一）可及性（Accessibility）

無障礙校園環境可及性之規劃，可從可到達、可進出、可使用來思考。在可到達上，應有連貫的無障礙通路，讓行動不便者可靠近校園各個空間及設施，尤其不要使無障礙設施成為「孤島」或迷宮尋「寶」。在可進出上，應有適宜的無障礙空間，如無障礙廁所和室內出入口門寬至少80cm，室內出入口內外應有可迴轉的空間（直徑150cm）或平臺，以利行動不便者進出、停等和迴轉。在可使用上，應有適宜的設施規格和管理，讓行動不便者方便使用無障礙空間和設施。Ansley（2000）特別強調無障礙環境是「可及和可用的」（readily accessible to and usable by），應避免無障礙飲水機和公共電話設置在坐輪椅者無法到達之處，無障礙停車場被占用，或無障礙廁所和電梯一直是上鎖的情形。

（二）安全性（Safety）

無障礙校園環境安全性之規劃，可從安全措施、設施維護來思考。在

安全措施上，應注意無障礙通路地面要防滑、扶手要耐用、樓梯要有防護緣、廁所要設警鈴、廊道不可有突出物等，以增加行動不便者使用的安全性。在設施維護上，應有專人負責，如無障礙通路鋪面破損、室外坡道的落葉、廊道的突出物、廁所的雜物、扶手生鏽或搖晃等，均應定期檢查並（或）隨時處理，以增加無障礙空間和設施的堪用性。

（三）尊嚴性（Dignity）

無障礙校園環境尊嚴性之規劃，可從專屬性、近便性、人性關懷來思考。在專屬性上，應提供行動不便者使用之專屬空間和設施（如：廁所、停車位、觀眾席位等），並於明顯處標示無障礙標誌，避免占用（如將無障礙廁所當作儲藏室），以示對專用空間之尊重。在近便性上，應設計便捷的無障礙空間和設施，以就近、順暢為原則，如坡道可直上就不要轉折，無障礙廁所宜設置於電梯間附近，電梯應設置在主動線最便利處，以免行動不便者四處奔波。在人性關懷上，應符合行動不便者人體工學動靜態伸展和操作之需，並注意無障礙空間和設施不以低標為限，如條件足夠，坡道由1/12改為1/20更理想，無障礙廁所門淨寬80cm改為100cm更舒適；更重要的是，無障礙設施應以行動不便者能獨立使用來設計，其空間感、觸感、質感和舒適感應有體貼入微的思考，以示對行動不便者的關懷。

二、整體規劃的做法

（一）學校周圍100m內之十字路口、人行步道、站牌、行動不便者專用停車位等應詳細規劃，以因應行動不便者來校的各種交通之需，如：步行（包括坐輪椅）、搭公車、復康巴士（參見圖48）、計程車、自用車或騎三輪摩托車等。

（二）學校大門宜設置駐車彎，其出入通路及進出大門的設計，要讓行動不便者便於抵達和進出。

（三）學校校門口、前庭或最近之建築，宜設置無障礙地圖或立體點字牌（如圖49），以供行動不便者瞭解校園建築和無障礙設施之位置。

文山特殊學校校內提供寬敞的復康巴士停靠區。

🏰 圖48　臺北市文山特殊學校復康巴士

香港理工大學克服山坡地困境,並努力創造校園全境無障礙環境,全校區立體點字牌位於校門口處,供視障者使用,甚為便利親和。

🏰 圖49　香港理工大學設置全校區立體點字牌

（四）校舍建築間要有適宜的主動線（車道、步道）配置，使行動不便者能夠通達各校舍建築及各區域場地，並注意人車分道原則；進出校舍建築之大門及通路，皆應詳加設計。

（五）校舍建築內要有適當的動線配置，使行動不便者能夠通達各個主要空間。水平動線要有足夠寬度的通道、走廊和川堂，並且無高低差，輪椅通行無阻；如有高低差，需設置坡道。垂直動線宜設置電梯，樓梯要設置扶手，方便拄枴杖者和其他障礙者行動。

（六）學校的行政中心、圖書館、研究室、教室、專科教室、餐廳和宿舍等之間，以及校舍建築一樓到室外庭園或運動場空間，其聯絡動線有高低差者，應設置坡道，地面應平順，以利行動不便者通行。

（七）校舍建築三樓以上，應裝設電梯；如僅有二樓高，可設置樓梯昇降臺或設計大坡道增加建築造形，兼進出校舍動線。

（八）每棟校舍建築，如無電梯者，地面層至少要有一處無障礙廁所；有電梯者，每一層樓至少要有一處無障礙廁所。如校舍空間不足，可設置男女共用的行動不便者廁所；如校舍空間充足，無障礙廁所宜設計男女分開使用。無障礙小便器不可置於無障礙廁所內（功能重疊），宜與一般廁所小便器一起配置，以節省無障礙廁所空間，並增加小便器使用效能。

（九）校舍建築應依其機能設置各項無障礙設施，如室外通路、坡道及扶手、避難層出入口、室內出入口、室內通路走廊、樓梯、昇降設備、廁所盥洗室、浴室、輪椅觀眾席位、停車空間等。雖依規定各級學校新建教室、教學大樓和相關教學場所可免設「浴室」（內政部營建署，2012b；廖慧燕，2008），惟因各級學校大多有特教生或資源教室且為教育場所，建議新建學校應設置，新建校舍可酌設，資源教室應優先配置。此外，校園內休憩設施，如：電話機、飲水機、洗手臺、園路、園桌椅或烤肉架等，應便利行動不便者靠近及使用。

（十）供行動不便者使用之教室，如無電梯者，應配置於一樓，教室中提供可調整式桌椅（height-adjustable desks and chairs），桌子面採凹入設計，粉筆板加扶手並購置可上下移動者，儲物櫃設於邊端較低位置利

其使用，家具採圓弧邊較爲安全。

（十一）行動不便者使用之宿舍，宜配置於一樓，其床位周邊要有供輪椅活動空間，迴轉直徑至少150cm，並設置專用廁所和浴室。

（十二）學校游泳池，從更衣室到游泳池及下水入池，應在適切處設無障礙昇降臺、坡道或扶手，以利行動不便者使用。

（十三）校舍建築和空間配置主動線儘量採直交動線系統，並建立定點標示或引導標示。

（十四）無障礙區域應統整入學校建築中，如將無障礙工作站合併設計於特殊教室或融合教育教室中；特殊學生上課教室、資源教室、專科教室等，應注意室內應有坐輪椅者可行之動線；視聽教室、演藝廳、餐廳、圖書館等無障礙席位，不要孤立設置，而要合併設計。

（十五）提供最短的動線，如餐飲服務、廁所，尤其是電梯，要居中設置。

第三節
無障礙校園環境的設計要點

茲依建築技術規則建築施工篇第十章「無障礙建築物」，以及內政部營建署（2012a、2012b）「建築物無障礙設施設計規範」、「既有公共建築物無障礙設施替代改善計畫作業程序及認定原則」之規定項目（參閱表14），參考相關研究（王武烈，1995；田蒙潔和劉王賓，2006；吳武典、張正芬、林敏哲和林立韙，1991；吳武典、張正芬、盧台華和蔡崇建，1991；李政隆等，1991；林敏哲，1998；胡永旭主編，2008；張蓓莉和林坤燦主編，1992；湯志民，2002b；廖慧燕，2008；Bar & Galluzzo, 1999; U. S. Department of Justic, 2010; Department for Children, Schools, and Families, 2009），並就個人的觀察和研究經驗，將無障礙校園環境的設計要點加以整理，分爲室外通路、坡道及扶手、避難層出入口、室內出入口、室內通路走廊、樓梯、昇降設備、廁所盥洗室、浴室、輪椅觀眾席位、停車空間、其他（含無障礙標誌）等，分別臚列設計重

點，以利學校無障礙校園環境的建構與設計。

表14
既有公共建築物改善無障礙設施之種類

建築物使用類組		無障礙設施種類 公共建築物	室外通路	避難層坡道及扶手	避難層出入口	室內出入口	室內通路走廊	樓梯	昇降設備	廁所盥洗室	浴室	輪椅觀眾席位	停車空間
D類	休閒、文教類	D-1 室內游泳池	V	V	V	V	V	O	V	V	V	V	V
		D-3 小學教室、教學大樓、相關教學場所	V	V	V	V	V	V	V	V		V	V
		D-4 國中、高中（職）、專科學校、學院、大學等之教室、教學大樓、相關教學場所	V	V	V	V	V	V	V	V		V	V
F類	衛生、福利、更生類	F-2 2.特殊教育學校	V	V	V	V	V	V	V	V	V		V
		F-3 1.樓地板面積在500平方公尺以上之下列場所：幼兒園、兒童及少年福利機構 2.發展遲緩兒早期療育中心	V	V	V	V	V	V	V	V	O		V

說明：
一、「V」指每一建造執照每幢至少必須設置一處；多幢建築物停車空間依法集中留設者，其無障礙設施之停車位數得依其幢數集中設置之。
二、「○」指申請人視實際需要自由設置。
三、「室內通路走廊」指連接各室內無障礙設施之通路走廊。
資料來源：內政部營建署（2012b）。既有公共建築物無障礙設施替代改善計畫作業程序及認定原則。取自http://www.cpami.gov.tw/chinese/index.php?option=com_content&view=article&id=10505&Itemid=57

一、室外通路（Approaches）

（一）室外通路設置

1. 校舍建築出入口至道路建築線間需設有引導設施之通路。

2. 室外通路淨寬不得小於130cm，輪椅雙向通路淨寬150cm，較大型輪椅如雙向通路淨寬180cm。

3. 室外通路地面坡度不得大於1/15，如與人行步道聯繫有高低差時，需設置平緩坡道。

（二）室外通路設施

1. 從基地建築線到建築物出入口之通路上，必須鋪設引導設施，或處理為具導盲功能之邊界線。

2. 引導設施或導盲邊界線，可以導盲磚（宜用於空曠無方向性之空間）、室外花臺、綠籬、路緣、草坪和通路之交接線、建築物外牆，或室內通路走廊之側牆、欄杆、扶手，以及排列整齊的家具（如：課桌椅、觀眾席位、書架、陳列架等）等設計之。

3. 作為導盲邊界線之設施，設計時需保持完整和連續，避免非必要之中斷、突出或不易察覺之弧度，並採直線和直角（90°彎角）設計。

4. 通路上需設置引導說明設備（設置於通路外側），以指引路線、方向、位置或提供其他資訊，幫助視障者和聽障者認識和使用環境，並可避免下肢障者往來奔波之苦。

（三）室外通路安全

1. 室外通路應避開車道或設安全護欄，使人車分道，以維安全。

2. 室外通路應連續不受阻，不得設置暫時性障礙物，必須設置合法之暫時性障礙物時應警示，並留供行人暫時通行之步道，步道寬度120cm以上。

3. 室外通路鋪面需順平，並以堅硬、平整、透水、排水、防滑之材

料鋪設。

4. 作為導盲邊界線之設施，應避免在視障者危險帶內（自地面起60～200cm之範圍）設置任何側面或上方突出物。

5. 校舍建築出入口前要有寬敞平坦的空間（斜率需在1/50以下），以利輪椅停留或迴轉，入口處宜設有屋簷。

6. 室外通路上不宜設置水溝格柵或其他開口，如需設置，其水溝格柵或其他開口，矩形孔洞之長邊需與行進方向垂直，寬度需在1.3cm以下，以避免輪椅的小輪或枴杖陷入其中。

二、坡道及扶手（Ramps and Handrails）

（一）坡道設置

1. 室內外通道、走廊有高低差（3cm以上）時，應設置坡道，並以便捷、直線（通）為原則，非因地形限制應避免太多轉折，以利坐輪椅者通行。

2. 高低差不大，坡道較短且併設階梯時設置單向坡道，坡道過長或為唯一通路時設置雙向坡道。就校園而言，一般學校設置單向坡道即可，特殊學校、特殊班或有特別需求者設置雙向坡道。

3. 坡道淨寬，單向坡道不得小於90cm，雙向坡道不得小於150cm；若坡道為取代樓梯者（即未另設樓梯），則淨寬不得小於150cm。為避免坡道因加設扶手而致所需淨寬不足者，可將扶手設在牆壁凹入部。

4. 坡道坡度，供行動不便者使用之坡道不得大於1/12（約8%），國小、國中坡道之坡度以1/20（約5%）以下為宜。如坡道兩端高低差小於20cm者，其坡度可按高低差級距處理：高低差20cm以下，坡度1/10；高低差5cm以下，坡度1/5；高低差3cm以下，坡度1/2。

5. 坡道平臺，坡道高低差每間隔75cm，或上下坡道處、轉彎處、轉折處及與其他通路交叉處，均需設置平臺，平臺長、寬各150cm以上；坡道每高差75cm，應設置長寬至少150cm之中間平臺（參見圖50）。平臺坡度不得大於1/50，以利輪椅停等和迴轉。

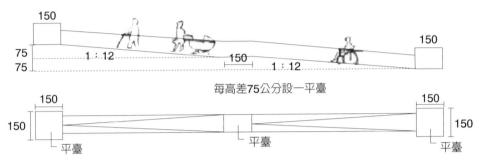

每高差75公分設一平臺

圖50　無障礙坡道及平臺

資料來源：建築物無障礙設施設計規範（第11頁），內政部營建署，2012a。
　　　　取自http://www.cpami.gov.tw/chinese/filesys/file/chinese/publica-
　　　　tion/law/lawdata/1010810415.pdf

　　6. 坡道儘量設置於建築物主要入口處，若未設置於主要入口處者，
應於入口處及沿路轉彎處設置引導標誌。

　　7. 因校舍建築基地地形無法設置坡道，如無安全顧慮者得設置升降
設備替代之。

（二）扶手設施

　　1. 坡道扶手，水平行進距離100cm以上者應設置扶手，坡道扶手必
須沿兩側連續設置。

　　2. 坡道設置單道扶手時，高度為75cm；設置雙道扶手時，分別為
65cm及85cm；設置小學兒童用扶手時，高度則各降10cm。坡道扶手無須
設置30cm以上之水平延伸。

　　3. 扶手直徑為2.8～4cm，距牆面或安全護欄（牆）之間隔3～5cm，
以利手扶握。

　　4. 扶手需固定不轉動，使用不易折斷之材質並經防滑處理，同時應
考慮手的觸感、耐久性、耐腐蝕性等因素。

　　5. 扶手每公尺長需能承受300kg之壓力，扶手端部應做防勾撞處理，
並視需要設置可供視障者辨識之資訊或點字。

（三）坡道安全

1. 坡道地面應平整、堅固、防滑。坡道出入口及坡道，不得設置導盲磚或其他妨礙輪椅行進之鋪面。

2. 無側牆之坡道，高低差大於20cm者，設置防護緣和扶手，防護緣高度不得小於5cm，以防止輪椅滑出及安全。

三、避難層出入口（Emergency Exits）

（一）避難層出入口設置

1. 避難層出入口係建築物由內往外作為避難所需通行之出入口。

2. 避難層出入口前應設置平臺，平臺淨寬度需與出入口同寬，且不得小於150cm，淨深不得小於150cm，地面斜率（坡度）不得大於1/50。地面順平避免設置門檻，外門可考慮設置溝槽防水（蓋板開口在主要行進方向之開口寬度應小於1.3cm）；若設門檻時，應為3cm以下，且門檻高度在0.5cm至3cm者，應作1/2之斜角處理，高度在0.5cm以下者得不受限制。

3. 避難層出入口需設置注意路況警示設施，幫助視障者辨識出入口位置。警示設施需距門開啟處約30cm，寬度與出入口同寬，深度30～60cm。踏墊可兼具警示功能，但踏墊寬度需與門同寬，需為埋入式（嵌入式），材質、觸感和明度需與相鄰地面呈對比（符合導盲磚地面鋪材之條件）。

（二）避難層出入口設施

1. 學校為公眾場所，師生校園活動頻繁，校舍建築對外連結地面層之避難層出入口，宜採無門之開放式設計，如因校園管理之需，可設計電捲門於課後管制。

2. 學校禮堂、活動中心、演藝廳、國際會議廳及其他大型集會場所等，在避難層供大眾使用之出入口應為外開（推）門。

3. 避難層出入口之推門，宜設置門弓（彈簧自動恢復裝置），以防止視障者撞及半開的門，但拉力需調整在2～3kg之間（避免門過重），方便肢障者開門。

（三）避難層出入口安全

1. 避難層出入口內外宜為同一高度，地面需平順，地面裝修需鋪設防滑材料。

2. 避難層出入口避免設置門檻和旋轉門，如設置旋轉門者應在旁另設輪椅出入口。

3. 校舍建築若藉階梯或坡道與地面銜接，則階梯或坡道上方宜有遮陽擋雨設施，以免雨天濕滑。

四、室內出入口（Entrances）

（一）室內出入口設置

1. 室內出入口的開口大小和門的開閉方向，必須考慮走廊寬度、牆壁位置及與其他障礙物之門的間隔，並利坐輪椅者、雙柺杖者使用。

2. 室內出入口（門）淨寬不得小於80cm，折疊門應以推開後，扣除折疊之門扇後之距離不得小於80cm；設置雙扇門時，任一扇門開啟之最大淨寬不得小於80cm；如為自動門，淨寬需在100cm以上較理想。

3. 室內出入口，門扇打開時，地面應平順不得設置門檻，且門框間之距離不得小於90cm；如有門檻，高度應在3cm以下，高度為0.5～3cm者應作1/2之斜角處理，高度在0.5cm以下免處理。

4. 室內出入口連結坡道時，需設平臺，平臺淨寬度需與出入口同寬，且在150cm以上，淨深需在150cm以上，地面斜率需在1/50以下。

（二）室內出入口設施

1. 門的開啟方向，除非受建築法規限制，一般以內開為原則。就學校而言，普通教室或其他同型之專科教室（如：美術、音樂、社會、理

化實驗教室等），因受限於走廊寬度（標準為250cm），宜避免設計外開門，以免影響廊道通行者之安全。如設計外開門，則應以凹室方式處理，讓門外開後與廊道齊平不外凸，凹室之形成可利用窗臺下的儲藏櫃厚度；惟如此會增加教室建築量體和經費，新設校並有足夠經費者，可採此設計。至於供百人以上師生活動之教室或場所，如：禮堂、活動中心、演藝廳、國際會議廳及其他大型集會場所等，其室內出入口應設計為外開（推）門，以利人群進出和疏散。

2. 門的形式，依實需採用自動門、拉門、折疊門或推門等，開門方式不得使用旋轉門；若使用自動門，必須使用水平推拉式，且應設有受到物體或人的阻礙時，可自動停止並重新開啟的裝置。

3. 門把應設置於高約為75～85cm處，並採用容易操作之形式（如圓棍式門把手或槓桿式把手等），不得使用喇叭鎖。

（三）室內出入口安全

1. 室內出入口之門板可設計透視窗，以觀察對面狀況，避免碰撞。

2. 室內出入口門扇或牆板若為整片透明玻璃，應於地面120～150cm處設置告知標示。

3. 防火門之自動關鎖部分要特別設計；門關鎖後，也能讓坐輪椅者打開門通行為宜。

4. 危險或非供一般人進出之空間（如：機電房或鍋爐房等），可免設門把或使用特殊的門把加以警示，以防視障者誤入。

5. 室內出入口牆面深度大於60cm時視為通路走廊，其通行淨寬需在90cm以上。

五、室內通路走廊（Hallways）

（一）通路走廊設置

1. 校舍建築內，自建築物避難層出入口起，與室外無障礙通路相連，並連接各室內無障礙空間和設施設備，需設置連續不受阻的通路走

廊。

2. 通路走廊需平坦，不宜有高低差存在；如有高低差時，需併設坡道。

3. 學校室內通路、走廊淨寬需在180cm以上，上方需留設200cm以上之通行淨高，以利輪椅（雙向）及眾多師生通行。

（二）通路走廊設施

1. 通路走廊設備，如：家具、飲水機、電話、垃圾筒等，需設置於廊道兩側凹壁（alcove）或設置防護牆或警示，以利通行安全及使用。

2. 通路走廊應有緊急照明設施，較少人使用之暗角可設置自動感應照明設施，以利進出之安全並節約能源。

（三）通路走廊安全

1. 通路走廊上之消防栓箱、滅火器或柱子標示等突出物或外懸物，應注意其位置和高度，橫向突出之標示板需在視障者危險帶之外（200cm以上），以維行動不便者通行上之安全。

2. 通路走廊上需避免設置暫時性障礙物（包括地面、側面和上方），必須設置合法之暫時性障礙物時應警示，並留供暫時通行之步道，步道寬度90cm以上。

3. 通路走廊兩側牆壁應避免選用過於粗糙或尖銳之材料，以避免擦傷。

4. 通路走廊轉角凸面應做截角或彎曲面之處理，以防止擦撞傷害。

六、樓梯（Stairs）

（一）樓梯設置

1. 樓梯的位置：由於視障者很難發現樓梯的位置，因此在大廳中央處設置樓梯時，突然有升降的情形發生，對視障者的行走極為不便，所以，樓梯宜設在走廊、通道的一側。

2. 樓梯的形式，不得設置旋轉式及梯級間無垂直板之露空式樓梯。行動不便者使用樓梯應為直通樓梯或轉折樓梯，「平衡機能障礙者」及「視障者」不宜使用旋轉梯、圓形梯及扇形梯，因會造成其方向迷失，且樓梯級深不一，容易跌跤。

3. 行動不便者用樓梯淨寬為130cm以上（國小至少130cm，國中至少180cm），級高在16cm以下，級深不得小於26cm，同一處樓梯，其級高與級深應統一，絕不可變化。梯級突出之斜面不得大於2cm，挑頭需圓角平滑，以避免絆腳。

4. 樓梯兩側宜設置牆壁，如梯級未鄰接牆壁部分，應設置高出梯級踏面5cm以上之防護緣。

（二）樓梯設施

1. 樓梯扶手：樓梯兩側應裝設扶手，樓梯之平臺外側扶手得不連續；樓梯寬度300cm以上者，並於中間加裝扶手。單道扶手時，高度為75～85cm，雙道扶手高度分別為65cm及85cm，扶手直徑為2.8～4cm，以利手扶握；樓梯兩端扶手應水平延伸30cm，惟不得突出於走道上，端部需做防勾撞處理。

2. 樓梯平臺，應避免有高低差或設置梯級，平臺淨深度需大於樓梯寬度，且需在150cm以上，平臺淨高200cm以上；轉折樓梯的平臺處需空間寬敞，並考慮使用擔架時也能夠順利通行。

3. 樓梯梯級邊緣之水平踏面部分應做防滑處理，且應與踏步平面順平；防滑踏面要有顏色的對比或彩螢光漆，方便弱視者或夜間部（或補校）師生能明確辨別踏面位置。

4. 樓梯照明，應有足夠的照度並考慮照明角度，以方便弱視者明確區分級高與級深。

5. 引導標示：樓梯需設置大而明顯的樓層標示，並在樓梯扶手水平延伸30cm範圍內設置點字板及樓層浮凸標示，並於距上下樓梯30cm處設置警示設施（樓梯中間平臺不需設置警示設施），警示設施需與樓梯同寬，深度30～60cm以上（參見圖51），以幫助視障者認識和使用環境。

6.樓梯鋪面需堅硬、平整，採用防滑材質，室外樓梯需注意避免積水問題。

（三）樓梯安全

1.上下樓梯處避免增加梯級，因其容易發生跌倒或滾落的意外事故。

2.避免使用挑頭伸出的樓梯，底層樓梯下隔空間如無封閉時，容易發生視障者及幼童頭部碰及樓梯的意外事故。樓梯底板至其直下方地板面淨高未達到190cm部分應加設防護柵、防範措施或任何可提醒視障者之設施。

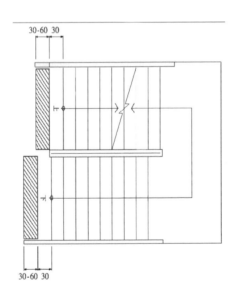

🏛 圖51　無障礙樓梯

資料來源：建築物無障礙設施設計規範（第20頁），內政部營建署，2012a。取自http://www.cpami.gov.tw/chinese/filesys/file/chinese/publication/law/lawdata/1010810415.pdf

七、昇降設備（Elevators）

（一）昇降機設置

1. 學校昇降機主要爲「電梯」，電梯應位於門廳處，或主要動線上，或連接其他公共空間通道上。學校如限於經費，應至少設置一部電梯，電梯乘載量至少11人以上，以15人以上爲理想。

2. 昇降機前的等候空間，應留設深度及寬度150cm以上之輪椅迴轉空間。

3. 昇降機出入口淨寬度不得小於90cm，機廂深度不得小於135cm（參見圖52A）。

4. 其他昇降設備，如昇降臺，一般裝置於高低差150cm之處，可設置於室內及室外，輪椅昇降臺所需之淨空間爲80cm×125cm，控制按鈕之位置必須手可觸及之範圍，昇降臺門開啓至關閉所需之時間爲10秒鐘以上。

5. 建築物主要入口處及沿路轉彎處應設置無障礙昇降機方向指引；主要入口樓層之昇降機應設置無障礙標誌，垂直牆面、突出式無障礙標誌高度200～220cm，平行固定於牆面之無障礙標誌高度180～200cm。

（二）昇降機設施

1. 昇降機應設置上下兩組呼叫鈕，上組呼叫鈕左邊應設置點字，下組呼叫鈕之中心線距樓地板面85～90cm；呼叫鈕前方30cm處之地板，應做30cm×60cm之不同材質處理（參見圖52B）。

2. 昇降機各樓層入口兩側之門框或牆柱上，應裝設觸覺裝置及顯示樓層的數字、點字符號，單一浮凸字時，長寬各8cm以上；兩個或兩個以上浮凸字時，每一個浮凸字尺寸應寬6cm、長8cm以上，標誌之中心點應位於樓地板面上方135cm，且標示之數字需與底板的顏色有明顯不同。

3. 昇降機內操作盤應包括緊急事故通報器，並應統一配備及設計，按鈕數字需與底板顏色明顯不同。爲讓視障者方便使用電梯，點字標示

應設於一般操作盤（直式操作盤）按鈕左側（注意點字標示不可設在按
鈕上）（參見圖52C），樓層按鈕與相關點字標示間距1cm，直式平行排
列，按鈕內部可設燈光，點字標示距地面130～140cm（視障者站立時手
可觸及之範圍），以利視障者操作；坐輪椅使用的操作盤，設置在側面
壁上，以橫式排列為宜，操作盤的高度（中心線）85～120cm，操作盤距
機廂入口壁面之距離不得小於30cm、入口對側壁面之距離不得小於20cm
（參見圖52D）。

4. 昇降機內至少兩側牆面應設置扶手，單道扶手高75cm。

5. 昇降機內如無法供輪椅迴轉，面對機廂之後側壁應設置安全玻璃
之後視鏡（若後側壁為鏡面不鏽鋼或類似材質得免之），方便輪椅倒退；
後視鏡之下緣距機廂地面85cm，寬度不得小於出入口淨寬，高度大於
90cm。

6. 昇降機內部應設語音播報設備，提供樓層數、行進方向和門開關
情形，語言系統以國語或當地通用語言擇一即可（太多語言會形成噪音，
非為適宜），說明到達之樓層數。

7. 昇降機緊急呼叫按鈕及對講機需設置在坐輪椅者伸手可及之位
置。

（三）昇降機安全

1. 昇降機門上可設計透明安全玻璃，以利發生事故對內部狀況之瞭
解及處理。一般行動不便者的行動都較為緩慢，因此可將電梯門的開關速
度變慢，需延緩5秒以上；但在升降速度上則不必刻意降低，以一般正常
速度即可，以免電梯因升降行動緩慢成為「殘障電梯」。

2. 昇降機如以光電管裝置控制門的開關時，必須照到坐輪椅者的腰
部及踏腳板處（約為50～75cm、15～25cm高）。

3. 昇降機出入口與樓地板面應平整，間隙不得大於3.2cm，避免輪椅
小輪子陷入其中。

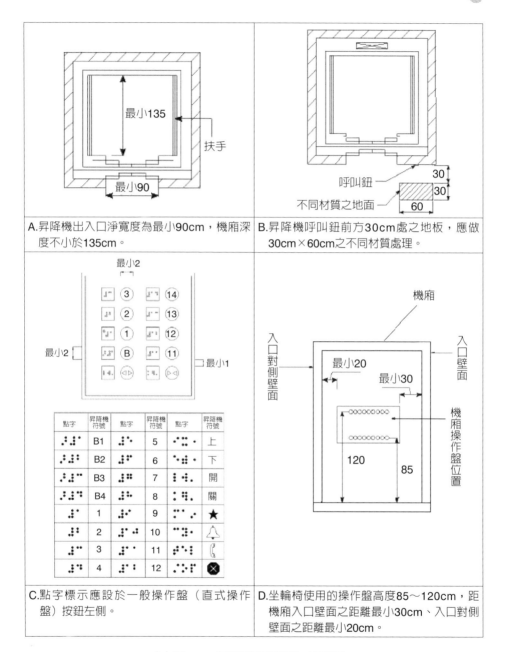

A.昇降機出入口淨寬度為最小90cm，機廂深度不小於135cm。

B.昇降機呼叫鈕前方30cm處之地板，應做30cm×60cm之不同材質處理。

C.點字標示應設於一般操作盤（直式操作盤）按鈕左側。

D.坐輪椅使用的操作盤高度85～120cm，距機廂入口壁面之距離最小30cm、入口對側壁面之距離最小20cm。

△ 圖52　無障礙昇降機（電梯）

資料來源：建築物無障礙設施設計規範（第22～26頁），內政部營建署，
　　　　　2012a。取自http://www.cpami.gov.tw/chinese/filesys/file/chi-
　　　　　nese/publication/law/lawdata/1010810415.pdf

八、廁所盥洗室（Restroom）

（一）廁所盥洗室設置（參見圖53）

1. 每幢校舍建築每一樓層宜至少設置一處無障礙廁所盥洗室，並應鄰近電梯為宜。

2. 廁所盥洗室空間之大小，為確保輪椅能迴轉的情況，一般標準的無障礙廁所空間大小為200cm×200cm；如無法達到，則可設置160cm×200cm之空間。

3. 廁所盥洗室出入口、通道等，必須無高低差及障礙物，廁所盥洗室空間應採用橫向拉門，出入口之淨寬不得小於80cm，室內應設置迴轉空間，直徑不得小於150cm（如圖53A），門把以長條把手為宜，門把距門邊應保持6cm，靠牆之一側應於距門把3～5cm處設置門擋，以防止夾手（如圖53B）；門扇得設於牆之內外側。特殊學校或特殊班專用之無障礙廁所盥洗室，可採用自動門，關門應能自動上鎖，並在外側標示「使用中」，同時照明可連動控制。

4. 其他行動不便者用廁所（非坐輪椅者），可在一般廁所中設置至少一處為坐式馬桶，提供利於行動不便者及老年人使用之扶手。

5. 一般廁所設有小便器者，應設置無障礙小便器。無障礙小便器應設置於出入口便捷處，以採落地式小便器為宜；如為懸掛式小便器，開口高度需距地面35～38cm，小便器之淨空間，不得小於便器中心線左右各50cm。小便器兩側及前方應設置扶手，垂直牆面之上側扶手上緣距地板面85cm、垂直牆面之下側扶手下緣與地板面距離為65～70cm；平行牆面之扶手上緣距地板面120cm；兩垂直牆面扶手之中心線距離為60cm，長度為55cm；兩側垂直地面之扶手距離牆壁之距離為25cm。

6. 無障礙廁所如未設置於一般廁所附近，應於一般廁所處及沿路轉彎處設置方向指示。

7. 無障礙廁所前牆壁或門上應設置無障礙標誌，另可設置老年人或孕婦等也可使用之標誌；如主要走道與廁所開門方向平行，則應另設置垂

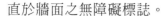
直於牆面之無障礙標誌。

（二）廁所盥洗室設施

1. 無障礙廁所盥洗室應使用一般形式之坐式馬桶，馬桶中心線至（設有扶手的）側牆面距離不得大於60cm，馬桶前緣淨空間不得小於70cm（參見圖53C）。馬桶座位之高度為40～45cm，輪椅座面高度與馬桶座面高度相近，則移坐較容易。馬桶不可有蓋，且應設置靠背，靠背距離馬桶前緣42～48cm，靠背與馬桶座位之淨距離為20cm（水箱作為靠背需考慮其平整及耐壓性）（參見圖53D）。

2. 馬桶的扶手，至少有一側為可固定之掀起式扶手；如在馬桶的側牆面設置固定之Ｌ型扶手，離地高約70cm，長約70cm，向上延伸約70cm；馬桶另一側則為可固定之掀起式扶手，使用狀態時，扶手外緣與馬桶中心線之距離為35cm，扶手高度與對側之扶手高度相等，扶手長度不得小於馬桶前端且突出部分不得大於15cm（參見圖53E）。扶手需可固定不轉動，並使用不易折斷之材質且經防滑處理。

3. 沖水控制，可為手動或自動，手動沖水控制應設置於Ｌ型扶手之側牆上，距馬桶前緣往前10cm及馬桶座面上約40cm處（參見圖53F）。

4. 洗面盆，上緣高度不得大於80cm，洗面盆下面距面盆邊緣20cm之範圍，由地板面量起高65cm及水平30cm內應淨空，以符合膝蓋淨容納空間規定，讓坐輪椅者可靠近使用。洗面盆兩側及前方設置扶手，扶手高於洗面盆邊緣1～3cm，扶手與洗面盆淨距離2～4cm；洗面盆水龍頭以簡單操作的形式為宜，如採槓桿式水龍頭或感應式水龍頭等。

5. 鏡子之鏡面底端與地板面距離不得大於90cm，鏡面的高度應在90cm以上（參見圖53G），鏡面底端距地面大於90cm，需設置傾斜鏡面。

6. 置物架、衣物掛勾，宜在不妨礙輪椅者移動的情況下，設置於牆壁上，高度80～100cm。衛生紙箱位置最好在馬桶的兩側，垃圾桶應較一般者為大，並為坐在馬桶上伸手可及的範圍內。

（三）廁所盥洗室安全

1. 廁所盥洗室地面應堅硬、平整、防滑，尤其應注意地面潮濕及有肥皂水時之防滑。

2. 廁所盥洗室內應設置兩處緊急求助鈴，一處在距離馬桶前緣往後15cm、馬桶座位上60cm，另在距離地板面高35cm範圍內設置一處可供跌倒後使用之求助鈴（參見圖53H），且應明確標示，易於操控；按鈕應連至警衛室或相關空間，並連接至廁所盥洗室外部設置警示燈或聲響。如以定時警報系統的方式最佳，即進入廁所門上鎖後，經一定時間就會自動發出警報。

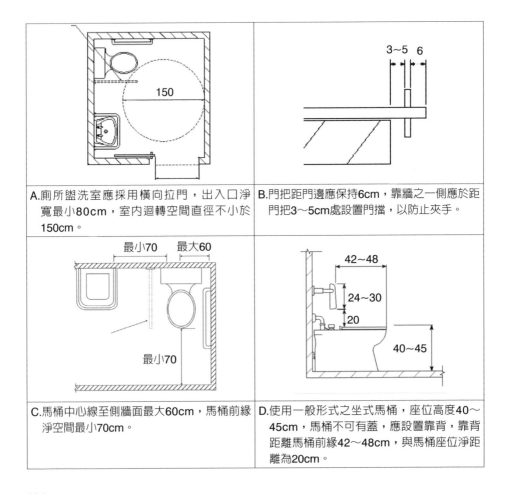

A.廁所盥洗室應採用橫向拉門，出入口淨寬最小80cm，室內迴轉空間直徑不小於150cm。

B.門把距門邊應保持6cm，靠牆之一側應於距門把3～5cm處設置門擋，以防止夾手。

C.馬桶中心線至側牆面最大60cm，馬桶前緣淨空間最小70cm。

D.使用一般形式之坐式馬桶，座位高度40～45cm，馬桶不可有蓋，應設置靠背，靠背距馬桶前緣42～48cm，與馬桶座位淨距離為20cm。

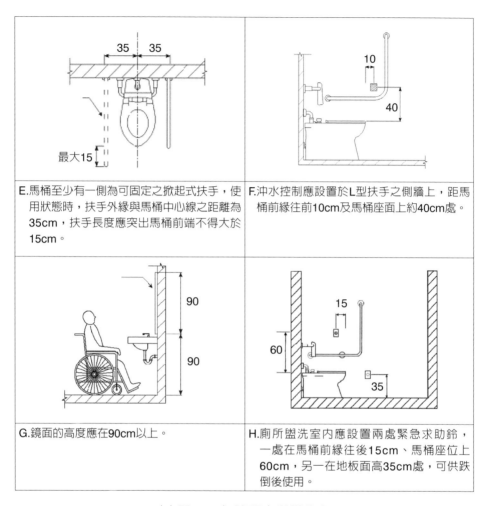

E.馬桶至少有一側為可固定之掀起式扶手,使用狀態時,扶手外緣與馬桶中心線之距離為35cm,扶手長度應突出馬桶前端不得大於15cm。	F.沖水控制應設置於L型扶手之側牆上,距馬桶前緣往前10cm及馬桶座面上約40cm處。
G.鏡面的高度應在90cm以上。	H.廁所盥洗室內應設置兩處緊急求助鈴,一處在馬桶前緣往後15cm、馬桶座位上60cm,另一在地板面高35cm處,可供跌倒後使用。

圖53 無障礙廁所盥洗室

資料來源:建築物無障礙設施設計規範(第28~31頁),內政部營建署,2012a。取自http://www.cpami.gov.tw/chinese/filesys/file/chinese/publication/law/lawdata/1010810415.pdf

九、浴室（Shower and Change Room）

（一）浴室設置（參見圖54）

1. 學校宜設置行動不便者使用之浴室、淋浴間。

2. 浴室、淋浴間，出入口淨寬不得小於80cm。

3. 坐輪椅者用之浴室、淋浴間，宜留設輪椅進出或迴轉空間。

（二）浴室設施

1. 浴室、淋浴間外面明顯處，應設置無障礙標誌。

2. 浴室、淋浴間，主要出入口設置拉門為宜；內部浴室、淋浴室，隔間設置摺疊門為宜。

3. 浴室之浴缸長度不得大於140cm；浴缸外側距地面高度45cm、底部應設置止滑片，且浴缸內兩側接近上緣處應設置扶手（參見圖54A）。

4. 移位式淋浴間（參見圖54B），設有固定座椅，輪椅無法直接進入，使用者必須移位至座椅之淋浴間。淋浴間長度及寬度皆不得小於90cm，前方之無障礙淨空間不得小於寬90cm、長120cm。座椅應設寬45cm以上、深40cm、距地板面高度45cm之座椅（固定或活動式皆可）。座椅應防滑，若為平滑者，座椅前緣應略高於後緣（斜率約1/12）。

5. 輪椅進入式淋浴間（參見圖54C），設有活動座椅，可選擇乘坐洗澡用輪椅者直接進入，或移位至座檯之淋浴間。淋浴間長度不得小於150cm、寬度不得小於80cm，前方之無障礙淨空間不得小於寬80cm、長150cm。扶手：除入口側及設置座椅側外，另兩面牆皆需設置扶手，入口側邊座椅處應設置高度75cm之可動式扶手。

6. 浴室、淋浴室之水龍頭，應設置於坐著伸手可及範圍內，裝置長桿式開關。

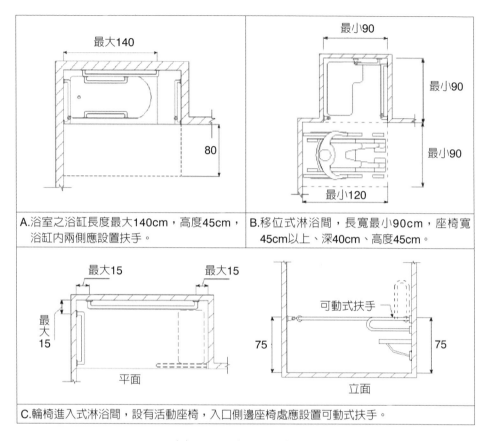

圖54　無障礙淋浴室

資料來源：建築物無障礙設施設計規範（第34～37頁），內政部營建署，
　　　　　2012a。取自http://www.cpami.gov.tw/chinese/filesys/file/chi-
　　　　　nese/publication/law/lawdata/1010810415.pdf

（三）浴室安全

1. 水龍頭宜設置點字標示區分冷水、熱水。

2. 浴室適當位置裝設求助鈴，以利發生滑倒等突發事故時可緊急求
救。

3. 浴室地面應堅硬、平整、防滑，尤其應注意地面潮濕及有肥皂水
時之防滑。

十、輪椅觀眾席位（Seating）

（一）輪椅觀眾席位設置

1. 學校建築物設有固定座椅席位者（如：視聽教室、演藝廳等），應依規定留設輪椅觀眾席位（固定座椅100至350席位，應設置2～4個輪椅觀眾席位）；輪椅觀眾席位可考量安裝可拆卸之座椅，如未有輪椅使用者使用時，得安裝座椅。

2. 輪椅觀眾席位，得設於觀眾席不同位置及區域，以增加多方位的較佳視野角度；惟需注意應設於鄰近避難逃生通道、易到達且有無障礙通路可到達之處，若有3個以上之輪椅觀眾席位並排時，應可由前後或左右兩側進入該席位。

3. 輪椅觀眾席位，單一席位寬度不得小於90cm，多個席位時，每個席位寬度不得小於85cm。席位深度，可由前後方進入者深度不小於120cm，僅可由側面進入者深度不得小於150cm。

4. 坐輪椅者較一般觀眾坐姿高，設計輪椅觀眾席需考量後面一般席位之視線高度。

5. 在輪椅觀眾席位鄰近至少應留有一個陪伴者座椅。

（二）輪椅觀眾席位設施

1. 輪椅觀眾席位前地面有高差者應設置欄杆，欄杆高度75cm。

2. 觀眾席位鋪面應堅硬、順平並具防滑功能，斜率在1：50以下，以利使用。

3. 考慮坐輪椅者也可上舞臺，輪椅觀眾席位與舞臺間要設置坡道。

4. 輪椅觀眾席如有桌板，應設置可掀開或移動式桌板，以利坐輪椅者進出和使用。

（三）輪椅觀眾席位安全

1. 輪椅觀眾席位位置需靠近逃生出口，以利緊急疏散。大型場所的輪椅觀眾席位可分散在不同區，惟仍需靠近逃生出口。

2. 梯田狀觀眾席並不適於坐輪椅者使用。

十一、停車空間（Parking Lots）

（一）停車位設置

1. 室外無障礙停車位，應設於最靠近建築物無障礙出入口或無障礙昇降機之便捷處。

2. 室內停車場無障礙停車位，應設置於無障礙昇降機附近。

3. 汽車無障礙停車位，單一停車位，長度不得小於600cm、寬度不得小於350cm（包括寬150cm的下車區）。相鄰停車位得共用下車區，長度不得小於600cm、寬度不得小於550cm（包括寬150cm的下車區）（參見圖55）。

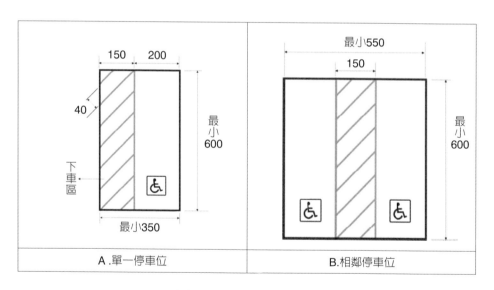

🏰 圖55　無障礙停車位

資料來源：建築物無障礙設施設計規範（第43頁），內政部營建署，2012a。取自http://www.cpami.gov.tw/chinese/filesys/file/chinese/publication/law/lawdata/1010810415.pdf

4. 機車無障礙停車位，長度不得小於220cm、寬度不得小於225cm，停車位地面上應設置無障礙停車位標誌，標誌圖尺寸不得小於90cm×90cm。機車停車位之出入口寬度及通達無障礙機車停車位之車道寬度均不得小於180cm。

5. 無障礙汽車停車位，至少應設置一處；超過50個停車位者，超過部分每增加50個停車位及其餘數，應再增加一處無障礙停車位。

（二）停車位設施

1. 學校車道入口處至無障礙停車位，需設置明顯之指引標誌，並於明顯處豎立行動不便者專用停車標誌，或於地面上塗裝無障礙標誌。

2. 室外無障礙停車位旁應設置具夜光效果之豎立標誌，標誌尺寸40cm×40cm以上，下緣高度190～200cm；室內無障礙停車位上方、鄰近牆或柱面旁設置具夜光效果，且無遮蔽、易於辨識之懸掛或張貼標誌，標誌尺寸30cm×30cm以上，下緣距地板面高度不得小於190cm。停車位地面上應設置無障礙停車位標誌，標誌圖尺寸不得小於90cm×90cm。

3. 無障礙停車位需設置車止／柱樁，防止車輛侵入所連接的無障礙通路。停車格線之顏色應為淺藍色或白色，與地面具有辨識之反差效果，下車區應為白色斜線及直線。斜線間淨距離為40cm以下，標線寬度為10cm。

4. 停車位地面應堅硬、平整、防滑，表面不可使用鬆散性質的砂或石礫；如為植草磚，可在停車部分使用，下車區地面則應堅硬、平整、防滑，地面斜率1/50以下。

（三）停車位安全

1. 無障礙停車位至建築物出入口之間，應設置無障礙通路，淨寬需在130cm以上，無障礙通路上方宜設置遮棚或屋簷。無障礙通路應與車道分離，如必須穿越車道，穿越部分需劃設明顯之斑馬線，以利坐輪椅者及步行者使用。

2. 視野不良之轉角處宜設置反光鏡，以利安全。

十二、其他

（一）公共電話（Public Telephones）

1. 供坐輪椅者使用之電話，下方淨高65cm，電話鍵盤中心高度約為80～100cm。

2. 可依實需裝設不同電話機及相關設備，如方便視障者使用之鍵盤（鍵盤號碼和符號宜放大且呈明度對比，方便弱視使用），方便聽障者使用之加重音量受話器。

3. 電話臺兩側或壁面裝設扶手，以方便拄柺杖者支撐身體。

4. 在電話臺旁邊設置無障礙用標誌。

（二）飲水機（Water Fountains）

1. 坐輪椅者使用之飲水機可與一般人使用者併設（飲水口一高一低），飲水機前應有1平方公尺以上之空間方便坐輪椅者使用，走廊上之飲水機宜設於凹壁內，避免成為視障者通行的障礙。

2. 出水口及開關操作高度距地板面應在80～100cm之間。壁掛式飲水機下部需留設高65cm的淨空間；若考慮拄柺杖者使用，宜設置較高的飲水機及加設扶手。

3. 操作方法或為光電感應式，或為按鈕式，或為操作桿式。如針對上肢殘障者，除手動式外，還要併設腳踏式。

4. 插座、開關、按鈕等要設置於坐輪椅者伸手可及之範圍內，其高度為80～100cm。

5. 插座、開關、按鈕等之形狀與構造，都需可以單手操作，且不需緊抓、擠壓或手腕扭緊，即使是手指麻痺者也方便使用。

（三）標示和引導設施（Directing Signs）

1. 對肢障者之標示：對坐輪椅者及拄柺杖者所設置的坡道、廁所、出入口等設施、設備，應標示清楚；火災時，宜利用聽覺的警報裝置

（如：一般警鈴）。

2. 對視障者之標示：對全盲者，要設置利用聽覺的標示（如：引導鈴、語音設備）、腳底觸覺的標示（如：導盲輔材）、手觸覺的標示（如：點字板、觸摸地圖、導盲扶手）等。此外，火災時，宜利用聽覺的警報裝置（如：一般警鈴、語音設備）。

3. 對弱視者，標示板上字體宜大，顏色明度對比要稍強。同時為使弱視者看得清楚，標示板內宜加裝日光燈。對色盲或色弱者，應避免選用其不易分辨之顏色。此外，火災時，宜利用聽覺的警報裝置（如：一般警鈴、語音設備）。

4. 對聽障者之標示：以文字、顏色、光等媒體來標示較好；火災時，宜利用視覺的警報裝置（如：閃爍燈）。

5. 高危險區（如：鍋爐間、實習工廠）應有明顯的標示（如門上有浮凸字），以利視障者辨識。

6. 無障礙標誌：宜在校園動線上的牆面或通路走廊設置適當引導標示，指示最近無障礙設施之方向與路線，並在無障礙設施旁邊或附近明顯處設置無障礙標誌。無障礙標誌之顏色與底色應有明顯不同，且該標誌若設置於壁面上，該標誌之底色亦應與壁面顏色有明顯不同；得採用藍色底、白色圖案或採用白色底、藍色圖案，無障礙標誌參考圖示，參見圖56。

俗云：「錯誤的決策，比貪污更可怕。」無障礙環境是一項相當細膩的人性關懷工程，如非有很好的規劃設計理念，即使大家的熱心有餘，也會虛擲政府的投資，又造成校園變成「為德不卒」的有礙環境，則殊甚可惜。期盼因為大家有正確認知和努力，使行動不便者皆能公平使用校園設施，校園方能真正成為「有愛無礙」的無障礙校園環境；更希望所有校園皆能成為全境無障礙校園，而非只是法規所規範最低的一條無障礙通道與設施。

在圖中左側文字：

無障礙標誌之顏色與底色應有明顯不同，得採用藍色底、白色圖案

圖56　無障礙標誌參考圖示

資料來源：建築物無障礙設施設計規範（第45、56頁），內政部營建署，2012a。取自http://www.cpami.gov.tw/chinese/filesys/file/chinese/publication/law/lawdata/1010810415.pdf

第七章

閒置空間再利用

> 我們的研究告知我們既有的空間比我們想的還多，我們需更有
> 智慧地再賦新義。
>
> （Our studies have suggested that we have more space than we
> think. We just need to repurpose it wisely.）
>
> ──J. Etchemendy, 2005

　　臺灣閒置空間再利用的推動，始於1995年臺北市政府「空間解嚴」概念下的實作，但真正引起大眾矚目，則是1997年由臺灣省政府文化處所推動的臺北華山藝文特區、鐵道藝術網絡（曾能汀，2006）；同年，臺東美農國小藝術村正式開幕使用，由「後山文史工作室」向臺東縣文化局爭取改造，利用廢棄的小學校區，占地約1.06公頃，成為臺灣第一個公辦民營的藝術村（竹圍工作室，2001）。惟閒置空間多為具歷史意義之老舊建物，將閒置空間活化再利用為文化空間，是文建會的具體政策之一，並自1998年開始推動，成立「行政院文化建設委員會閒置空間再利用推動小組」，期以跨部會之協調整合，落實推動此項政策，「高雄縣旗山鎮舊鼓山國小」即為六處試辦點之一；2002年，文建會編印《閒置空間再利用操作參考手冊》及《閒置空間再利用國外案例彙編》，以擷取國內外施作經驗供參，並委託專業學術單位辦理「推動閒置空間再利用相關法令之探討與研擬」研究，以作為檢討與修訂相關法令之參據（行政院文化建設委員會，2004）。

　　就學校而言，校園古蹟、歷史建築的再利用，受1998年文建會推展閒置空間再利用的影響，逐步實施；2000年以後，受教育部推廣綠建築、綠色學校、永續校園的影響，校園古蹟、歷史建築的再利用，更攀高峰，連帶的舊建築與閒置空間的再利用也受到前所未有的重視；最近教育部和各縣市政府教育局處辦理的學校創新經營獎、優質學校校園營造，更充分展現此一績效。現則因少子化問題，學校出現空餘教室過剩以及校園角落荒蕪之情況，偏遠地區迷你學校之人數亦逐年萎縮，面臨整併或裁撤，學生人數過少或已經無學生就讀之校舍，可能任其閒置荒廢（教育部，2008）。2003年，教育部頒布「國民中小學閒置校舍活化再

利用示範計畫」；2006起，教育部每年研訂「推動國民中小學校舍空間活化利用與發展特色學校計畫」，2007～2009年（第一階段）核定補助323個方案，每案給予30～80萬之補助款，並從3年內獲得兩次優等以上之37校中，評選出2009年校園空間活化十大經典特色學校，包括：新北市屈尺、建安和野柳國小，雲林縣成功和華南國小，嘉義縣龍山和社團國小，高雄縣金竹國小、花蓮縣康樂國小和臺東縣電光國小（教育部國民教育司，2009年6月18日）。2007～2011年各縣市計約1,600校次送件，補助581校次，總補助經費約計2億4,000萬元（林志成、陳新平、邱富源、李宜樺和童柏捷，2014）；2012年，教育部提供國中小120校計3,750萬元，推動整合空間資源與發展特色學校（第二階段第三年實施計畫）（教育部國民教育司，2011）。2013年，教育部國民及學前教育署續推動「國民中小學營造空間美學與發展特色學校」等計畫，至2013年9月，整併校後閒置校舍空間已活化185校，國中小空餘教室已活化國小6,585間，國中2,323間（教育部，2014d）。

　　以下擬就校園閒置空間再利用的概念、校園閒置空間的原因與類型、校園閒置空間再利用的方式，分別加以探討。

第一節
校園閒置空間再利用的概念

　　以下擬分別說明校園閒置空間的定義、活化與再利用的概念，以及校園閒置空間再利用的涵義。

一、校園閒置空間的定義

　　「校園閒置空間」一詞，英文有用「vacant schools」（閒置學校）（Bratche, 2003; McRary, 2008; O'Connell, 2008; Rapley, 1984; Richards & Sebastian, 2008; Trenkle, 1999; U. S. General Accounting Office, 1981; Wire, 2008）、「vacant school space」（校園閒置空間）（U. S. General Accounting Office, 1981）、「vacant school buildings」（閒

置學校建築）（The Community Design Center of Pittsburgh and Cool Space Locator, 2006; Wire, 2008）、「vacant historic schools」（閒置歷史性學校）（McRary, 2008）、「vacant and partially vacant schools」（閒置和部分閒置學校）和「the vacant school space」（校園閒置空間）（People for Education, 2008）、「unused school」（未使用學校）、「empty schools」（清空學校）（Richards & Sebastian, 2008）、「unoccupied space on campus」（校園未使用空間）（Etchemendy, 2005）等等。本文採用「vacant school space」（校園閒置空間）。

　　高翠霞、蔡崇建和莊潔（2011）根據文獻發現，校園閒置空間應分為「廢校」與「閒置空間」兩類，並將校園閒置空間定義為「因少子化、人口遷移或其他因素引發學校減班或廢、併校後產生閒置且目前未被運用於教學用途之校舍」（第35頁）。

　　湯志民（2008b）採較廣義之看法：校園閒置空間（vacant school space）係指校地、校舍（包括古蹟、歷史建築、紀念建築、舊建築和新建築）、庭園、運動場地和附屬設施，因使用人數減少、規劃設計不當、管理使用不當、建築法令限制、維護經費不足、年久失修等，致全部或局部的空間與設施有多餘、使用效能不彰或長期未能運用之狀況。反之，有使用需求、規劃設計得宜、符合法令設置，惟無經費充實，暫作其他用途之校園空間與設施，非為校園閒置空間。本書以此界定。

二、活化與再利用的概念

　　「再利用」一詞，英文有用「re-use」（再利用）（The Community Design Center of Pittsburgh and Cool Space Locator, 2006）、「reuse」（再利用）（Aued, 2007; O'Connell, 2008; Wire, 2008）、「adaptive reuse」（調適再利用）（Boyd, 2007; Craven, 2008; Locker, Wernick, McConachie, Fielding, & Olson, 2005, Sep 30; Oliver, 2007; Rapley, 1984; Rossi, 2003）、「adaptive reusing」（調適再利用）（曾能汀，2006）、rebirth（再生）（Kennedy, 2002）。本文採用reuse。至於「活化」（activation）一詞的運用，常見於化學名詞中，「校園活化」則因

閒置空間再利用、永續校園、學校創新經營與特色學校之推展，近幾年較活絡的出現於教育部的政策之中。

就校園而言，再利用（reuse）係指增加或改變原有空間與設施的用途，或重新組構使其原有機能得以延續，並在機能與建物之間適當調適的歷程（湯志民，2008b）。校園活化（campus activation）則是學校空間與設施透過再利用使之再生新生命之歷程。

需補充的是，「再利用」的字樣，首次出現於〈文化資產保存法〉1997 年5月14日第二次修法第30條中。西方學者與建築專業人員用來描述「再利用」之字眼相當的分歧，比較常見的有整修（renovation）、修復（rehabilitation）、改造（remodeling）、再循環（recycling）、改修（retrofitting）、環境重塑（environmental retrieval）、延續使用（extended use）、再生（reborn）及調適再利用（adaptive reuse）等，每一字眼所描述之事也有程度及意義上之不同。傅朝卿（2001）認為「調適再利用」最能表達舊屋新用之觀念，一般亦簡稱「再利用」。至於「再利用」、「再生」、「活用」常會混用，傅朝卿（2001）亦加以釐清，強調「活用」是一種行動，化建築物之被動成主動；「再生」是一種目的，是建築物起死回生之期望；「再利用」則是設計策略之執行，使建築物脫胎換骨。換句話說，空間若是想要「再生」，必須經由某種「活用」之行動，以「再利用」來達成（第1-1.4頁）。

基本上，不管是「古蹟」、「歷史建築」、「老建築」或是「閒置空間」，再利用之理論乃是結構安全的老建築可以用史實性與現代性兼顧再循環其生命週期，並且讓其以本身之條件得到經濟上之存活能力（傅朝卿，2001）。例如：王瑞珠（1993）整理國外的歷史性建築活化用途，主要有四類：(1)作為博物館使用；(2)作為學校、圖書館或其他各種文化、行政機關使用；(3)改作為旅館或餐館；(4)利用建築本身（包括其室內裝修及家具）作為參觀遊覽對象；其中，英國、義大利、法國和德國的大學，很多都利用古建築或中世紀修道院、市政廳為主要的校舍，例如巴黎的第三建築學院、魯昂建築學院等。這些皆為「活化」「再利用」，並使之「再生」的典範案例。

三、校園閒置空間再利用的涵義

「校園閒置空間再利用」一詞，英文有用「re-use of vacant school buildings」（閒置學校建築再利用）、「re-using vacant schools」（再利用閒置學校）、「the vacant school reuse」（閒置學校再利用）（The Community Design Center of Pittsburgh and Cool Space Locator, 2006）、「reuse for vacant campus」（閒置校園再利用）（陳詩芸，2007）、「use of vacant schools」（利用閒置學校）（U. S. General Accounting Office, 1981）、「adaptive reuse: alternative to vacant schools」（調適再利用：閒置學校的選擇）（Rapley, 1984）、「new uses for vacant schools」（閒置學校新用途）（Trenkle, 1999）、「adaptive reuse of old school buildings」（老舊學校建築的調適再利用）（Oliver, 2007）、「reuse of old school buildings」（老舊學校建築的再利用）（Dorman, 2008; O'Connell, 2008）、「the revitalization of school buildings（facilities）」（學校建築／設施的再生）（Coffey, 1992）、「school reuse」（學校再利用）（Wire, 2008）等等。日本稱之為「空き教室の活用」（山本政男編集，1991；加藤幸次，1991；加藤幸次和松田早苗，1987）。大陸稱之為「閒置校舍處置」（福建省教育廳、福建省財政廳、福建省民政廳，2006）。本文採用reuse of vacant school space。

校園閒置空間再利用（reuse of vacant school space）可說是對多餘、使用效能不彰或長期未能運用之校地、校舍、庭園、運動場地和附屬設施，增加或改變其原有空間與設施的用途，或重新組構使其原有功能得以延續，並在機能與建物之間適當調適的歷程。析言之：

（一）校園閒置空間的範疇

係指校地、校舍（包括古蹟、歷史建築、紀念建築、舊建築和新建築）、庭園、運動場地和附屬設施。

（二）校園閒置空間的狀況

校園閒置空間的狀況係全部或局部的空間與設施有多餘、使用效能不彰或長期未能運用之情形。

（三）閒置空間的再利用

係對多餘、使用效能不彰或長期未能運用之空間與設施，增加或改變其原有用途，或重新組構使其原有功能得以延續，並在機能與建物之間做適當的調適，使之再度發揮可用的功能。

第二節
校園閒置空間的原因與類型

校園閒置空間的形成原因為何？可概分為哪些類型？這是個有趣的議題，值得進一步探討。

一、校園閒置空間的原因

校園閒置空間的原因，根據湯志民（2008b）之研究，主要有六項：使用人數減少、規劃設計不當、管理使用不當、建築法令限制、維護經費不足、年久失修，茲分述如下。

（一）使用人數減少

即少子化問題，校園閒置空間與主要的使用者——學生人數，有密切相關，當學生人數降低，將自然產生校園閒置空間（如閒置校舍、空餘教室，甚至廢校）。于宗先（2001）即指出臺灣的高生育率時期（1940～70），政府怕快速的人口成長不利經濟成長及家庭生活的改善，乃於1960年代採行家庭計畫，誘導社會大眾降低生育率，限制軍公教人員以兩個孩子為限；惟自1980年代以降，臺灣的生育率開始下降，且下降的趨勢非常明顯。臺灣人口「0～4」歲年齡組從1983年起開始下降，「0～

4」到「5～9」歲在1988至1999年期間，每年平均下降4.9萬人；「0～4」到「10～14」歲在1993至1999年期間，每年平均下降8.9萬人；「0～4」到「15～19」歲，在1993至1999年期間，每年平均下降12.5萬人，並提醒當學齡人口下降一旦形成一種趨勢，短時間內很難回頭，也一定會影響校園規模的大小，而最直接受影響的是學校建築的增減及每一教室人數的多寡。

　　最令人擔心的是，未來臺灣人口仍在持續減少。根據行政院經濟建設委員會（2012）的推計，臺灣人口「出生數」，2012年為22.9萬人，未來將持續下降，至2060年，依中推計減少為11.5萬人，依高推計減少為16.6萬人，依低推計減少為8.0萬人（參見圖57）。就學齡人口而言，0至5歲學齡前人口，2012年為119.0萬人，2022年減為113.1萬人，2032年再減為108.3萬人，2060年降至71.7萬人；即學齡前人口10年後將減少5.9萬人或5.0%，20年後將再減少4.8萬人或4.2%。6至11歲國小學童，2012年為136.6萬人，2022年減為121.7萬人，2032年再減為114.2萬人，2060年降至75.6萬人；即國小學童10年後將減少14.9萬人，20年後再減少7.5萬人，30年後再大幅減少38.6萬人。12至17歲國中及高中青少年，2012年為182.5萬人，2022年減為118.9萬人，2032年再減為114.8萬人，2060年降至77.9萬人；即國中及高中青少年10年後將減少63.3萬人，20年後將再減少23.3萬人，30年後再減少36.9萬人。18至21歲大學青年，2012年為128.3萬人，2022年減為94.8萬人，2032年再減為83.1萬人，2060年降至54.5萬人；即大學青年10年後將減少33.5萬人，20年後再減少11.7萬人，30年後再減少28.6萬人。即20年後，6至21歲學齡人口將面臨減少三成以上的情況（參見表15）。

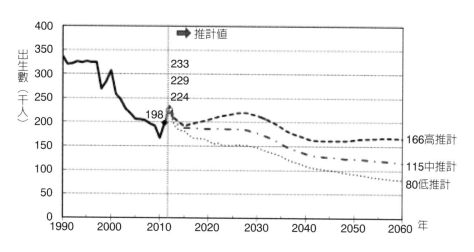

圖57　臺灣地區高、中及低推計之出生數

資料來源：中華民國2012年至2060年人口推計（第7頁），行政院
　　　　　經濟建設委員會，2012。取自http://www.cepd.gov.tw/
　　　　　m1.aspx?sNo=0000455

表15
臺灣地區學齡前及學齡人口數——中推計

年別	底總人口（千人）	0～5歲學齡前人口（千人）	學齡人口（千人）		
			6～11歲（國小）	12～17歲（國／高中）	18～21歲（大學）
2012	23,318	1,190	1,366	1,825	1,283
2022	23,644	1,131	1,217	1,189	948
2032	23,479	1,083	1,142	1,148	831
2060	18,919	717	756	779	545

資料來源：整理自中華民國2012年至2060年人口推計（第10、11、22頁），
　　　　　行政院經濟建設委員會，2012。取自http://www.cepd.gov.tw/
　　　　　m1.aspx?sNo=0000455

根據教育部（2013d）之預測分析報告，國小學生人數，101學年一年級新生數為20萬1,873人，較100學年之20萬8,843人，減少6,970人。101學年一至六年級學生總數為137萬3,375人，較100學年銳減近8萬3,629人，減幅達5.74%。隨後6年仍會逐年銳減，至107學年將減為115萬9,321人，累計較101學年減少21萬4,000人，平均每年減少近3萬6,000人，減幅略縮為2.8%。107～117學年國小新生數減幅趨緩，至117學年一至六年級學生總數減為111萬1,628人，平均年減4,769人，減幅為0.42%。國中學生人數，101學年國中七年級新生數為28萬5,560人，102學年後至109學年，7年間，新生入學數將減至19萬8,645人，平均年減1萬1,000人，減幅為4.5%；101學年七至九年級學生數總計84萬4,884人，較100學年之87萬3,226人減2萬8,342人；至112學年將減至54萬9,674人，平均年減2萬8,000人，減幅為4.1%；隨後減幅趨緩，預測至117學年新生入學數將減為18萬7,000人，全體在校學生總數亦將減為56萬7,000人。另外，100學年至117學年國中畢業生數將由30萬9,159人降至19萬1,865人，亦即高中、職，五專一年級之學生來源若不考慮重考等相關因素，每年平均將減少7,000餘人。

少子化和學生人數銳減，會使班級數減少，導致閒置校舍或空餘教室增加。面對少子化和學生人數降低，90～101學年度各縣市辦理國民中小學廢併校，計完成161校。教育部於2008年函頒「國民中小學整併之處理原則」，供各縣市政府參考，目前有臺北市、新北市、高雄市、宜蘭縣、桃園縣、新竹縣、苗栗縣、南投縣、雲林縣、嘉義縣、屏東縣、臺東縣、花蓮縣、基隆市等14縣市訂定廢（裁）併校實施計畫或要點（監察院編著，2013）。

（二）規劃設計不當

學校建築與校園規劃有其原則和理念，規劃設計不當，易導致效能不彰，很難使用，甚至無法使用之狀況。例如，有的學校大門設計位置不對，未配合學區學生入學動線與道路系統規劃，造成學生天天走後門（或側門）上學，只好有經費時再另闢校門；有的因都市計畫有所變更，道路

系統更改，或因學生人口增長，開闢新學校，學區重新分配，導致原校門變成次動線，原先整體規劃的前庭，也會變成側庭或後院，逐漸被忽略，而成為閒置空間。有的學校建築與設施，設置地點太過孤立，無方便的聯絡動線或動線太遠，造成使用頻率偏低，而呈現閒置狀態，如儲藏室未與行政、教學空間搭配就近設置，造成閒置無用；又如有些學校喜歡在校園角落設置涼亭，仔細觀察閒置無用者不再少數。還有，最容易看見的室外游泳池設置，過去大多數學校都將游泳池設計在室外，卻因使用時間受限、水質維護不易，致一年當中有長達半年或8個月以上是呈現閒置的狀態。

（三）管理使用不當

學校建築與校園空間興建計畫，經規劃、設計、施工到竣工設置之後，更重要的是營運管理與使用，管理使用不當，也易導致徒有空間和設施卻不會有效使用，導致效能不彰，甚至無法使用的窘境。例如，很多學校都會抱怨校地不足或設施不足，而卻有學校校地較大、設施很多，因無適當的管理和使用制度，致使多餘校地無人經管使用而荒蕪不堪；有些學校的實驗室因課程未安排，而多所閒置；有些精密科學儀器、昂貴的視聽設備、資訊教學設備或絕版的套裝圖書，不易借用，致長年封存。還有，學校的交誼廳提供教職員和學生很好的互動空間，但有許多學校無良好的管理和使用制度，其中涉及管理人力（如專人管理或志工）、使用辦法（如自由開放使用或向管理人員借用），還有清潔維護等問題，如無縝密思考，常會發現設置了大家都羨慕的交誼空間卻乏人問津。

（四）建築法令限制

學校建築與校園空間的規劃、設計、興建和管理，涉及許多建築法規，如建築技術規則、學校建築設備標準等等，而礙於建築法令，也會限制校園建築和設施不得使用，導致長期未能運用，而有逐漸荒蕪、頹廢和閒置的狀態。例如，有些學校的舊校舍建築因早期未持有使用執照，無法維護使用而荒廢多年；有些學校新建校舍建築，未依法規取得使用執照即

開學使用，之後想維護整修也會發生無法申請執行的困擾，終將面臨不堪使用、甚至閒置的窘態；有些學校因校地產權不清，如早先捐地興學者未將捐贈土地全部過戶給校方，後世子孫經過幾代之後，釐不清或得不到想要的補償金，就避不見面或置之不理，致學校無完整的校地產權，其地上物的校舍建築想整修會有困難，這些校舍建築便易逐漸頹廢閒置。

（五）維護經費不足

校舍建築、校園空間與設施，皆需經常性的維護，甚至維護閒置校舍平均每月也約需2,000美元（如美國俄亥俄州哥倫布市閒置校舍夏天要割草，冬天輸送管需保暖以免結冰）（Richards & Sebastian, 2008）。一般而言，學校的維護經費都不足夠，會使校園建築、空間和設施不堪使用，導致長期未能運用，也會有逐漸荒蕪、頹廢和閒置的狀態。例如，陰濕的地下室最難維護，滲漏水、壁癌、潮濕、悶熱、不通風隨處可見，經費花很多，卻不一定有成效，最容易成為校園的閒置空間。還有，學校建築設施列入古蹟、歷史建築或學校界定的紀念建築，如無經費維護整修，或未排入課程設計學習單，也很容易成為閒置的空間和設施。此外，有些都市計畫劃歸為校地，但政府無經費購置，或已購置及收回但學校長年經費不足，無法規劃興建，也無從維護，只有任其荒置。

（六）年久失修

學校歷史愈悠久，老舊建築愈多，有些老舊校舍長年未經維護，致不能使用，也因長期未能運用，而常現荒蕪、頹廢、傾圮和閒置的狀態。例如，典型可見的是殘破的無人宿舍，有的學校教職員工當年分配到宿舍，離職、退休之後不知去向，學校也收不回，只有任其荒置一角，既不安全又危險，這也是閒置校舍中最令人頭痛的一種。其次，頹廢的老舊建築因機能不彰（較不符現代行政、課程和教學功能），學校也不願意用有限的經費去加以維護，自然年復一年的老舊頹廢而閒置。當然，這些老舊建築，有的列入古蹟、歷史建築或紀念建築，因其維修費特高，長年失修，也很容易成為閒置的空間和設施。

　　需補充說明的是，上述校園閒置空間的主要六項原因，可歸納為三項因素，其中，「使用人數減少」係屬人的因素，「規劃設計不當」、「管理使用不當」、「建築法令限制」係屬理念的因素，「維護經費不足」、「年久失修」則屬經費的因素。這些校園閒置空間原因不一定單獨存在，也會彼此影響。尤其是維護經費不足和年久失修，都會涉及經費，其間的差別在於，「維護經費不足」是囿於經費以致維護強度偏低但認為有編列預算執行的價值，而「年久失修」則較傾向於即使有經費維護也無編列預算執行的價值，而任其荒廢閒置。

　　校園閒置空間、閒置原因、使用性質與空間性質對照表，整理如表16。基本上，因少子化致使用人數減少，嚴重者導致廢校而有廢棄校舍，輕者會出現空餘教室或閒置庭園等，此一空間性質是「多餘」，因此使用性質是「不需用」。其次，因規劃設計不當，如無用的儲藏室、孤立的空間與設施（位置錯誤的校門、孤立的涼亭）等，其空間性質是「效能不彰」，使用性質則是「不適用」。第三，因管理使用不當，未有適當的經營管理策略，導致校地荒蕪、實驗室未使用、交誼廳無人管理等，其空間性質是「效能不彰」，使用性質則是「不會用」。第四，也有受建築

表16
校園閒置空間、閒置原因、使用性質與空間性質對照表

閒置原因	閒置空間		使用性質	空間性質
使用人數減少	廢棄校舍、空餘教室、閒置庭園		不需用	多餘
規劃設計不當	無用的儲藏室、孤立的空間與設施		不適用	效能不彰
管理使用不當	荒蕪校地、未用實驗室、無人交誼廳		不會用	效能不彰
建築法令限制	無使用執照校舍、無法開闢的校地		不得用	長期未能運用
維護經費不足	陰濕的地下室	未能整理使用或傾圮的古蹟、歷史建築、紀念建築	不堪用	長期未能運用
年久失修	殘破的無人宿舍頹廢的老舊建築		不能用	長期未能運用

資料來源：校園閒置空間再利用之探析（第13頁），湯志民，2008b。載於臺北市政府教育局中華民國學校建築研究學會（主編），校園建築與運動空間活化再利用。臺北市：國立教育資料館。

法令限制，如校舍未取得使用執照、校地無法開闢，其空間性質是「長期未能運用」，使用性質則是「不得用」。還有，因維護經費不足，使陰濕的地下室、古蹟、歷史建築和紀念建築未能整理使用，其空間性質是「長期未能運用」，使用性質則是「不堪用」。最後，因年久失修，如殘破的無人宿舍、頹廢的老舊建築、傾圮的古蹟、歷史建築和紀念建築多年未整修，其空間性質是「長期未能運用」，使用性質則是「不能用」。

二、校園閒置空間的類型

校園閒置空間的類型繁多，可依閒置的功能、時間、頻率、範圍等向度來分類（湯志民，2008b）。

（一）依閒置的功能分類

1. 閒置校地，包括已購置未開闢的校地（如工程廢土傾倒區）、未購置未開闢的校地。

2. 閒置校舍，包括未整理和未善加運用的古蹟、歷史建築、紀念建築、舊建築（如無使用執照校舍、殘破的無人宿舍）和新建築（如空餘教室、未用實驗室、無人交誼廳）。

3. 閒置庭園，包括偏遠、動線不良、未經整理或荒蕪的前庭、中庭、側庭和後庭。

4. 閒置運動場地，包括偏遠、動線不良、未經整修或頹廢待修甚少使用的田徑場、球場、體育館、游泳池、遊戲場。

5. 閒置設施，包括偏遠、動線不良、未經整修或頹廢待修甚少使用的校門、合作社、地下室、儲藏室、垃圾場、涼亭等等。

（二）依閒置的時間分類

1. 短暫性校園閒置空間，包括空餘教室、未用實驗室、無人交誼廳，這些校園空間和設施的閒置時間不長，約在3至5年之內，並可隨時依需要再利用。

2. 長久性校園閒置空間，包括已購置未開闢的校地、未購置未開闢

的校地、年久失修待報廢的老舊建築、無使用執照的老舊校舍、殘破的無人宿舍、位置錯誤的校門、陰濕的地下室、孤立的涼亭、無用的儲藏室等等，這些校園空間和設施的閒置時間較長，約在10年以上，要再利用需縝密評估其設施價值、所需經費、可增功能和續用時間。

（三）依閒置的性質分類

1. 多餘的校園閒置空間，包括空餘教室、殘破的無人宿舍、頹廢的老舊建築、未能整理使用或傾圮的古蹟、歷史建築、紀念建築，這些校園空間和設施係因使用者減少、年久失修而閒置，再利用時可改變其原功能。

2. 低效能校園閒置空間，包括較多時間閒置不用的室外游泳池（如一年使用頻率不到4個月）、未用實驗室、中小學低使用率的超大演藝廳（有800人或1,000人以上座位）、無人交誼廳、荒蕪校地、陰濕的地下室、孤立的涼亭、無用的儲藏室等等，這些校園空間和設施係因規劃設計不當、管理使用不當、建築法令限制或維護經費不足而閒置，再利用時通常延續其原功能。

（四）依閒置的範圍分類

1. 整體性校園閒置空間，包括廢校或併校的整體校舍建築、運動場地和庭園空間，主要係因少子化使用者減少而閒置，再利用時可改變其原功能。

2. 局部性校園閒置空間，包括學校內一部分或部分閒置的校園空間與設施，如閒置的室外游泳池、未用實驗室、低使用率的超大演藝廳、無人交誼廳、荒蕪校地、陰濕的地下室、孤立的涼亭、無用的儲藏室等等，主要係因規劃設計不當、管理使用不當、建築法令限制或維護經費不足、年久失修而閒置，再利用時通常可改變其原功能或延續其原功能。

第三節
校園閒置空間再利用的方式

　　閒置空間活化具有多重之意義價值，林志成和田育昆（2012）強調校園空間活化是一種再生的行動，空間活化宜把握永續經營（Sustainability）、生態環境（Ecology）、教育本質（Education）、發展運用（Development）等深耕播耕（SEED）之原則，以校園永續發展爲理念，人與空間的互動爲基礎，學生的學習爲考量，運用創新的空間設計概念與多元規劃技術，將空間重新改造、塑造或革新，達到空間機能再生目的，重新塑造校園空間新價值，賦予校園空間新的生命力。

　　閒置空間再利用的方式可以採多元角度來探討，漢寶德與劉新圓（2008）根據用途以及實施的對象與方式，將閒置空間再利用分爲四項：既有功能、公辦公營、公辦民營，以及委外經營。教育部（2014e）依功能取向發展策略模式，提出國民中小學整併後校園活化再利用策略模式：(1)中途安置中心：爲特定學生設置中途安置之家，轉換成特定功能之學校。(2)理念學校中心：引進民間辦學之理念資源，建置一所體制外之實驗另類學校。(3)創意遊學中心：配合當地特色環境資源，成爲一所無特定設學籍之移動式學習場域。(4)自然環境中心：充分利用現有之自然環境條件，成爲一所自然生態之學習場域。(5)社區學習中心：結合成人教育和社會教育之需求，成爲大眾或老人樂齡學習之場域。(6)創作藝術中心：提供當地藝術家創作之場所，進行藝術創作與作品儲存、展示空間。(7)遊憩驛站中心：運用當地之休閒旅遊設施和景點，成立遊憩驛站之服務中心。(8)在地文化中心：以在地特色產業文化爲訴求，建立特色文化之場館。(9)其他目的功能：如大專校院社區服務、童軍營、緊急避難場所等。

　　監察院對國中小廢併校後校園活化評量，也訂定相當具體且實用之評量指標，包括（監察院編著，2013）：(1)產權移轉：完全移轉（給非教育部門）、部分移轉（縣市政府）、部分移轉（鄉鎮區公所）、未移轉；

(2)使用情況：全部使用、部分使用、無使用；(3)用途性質：文教、觀光休閒、社福機構、機關團體使用、閒置（校園無實質使用）；(4)協力團體：有、無；(5)費用收取：有償撥用、租金／權利金／回饋金／場地使用費等、象徵性酌收、無收費；(6)地理因素：都會區、鄉鎮市區、農村社區、偏遠地區；(7)社區因素：指校園空間用途與社區之連結關係，有關係密切、疏離；(8)使用頻率：高（校園空間平日皆有使用）、中（介於「高」與「低」之間）、低（每年使用未達12次）、無。各縣市政府辦理國中小廢併校後校園活化計畫，可依據此評量指標逐項檢視，有助於計畫審慎縝密及周延性，具有參考與運用價值。

　　教育部積極推動閒置空間活化方案，協助縣市政府進行閒置校舍再利用，鼓勵各縣市政府提案申請，給予經費補助。2009年12月11日，教育部以臺國（一）字第0980213163號函發「國民中小學整併後校園活化再利用輔導計畫」，其後並設立校園空間活化再生資源網，提供校園活化計畫、作業流程、國內外案例和相關資訊；各縣市政府亦提出各項校園閒置空間再利用政策積極回應。高翠霞、蔡崇建和莊潔（2011）研究臺灣地區國小校園閒置空間，發現：(1)閒置情況愈多之縣市，空間活化愈多元；(2)採用之再利用策略乃因地制宜，並受地方需求與政策的影響；(3)校園閒置空間界定的認知差異影響再利用推展工作。因此建議：未來應以由下而上的特色發展搭配由上而下的政策方案，並結合教育、觀光、產業發展之閒置空間再利用，以整體規劃校園閒置空間再利用策略。由此可知，臺灣各縣市政府和學校，因人力、財力、物力和建築條件之不同，校園閒置空間再利用的方式也會不一樣。

　　日本，1992至2009年廢校數5,796校，單2009年廢校數即有526校（小學332校、初中87校、高中94校、特別學校13校）。廢校設施再利用率，以2002至2009年而言，廢校數3,671校（其中小學2,317校、初中660校、高中643校、特別學校51校），現存可再利用校舍計3,310校，已活化再利用校舍2,295校（占69.3%），餘1,015校──有建築再利用計畫221校（占6.7%），無建築再利用計畫794學校（占24.0%）；主要再利用作為社會體育設施、社會教育設施、體驗交流設施、文化設施、老人福

利設施、幼兒園、兒童福利設施、私營企業的工廠和辦公室等（日本文部科學省，2010）。

　　以下擬依教育部及各縣市政府校園閒置空間活化和再利用政策、日本空餘教室的活用策略、中國大陸閒置校舍處置的政策，以及個人長期觀察、實作和研究之經驗，以「閒置空間」爲經，「再利用」爲緯，分析說明校園閒置空間再利用的方式。其中，「閒置空間」概分爲史蹟建築、整併（廢棄）學校、閒置校舍、閒置校地；「再利用」概分爲由學校主管的學校用途，以及由社區或其他機構主管的社區用途。案例學校另參考監察院編著（2013）之調查研究，以及教育部校園空間活化再生資源網資料，加以增修。

一、史蹟建築的再利用

　　史蹟建築（包括古蹟、歷史建築、紀念建築）再利用的方式有：

（一）學校主管的學校用途

1. 原用途

　　學校運用原有空間與設施的用途，作爲學校，如香港瑪利諾修院學校；作爲辦公室，如建中紅樓、臺南縣菁寮國小木造辦公室；作爲教室，如建成國中校舍、龍門國中濂讓居、北一女中光復樓、中山女中逸仙樓、國立中壢高中的莊敬老樓、香港聖士提反女子中學主樓；作爲禮堂，如政治大學四維堂、國北教大禮堂、南一中小禮堂、菁寮國小木造禮堂；作爲體育館，如忠義國小的武德殿。

2. 相關用途

　　學校運用原有空間與設施作相關的用途，作爲文化園區，如高雄市舊鼓山國小；作爲校史館，如眞理大學的牛津學堂；作爲圖書館，如士林國小禮堂；作爲鄉土教室，如高雄市舊城國小的崇聖祠；作爲幼稚園，如淡水女學校。

（二）社區或其他機構主管的社區用途

1. 原用途

社區或其他機構運用原有空間與設施的用途，如臺南孔廟（全臺首學）、陳德星堂（臺北市蓬萊國小）、剝皮寮（臺北市老松國小）。

2. 相關用途

社區或其他機構運用原有空間與設施作相關用途，作為博物館，如新加坡藝術博物館、亞洲文化博物館，還有日本神戶北野小學作為北野工房等等。

二、整併（廢棄）學校的再利用

整併（廢棄）學校，包括學校整併後的閒置學校和廢校後的廢棄學校，再利用的方式有：

（一）學校主管的學校用途

1. 原用途

學校運用原有空間與設施的用途，美國許多具歷史性學校，因學生人數大量減少乃委外經營成為委辦學校（charter schools），如俄亥俄州首府哥倫布市（Columbus, Ohio）學生人數最多時達10萬名，現跌至5.4萬名，布藍特耐爾小學（Brentnell Elementary）委外經營，林莫爾中學（Linmoor Middle School）委辦一年只有1美元（Richards & Sebastian, 2008），華盛頓特區廢置23所公立學校，其中18所作為委辦學校（O'Connell, 2008）。中國大陸廣州從化市近幾年通過撤銷、合併、擴建、改建等方式對中小學佈局進行調整，共撤銷了中學5所（溫泉中學、高平中學、人和中學、東明中學、良口二中），撤銷小學152所，其中原高平中學的校產整體用於辦高平小學，原人和中學的校產整體用於辦人和小學，原東明中學校產整體用於辦呂田鎮第三小學等。臺灣，有作為公辦民營學校，如新北市汐止白雲國小碧華分校的森林小學、烏來國中小信賢分班的種籽親子實驗國小、萬里鄉溪底國際雙語實驗國中；也有作為中途

259

學校,如新北市澳底國小豐珠分班;作為社區大學,如基隆市武崙國小舊校區;作為創意遊學中心,如新北市闊瀨國小。

2. 相關用途

學校運用原有空間與設施作相關用途,如花蓮縣東富國小作為部落工藝展覽空間,三芝國小的陽住分班租給雕塑藝術家彭光鈞作為工作室,以提供學校藝術人文課程使用;雙溪國小三港分班租給雙溪文化協會,作為鄉土教學及數位中心;南投縣光明國小,由日月潭國家風景區協助規劃作為自然生態教育研習中心;臺東縣初鹿國小嘉風豐分班作為童軍營地;新竹縣獅山國小作為獅山遊客中心。

(二) 社區或其他機構主管的社區用途

1. 原用途

社區或其他機構運用原有空間與設施的用途,作為學校歷史博物館,如日本京都開智小學校;作為佛學院,如嘉義縣社口國小中正分校;作為中輟學園,如彰化縣新街國小;作為托兒所,如臺南縣將軍國小廣山分校、龍潭國小車行分校。

2. 相關用途

社區或其他機構運用原有空間與設施作相關用途,如中國大陸中小學對農村中小學閒置校舍處置,可轉讓、出租或變賣、拍賣,所得收益用於佈局調整後保留學校的建設與發展,以及提供鄉鎮村級處理校舍遺留問題或用於公益事業,如廣州從化市溫泉中學拍賣整體校產,所得用於償還原溫泉中學的債務和從化六中擴建工程,也有改置村委辦公樓,如廣州從化市呂田鎮塘田小學。俄亥俄州哥倫布市休閒和公園部(the Columbus Recreation and Parks Department)一年以1美元承租老舊的夏龍小學(the old Sharon Elementary School)(Richards & Sebastian, 2008)。日本京都開智小學校,1992年因人口減少而廢校,由於該校在日本的國民教育發展史上極具意義,因此將學校轉型為京都「學校歷史博物館」,對全國徵集與國民學校教育相關的各種文物,包含教科書、文獻資料、教材教育等,共募集了一萬多件文物;此外,由於京都地區傳統工藝發達,

歷屆校友中優秀的藝術家與工藝匠師也將其作品捐給母校，共約2,000件，這些豐富的文物構成了學校歷史博物館的誕生，也成為日本獨特的閒置校園活化再生案（教育部，2013e）。日本櫪木縣熊之木小學校，1999年因少子化與人口外移的影響而廢校，後因地方傳出保存舊校舍之聲音，2002年此廢棄的小學成立了「流星學校——熊之木」住宿與體驗學習中心，主要硬體設施有體驗室、談話研修室、展示室、食堂、住宿客房（洋式6間、和式2間）、浴室、天文臺，經由外地前來住宿與體驗學習的民眾與當地住民之交流，活化了這淳樸的小村莊，2003年日本文部省選定為全國50間最具特色的廢校再利用案例之一（教育部，2013f）。

臺灣，整併（廢棄）學校有作為藝術村，如新北市草里國小、臺南市總爺國小、臺東美濃國小、花蓮縣太巴塑國小東富分校；作為文化館，如新竹縣仁和國小；作為生態館或自然中心，如新北市平溪國小東勢分校、桃園縣奎輝國小嘎色鬧分校、嘉義縣仁光國小和鰲鼓分校；臺北市中興國小與福興國小整併之後，原中興國小改作為運動場館。也有整併（廢棄）學校作為童軍營地，如新北市龜山國小、嘉義縣中山國小石弄分校；作為職訓中心，如臺南市六甲國小大丘分校；作為勞工育樂中心，如臺南市關嶺國小舊校區；作為教養院，如臺南市龍崎國小石槽分校、高雄市崇德國小古亭分校；作為社區活動中心，如臺南市龍崎國小大坪分班、高雄市九曲國小竹寮分班、屏東縣光春國小；作為就業服務據點，如高雄市家興國小大莊分校；作為登山訓練中心，如高雄市大津國小；作為旅遊資訊展示中心，如屏東縣伊拉國小、佳暮分校和阿禮分班；作為觀光產業研發中心，如澎湖縣員貝國小和大倉國小；作為清潔隊辦公室和資源回收場，如東石鄉的圍潭國小；作為青年旅館，如高雄市旗津大汕國小；或作為原住民會館，如臺東縣瑞源國小寶華分校等等。

三、閒置校舍的再利用

閒置校舍（包括空餘教室、閒置合作社、地下室、宿舍、倉庫、垃圾場等）再利用的方式有：

（一）學校主管的學校用途

1. 原用途

學校運用原有空間與設施的用途，日本學校的空餘教室用以增置第二圖書室、第二兒童會室、第二學生會談室或第二資料室；也有日本小學校的空餘教室改置成學習中心，中學校和高等學校的空餘教室改置為學科中心。臺北市將國小的閒置教室改為英語情境教室、音樂教室、美勞教室、自然教室、特殊資源教室等專業教室（吳啓綜，2008年6月27日），例如濱江國小的英語村，桃園縣文昌國中和快樂國小（如圖58）、宜蘭縣新生國小也運用閒置校舍作為英語村；也有作為社區高齡學習中心，如新北市豐年國小、臺南市柳營國中；作為公辦民營托兒所，如臺北市閒置教室政策；作為委辦幼兒園、補習班與安親班，如新北市空餘教室再利用政策。

2. 相關用途

學校運用原有空間與設施作相關用途，作為公民會館，如新北市深坑國中閒置校長宿舍；作為社區美術館，如臺北市吉林國小閒置校舍；作為社區藝文中心，如新北市屈尺國小閒置教室；作為藝廊，如臺北市成德國中閒置器材室；作為藝文中心，如嘉義縣月眉國小閒置倉庫；作為陶藝工作坊，如新北市重陽國小閒置地下室、彰化縣土庫國小閒置教室；作為交通安全教室，如臺北市大直國小閒置教室；作為再生能源教學室，如彰化縣大西國小閒置倉庫；作為產學教室，如彰化縣大西國小閒置合作社；作為咖啡屋，如彰化縣溪州國中閒置工藝教室；作為玩具圖書館，如臺北市武功和劍潭國小閒置教室、新北市重陽和米倉國小；作為樂活小棧，如新北市新泰國小閒置地下室、臺南市五王國小閒置教室；作為社區悅讀室，如高雄市小港高中垃圾場；作為生態教學溫室，如南投縣北山國中閒置倉庫；作為民宿，如新北市野柳國小閒置舊宿舍、屈尺國小和廣興分校閒置教室；作為身障社區休閒空間，如臺北市閒置教室政策。

快樂國小運用閒置教室設置英語村，提供桃園縣國小五年級學生多樣的英語學習情境。

圖58　桃園縣快樂國小英語村

（二）社區或其他機構主管的社區用途

社區或其他機構運用原有空間與設施作相關用途，如高雄空中大學閒置教室作為青年旅館即為一例。

四、閒置校地的再利用

閒置校地（包括閒置校地、庭園或球場）再利用的方式，在學校主管的學校用途，包括：

1. 原用途

學校運用原有空間與設施的用途，如臺北市介壽國中、永吉國中和南

港高中,將動線不佳、使用效能較低的校舍中庭再利用,建置動線流暢、較為精緻的休憩庭園。

2. 相關用途

學校運用空間與設施作為相關用途,如新北市國光國小將閒置壘球場改置為羊咩咩生態園、臺南市土庫國小將幼稚園教室屋頂荒廢花圃改置為可打桌球和遊戲之風雨教室、臺南市後營國小將工程廢土傾倒區改置為藥草教學園區、新北市新泰國小將閒置校地變為教育實驗農場等等,皆為值得參考的再利用方式。

校園閒置空間再利用的方式,請參閱表17。

表17
校園閒置空間再利用的方式

閒置空間再利用		學校用途 (學校主管)		社區用途 (社區或其他機構主管)	
		原用途	相關用途	原用途	相關用途
史蹟建築（包括古蹟、歷史建築、紀念建築）	全校建築	·歷史性學校（香港瑪利諾修院學校）	·文化園區（高雄市舊鼓山國小）	·臺南孔廟（全臺首學）	·博物館（新加坡藝術博物館、亞洲文化博物館） ·日本神戶北野工房（ 野小學）
	局部（或單棟）建築	·辦公室（建中紅樓、臺南縣菁寮國小木造辦公室） ·教室（建成國中校舍、龍門國中濂讓居、北一女中光復樓、中山女中逸仙樓、國立中壢高中的莊敬老樓、香港聖士提反女子中學主樓） ·禮堂（政治大學四維堂、國北教大禮堂、南一	·校史館（真理大學的牛津學堂） ·圖書館（士林國小禮堂） ·鄉土教室（高雄市舊城國小的崇聖祠） ·幼稚園（淡水女學校）	·陳德星堂（臺北市蓬萊國小） ·剝皮寮（臺北市老松國小）	

表17　（續）

閒置空間再利用	學校用途 （學校主管）		社區用途 （社區或其他機構主管）	
	原用途	相關用途	原用途	相關用途
	中小禮堂、菁寮國小木造禮堂） ·體育館（忠義國小的武德殿）			
整併（廢棄）學校	·委辦學校（俄亥俄州哥倫布布藍特耐爾小學、林莫爾中學，華盛頓特區18所廢置公立學校） ·中學改辦小學（廣州從化市撤併的高平、人和與東明中學） ·小學改辦幼稚園（廣州從化市撤併小學） ·公辦民營學校（新北市汐止白雲國小碧華分校的森林小學、烏來國中小信賢分班的種籽親子實驗國小、萬里鄉溪底國際雙語實驗國中） ·中途學校（新北市澳底國小豐珠分班） ·社區大學（基隆市武崙國小舊校區） ·創意遊學中心（新北市闊瀨國小）	·部落工藝展覽空間（花蓮縣東富國小） ·藝術工作室（三芝國小陽住分班） ·鄉土教學及數位中心雙溪國小三港分班） ·自然生態教育研習中心（南投縣光明國小） ·童軍營地（臺東縣初鹿國小嘉風豐分班） ·遊客中心（新竹縣獅山國小）	·學校歷史博物館（日本京都開智小學校） ·佛學院（嘉義縣社口國小中正分校） ·中輟學園（彰化縣新街國小） ·托兒所（臺南縣將軍國小廣山分校、龍潭國小車行分校）	·變（拍）賣或出租（中國大陸中小學閒置學校、俄亥俄州哥倫布市夏龍小學） ·村委辦公樓（廣州從化市呂田鎮塘田小學） ·體驗學習中心（日本櫪木縣熊之木小學校） ·藝術村（新北市草里國小、臺南市總爺國小、臺東美濃國小、花蓮縣太巴塱國小東富分校） ·文化館（新竹縣仁和國小） ·生態館／自然中心（新北市平溪國小東勢分校，桃園縣奎輝國小嘎色鬧分班、新竹縣豐鄉國小，嘉義縣仁光國小、鰲鼓分校） ·運動場館（臺北市中興國小） ·童軍營地（新北市龜山國小、嘉義縣政府中山國小石弄分校）

表17　（續）

閒置空間再利用	學校用途 （學校主管）		社區用途 （社區或其他機構主管）	
	原用途	相關用途	原用途	相關用途
				·職訓中心（臺南市六甲國小大丘分校） ·勞工育樂中心（臺南市關嶺國小舊校區） ·教養院（臺南市龍崎國小石槽分校、高雄市崇德國小古亭分校） ·社區活動中心（臺南市龍崎國小大坪分班、高雄市九曲國小竹寮分班、屏東縣光春國小） ·就業服務據點（高雄市家興國小大莊分校） ·登山訓練中心（高雄市大津國小） ·旅遊資訊展示中心（屏東縣伊拉國小、佳暮分校和阿禮分班） ·觀光產業研發中心（澎湖縣員貝國小和大倉國小） ·青年旅館（高雄市旗津大汕國小） ·原住民會館（台東縣瑞源國小寶華分校）

表17 （續）

閒置空間再利用	學校用途（學校主管）		社區用途（社區或其他機構主管）	
	原用途	相關用途	原用途	相關用途
閒置校舍（包括空餘教室、閒置合作社、地下室、宿舍、倉庫、垃圾場等）	・第二圖書室、第二兒童會室、第二學生會談室、第二資料室（日本空餘教室） ・學習中心（日本小學校空餘教室） ・學科中心（日本中學校高等學校空餘教室） ・專業教室（臺北市閒置教室） ・英語村（臺北市濱江國小，桃園縣文昌國中和快樂國小，宜蘭縣新生國小） ・社區高齡學習中心（新北市豐年國小、臺南市柳營國中） ・公辦民營托兒所（臺北市閒置教室） ・委辦幼稚園（新北市空餘教室） ・委辦補習班與安親班（新北市空餘教室）	・公民會館（新北市深坑國中閒置校長宿舍） ・社區美術館（臺北市吉林國小閒置校舍） ・社區藝文中心（新北市屈尺國小閒置教室） ・藝廊（臺北市成德國中閒置器材室） ・藝文中心（嘉義縣月眉國小閒置倉庫） ・陶藝工作坊（新北市重陽國小閒置地下室、彰化縣土庫國小閒置教室） ・交通安全教室（臺北市大直國小） ・再生能源教學室（彰化縣大西國小閒置倉庫） ・產學教室（彰化縣大西國小閒置合作社） ・咖啡屋（彰化縣溪州國中閒置工藝教室） ・玩具圖書館（臺北市武功和劍潭國小閒置教室，新北市新泰、重陽和米倉國小閒		・青年旅館（高雄空中大學閒置教室）

267

表17 （續）

閒置空間再利用	學校用途 （學校主管）		社區用途 （社區或其他機構主管）	
	原用途	相關用途	原用途	相關用途
		置教室） · 樂活小棧（新泰國小閒置地下室、臺南市五王國小閒置教室） · 社區悅讀室（高雄市小港高中垃圾場） · 生態教學溫室（南投縣北山國中閒置倉庫） · 民宿（新北市野柳國小閒置舊宿舍、屈尺國小和廣興分校閒置教室） · 身障社區休閒空間（臺北市閒置教室）		
閒置校地（庭園或球場）	· 休憩庭園（臺北市介壽國中、永吉國中、南港高中）	· 羊咩咩生態園（新北市國光國小閒置壘球場） · 風雨教室（臺南市土庫國小教室屋頂荒廢花圃） · 藥草教學園區（臺南市後營國小工程廢土傾倒區） · 教育實驗農場（新北市新泰國小閒置校地）		

　　「校園閒置空間」是一個看似很簡單卻又很複雜的議題，特先釐清其定義，分析其原因，要述其類型，進一步探究其再利用，以奠定未來學術研究和實務推展之基礎與重要參考。

　　想強調的是，校園閒置空間與都市或鄉村的閒置空間再利用多所不同。例如，都市或鄉村的閒置空間大都是單一主體，政府權屬在新、舊建築法規、營運和利潤之間糾結，推展起來較為複雜，再利用方式大致以藝文中心為主；而校園閒置空間則大至整併（廢棄）學校，小至閒置教室、地下室、倉庫、垃圾場或空地，都在校園之內，因所有權與學校運用之主體性大致明確，通常透過教育行政政策和學校創新經營，即可快速進行。

　　需提醒的是，「再利用」之策略，應以文化價值、經濟效益、結構安全和永續經營的原則審慎評估後推動，否則有可能會成為「再閒置空間」。試想，新的建築、舊的建築用來用去，都會自然產生「閒置空間」，而閒置空間「再利用」如有不當，當然也會產生「再閒置空間」，這絕對是與「再利用」的精神和意義相違背的，我們也不樂見。校園閒置空間再利用的觀念和方式，甚為複雜，希望本書之說明，有助於臺灣推動校園閒置空間再利用的進一步推展，並為臺灣的校園空間與建築設施挹注新的生命力。

第八章

學科型教室設計

教室的成功，可從在其中的學習所得和教學經驗加以評量。教室設計會影響學科測驗成績，也會影響學生和老師的社交經驗，而這些社交經驗培植年輕人去適應成人世界的生活。

（The success of classroom is measured in what is learned there and the experience of teaching in them. Classroom design can influence the scores on these academic tests. Classroom design can also affect the social experience of students and teachers, and those social experience train young people to live in the adult world.）

——S. Augustin, 2009

臺灣約自1990年起，中小學教室設計的發展，逐漸走出傳統式、講授型、單室型、長方形、單面走廊、鋼筋水泥造的普通教室，開始著重專科教室和資源教室、學生中心教室、作業型教室和討論型教室、複室型教室、開放式教室和多目的教室、雙面走廊教室、鋼骨模造教室、非長方形教室的規劃與設計。尤其是為因應教室「教學」、「學習」和「休憩」功能的拓展，以及教學革新之需，1986年起，臺灣的小學教室採開放空間的規劃，班群教室和開放教室如雨後春筍般的出現；2000年後的震災學校重建和新校園運動學校，也有不少小學採彈性隔板的開放空間教室設計。值得注意的是，2000年以後，臺灣的中學開始出現學科型教室，使教育空間再展新貌。

何謂「學科型教室」？臺灣有這樣的學校嗎？是中學還是小學適用？國內外的案例如何？這的確是二十一世紀開始，臺灣中學學校建築規劃、教學空間革新與教室營運的配置類型，最新穎的觀念和議題。基本上，教室是教學最重要的空間，教室營運的配置類型或營運模式，攸關學校空間、教師教學和學生學習效能的發揮。由於高、國中的課程和師資安排係採分科制，與國小包班制大相逕庭，學科型教室設計非常適合中等學校的分科上課模式。歐盟、英、美、加、澳大利亞、紐西蘭等先進國家中學都採學科型教室營運模式；芬蘭於1987年起在重點高中推行「無年級

授課制」教學模式實驗，1999年起全國高中實施「無班級授課制」；韓國於2009年第二學期開始，在部分中學引入「教科教室制」，預計2014年在全國初、高中普遍實施；日本文部科學省和各縣市教育委員會全力協助中等學校推展「教科教室型」，相關研究和實務推展也有超過30年以上的經驗，根據屋敷和佳和山口勝巳（2007）之調查，日本實施學科教室制的學校有52所，有推展20、30年以上者，近半數為5年以下，小規模的學校很多，近半數的學校為全校6個班級以下，1997至2007年10年間引進學科教室制的學校有33校，占了6成。雖然受少子女化影響，也有學校因整併而停辦，但在政府相關部門的鼓勵和支持下，日本推展教科教室型學校大致維持一定數量，推展成效穩定發展。

　　以下擬就學科型教室與營運、學科型教室的規劃、學科型教室的發展、學科型教室的課題，分別加以探討說明。

第一節
學科型教室與營運

　　「學科教室型」（variation type，V型）或稱之為「學科型教室」，是教室營運的配置類型之一（湯志民，2006c），日本稱之為「教科教室型」，韓國稱之為「教科教室制」、「學科教室制」或「教學科目教室制」，大陸稱之為「專科教室型」；臺灣，現行普通高級中學課程綱要總綱稱之為「無固定班級授課制」，惟因上課時學生要依課程表移動至各教室上課，在臺灣常將此一型態之上課稱為「跑班」上課（大陸也有稱之為「走班」，澳門稱為「走堂」），而其教室配置則稱為「跑班」設計。

一、學科型教室的涵義

　　日本對於學科型教室的研究蓬勃且深入，學科型教室的涵義，可從下列學者專家的說明知其梗概。

　　日本建築學會（1983）和西日本工高建築連盟（1986）指出，學科型教室是所有的課程都在該科目的學科教室上課，學生係按課程表移動至

各教室上課。

長倉康彥（1993）指出，學科型教室係將全部的教室做成專用學習教室的型態，學生可依課表至指定教室上課。

船越徹、飯沼秀晴和寺嶋修康（1998）指出，學科型教室的營運方式是各學科擁有各學科專用的教室，學生移動至各教室上課，且能因跑班上課改變學習的氣氛，繼而讓學習的意願能更自發與長久。

玉井康之（2004）認為，學科型教室是在學校的建築規劃內有學科專用的教室，學生並不在固定的教室中學習，而是移動至各學科專門教室上課。

長澤悟和中村勉（2004）表示，學科型教室是指所有學科，包括以往在普通教室進行教學的一般科目（如國語、社會、數學、英語等）在內的全部教科目，都有自己的專用教室，而學生們則是自動來到教室接受老師授課的運作方式。

長澤悟、野島直樹和廣瀨和德（2006）強調，學科型教室係依各學科做特別的空間設計，教室需就各學科的要求來設計，教室的多媒體空間、教師的開放空間與提供教材、教具的空間，皆是構成學科型教室的元素與方式；同時，藉由學生作品的展示或學習成果報告，搭配學科的特色、學習的內容與目標來營造學習環境的氛圍，並讓學生經由跑班上課而產生不同的學習效能。

文部科學省大臣官房文教施設企畫部（2010、2011）說明，學科型教室是指學科有專用的教室，學生跑班至各學科專門教室上課。

屋敷和佳（2012）指出，學科型教室是整備國語、社會、數學、英語各學科專用的教室，學生按照每個課程時間之分配，移動到不同教室去上課。

綜言之，學科型教室係指所有學科都有專用教室，教室權屬教師，學生需有置物櫃，並按課表移動至各學科教室上課，屬於一種主動學習環境的教室空間營運型態。依此界定，分析其涵義如下：

1. 教室特質

學科型教室整備國文、社會、數學、英語等各學科，所有學科都有專

用教室，不同於傳統班級教室以班級活動為核心，而以支持學科教學為核心，可依學科性質布置教學情境。

2. 教室權屬

教室權屬教師，學生沒有權屬教室，但需有置物櫃，以存放學用品和生活用品。

3. 空間組構

校舍以各「學科教室」為中心，教師「教學研究室」應鄰近其學科教室，並形成簇群，學生需有置物櫃並能配於「班級基地」中為宜，同時配置公用「討論室」，以強化學科型教室的使用彈性，尤需注意「動線」設計，活絡各空間設施組構之機能。

4. 營運效能

教師以「學科教室」和「教學研究室」為教學中心，學生則以「班級基地」為生活核心。營運時，各教室依其學科布置教學情境，以提升教學和學習效能，教師有充分時間備課，並運用教學研究室提升專業素養，以及促進師生、同儕互動；學生下課至班級基地的置物櫃更換必要之生活學用品，或與同學互動，上課需按課表移動至學科教室，營造出主動學習的環境，並具有上下課可主動向教師請教的效益。

二、教室營運的配置類型

教室營運的配置類型，通常配合課程與空間的營運有五種類型（參閱圖59）：

（一）綜合教室型（A型）

全部的課程均集中在同一個教室上課，運用班級教室或班級教室周圍進行大部分的學習和生活活動。

（二）特別教室型（U＋V型）

一般的學科（如國文、英文、數學、社會等）在各自的普通教室（即班級教室）上課，特別的課程（如音樂、美術、家政、生物、物理、

化學等）在特別教室或專門的學科教室上課。

（三）學科教室型（V型）

所有的學科都有專用教室，如國文、英語、數學、社會、理科、音樂、家政、美術等，學生按課表移動至各該科目的學科教室上課。

（四）系列學科教室型（V+G₂型）

與學科教室型類似，惟將有關的學科教室作整合方式的運用，如將國文、英語、社會教室整合為「人文」學科教室群，將數學、理科、保健整合為「數理或自然」學科教室群，將音樂、家政、美術整合為「藝術」學科教室群。

（五）混合型（P型或U₂+V型）

將全部的班級數分為兩集團，並設對等的普通教室和充分的特別教室或學科教室，然後各自分開在普通教室及特別教室上課，每幾小時互換一次，其間使用普通教室的班級係在各自的普通教室上課，即兩班共用一間普通教室，而使用特別教室的班級，每小時都需要移動。

上述教室營運的配置類型，長倉康彥（1993）進一步以班級單位的營運方式，說明其計畫上的注意事項（詳參表18），並強調學科型教室所要教室數比特別教室型要來得低，教室利用率（班級數／教室數×100）比特別教室型要來得高（參見圖59），加以學生生活空間的充實豐富，因此可以達到我們所希望學校環境高品質之目標。

表18
教室營運的配置類型及計畫注意事項

方式	計畫上的注意事項
A型 綜合教室型 導師教室與在導師教室進行大部分的學習與生活活動的方式	・班級的場所固定 ・可作彈性的營運 ・班級面積充分,可作簡易的實驗,可放置置物櫃,如廁所等生活機能配備都有 ・適用於小學低年級
U+V型 特別教室型 普通學科在一般教室進行,特別學科則至專科教室上課	・班級上課教室固定,所以有安定感 ・無法充分反應團體學習成效 ・不利特別教室使用率 ・適用於小學高年級或國、高中
V型 學科教室型 全部擁有專科學習教室,學生可依課表至指定教室上課	・可依各專科需求作準備 ・一般教室數量少,教室使用率提升 ・一般教室少,所以教室調配上有其必要 ・置物櫃等生活設施的整合是不可或缺的 ・適用於國、高中
V+G₂型 系列學科教室型 將人文、數理、藝術等學科教室作整合的方式	・教室的使用率提高 ・學科獨立的特性減弱,可助拓展各專科的學習範圍

資料來源:學校建築の變革——開かれた學校の設計(第22頁),長倉康彥,1993,東京都:彰國社。

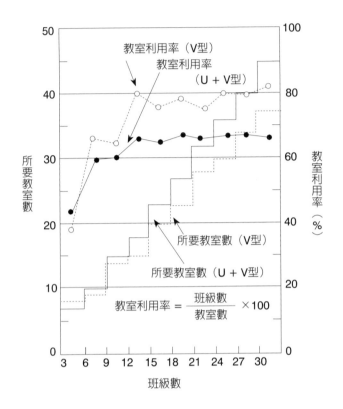

♟ 圖59　所要教室數與教室利用率

資料來源：學校建築の變革──開かれた學校の設計（第22頁），長倉康
　　　　彥，1993，東京都：彰國社。

三、學科型教室的空間組構

　　學科型教室的空間組構與營運（參見圖60），除學科教室之外，根
據屋敷和佳和山口勝巳（2007）對日本52所推展學科教室型學校之調查
研究，經整理比較主要的空間包括：教師空間、班級基地、媒體中心、學
科教室與走廊的界線型態等，茲整理要述如下：

（一）教師空間

　　大多數採行學科教室型之學校，都會為了學科準備而設立學科研究室（準備室），也有不是為了學科，而是依每個學年而設置的專用教師空間。依照學科研究室的整備狀況可分為六種類型：

　　1.學科研究室：國語、社會、數學、理科、英語各學科有研究室。

　　2.合併學科研究室：數個學科組合而成的研究室。

　　3.學科研究室集中：學科研究室集中於一個地方。

　　4.學科角落：媒體中心（Media Center, MC）內依各個學科設置各個教師角落。

　　5.學年教師空間：每個學年有學年的教師空間。

　　6.教職員室：學校全體在一起的教職員室。

　　其中，超過70%的學校都有設置學科研究室的學科專用空間，而最多的是「學科研究室類型」約占40%，職員室類型約為25%。

（二）班級基地（Home Base, HB）

　　班級基地是學科教室型校舍特有的空間，提供學生置物、互動和學習的空間，依其配置可分為八種類型：

　　1.HR教室：班級基地兼作班導師室（Home Room, HR），是面積與學科教室幾乎相同的班級專用教室。

　　2.HB與學科教室連接：班級基地可從學科教室直接出入，一間HB與一間學科教室相對應。

　　3.HB與學科教室鄰近：班級基地在學科教室附近，一間HB與一間學科教室相對應。

　　4.HB學年分散：班級基地依照學年分散配置。

　　5.HB全校集中：學校的班級基地全部集中在一個地方。

　　6.HB獨自配置：班級基地依照學年統一配置。

　　7.開放空間：不是依每個班級區分的班級基地，而是學校全體或者是學年的空間。

8. 置物櫃空間：是在走廊放置置物櫃，而不是形成班級基地。

其中，最多學校採用的是「HB學年分散類型」，其餘類型都有學校採用。至於HB的大小，HB面積為教室一半以下的學校較多，HB面積與教室相同的學校占20%。

（三）媒體中心（Media Center, MC）

媒體中心依設置的情形可分為幾種類型：

1. 學科別：國語、社會、數學、理科、英語各學科有媒體中心。
2. 系列別：數個學科組合而成的媒體中心。
3. 全校共通：整個學校有一個媒體中心。
4. 學科教室內：每個學科教室內有媒體中心。
5. 學年別：依照學年有媒體中心。
6. 無：沒有媒體中心。

有媒體中心的學校不到全體的80%，其中媒體中心是學科別或者是學科系列別的學校占半數以上，也有少數學校重視學年經營而依照學年別設置媒體中心、在學科教室的一角設置媒體中心的機能或設置全校通用的媒體中心。

（四）學科教室與媒體中心（MC）、走廊的界線型態

學科教室區域的型態以高開放性建造的學校居多，其中採「開放」的超過 20%，採「可移動的隔牆」超過10%，用「玻璃」的低於40%，用「牆壁」的不超過30%。

日本空氣調和·衛生工學會（2011）以一所12班的中學為例，提供學科型教室的空間組構與營運配置，如圖60所示，可供高中或國中推展學科型教室之參考。

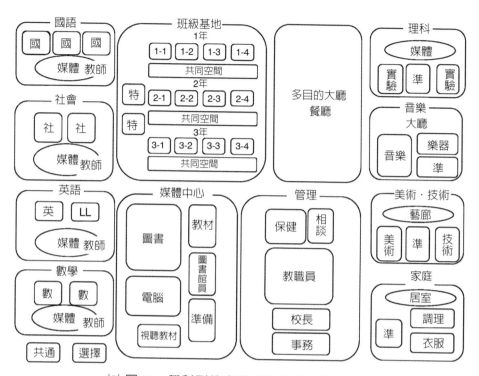

國語　國　國　國　媒體　教師

社會　社　社　媒體　教師

英語　英　LL　媒體　教師

數學　數　數　媒體　教師　共通　選擇

班級基地　1年　1-1　1-2　1-3　1-4　共同空間　2年　特　2-1　2-2　2-3　2-4　特　共同空間　3年　3-1　3-2　3-3　3-4　共同空間

媒體中心　圖書　教材　電腦　圖書館員　準備　視聽教材

多目的大廳　餐廳

管理　保健　相談　教職員　校長　事務

理科　媒體　實驗　準　實驗

音樂　大廳　音樂　樂器　準

美術‧技術　藝廊　美術　準　技術

家庭　居室　調理　準　衣服

🏰 圖60　學科型教室的空間組構與營運配置

資料來源：建築設備集成：學校‧圖書館（第17頁），空氣調和‧衛生工學會，2011，東京都：株式會社オ厶一社。

第二節
學科型教室的發展

　　由於高、國中的課程和師資安排係採分科制，與國小採包班制大不相同，加以部分課程實施選修，學科型教室設計非常適合中等學校的上課模式。日本繼英、美、加、澳洲、紐西蘭等先進國家之後，於初中和高中快速發展學科型教室設計，並已有可觀的規劃、設計和營運的心得，可資借鏡。日本有許多學校轉型實施學科型教室的營運模式，也以此作為學校特色加以介紹，並強調學科型教室有利於教師的教學空間布置和媒體運用，

形成學生主動學習的環境，並能增加和師生同僑的互動與人際交流，節省建築空間和增加教室使用效率（林韋秀，2006）。值得注意的是，芬蘭於1999年起全國高中實施「無年級授課制」，韓國也由教育科技部主導部分中學引入「學科教室制」，未來成效皆值得關切。

中國大陸近幾年開始興起「走班制」，如北京市2010年起有許多高中，如北大附中、北京四中、十一學校、三十五中、八十中、古城中學等實施走班制。北京市教育委員會、北京市發展和改革委員會（2011）提出的北京市教育改革和發展規劃，特將探索分層教學、走班制、學分制等教學管理制度改革，列爲開展特色高中建設試點。北京市教育技術設備中心（2012）還召開了「走班制」學校教育裝備需求研討會，與會者有教育部教學儀器研究所理科室主任、首都師範大學教授以及十一學校、北大附中、古城中學3所實行走班制學校的相關負責人，會議中研究、分析和探討如何解決「走班制」的教育裝備需求，以及如何提高實驗室、專用教室、儀器設備使用效益，並討論教育裝備部門應該提前研究「走班制」的辦學條件變化和需求，爲學校推進新課程改革提供支援和服務。此外，山東省淄博第一中學2008年起在高二推展走班制教學，至2010年淄博市高中選課走班順利實施（淄博市教育局，2011）。浙江省2014年全省高中選修課已經開始自主選課、走班教學，2013年全省有4所高中（杭州綠城育華學校、浙師大附中、青田中學、義烏中學）自發成爲必修課走班試點；2014年浙江省教育廳準備將試點擴大到11所高中，這些學校包括浙師大附中、杭州二中、杭師大附中、杭州綠城育華學校、鄞州中學、溫州中學、嘉興一中、春暉中學、義烏中學、天臺中學、青田中學（王玲瑛和林焱挺，2014年1月9日）。

臺灣從2000年開始乍現端倪，學科型教室的規劃、設計和營運心得，亟待開拓與深耕，方能使此有利於中等學校，教師教學效能提升，以及激勵學生學習和互動的最佳教室營運和配置模式，有更多機會生根和茁壯。以下擬要述芬蘭、韓國和日本學科型教室的發展，以資臺灣借鏡與參考。

一、芬蘭「無年級授課制」

芬蘭「無年級授課制」（non-graded system studies），最初的教學實驗是二十世紀六〇年代在各高中的成人夜校裡進行，此一以學生爲主的主動學習方式和富有前瞻意識、注重實用的課程設置，大受補習高中課程的成人學生們歡迎，收到了良好的教學效果。七〇年代初，這種教學模式開始引進到一些正規高中的教學中。八〇年代至九〇年代初，是芬蘭高科技產業迅速發展的時期，社會希望學校培養綜合素質較高的人才，同時爲順應時代發展趨勢和應對基礎教育所面臨的挑戰，從1987年起，芬蘭開始在全國多所普通高中，特別是重點高中推行「無年級授課制」教學模式實驗，學校不再把學生編入固定班級或分配固定教室，不同學年入學的學生因選同課程而坐在同一教室（田友誼，2003；李家永，2003；駐芬蘭使館教育組，2007）。在學生管理上，學校除原有的各教研室、行政辦公室外，還增設了教導諮詢辦公室，建立了學生的顧問制度、指導員制度、學生自我管理制度，以利對學生進行文化知識教育之外的道德品質及社會知識教育，並進行有效管理，這是芬蘭教育管理的一大特色（劉培軍，2009）。

1999年1月1日頒布《芬蘭高中教育法案》，明確規定所有高中都應採納「無年級授課制」，以提高學生綜合素質和主動學習能力，自此，高中教育改革體制開始在全國推廣。「無年級授課制」係將過去固定的3年高中學制改爲較有伸縮性的2～4年學制，學生可依自身條件、學習基礎、學習計畫和學習興趣等不同情況，由自己決定用2年、3年或4年完成高中教育，絕大部分學生都是學滿3年畢業。學校不用爲學生分班級或指定固定教室，學生可完全制訂自己的學習計畫，選擇適合自己的任課教師和不同的學段課程；每一學年不再分爲固定的兩個學期（semester），而是分爲5～6個學段（period），每個學段開設5至6個學程，學程是學科的細化，一門學科按內容與難度分爲數量不等的若干學程，一個學程平均爲38節課，每節課45分鐘。只要有8～10名學生選課，學校就開課，每個學段包括6～7個星期，各學段最後一星期爲考試週，一門學程每週有6～

8節課，基本上，學生每天都能接觸該學段選定的學程（田友誼，2003；李家永，2003；駐芬蘭使館教育組，2007；盧楓和任新軍，2002年1月4日）。

　　芬蘭政府規定，高中生畢業至少要完成75個學程，其中包括45個必修學程和30個選修學程（包括專業學程和應用學程）。通常學生都會修完80個以上學程，不少學生甚至修完100多個學程（北京濱才，2013；駐芬蘭使館教育組，2007）。芬蘭高中的規模都比較小，平均不足300人，但大部分學校都開設200門以上的課程，這與芬蘭實行模組課程有一定的關係，但不足以說明問題的全部。因爲國家規定必須開設的必修課程（45～49門）和專門化課程（60門左右）只有100多門，超過一半以上的課程都是由學校自主開發實施的，這說明要增加課程的多樣性和學生的選擇性，學校要具有課程開發能力（李家永，2003）。此外，學校還鼓勵一些成績突出或有特殊專長的學生，根據學校與大學間的協議，選修大學課程或利用大學的教學、實驗設備進行研究工作，其學習結果計入高中學分，大學日後予以承認。羅蘇高中2000年共有600多名學生，其中有90人選修了赫爾辛基大學的化學課程（駐芬蘭使館教育組，2007）。

二、韓國學科教室制

　　韓國傳統初、高中學校教室的安排設置，主要分爲普通教室和特殊專用教室（包括各種實驗室及體育、音樂、美術等科目必需教室）兩類，任課教師按照各個科目的不同到指定的教室進行授課（張雷生，2012）。韓國教育科技部從2009年第二學期開始在部分中學試辦由學生到各個教室聽課的「學科教室制」。「學科教室制」與一般的上課模式不同，不再按照班級爲單位指定教室，而是按照授課科目分別設立專用教室，每門學科都有固定的教室，學生可以像大學生一樣按課程表安排到不同的教室上課。採用「學科教室制」的學校和教師可以根據學生水準，靈活掌握授課時間和授課方式，每間教室根據學科的需求，配備上課所需的器材，教師則在固定教室授課（中華人民共和國駐大韓民國大使館教育處，2009；韓聯社，2009年1月22日）。「學科教室制」的營運，包括教學科目教室

構築（硬體設施）和教育課程營運（軟體環境）等兩部分，前者是指符合各個教學科目的特性，同時兼備豐富多樣的教學材料，教育教學及學習空間構成；後者是指以學生為中心的分層移動教學，富有彈性的教育課程營運機制，以符合學生身心發展的教學與學習支持（張雷生，2012）。

韓國學科教室制的發展，與少子化和中小學課程改革有密切關係。根據韓國教育開發院統計顯示，初中和高中生適齡入學人口分別在2006年和2010年開始全面進入下降階段，隨之而至的是學校現有教室開始出現大量閒置、甚至荒廢的情況，2009年全體初中和高中已有856所學校出現3,340間閒置教室，占全體教室數16.3%；加以2009年12月23日頒布《初、中等學校教育課程總論》，對中小學課程進行了適當的調整和改革，「學科教室制」乃在此背景下應時而出。

韓國於2007年春季學期開始，在33所高中小試點運行「學科教室制」，經過摸索和總結該制度的營運經驗得失，該制度被韓國教育界稱為實現「學校先進化」辦學的「教室革命」。2009年底，韓國教育科學技術部正式宣布，中央政府及地方財政各自承擔50%提供的形式，追加財政預算投入3,000億元韓幣（約75.12億元臺幣），在全國647所初中和高中學校進一步擴大試行推廣「學科教室制」，並依教學科目教室構築和教育課程營運水準的不同，細分為「先進型」（即「全面實施型」）、「重點科目型」及「依據水準教學型」三個類型（張雷生，2012）。

（一）先進型

對大部分教學科目配備「教學科目專用教室」，學校上課時間彈性化授課（block time），各科目的授課時數自主編定（按照學年、學期不同集中開設修習制），在語文、數學、英語、科學、社會中有3個科目以上實施移動式教育教學方法。這類學校有45校，每校可獲得15億韓幣（約3,756萬臺幣）的資金支持。

（二）重點科目型

有223校，可分為兩類：

1. 數學、科學特色化：設置和營運科學實驗室4個教室、數學教室2個教室以上（實驗室和教室，附帶操作準備間）及學習支持室（教學、學習材料配置，電腦技術應用輔助教學和學習空間，配備助教等教學幫手）。這類學校有99校，每校可獲得5億韓幣（約1,252萬臺幣）資金支持。

2. 英語特色化：擴充增設專用教學科目教室、準備室並購置教學器材。這類學校有124校，每校可獲得5億韓幣（約1,252萬臺幣）資金支持。

（三）依據水準教學型

屬在原有「分層教學法」基礎上的改進，有379校，每校可獲得3億韓幣（約751萬臺幣）資金支持。

韓國教育科技部於2009年2月9日公布《關於全面實施學科教室制度的基本規劃》，計畫到2012年止，先在普通高中推廣該制度並提供相應支援，預計到2014年止，在全國初、高中實施「學科教室制」的普及率提高至90%。對於不足6班無法實施「學科教室制」的小規模學校，韓國教科部將制訂單獨的支持政策，以提高公共教育的品質，營造富有創意的學習環境（中華人民共和國駐大韓民國大使館教育處，2009）。發展到2011年11月底，全韓國共有1,618所初、高中推廣實施「學科教室制」，約占全體初、高中整體數量5,435所學校的30%，其中先進型有261校，重點科目型有1,357校（張雷生，2012）。

三、日本教科教室型

日本對於國中和高中學科型教室設計甚為重視，學科型教室規劃設計與營運的相關研究有30多年以上之歷史。長澤悟和中村勉（2004）的研究指出，過去高級中學建築規劃，以學習群體與生活群體一致的固定班級，無法因應日本正推展的特色高級中學校，包括綜合學科高級中學校、學分制高級中學校、綜合選修制高級中學校和設置有特色的學科、課程和科目。

1. 綜合學科高級中學校

過去的普通科，加上專門學科。設有系列課程，共計80學分，其中35學分爲必修課，其餘的學分則從專門學科群中選修。

2. 學分制高級中學校

課程設置不是按照學年劃分的，只要修完了畢業所規定的學分，便可被認定爲畢業。由於承認在以前學校修得的學分，採取日夜開課及三部制等措施，對高中退學生和社會青年的繼續學習提供保障。

3. 綜合選修制高級中學校

開設眾多可供選修科目的講座，以滿足學生的多樣性需求。在教師人數和設施內容等方面，學校規模愈大，對開設多種講座愈有利；而另一方面，對於學生的歸屬意識和往來走動等要有很好的關照。

4. 設置有特色的學科、課程和科目

符應資訊、社會福利、商貿、旅遊、體育等的社會需求。

有鑑於此，並爲因應少子化，日本在政府的倡導下，許多中等學校運用老舊校舍改建之際，改採學科型教室空間營運方式。例如，日本文部科學省將學科型教室納入《中學校施設整備指針》（文部科學省大臣官房文教施設部，2010）和《高等學校施設整備指針》（文部科學省大臣官房文教施設部，2011），並委託日本建築學會文教施設委員會（2006）研究既存學校設施的有效活用及再生整備計畫，將學科型教室的營運納入對策之一；橫濱市教育委員會事務局施設課（2002）在《橫濱市小・中學校施設計畫指針》中，納入中學學科型教室的營運，各學科對應的設備、家具、教材等之配置，以及學科教室的整備和氛圍的充實；愛知縣丹羽郡大口町學校教育課也將學科教室的營運列爲工作目標之一（鈴木宗幸，2006）。

日本從1976年起，即有沖繩縣立沖繩水產高等學校學科型教室的設立。1991～1995年福島縣三春町立初級中學校藉著重新啓用學科教室型教學模式，使學校重生的典型評價，應爲一個重要開端（長澤悟和中村勉，2004）。2000年以後，新增許多學科型教室設計學校，2003年全日

本有40多所中學導入學科型教室，2006年已超過50所之多，也有許多高等學校和綜合高等學校規劃學科教室型（長倉康彥，1993；長澤悟等，2006；長澤悟和中村勉，2004；建築思潮研究所編，2006）。此一趨勢顯示日本中學校和高等學校採用學科型教室為主體的學習環境，已在全國各地逐漸施行並形成特色，藤田毅（2005）即強調此一新的學校營運模式之趨勢已在全日本各地擴大。其中有不少中學校和高等學校以學科型教室作為學校特色，並詳加介紹其優點和魅力（例如カリタス女子中學高等學校，2014；千葉市立打瀨中學校，2014；大洗町立南中學校，2014；日立市立駒王中學校，2011；北海道豐富町立豐富中學校，2014；米沢市立第六中學校，2014；涉谷區立上原中學校，2014；福島縣田村郡三春町立三春中學校，2014；鶴見大學附屬中學校・高等學校，2014）。

茲參考上述資料、湯志民（2006d、2007a）、以及屋敷和佳和山口勝巳（2007）之研究，增修日本近40年來（1976～2013）學科型教室設計主要學校一覽表（詳見表19），並提供學科教室制實施學校的概要與室內空間的構成（詳見表20），以供有志研究與推展者之參考。

根據屋敷和佳（2004）之研究，以教科教室型實施校（現仍辦理）與經驗校（曾經辦理）的資料為基礎，分析引進背景和理由，並依年代將日本教科教室型的特徵分為：

1. 昭和20～30年代「追求教室使用效率時期」

新制中學校的開始，以及嬰兒潮世代開始進入中學，在財政困難與資料不足下，校舍整備是極其艱難的。因此，為了能有效率的利用教室，引進了教科教室制。這個時候，文部省是以教科教室制的變形——混合型（platoon，P型），作為校舍建築建設的前提和模範。

所謂的混合型，是設置與班級數相同數目的教室，全校半數的班級在普通教室上課的時間，半數的班級是一邊移動教室，一邊在學科教室上課。以提升教室的使用率為目的的學校，不久之後因學生人數減少而取消了教科教室制。

表19

日本近40年來（1976～2013）學科型教室設計主要中等學校一覽表

年代	校名	年代	校名
1976	沖繩縣立沖繩水產高等學校	2002	東京都町田市立鶴川中學校
1977	熊本縣立蘇陽高等學校	2002	東京都荒川區立第三中學校
1978	神奈川縣日本女子大學附屬中學校	2003	岡山縣倉敷市立多津美中學校
1980	沖繩縣具志川市立具志川東中學校	2003	北海道豐富町立豐富中學校
1982	東京都立日比谷高等學校	2004	茨城縣牛久市立牛久第一中學校
1985	沖繩縣具志川市立高江州中學校	2004	山口縣萩市立田萬川中學校
1986	秋田縣立秋田高等學校	2004	山形縣村山市立葉山中學校
1987	長野縣下伊那郡浪合村浪合中學校	2004	青森縣南部町立名川中學校
1991	福島縣會津若松市立第二中學校	2004	北海道紋別郡上湧別町立上湧別中學校
1991	香川縣立高松高等學校	2005	千葉縣南房總市丸山町立丸山中學校
1991	福島縣三春町立要田中學校	2005	山口縣下關市立夢が丘中學校
1992	佐賀縣佐賀市立城南中學校	2005	山形縣米沢市立第六中學校
1995	福島縣三春町立岩江中學校	2005	神奈川縣橫須賀市立橫須賀總合高等學校
1995	千葉縣千葉市立打瀨中學校	2006	東京都涉谷區立上原中學校
1996	愛知縣豐田市立旭中學校	2006	カリタス女子中學高等學校
1996	岡山縣倉敷市立玉島北中學校	2006	福井縣**坂**井市立丸岡南中學校
1998	東京都立晴海總合高等學校	2006	山口縣下關市豐北中學校
1998	富山縣東礪波郡利賀村綜合教育設施	2008	廣島縣三次市立**塩**町中學校
1999	秋田市立御所野學院中學校高等學校	2008	愛知縣大口町立大口中學校
2000	東京都港區立六本木中學校	2009	東京都目黑區立第一中學校
2000	東京都立っばさ總合高等學校	2009	新潟縣長岡市立東中學校
2000	茨城縣大洗町立南中學校	2009	鶴見大學附屬中學校‧高等學校
2001	新潟縣聖籠町立聖籠中學校	2010	山口縣下關市川中學校
2002	福島縣西會津町立西會津中學校	2013	福島縣田村郡三春町立三春中學校
2002	茨城縣日立市立駒王中學校		

表20
學科教室制實施學校的概要與室內空間的構成

中學校名	都道府縣	導入年度	實施年度	學級數	HB類型	MC類型	教員空間類型	教室與MC‧走廊的界線型態
豐富	北海道	H15	4	5	HB全校集中	系列區別	合併學科研究室	牆壁
上湧別	北海道	H16	3	6	HB學年分散	系列區別	學科一角	開放
名川	青森	H16	3	9	HB學科教室連續	學科區別	學科一角	可移動的隔牆
御所野學院	秋田	H11	8	13	開放空間	學年區別	學科研究室	玻璃
米沢第六	山形	H17	2	6	HB全校集中	系列區別	職員室	玻璃
葉山	山形	H16	3	9	置物櫃	學科區別	學科研究室	可移動的隔牆
要田	福島	H3	16	3	HB學年分散	系列區別	學科研究室	開放
岩江	福島	H7	12	6	HB學科教室靠近	系列區別	學科研究室	牆壁
會津若松第二	福島	H3	16	15	開放空間	學科區別	學科研究室	牆壁
西會津	福島	H14	5	8	HB學科教室連續	學科區別	學科研究室	牆壁
大洗南	茨城	H12	7	6	HB學科教室連續	學科區別	學科一角	開放
駒王	茨城	H14	5	9	HB學科教室連續	學科區別	學科研究室	開放
打瀨	千葉	H7	12	18	HB學年分散	學科區別	學科研究室	玻璃
丸山	千葉	H17	2	6	HB全校集中	系列區別	學科一角	可移動的隔牆
六本木	東京	H12	7	7	HB學科教室連續	系列區別	學科一角	玻璃

表20 （續）

中學校名	都道府縣	導入年度	實施年度	學級數	HB類型	MC類型	教員空間類型	教室與MC·走廊的界線型態
荒川三	東京	H14	5	8	置物櫃	系列區別	學科研究室	玻璃
鶴川	東京	H14	5	12	HB學年分散	學科區別	學科研究室	玻璃
上原	東京	H18	1	8	HB學科教室靠近	學科區別	學科研究室	玻璃
聖籠	新潟	H13	6	14	HB集中（獨自配置）	學科區別	合併學科研究室	玻璃
丸岡南	福井	H18	1	13	HB學科教室連續	學科區別	學科一角	可移動的隔牆
浪合	長野	S62	20	3	HB學年分散	系列區別	合併學科研究室	開放
旭	愛知	H8	11	3	HB學年分散	系列區別	職員室	開放
玉島北	岡山	H8	11	17	HB學科教室連續	學年區別	職員室	牆壁
多津美	岡山	H15	4	15	HB學科教室靠近	學年區別	職員室	牆壁
夢丘	山口	H17	2	10	置物櫃	系列區別	學科一角	可移動的隔牆
豐北	山口	H18	1	9	HB學年分散	系列區別	學科研究室集中	玻璃
田万川	山口	H16	3	3	HB學科教室靠近	系列區別	學科研究室	牆壁
城南	佐賀	H4	15	13	置物櫃	無	學科研究室集中	玻璃

S：昭和　H：平成　HB：班級基地

資料來源：整理自國公立中學校における教科教室制の實施狀況と校舍の利用實態・評價（第2584頁），屋敷和佳和山口勝巳，2007，日本建築學會計畫系論文集，73(634)。

2. 昭和40～50年代「引進教育設備的時期」

1958年（昭和33年）修訂學習指導要領，重視內容的系統性。1969年（昭和44年）的學習指導要領，以教育內容現代化作為目標。在此種變化中，活用投影機、電視、分析器等教育設備的個別化教育受到重視，在充實學科指導的目標下，採納了教育工學的學科指導，因而引進教科教室制，同時也嘗試協同教學（team teaching）。這個時代教科教室型校舍的一個特徵，是在各學科教室群附近設立各學科的準備室（研究室）。

3. 昭和50～60年代「沖繩縣的革新實踐」

1981年（昭和56年）是學校建築史上的重要時期，在沖繩縣建造了與以往大不相同的空間配置的校舍，設置分科的開放空間（open space）（學科媒體中心）、學科準備室（研究室）、各班級的班級基地（home space），具志川市立具志川東中學校與沖繩市立安慶田學校為其中的代表。昭和60年代前半，沖繩縣合計整建5所學校的教科教室型校舍，但是大部分是學校建築研究者的設計。其中4所學校，在午餐空間放置物櫃兼作為班級基地。另教科教室在學年活動與道德等課程，也可作為導師室（Home Room, HR）使用。在沖繩縣比較先進的案例上，導師室（HR）配置並非同學年並列，而是學年混雜，此一校舍配置是為追求最前端的學科指導。此時期文部省是以引進多目的的空間為補助基準。

4. 昭和60年代～平成10年「以小規模學校為中心的開發」

在岩手縣岩泉町與福島縣三春町，小規模學校重新開發教科教室型校舍，其中三春町區域的學校設施整備與學校改革成果，令人印象深刻。另一方面，對於標準規模的中學校，持續引進符合新改建校舍的教科教室制。但是在此時期，有學校建設教科教室型校舍而沒有實施教科教室制，也有學校暫時性試行教科教室制之後便結束。

5. 目前「多樣的學科教室型校舍的開發」

1998年（平成10年）後半，各種型態的教科教室型校舍持續出現。第一，在空間上，學生沒有屬於自己的地方成為問題，因此針對學生缺乏專屬空間加以處理。例如，鄰接學科教室的班級基地（HB）配置，雖然是小的導師室但能確保用途。第二，加強教科教室與多目的空間連結。第

三，改造既存校舍多餘的教室，打造普通教室以成為學科教室。

四、臺灣「無固定班級授課制」

臺灣中小學的配置模式，主要為特別教室型（UV型），一般的課程（如國文、英語、數學、社會等）在普通教室上課，特別的課程（如理化、音樂、美術、家政等）在特別教室或專門的學科教室上課。其次為綜合教室型（A型），全部的課程均集中在同一個教室上課，如國小低年級教室、幼小銜接教室或幼兒園教室。至於學科型教室（V型）設計，在臺灣中等學校則難得一見。

依教育部（2010a）「普通高級中學課程綱要」之規定，為落實選修機制，要求各校應訂定期程表漸進推動「無固定班級授課制」，並積極開設選修科目，以因應學生的個別差異與發展。學校每學期開設選修科目之學分數，以各學期規定選修學分數的1.5倍為原則，以供學生選讀；各校可視教學空間與設備設施狀況，突破班級單元教學限制，採總量整合運用，將電腦教室、實驗室及部分專科教室等調整運用，並善用班群結構實施群組選修課程。

依李坤崇等（2012）之界定「無固定班級授課制」，係為學生依個別興趣及需要選修跑班，開課班級數並不一定大於原上課班級數。經調查全國308所高中，回收問卷298份，回收率為96.75%，主要發現：

1. 100學年度有103所高中實施「無固定班級授課」（占34.6%），有29所規劃在101學年度實施（占9.7%），有12所高中規劃在102學年度實施（占4.0%）。

2. 「無固定班級授課」選修課程開設學分數，高一至高三大致呈現遞減情形。開設選修課程數與原建制班級數之比值，各年級稍有不同，其中開設比值以「1至1.49」為最多，只有少部分高中以「大於1.5」的比例開設選修課程。

3. 實施「無固定班級授課」選修課程類別，以「第二外語等8類（非升學類科）」為最高，其次依序是「全部類科混合開設」、「語文等4類（升學類科）」。

4.實施「無固定班級授課」選修課程開設班群結構，以「同年級全部」為最高，其次依序是「同年級若干班」、「跨年級」。

值得注意的是，李坤崇等之研究發現實施「無固定班級授課」高中34.6%，多數學校仍以固定班級為單位開設選修課程。此外，學校有兩點反應值得重視：

1.因學校規模較小，學生人數、班級數或教室空間限制，暫無法推動無固定班級選修（有14校提出），如「無多餘空間提供1.5倍選修多出來之班別教室」、「近幾年高二、高三皆有混合跑班（自然組、社會組），教室空間有限，要開設多元選修課程並不容易」。

2.無固定班級選修的學生學習與班級管理有許多問題，建議主管機關能進一步深入探究，加強宣導推廣成功案例，並擬定相關選修作業及補充要點，以利學校能有所依循（有12校提出）。

由此顯見，臺灣的高中推展「無固定班級授課」仍有許多需面對的挑戰，尤其是教室數量、空間配置與營運模式，如無法順利克服，予以忽略或不知重視，則會成為難以有效推展的潛在問題。

從以上芬蘭、韓國、日本的經驗可知，高中課程改革與學科教室型的推動有相輔相成之效。12年國民基本教育即將全面實施，各高中推動特色課程和差異化教學，將使學科型教室設計的重要性再度受到重視。臺灣也有一些學校，如臺北市的麗山高中（2000年設立）、國立政大附中（2005年設立）、濱江國中（2005年設立）、2010年新設立的桃園縣立大園國際高中（2013）、國立南科國際實驗中學（劉木賢和林坤燦，2012），以及新北市康橋雙語學校等，皆為學科型教室設計的代表，在空間規劃、課程選修、營運機制，雖僅累積春光乍現的績效和經驗，對未來課程選修和學科型教室設計的發展仍彌足珍貴。

第三節
學科型教室的規劃

學科型教室的空間結構，依學者專家（上野淳，2008；長倉康彥，

1993；長澤悟等，2006；長澤悟和中村勉，2004；屋敷和佳和山口勝巳，2007；船越徹等，1998；黑川地區小中學校新設基本計畫檢討委員會，2005）的相關見解，主要包括：學科教室、教學研究室、班級基地、討論室和動線設計，茲將其規劃重點要述如下。

一、學科教室的規劃

學科型教室的最大優勢是擁有相當多的學科專用教室，而教室專用化是教室利用比較好的型態（船越徹等，1998）。學科教室的規劃要點要述如下。

（一）教室機能

學科教室的機能，主要係作爲各學科課程和教師教學實施之所。其次，在班級營運方面，學科教師兼班級導師所屬之學科教室，可稱之爲「導師教室」（home room），可作爲班級活動的據點，例如早修、午修、用餐，各班級可在「導師教室」活動。

（二）教室類型

學科教室按教學科目的搭配方式分成兩種類型：(1)由單一教學科目構成，即同一學科教室安排的教學科目是一致的；(2)是將相關的教學科目彙整構成，稱爲系列教學科目的專科教室型。例如，理科與數學合起來成爲「科學」或「數理」教室；英語與日語合起來成爲「語言」教室；英語與社會合爲「國際關係」教室；美術與技術合爲「創作」教室；美術與音樂合爲「藝術」教室等等（長澤悟和中村勉，2004）。

（三）教室數量

學科教室型（V型）教室數量需求如何計算？茲以30班的高中（其中國中部12班、高中部18班）爲例，說明學科教室的空間需求，例如：(1)國文科，國一到高三，每年級每週5節，每週總節數計150節（5節×30班），每間教室每週可排節數25節／週（每週5天，每天5節；空間利用

率71.43%，空間轉換率28.67%），所需間數6間（150節／25節=6間）。
(2)英文科，國一到國三每週分別為3、3、1節，高一到高三，每年級每
週5節，每週總節數計118節（3節×4班＋3節×4班＋1節×4班＋5節×18
班），每間教室每週可排節數25節／週，所需間數5間（118節／25節=5
間）。(3)數學科，國一到國三每週分別為3、4、2節，高一和高二，每年
級每週5節，高三分組後成為選修，每週總節數計96節（3節×4班＋4節
×4班＋2節×4班＋5節×12班），每間教室每週可排節數25節／週，所
需間數5間（96節／25節=4間）。其他各科，以此類推。

選修科目，運用相關學科教室的空堂時間上課。如有增班，增加教室
使用時數即可，不必實質增加教室數。需提醒的是，教室時數不可用滿，
否則會發生無法排課之情形。日本中學的學科教室設計上野淳（2008）
雖建議教室利用率可達80%，但臺灣課程與教學需求背景不盡相同，建議
教室利用率以70%±10%作為彈性調控，較為適宜。尤其是臺灣高層化的
校舍，加上眾多學生的學校，如採學科教室型的設計，學生跑教室上課，
動線一定要詳加規劃。

（四）空間配置

普通教室室內空間，國中為9m×7.5m，高中為10m×9m，專科教室
為普通教室的1.5～2倍（教育部，2002b；教育部，2009a）。學科教室
的空間配置，在空間特色上，可依各學科特性作不同的空間設計，如：黑
板的大小、數量、種類，視聽器材的配備、儲藏家具的設置等，會因學科
教室之不同而有差異（長澤悟等，2006），教室可根據每一科目所要求
的面積和設備進行設計。

在彈性空間上，可規劃有活動隔斷和設備系統的開放空間，以因應選
修課人數的變動需求（長澤悟和中村勉，2004）。在空間區隔上，可將
學科教室的室內空間分為教師區、教學區、生活區（閱讀、休憩）、展示
區（公告、教學展示）和儲藏區等。在整體配置上，若將一系列的教學科
目作為經線，而學年的統一作為緯線，交織起來便形成一個學習與生活兩
方面都運作自如的教學園地（長澤悟和中村勉，2004）。

（五）情境布置

學科教室需呈現多元的學習氛圍，如教材教具的擺設、學生作品的展示、家具的設計等，都要有特別的規劃（長澤悟等，2006）。尤其是學科教室可利用教室內的公告和資料配備襯托出本科的氛圍（長澤悟和中村勉，2004），亦即可依各學科性質，布置成國文教室、英語教室、數學教室和各學科教室，以激勵學習動機，提高教學效能。

加藤幸次（2003）指出，學習課程和活動是相互作用的，把學生當為主體的「新的」課程，注重學生直接接觸環境進而解決學習上的問題，這種「人對環境」（man to environment）的方法，必須有一個媒介，以引導學生和學習環境互動。「學習教材」就是連結學習目的與學習環境的要項，「學習素材」是學生直接用於上課課程的資料，而引導學生解決問題的軟體稱之為「學習教材」；在新的課程裡，我們把舊的名詞「教材」換為「學習教材」，因課程的不同，「學習教材」的種類也有不同。

（六）桌椅設置

學科教室可設置「教師區」，設置教師用的桌椅和儲藏櫃，作為辦公和保管教室用品等（長澤悟和中村勉，2004），權屬該學科教室主要使用者與保管者（如導師等），也可作為教師備課、教學輔導和研究等的延伸空間。至於學生課桌椅數量，要以上課人數，並參考教室面積的大小來配置，例如，不同班上課用同一間教室，課桌椅數量以人數較多的作為計算基準。尤其是物理、化學和生物等實驗室，需有學生上普通課程之座位和桌椅，其設置型態：(1)以普通教室形式設計，毗連實驗室設置。(2)於實驗室內專區設置，實驗課程少者，普通上課之座位和桌椅宜舒適些；實驗課程多者，可設置桌連椅之小座位。(3)於實驗室內，併實驗桌椅設置，需注意學生上課和書寫之空間，應有大桌面，或另提供可書寫資料之桌椅。

（七）教學設備

學科教室專屬教師使用，可以導師爲主要使用和保管者，教學設備主要有教學媒材和各科設備。教學媒材因有專人管理，教室螢幕、單槍投影機（加防盜保護架）可逕行裝置以提高使用率，電腦以筆記型可攜帶爲佳，黑板加裝可活動（且可拆卸）白板以因應教學需求，並可設置導師（教師）辦公桌、置物櫃、板擦機等等，講桌可設計成活動式電化講桌（有線式或無線式擴音設備、DVD），簡易遮光設備則視實需設置。

各科設備設置重點如下（黑川地區小中學校新設基本計畫檢討委員會，2005）：(1)國語科教室，室內可準備書架，如想用以書寫，則要有寬闊的教室、準備洗物槽，以及設計易擦拭或清潔的地板或桌子；如想在此空間辦理朗讀等活動，則要考慮隔音效果，開放空間的隔間設計需視情況而定。(2)英語科教室，視聽設備要充足，設計能介紹英語學門的資料展示架；如想在此空間辦理朗讀等活動，則要考慮隔音效果，開放空間的隔間設計需視情況而定。(3)數學科教室，黑板的書寫板面要足夠，可提供圖解和座標（製圖用）組合的黑板，並設計可呈現立體模型的展示架。(4)社會科教室，設置經常性實物展示架，提供大面積的桌子，設計能播放視聽媒體並有良好隔音，規劃一個角落來展示有關於地理、歷史、政治經濟等沿革與始末，學生使用的桌面也要設計寬大些，以利閱讀地圖等大幅的資料。(5)自然科教室，設計一個能近身觀察、接觸實物與模型的學習環境，室外活動最好能在自然科陽臺（近自然科）辦理，包括自然科實驗室和自然科準備室兩部分：「自然科實驗室」，以孩子們爲主體，並能讓其體驗學習，可設計成2間，一間是進行實驗的教室，另一間是擺放講義的教室，其中一間要能播放視聽媒體，並有易於在黑暗中轉換教學的設計；此外，洗物槽數量要足夠且耐用。「自然科準備室」，放置實驗教材的場所收納功能要強（如大型的實驗器具要有妥適的存放空間與收納位置），要有課前準備的作業空間，存放化學藥品等之置物櫃應特別考慮其換氣設備。

二、教學研究室的配置

教學研究室（簡稱「教研室」）即教師辦公室或導師辦公室，日本或稱之爲「科辦」（長澤悟等，2006）。教學研究室的配置要點要述如下。

（一）教研室機能

教學研究室主要是作爲教師辦公、備課、研究、輔導、互動和休憩等之空間。長澤悟等（2006）即說明教學研究室是聯絡教師間情感與備課的地方，教育部（2009a）也指出，教學研究室是供同學科教師、導師或其他專任教師辦公、教學研究、指導學生或與家長晤談之用。

（二）教研室類型

教學研究室的類型，依教師群體和功能性質區分，各有不同。首先，依教師群體區分，有兩種類型：(1)集中式教學研究室，即不分學科，所有教師都集中在一間大辦公室一起上班和備課；(2)分散式教學研究室，所有老師依學科分置於各小辦公室上班和備課。其次，依功能性質區分，有三種類型：(1)教師辦公室，所有教師不分學科集中或分散辦公，其功能性質以「上班」爲主要思維；(2)導師辦公室，係將「導師」置於同一辦公室，未兼導師者另置於「科任辦公室」，其功能性質以「管理」和「輔導」班級爲主要思維；(3)教學研究室，將教師依學科或學群分散設置，其功能性質以「教學」和「研究」爲主要思維。就學科型教室而言，以同學科教師或學群教師分散設置，並稱之爲「教學研究室」，較能符合學科型教室設計之性質和功能。

（三）空間配置

教學研究室應與學科教室毗連成一簇群，每間教學研究室面積90m^2（辦公和生活空間60m^2，走道的公共空間30m^2），以容納教師10人爲原則，每人辦公空間爲1.8m×1.8m，並依配置10人會議桌（尺寸爲

3m×4.5m）（教育部，2009a），例如，臺北市麗山高中8人一間，大致即依此配置。

（四）情境布置

教學研究室是教師「教學」、「研究」、「休憩」的生活空間，是教師的「家」，也是教師教學研究、教學備課、師生和同儕互動、輔導學生、與家長晤談、接待訪客和生活休憩的空間，情境布置應營造溫馨的氣氛，提供家的感覺，以增進教師對學校的認同與歸屬感。

（五）教研室設備

主要為辦公設備和生活設備，辦公設備包括辦公桌椅、辦公櫥櫃（每位教師2組辦公櫥櫃，每組長0.9m×寬0.45m，採上下堆疊置放方式）、屏風系統、會議桌、個人電腦、網路印表機、電話分機等。生活設備包括沙發、冰箱（視實際需要設置）、微波爐或蒸飯箱（視實際需要設置）、開飲機（教育部，2009a）。此外，還要有小公布欄或展示架、打掃工具、教研室標示牌等，以強化訊息連通和環境維護。教學研究室的空間和設備需求，詳參表21。

表21
教學研究室設備

編號	用途	名稱	單位	數量	備註	面積合計
1	辦公	辦公空間和家具	套	1	每人辦公空間為1.8公尺×1.8公尺，核計為3.24平方公尺。10人辦公室：（1.8公尺×1.8公尺）×10人，核計為32.4平方公尺。 每人辦公桌椅一套，辦公桌以雙抽屜為原則。	60平方公尺
2		辦公櫥櫃	組	20	每位教師2組辦公櫥櫃，每組0.9公尺（長）×0.45公尺（寬），採上下堆疊置放方式。 2.空間需求0.9公尺×0.45公尺×10人，核計為4.05平方公尺。	
3		會議桌	套	1	10人用會議桌尺寸為3公尺×4.5公尺，核計為13.5平方公尺，並依辦公人數配置。	
		電話分機	臺	1	視實際需要設置	
4		個人電腦	套	10		
5		網路印表機	臺	2		
6	生活	沙發	套	1		
7		冰箱	臺	1	視實際需要設置	
8		微波爐或蒸飯箱	臺	1	視實際需要設置	
9		開飲機	臺	1		
10	公共空間	走道				30平方公尺

資料來源：普通高級中學設備標準（第Ⅱ-11～Ⅱ-12頁），教育部，2009a，臺北市：作者。

三、班級基地的配置

學科型教室與特別教室型設計最大的區別，即「班級基地」的設置。班級基地（home base）是班級生活的據點，日本也有人稱之為「小班活動基地」（長澤悟和中村勉，2004），學生使用時會簡稱為「班基」。屋敷和佳（2012）根據研究指出，班級基地的整備，對於「學生的騷亂」具有一定的效果，對於幫助學年班級經營的安定也是可期待的。班級基地的配置要點要述如下。

（一）班基機能

班級基地是班級小團體活動、用餐、交流的生活休憩場所，班級基地的設置讓學生有歸屬感（長倉康彥，1993）。長澤悟和中村勉（2004）強調，為使孩子們能安心地度過學校生活，老師們都強烈要求設立班級據點或孩子個人心理上的據點，小班活動基地的建立，即針對此一要求提供孩子們生活的空間。在臺灣，教師和家長對於「班級」也有相同的需求，如政大附中以班級為單位的班級基地設置，即為符應此一需求。

（二）班基類型

依班級基地規模的大小和與課外學習室之間的位置不同，長澤悟和中村勉（2004）將其分為三種類型：(1)獨立小班活動型，全班同學可同時就座，此型也可作為課外學習用；(2)獨立小班活動型，全班同學不能同時就座，此型主要是供學生們作為自由空間使用；(3)小班活動基地與課外學習室毗連型，此型只是一個固定性的班級所在地而已。

（三）空間配置

班級基地面積至少1/3間教室大小，以2/3間教室大小為理想，或約40m^2（船越徹等，1998）；如再加一個專用陽臺，則為最高等級（長澤悟和中村勉，2004），如政大附中、日本茨城縣大洗町立南中學校（長澤悟和中村勉，2004）。班級基地面積也可以使用率來考慮，並可依年

級設置，其集合體可稱爲「家」（house）（長倉康彥，1993），依年級配置有兩種方案：(1)年級統一設置；(2)將各年級組合在一起，設置縱向隔斷的房間組群（長澤悟和中村勉，2004）。此外，班級基地也可與「導師教室」規劃在一起，但要有獨立、個別的使用空間（長澤悟等，2006），或與學科教室毗連，可以一起使用，例如倉敷市立玉島北中學校（建築思潮研究所編，1998）和茨城縣大洗町立南中學校（長澤悟等，2006）。

（四）情境布置

班級基地是班級專用的生活空間與學生個人的精神所在，應有別於一般的空間設計，需營造同學對班級、學校的歸屬感，要有班級的識別標示、置物櫃、展示架等，要有家的感覺，營造溫馨的氛圍（長澤悟等，2006；黑川地區小中學校新設基本計畫檢討委員會，2005）；也可以用花來裝飾、養魚和掛畫，高掛班旗，對抗賽檄文醒目的貼在牆上，並擺設勝利獎盃（長澤悟和中村勉，2004）。

（五）班基設備

通常包括置物櫃、桌椅、打掃工具、班級標示牌、小公布欄或展示架等；置物櫃通常需置於「導師教室」之外（長澤悟等，2006）。美國有許多學校是將置物櫃設於走廊上，日本則因考量班級情感之兼顧，將其置放於班級基地中。如果可能，班級基地最好也能上鎖（長澤悟和中村勉，2004），每天早上開啓，放學時關閉，以充分保護班級學生物品。

（六）置物櫃設置

班級基地應提供學生個人與班級共用的置物空間（長澤悟等，2006），置物櫃的大小要能適合放置學生們所攜帶來的物品（黑川地區小中學校新設基本計畫檢討委員會，2005）。每生一個置物櫃，每班可提供若干個公用置物櫃，作爲班級公務使用或個人置物櫃不能使用時之補充支援。置物櫃的規格以高90cm×寬30cm×深50cm爲佳（美國也有提

供180cm高的置物櫃），置物櫃可設計2塊活動承板，可將置物櫃空間分成3層，上層可容納一個背包和一顆籃球，中層可放70本教科書或其他書本，下層可放學用品（保特瓶礦泉水可直立放置），面板內側為學生加裝活動式小鏡子一面和籃網文具盒一個，面板外側（下層處）開一信箱口，可用於還書（90%課本可放進去，大課本除外），發講義、通知單等，並裝鎖以利使用。

四、討論室的設置

學科型教室的主要空間——學科教室、教學研究室和班級基地，皆有其機能和使用對象的專用性，如學科教室和教學研究室由教師主管，班級基地權屬於各班級同學，學生和教師另需有一個公共空間，可稱之為討論室、休憩空間或小型多目的空間，以因應教學革新和各項活動之需。討論室的設置要點要述如下。

（一）討論室機能

討論室的機能，可供同學科教師、年級導師，探討教學、輔導事宜，或作為教師指導小團體學生研究之用（湯志民和廖文靜，2000），也可用以學生個人自由運用、小組討論、跨班同學互動、進教室前之停等空間、冬天較冷時遮風避雨之所，當然也可作為學生作品展示和學校辦活動之所。

（二）討論室類型

可依人數的容量和設置方式，分為兩種類型：(1)小型討論室，可容納10～20人，以分散設置為原則，較溫馨而便利；(2)大型開放空間，可容納一班40人或以上，以集中設置為原則，較舒適而大方。

（三）空間配置

討論室的面積，小型討論室約1/3～2/3間教室大小，空間位置宜配置於主動線上與學科教室交織之處，鄰近學科教室或位於學科教室群之出入

口處，皆爲適宜。大型開放空間約1～2間教室大小，需設置於學科教室群之出入口處、中心點或軸心點，以利移動至各學科教室上課，有快速轉移之效。

（四）情境布置

討論室具有公用性，其情境布置可分爲永久性布置和暫時性布置，例如，呈現學生各項智慧最優紀錄者之照片，爲永久性布置；配合學校各項學藝活動，呈現數理週、語文週、敬師活動、語言角（language corner）之相關資料，活動結束後即拆除，則爲暫時性布置。

（五）討論室設備

1. 小型討論室，可鋪設木地板，並放置一些桌椅。西村伸也（2005）強調，學科型教室有助於非正式的人際關係，所以桌椅的安排、開放空間的配置等，要能以4～5人組成一個團體來做設計，以建構此團體的特色。

2. 大型開放空間，可規劃如長澤悟和中村勉（2004）所提出的教學科目的學習中心，或者是教學科目的媒體中心，在此添置與教科相關的圖書、學習材料、作品、電腦等媒體和適合多種學習型態的桌椅，並強調這裡就是自主學習的場所，是開展綜合學習和小組教學法等各種活動不可缺少的學習環境。而黑川地區小中學校新設基本計畫檢討委員會（2005）稱之爲「教學多媒體空間」，認爲是支援團體學習等活動的空間，建議可擺放大型的桌子，需要教材與書冊的收納展示架，可備移動式之教材架與書架，爲營造學習氛圍設置可動式的油畫板或壁報等，並有教學多媒體空間「角落」，如展示角落、獨立學習角落、電腦學習角落等。

五、動線的設計

學科型教室的營運和效能，其動線設計係關鍵之一。船越徹等（1998）即指出，若教室之間的距離太遠，移動經過的動線太單調，那麼跑班上課將會變得痛苦不堪而招致反對。因此，設計跑班上課動線時，

要能讓學生感受到行走在移動路線上的愉悅情境，如有綠草如茵的視野可讓眼睛休息，並提供同學、師生間的交流和學習等，且能因跑班上課改變學習的氣氛，繼而讓學習的意願能更自發與長久。動線的設計要點要述如下。

（一）動線便捷

學科教室、教學研究室、班級基地、討論室等應有良好的對應關係，並與其他公用設施（如圖書館、視聽教室、行政辦公室、社團辦公室、會議室、保健室、廁所、飲水間、休憩空間和椅子等等）之間都有便捷的廊道相連，水平動線和垂直動線間也要有最佳之聯繫。

（二）設施連結

基本上，各學科教室和教學研究室應毗連規劃，以利教師運用；主要學科教室（如國、英、數、自然、社會科教室）、教學研究室、班級基地和討論室，應以簇群方式規劃，以利學生運用。其他公用設施（如圖書館、視聽教室、行政辦公室、社團辦公室、會議室、保健室、廁所、飲水間、休憩空間和椅子等等），應與前述設施搭配，設置於動線上，或設置於動線不長的結點上，以便利師生和同儕共用。

（三）廊道寬敞

為因應大量學生上下課移動至各學科教室及其他空間和設施，各動線應有寬敞的廊道，約3～4m寬，並設置一些停等休息空間和座位，以利人員流動、停等休憩和阻滯緩衝之用。正如長澤悟和中村勉（2004）所強調的，穿梭往來的空間不應是單調乏味的走廊，而應是寬鬆、應能有所見聞的空間，並在往來路過空間的適當位置設置談話間、休息廳和資訊窗等活動場所。

（四）辨識系統

教室名牌名稱、樓層高低位置、建築造形色彩、無障礙標誌、避難方

向指示等等，應有其統一性、連結性、識別性和方向性，以利辨識遵行。

（五）動線效能

由於學生上下課要移動，應加強移動動線的空間、時間和設施效能。在空間效能上，一如長澤悟等（2006）特別強調：(1)要考慮學生跑班時是否能保持安靜、不遲到等；(2)透過跑班上課換教室的過程，讓每個人有在同一空間生活的歸屬感；(3)在班級據點如home room、home base等，也能因跑班上課換教室的過程，而成爲一個休憩的場所；(4)跑班動線的設計能否提供感受眺望季節的遞轉、師生的交流等，並因此而激發學生更多元、更豐富的學習觸角與動機。

在時間效能上，可依實需考慮調整下課時間。例如，美國中學跑班下課通常爲4～5分鐘；日本，學科型教室學校下課有10分鐘，也有15分鐘，如秋田市立御所野學院中學校・高等學校（2007）上午3節課間之下課爲15分鐘（9:50～10:05、11:10～11:25）。

在設施效能上，則如長澤悟和中村勉（2004）所說明的，因爲各個班級沒有專用教室，應在校內各條通道的中心位置設置學生食堂和衣帽間，而廁所內配備存放手提物品的檯面等也都是設計上必須留心的。

第四節
學科型教室的課題

東京都品川區學校改築檢討委員會會（2002）調查區內中小學校長和教務主任對學校改建的意見，其中學和小學「期望中學爲學科型教室校舍」的比例分別高達75%、78.8%，中小學合計77.6%，顯見該區中小學校長對中學校舍改建爲學科型教室相當認同和支持。學科型教室的實施有其優點，當然也有待改進的課題，如能掌握優勢，改善缺失，則有利於學科型教室的實施與發展。學科型教室的課題，擬就學科型教室的優點、學科型教室的省思，分別加以探討。

一、學科型教室的優點

學科型教室的學校經營特色，井田勝興的研究認爲有以下四點：(1)學生學習的計畫是移動至專門的學科教室來進行，因此，「自動自主的前進學習」之主體性容易養成而成爲優點；(2)各學科教室因只限專門的課程使用，所以能布置出該課程的專門性和特色的學習環境；(3)根據學生積極地移動，不斷跑班上課的特質，有可能會轉變自古以來對學生指導方式的觀念；(4)因較容易吸收課程的特性，也較容易培養學生的個性，延展出學生以生活方式爲中心的學習路線（引自藤田毅，2005）。

很多的調查研究報告顯示，學科型教室的營運，對於小規模學校具有相當的教育效果（屋敷和佳，2012）。屋敷和佳和山口勝巳（2007）之研究指出，學科教室制的優點包括：學科經營（指導體制、學習環境的整備、授業準備的便利性、指導體制的充實、學習動機的提升）、移動的效果（氣氛轉換、交流、自主性、自我管理能力等）和其他等，詳參表22。

表22
學科教室的優點

學科經營 （119）	指導體制等 （21）	指導容易（7）	指導容易（6）／上課進度的管理容易
		指導力上升（4）	授業技巧的提升／提高教師集團力量的空間／教學經營意識的萌芽／成為提高指導力的契機
		學科內的合作（7）	充實深化合作（3）／可做同學科內的研修（2）／使相同學科的步調一致／沒有自習，可以做一定的事
		有效自主學習（2）	有效自主學習／對應主體的學習
			放置重點在學科授業上的教育／學習的預測、繼續性的有效性／可做成活用特性的指導課程
	學習環境的整備（40）	學科環境被整頓（26）	容易顯出特色（11）／學習環境完備（4）／使學習意願提高的學習環境（5）／情報能經常布告／其他
		能有學科公布的辦法（10）	能有學科公布的辦法（6）／充實學科的公布（4）
		能展示學習成果（4）	展示學習成果，提高學習效果（3）／在教室內可看到學習成果的展示
	授業準備的便利性（25）	授業的準備容易（16）	授業的準備容易（11）／教室的整備、充實／容易管理、活用（5）
		教材的設置、管理（9）	教材能隨時設置（5）／能確實的保管（4）
	學習動機的提升（17）	學習動機的提升（10）	提高學習動機（8）
		增加對學科的意識（9）	易增學習意識（5）／增加學習的意識（3）／可以看到積極性
	授業開展的可能性（16）		可有多樣的學習型態教學（9）／對應教學的桌子配置（3）／授業型態的努力／個別教育的對應／充實研究學習／其他

表22 （續）

移動的效果 (35)	氣氛轉換 (9)		情緒的轉換容易 (5) ／氣氛轉換 (4) ／依移動可產生活力
	交流 (6)		超越學年班級的交流 (4) ／增加與教員的交流／容易與學生溝通
	自主性 (11)		可以培育自主性、主體性 (11)
	自我管理能力 (6)		培育自我管理能力 (2) ／遵守時間 (3) ／在上課前好好的確認
	學習意願的提升 (3)		因移動提高學習意願 (3)
其他 (9)	設施 (4)	開放教室 (3)	學生、教師的舉止容易觀察／學校全體對外開放／在開放空間的授業不會感到不自在
			教室很充裕，可以開設很多的選擇授業
	新的指導、營運 (3)		學校生活活性化／考慮學校與地域、行政有關的營運／依指導，對物品處理的意識提高
			因為沒有個人物品，學科教室很乾淨／HR的黑板只為班級的物品，可以有效的利用

資料來源：整理自國公立中學校における教科教室制の實施狀況と校舍の利用實態・評價（第2587頁），屋敷和佳和山口勝巳，2007，日本建築學會計畫系論文集，73（634）。

根據相關研究（吳珮君，2006；林韋秀，2006；邱華玉，2002；湯志民、廖文靜、吳珮君和林韋秀，2006；大口町教育委員會，2008；大洗町立南中學校，2014；日立市立駒王中學校，2011；加藤幸次，2003；市村製作所，2006；玉井康之，2004；西村伸也，2005；屋敷和佳和山口勝巳，2007；涉谷區立上原中學校，2014；鈴木重夫2010），學科型教室的優點如下：

（一）形成主動的學習環境

學科型教室是一個可以展開主動學習的空間，學生依自己的想法、需要，完成下一個課程的準備，並前往該學科教室上課。而「明確的上課」、「開心的上課」展開以學生為主體的學習，也提供學生自我選擇的機會，同時引發學生對獨立學習和自我管理的學習熱忱，有助於學生自主性和主體性的延續。學科型教室在主動學習意識的萌生、跑班上課的方式、學習氣氛的轉換等方面，都讓學生的學習意願向上提升。長澤悟（2001）指出，新潟縣聖籠町立聖籠中學校因採用學科型教室營運方式，促使學生朝著主動學習的方向前進。加藤幸次（2003）也說明學科型教室的空間，就是要使學生能自發性學習的一個空間。

（二）提升教師的教學效能

學科型教室因教室專用，可設置豐富的資訊教學設備，各學科教室的教師也能熟練地使用教室內的資訊設備，有助於備課、呈現教學內容和提升教學效果。玉井康之（2004）即指出，由於要在一個小時的上課時間內將需使用的機械材料、資料準備好，採學科型教室便能大幅度地節省時間，而將時間用在專注於課程的教學。另根據吳珮君（2006）的研究，教師肯定學科型教室之設計意義及運作方式，共用學科教室之教師會彼此溝通協調意見，透過這樣的設計打破了教師「教室王國」的界線，有助教師交換教學經驗、情感交流及提升教學效果；而學科型教室之使用對於教師教學效能之「教學自我效能信念」、「系統呈現教材內容」、「多元有效教學技術」、「有效運用教學時間」、「建立和諧師生關係」、「營造

良好班級氣氛」及「整體教師教學效能」，具有正面影響。

（三）增進學生的學習效果

　　學科型教室的學校營運，因為跑班上課，學生每個人一邊感覺到自己的存在感，一邊快樂的生活著。由於學生們的學習情緒變得很好，學生對於學習的熱情便會湧現出來，而學科教室以各學科的主要布置，也能有效激勵學生學習之動機與效果。玉井康之（2004）指出，學科型教室可以學科的特性來布置該學科的學習氛圍，設置該學科的教材，進而提高學生的學習效果。

　　長澤悟（2001）也說明，新潟縣聖籠町立聖籠中學校，輕鬆愉快和明亮的空間，尊重了孩子自主性的學校營運方式，對學生們很關心，且能讓其自由使用電腦設備，這樣的環境把學生們變得開朗活潑了，需輔導的學生數量也逐漸在減少。約有20多位不喜歡上學的學生，也因有了新的學校、新學校營運方式的機會，進而激勵他們願意來上學。中國大陸浙江省浙師大附中高一總共15個班，6個班實行「走班制」，9個班是傳統班級。期中考，「走班制」的學生所有必修課平均分數都高過傳統班級學生10分以上；綠城育華學校在浙江省學業水準考試中，高二多門學科的A等率要比往年高出將近30%（朱海洋和嚴紅楓，2014年1月19日）。山東淄博第一中學2008年開始，在高二開始走班制教學，經蒲先磊（2011）之研究，與傳統的班級授課制相比，走班制教學在提高學生綜合素質、塑造學生個性化發展方面有著鮮明的優勢。

（四）促進學生的人際互動

　　學科教室型是學校全部、全年級、全班級的學生都要跑班上課，對於不同班級的交流會較活絡，同學之間透過跑班的實施，彼此增加接觸的機會，會有較廣泛的交流，而教師們與學生間的關係距離也較能自由的選擇，此皆有助於非正式的人際關係。此外，由於學生年級（班級）生活據點與學習的場所分開，使學習與休息的時間較易切割，也因跑班上課，教室不固定，那些較弱勢、容易被欺負的學生的精神壓力會減輕。

（五）建置專業的教室情境

學科型教室最大的特徵是可提供各學科專用教室，即有一般中等學校的特別教室，如有自然教室、音樂教室、美術教室、生活科技教室等之外，還有國文教室、數學教室、英語教室、社會教室等設置。各學科有專用的教室，教師可強化以學科內容相關知識充實教室情境布置，使學科型教室的設計具有創新意義之價值，呈現各學科空間的特色，形成不一樣的學習氛圍，讓教室都有圖書資料、實物、講義、輔助教學器具等設施，以供學生駐足閱覽，提升學生對課程的興趣與注意，對教學內容的學習會有極大的幫助。

（六）提高空間的使用績效

班級教室不以學科為單位的專科教室來配置，會形成一個個不成系統的學習區塊；若採用學科型教室，則專科教室與學生的互動關係會有一體性，因教室能營造出更良好的學習氛圍，學生對於該學科便會自然產生更深切的學習。其次，學科專用教室，學科課程多媒體、多媒體中心、多功能大廳等各自空間的搭配與組合，讓學習空間的開展更具靈活性。同時，學科教室群的開放空間設有展示間，能將學習心得報告或學生放學後的日常生活作息資料活用。而以往資料室只是存放資料的地方，但採用學科中心的方式就能有效的活用資料室的空間。

二、學科型教室的省思

以下擬分為學科型教室的課題、學科型教室優點的活用、學科型教室運用與調整等三部分，分別探析。

（一）學科型教室的課題

學科型教室的規劃有優點，自然也會有待改進的課題，例如西村伸也、大屋信孝他的研究指出，學科型教室的缺點有：(1)學生跑班上課易遲到，會影響老師上課的時間；(2)當全校學生一起跑班上課，移動場所

會顯得混亂；(3)與其他Home Base同學的交流，會因需花時間跑班上課而減少能長時間互動的機會；(4)除了自己班級專用的班級基地外，其他專屬的空間少，學生的歸屬感較低（西村伸也，2005）。

杉並區教育委員會事務局（2006）也提出學科型教室的課題，主要有：(1)休息時間變得忙碌，學生需要有時間管理能力；(2)因同班級並無集聚在一起，故而可能降低了對班級的歸屬感；(3)教師能休息的地方變多，所以能保持合作的機會也變得困難了；(4)因學校提供了一個自由度甚高的生活場所，因此，教師、學生各自的種種生活規範與意識也必須相對提高才是；(4)為安置固定團體來實施「公民與道德」、特別活動、屬於班級的活動學習與定期評量等空間是很困難的。

屋敷和佳和山口勝巳（2007）之研究指出，學科教室制的課題包括：學科經營（營造教室環境、設施）、學校營運（教師間的合作、時間的分配）、班級和學年經營（班級的整合、學生待的地方等）、學生指導（學生的掌握、物品或班級基地的管理等）、教室移動（移動的時間、負擔等）、經費等，詳參表23。

（二）學科型教室優點的活用

面對學科型教室的課題，可活用學科型教室的優點，並強化學生自主性與自律性，以資因應。日立市立駒王中學校（2006）在實施學科型教室初期，也面臨了學生生活忙碌、不穩定、時間管理、自律性、班級經營、死角增加、課桌椅亂擺等問題，該校提出活用學科型教室優點四點應對措施，值得借鏡：

1. 活用深具彈性的校舍空間

日立市立駒王中學校校舍的一樓有美術教室、技能教室、家政教室，二樓有國語教室，寫字、公民與道德教室，三樓有英語教室、社會教室、數學教室，四樓有自然教室和音樂教室，各學科有各自獨立的環境。針對這些校舍，該校加強經營管理，活用校舍空間，並在教學上配合學習內容，活用教材講義、圖書資料、視聽器材、電腦資訊設備，使學生有多樣化的學習活動，並能讓學生快樂學習。

表23
學科教室制的課題

學科經營 (14)	授業(2)	教師的心力有差別／活用優點的授業，需要花費時間
	營造教室環境(3)	依照教師會產生差別／需要常想辦法下功夫／營造環境，需要花費時間
	設施(8)	其他教室的聲音(5)／共通教室的不足／學生數增加無法容納／理科教室的實驗臺不適合講授
		移動後開始學習意義的授業與環境
學校營運 (26)	教師間的合作(12)	共同理解(3)／意識改革(3)／意思溝通(2)／學科以外的合作／學科與年級的平衡／其他
	時間分配(14)	教室調整(4)／班級活動的調整(3)／作成時間分配(2)／考試時的教室調整(2)／教師每天要做的工作不容易安排
班級‧學年經營 (26)	班級的整合(10)	歸屬意識薄弱(5)／HR教室的意識薄弱(2)／學生的人際關係(2)
	學生待的地方(2)	沒有學生可待的地方／有很多在教室裡沒有可待的地方的學生
	學科教室的環境營造(7)	做出班級的特色經營是困難的(3)／班級與學科的競爭／因HR兼用，容易造成不明的狀態／其他
	設施(7)	HB窄小(3)／作為HB的活動上不方便／在學年單位上不容易使用／學年活動空間被限制
學生指導 (23)	學生的掌握(7)	出席與缺席狀況的確認(3)／難掌握下落(2)／容易產生死角／有很多隱藏的場所
	學生靜不下來(4)	因移動無法靜下來(2)／生活無法穩定／難以找到讓人冷靜的場所
	事情的處理(6)	對物品不會愛惜(3)／對物品愛惜之心的指導(2)／不明瞭破損、遺失的原因
	物品或者是HB的管理(3)	在HB學生之間有很多的問題／HB 管理變得鬆散／學生的物品管理變寬鬆，易產生問題
		因不同學年的交流，容易互相影響／問題容易擴散／學生有問題的話，較難進行指導
教室移動 (32)	移動時間(10)	花費時間(6)／休息時間很忙碌／移動時間的確保／要改變學生移動會影響十分鐘休息之想法／其他
	移動的負擔(7)	移動很辛苦(3)／有學生覺得麻煩(3)／有些學科移動不方便
	遲到(3)	遲到增加(3)
	忘記帶東西(8)	忘記帶東西時很困擾(8)
	設施(1)	因木造校舍的緣故，移動時二樓的聲音會吵到一樓
		大規模的話，移動人數會增加／但此一系統具有價值
	經費(2)	環境整備需要花錢／花費成本高

註：HB，指班級基地。

資料來源：整理自國公立中學校における教科教室制の實施狀況と校舍の利用實態‧評價（第2587頁），屋敷和佳和山口勝巳，2007，日本建築學會計畫系論文集，73（634）。

2. 活用自己選擇、自己決定的學習場所

學生面臨了自我學習的課題，也要思考是否是學習基礎的主體？因此，各個學科為因應學習內容，從學習課題（從電腦圖片來設定自己研議的題目）、學習方法（利用電腦等設備來蒐集必要的資訊）、學習課程（依課題別和方法別來設定學習內容）和學習場所（針對學習內容與群組做學習場所的選擇），都能依自己的意願來選擇和決定。學習進行中，自己選擇、自己決定學習場所這件事，能提高學習熱誠，並可把它當作目標來思考，連帶也能思考該學習所帶來的喜悅與成就感。

3. 活用配合學習的排列展示

活用教學媒體製作室寬廣的教育空間，不僅展示學習成果的作品，學生也據此展示來互評。透過展示，學年和班級的其他細項也做了交流，這種學習態度的養成，是能提高學習意願的。

4. 活用校內外教育環境與資源

努力讓班級基地有充實豐富的活動，使用能更豐富活絡，以強化班級與年級應有的歸屬感與協力合作。讓學生們的自主性與自律性提高，鼓舞規範意識，以穩定校內的生活行為。因此，日立市立駒王中學校設置了公民與道德的專用教室，期能在校內日常的生活環境中落實公民與道德教育，並定期邀請相關的社會人士，為一年級的公民與道德來演講，致力「擔當與共同努力於道德品性的學習」，同時讓公民與道德的上課方式生動有效。

（三）學科型教室運用與調整

對臺灣而言，學科型教室係新教學空間的實施與推展，也會面臨一些先進國家經驗過的難題或其他問題，需適時檢討並因應實需調整運用模式。例如：臺北市麗山高中學科型教室實施之後，為因應升學（如段考、複習考和模擬考很多）和教學需求，高三改為定班上課。政大附中創校初期推展學科型教室之營運，為使學科型教室推展順暢，每年召開教學空間調整及配置會議，並經「用後評估」與徵詢師生使用意見，加以調整，因應重點為：(1)讓高三、國三在教學高層區；(2)A層以上為高中一、二

年級區，B層爲國中一、二年級區；(3)班級基地和班導師的學科教室相對在同一層樓或在上下一樓之間；(4)每間學科教室配置以同科1至2人爲理想，不同科2人或同科3人皆爲可接受之配置學科型教室原則，同時也保留回到一般學校「特別教室型」營運的可能性。

中學學科型教室的規劃、設計和營運，英、美、加、澳洲、紐西蘭等先進國家已有相當久的歷史，其實施大致因中學分科教學之適用性；芬蘭全國高中實施「無班級授課制」已有20多年，主要基因於教育改革；日本文部科學省和各縣市教育委員會全力協助中等學校新設校或舊校新建校舍轉型爲「教科教室型」，有近40年的經驗；韓國教育科技部2009年起大規模有計畫的在初高中推展，日韓的推動，少子女化是主因之一；中國大陸近幾年開始興起「走班制」，主要在於教育實驗和建立特色。2012年11月筆者曾參訪北大附中，熟悉的學科教室、學生置物櫃，還有學生設計的「單元活動室」，提供走班之同儕（或師生）最佳互動空間，以及學生自營的咖啡屋，令人印象深刻。值得學習的是，教育主管當局如北京市教育委員會、浙江省教育廳、山東省淄博市教育局之支持與推動，尤其是北京市教育技術設備中心（2012）召開了「走班制」學校教育裝備需求研討會，爲學校推進新課程改革提供支援和服務，更值得肯定。從芬蘭、日本、韓國、中國大陸之相關經驗可知，學科型教室之規劃與推展，需有政府部門之支持、協助，並有縝密的規劃與配套，方能順利推展。

臺灣從2000年開始起步，陸陸續續有些新設高國中採學科型教室規劃設計，校數雖不多，經驗卻彌足珍貴。其中，麗山高中的學科型教室有13年之營運經驗，營運大致順暢，獲得大多數教師、學生和家長支持，參觀過的國內外教育先進和貴賓都給予高度的評價。

學科型教室規劃有利於高國中的分科教學，當然更有利於學分及選修制的推展。當課程愈彈性、愈符應學生個別需求，學科型教室規劃的效能就愈強，先進國家在中等學校採學科型教室設計即爲此理。尤其是臺灣也有少子女化問題，並正值12年國民基本教育全面推展之際，學校創新經營與改革、特色課程規劃、差異化教學等，如火如荼開展，給予中等學校實施學科型教室規劃與推展之契機。最重要的是教育主管部門給予之支持

與協助，讓臺灣起步不久的學科型教室之星火之光，能有燎原之效。也期盼國內中學的教學空間，會因學科型教室的創立而帶來新的方向，使教師的教學和學生的學習效能，能在新空間、新思維、新觀念中，快速成長、提升與發展。

第九章

性別與校園空間

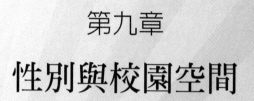

有些案例，蘊富其義——空間對人通常有不同的影響，係依他
們的男人或女人的經驗。

In some cases, it matters a lot--space often affects people differ-
ently, depending upon their experiences as a man or a woman.

——A. Rust, 1999

學校是學生學習性別認同，以及學習男生和女生、男生和男生、女
生和女生之間關係的環境。Pulizzi和Rosenblum（2007）認為學校在此學
習歷程中扮演重要的角色，因此要努力以性別、認同、平等、安全的觀
點來建置性別友善的校園環境（gender-friendly school environment）。
正因為校園是教育的場所，校園空間的規劃深受教育理念的影響，近40
年來，性別意識高張，性別議題甚受關注，性別平等教育隨之興起，原
來被視為中性的教育空間也重新被檢視，因應性別主流化（Gender Main-
streaming）的趨勢，「校園環境的規劃是否公平地照顧到不同性別的需
求？」勢必遭遇更高的要求和檢視。

美國在1972年通過的「教育修正案第九條」（Education Amend-
ment Act of Title IX），可說是世界各國中最早訂定的性別平等教育相關
法案；1974年，美國又通過以爭取資源促進性別平等教育落實為目標的
「女性平等教育法」（Women's Educational Equality Act）；1976年的
「職業教育修正案」（Vocational Education Amendment Act）中，也加
入相當分量的性別平等條文。這三項法案是美國保障與促進性別平等教育
的基石，並深刻影響到其他國家的相關立法。例如，英國和澳洲分別於
1975年及1984年通過「性別歧視法」（Sex Discrimination Act），當中
都有專章處理性別平等權教育（謝小芩，2006年11月10日）。

臺灣近16年來，性別平等教育甚受重視，例如，教育部於1997年3月
成立「兩性平等教育委員會」，1998年9月30日公布「國民教育階段九年
一貫課程總綱綱要」，「兩性教育」被列入六大重要議題之中（教育部，
2003b）。在校園空間規劃上，逐漸納入性別需求，如1998-2000年教育
部委託學者專家建立「各級學校安全與無性別偏見之校園空間指標」，

編成手冊，送各級學校參考，要求各級學校繪製校園危險地圖，提醒學校師生重視校園安全；2004年「性別平等教育法」通過後，教育部函文各大學就女子更衣室等設施納入考量，以提高女子運動需求（教育部，2010b）。2006年編印《友善吧！校園：國民中小學友善校園評估手冊》（殷寶寧，2006），建構人身安全空間指標，以達到友善空間之目的。2010年，教育部公布「性別平等教育白皮書」，期能促進性別地位之實質平等，厚植並建立性別平等之教育資源與環境，以及建立民主、平等、正義及友善之教育環境；性別平等教育空間與資源之政策目標為「充實並整合資源，打造安全與友善校園」，重視提升校園空間之安全性與管理機制，並建立安全、健康、重視差異需求、社區關係、無障礙、無性別偏見的校園環境（教育部，2010b）。

　　2004年6月立法院三讀通過「性別平等教育法」，依2013年12月之最新修正，第6條規定「規劃及建立性別平等之安全校園空間」，並希望透過師資培育、教材編撰、學校資源的投入，讓「校園」成為性別友善的環境；有關學習環境與資源的法條，依第12條規定：「學校應提供性別平等之學習環境，尊重及考量學生與教職員工之不同性別、性別特質、性別認同或性傾向，並建立安全之校園空間。」2012年5月修正公布的「校園性侵害性騷擾或性霸凌防治準則」之規定，學校為防治校園性侵害、性騷擾及性霸凌，應改善校園危險空間（第4條）；並定期舉行校園空間安全檢視說明會，邀集專業空間設計者、教職員工生及其他校園使用者參與，公告檢視成果及相關紀錄，並檢視校園危險空間改善進度（第5條）。

　　簡言之，傳統的校園空間規劃忽略了使用者性別之差異，使得性別分化與偏見依然具體反映在校園空間之中，也限制了不同性別氣質的全人發展（畢恆達，2004）。有鑑於此，本文擬先說明性別與校園空間的涵義，並探析校園空間規劃的性別失衡，再就校園性別平等的空間規劃，提供芻蕘之見，以供校園空間規劃、設計和利用在性別平等的思維上有所裨益。

第一節

性別與校園空間的涵義

生活的空間，訴說性別的語言，注入性別觀點，空間也可以形塑新的性別關係（畢恆達，2004）。性別與空間有許多值得探究之關係，校園是教育的空間，也是性別平等教育蘊育之地；校園也是生活空間，注入性別觀念，可使校園空間更具人性與趣味。以下擬就性別與性別主流化、校園空間的概念、性別和校園空間的關係，分別說明之。

一、性別與性別主流化

何謂性別？何謂性別主流化？在探究性別與校園空間關係之前，需有初步之瞭解。

（一）性別的概念

「性別」（sex or gender），根據韋氏線上辭典的解釋，「sex」是男性和女性在生理結構、功能和行為所表現出來的特徵，通常以生殖器和結構之性徵區別男性和女性（Merriam-Webster Online Dictionary, 2014a）。至於「gender」則是個體與sex有關的典型行為、文化或心理特質（the behavioral, cultural, or psychological traits typically associated with one sex）（Merriam-Webster Online Dictionary, 2014b）。牛津辭典則將「sex」解釋為人類及大多數其他生物依據生育功能而區分成的兩個主要類別——雄性與雌性，「gender」則是基於「sex」的差異，所衍生的文化建構行為形式。傳統上，性別差異被歸因於來自天生的生理差異，但現代的社會科學則認為「sex」是生物學上的分類，「gender」則是由文化形塑出來的行為差異，且女性主義學者以發掘性別差異（differences of gender）中被隱匿的不對稱權力為中心目標，以求破除社會中的性別兩極分化（The Oxford Dictionary of Philosophy, 1996）。Pulizzi和Rosenblum（2007）也認為「gender」是以社會角色、關係、態度、價

值、權力和影響力來分男性和女性，相反的，「sex」是以生物特徵區分性別差異。Wallace（2009）也持相同的看法，認為「gender」是從社會和文化的影響來看男性和女性的差異，與純粹生物觀點不同。

由於研究旨趣的不同，不同學科領域的學者專家對「性別」一詞仍有不同的解讀，且各領域對於性別涵義的界定並非截然畫分，其間仍有重疊之處，但中外學者一般認為「sex」一詞較強調生物學範疇上的男女差別，係指個體在基因、荷爾蒙、生殖構造等表現出的特質（何春蕤，1998；莊明貞，1999；教育部，2000；彭懷眞譯，1991；Basow & Howe, 1979）；至於「gender」則普遍應用於心理學與社會學範疇，是個體由於生理因素或社會文化因素影響而表現在性格、行為等方面的特質（江明親譯，2003；洪萬生，2003；徐西森，2003；教育部，2000；劉秀娟，1997；Bohan, 1992）。

綜言之，性別的概念牽涉生理、心理、社會、文化等介面，係指個體由於生物因素（例如：遺傳基因）及社會因素（例如：社會化歷程、社會酬賞、旁人期望），在生理構造、心理、行為等方面表現出的集合特質。

（二）性別主流化的趨勢

聯合國於1946年成立婦女地位委員會（Commission on the Status of Women），以倡議與促進性別平等為主，進而促使與監督世界各國推動性別平等機制。1975年的第一屆世界婦女大會提出婦女十年，以保障女性、消除對女性歧視為目標，1979年通過「消除對婦女一切形式歧視公約」（Convention on the Elimination of All Forms of Discrimination against Women），作為婦女人權憲章，此項公約於1981年生效（教育部，2010c）。

1985年，奈洛比舉行的聯合國第三次世界婦女大會首度提出「性別主流化」（Gender Mainstreaming, GM）一詞，根據聯合國經濟社會理事會（ECOSOC）對性別主流化的定義：性別觀點的主流化乃是一項過程，在於評估立法、政策與方案等有計畫性的行動，其行動於所有範疇、所有層次中對男性與女性所產生的影響。1995年，聯合國第四次世界婦

女大會於北京近郊懷柔舉行，在北京宣言及北京行動綱領（Beijing Platform for Action）中，系統性的使用性別主流化作為政策研擬的工具與策略（林芳玫，2009），並要求各國政府以性別觀點評估各種立法、政策或計畫對全民的影響，擬定政策時，不僅要從婦女權益保障的觀點，更要看到社會中不同性別者（包含男性與女性，及不同性傾向／性別特質／性別認同者）的處境，以落實性別平等（教育部，2010c）。

「性別主流化」係指所有政府的政策與計畫，從研擬、宣導至執行，皆應納入性別觀點，針對政策的效果作成性別影響評估，以為政府施政之參考（王如玄和李晏榕，2007）；亦即，「性別主流化」是一種策略，也是一種價值，希望所有的計畫與法律要具有性別觀點，並在作成決策之前，對男性和女性的可能影響進行分析，以促使政府資源配置確保不同性別平等獲取享有參與社會、公共事務及資源取得之機會，最終達到實質性別平等（王延年，2013）。例如，歐盟在其第四次「促進兩性平等機會之行動計畫（1996～2000）」中，即將其工作策略改為以性別主流化為主的方式進行（陳芬苓、張菊惠、劉智園和吳雯婷，2010）。

臺灣於2005年開始積極推動性別主流化工作，以性別統計、性別預算、性別影響評估、性別分析、性別意識培力、性別平等專案小組運作為主要推動工具。而為協助各部會分階段逐步落實性別主流化政策，前行政院婦女權益促進委員會於2005年召開第23次委員會議及2009年召開第32次委員會議，分別通過「行政院各部會推動性別主流化實施計畫」（94至98年）及「行政院各部會推動性別主流化實施計畫」（99至102年），要求各部會依其業務性質，自行擬定4年之推動性別主流化計畫（行政院性別平等處，2014）。教育部從2006年起分別提出「95年教育部推動性別主流化實施計畫」、「96～98年教育部推動性別主流化實施計畫」及「99～102年教育部推動性別主流化實施計畫」，逐步落實性別預算編列，性別預算優先考量對於不同性別者之友善環境建置；尤其是在2010年第八次全國教育會議，對十大中心議題提出性別主流化關聯檢視報告中，強調（教育部，2010c）：

在討論教育設施與規劃時，應將校園空間中的性別因素納入考
量，除了強化校園籌建人員的建築專業知能外，亦應同時提升
其性別空間知能，或邀請具有性別空間知能者進行性別影響評
估或直接參與規劃與監督，方能將性別觀點納入學校教育設施
之規劃與籌建過程中。（第5～6頁）

　　顯見，將性別因素納入教育設施與校園空間規劃考量，已成爲性別主
流化關切的議題，誠屬難能可貴。隨後，教育部（2011b）提出《中華民
國教育報告書》，其中第16項「強化公民實踐促進校園友善方案」的目
標之一，在「落實性別平等教育白皮書，促進性別地位之實質平等」，方
法則在加強落實友善校園總體營造計畫，並逐步於高中職及大專校院推動
性別主流化政策。未來，隨著性別主流化政策的推展，性別與校園空間規
劃會愈來愈受重視。

二、校園空間的概念

　　「校園」是師生每天生活的重要環境，校園中的潛在課程亦爲傳遞
性別價值觀、規範、認同、文化意義、知識、實踐的重要管道，無論是課
堂內外師生的對話與互動、校園內各項遊戲規則、儀式行爲，甚至是校
園當中的一磚一瓦、一花一草，莫不在無形或有形之中形塑了學校成員
的社會關係與價值觀、態度及標準（陳伯璋，1993；黃曬莉（主編），
1999）。因此，學校空間隱含的性別訊息值得關注，例如在籃球場上奔
馳的多爲男性；學校的操場、球場以及空曠角落常是女生不敢涉足的地
方，男生則比較不受限制（畢恆達，2000）。

　　「空間」（space）一詞，不論是指公共空間或是私有空間，往往被
視爲中性，並無男性、女性之分。傳統的空間設計者雖然想滿足住在其中
的所有人，但實際上卻可能因他／她的意識型態，設計上不一定能符合不
同性別使用者的需求，特別是在公共空間部分，傳統上缺乏對女性的認識
與尊重。在新一代的空間規劃與設計中，強調使用者應該是空間的主體，
而非遷就於空間，或是使空間淪爲特定使用者的專屬空間，因此逐漸重視

考量不同性別的生理、角色需求（張淑瑜，2004）。

三、性別和校園空間的關係

　　學校空間規劃考量的因素眾多，例如，學校建築的教育目標、課程設計、教學方法、教職員生和社區的使用需求，涉及教育哲學、教育心理學、發展心理學和環境心理學等（湯志民，2002c）。就性別與空間而言，瑞典政府自1970年代起，性別平等（gender equality）即為重要概念，1990年中葉前，更為注意在空間規劃領域上發展性別平等（Larsson, 2003）。

　　臺灣中小學男女生大致接近，女性教職員則占多數。根據教育部統計處（2013a、2013b、2013c）的教育統計資料，101學年度，國小教職員計105,843人，其中男性30,896人（占29%），女性74,947人（占71%）；國中教職員計58,361人，其中男性17,808人（占31%），女性40,553人（占69%）；高中教職員計43,794人，其中男性16,338人（占37%），女性27,456人（占63%）。尤其是都會地區，以臺北市為例，101學年度國小教職員12,008人，其中男性僅2,842人（占24%），女性則高達9,166人（占76%）；國中教職員計6,605人，其中男性1,695人（占26%），女性4,910人（占74%）；高中教職員計7,249人，其中男性2,415人（占33%），女性4,834人（占67%）（臺北市政府教育局，2013a、2013b、2013c）。因此，臺灣中小學校園空間的規劃，在女性的訴求上顯應多一份關懷，以力求校園空間和設施的性別平衡。

　　基本上，空間是一種性別的科技（a gendered technology），因空間由人來設計，而人有性別假設，幾乎所有的空間被性別化，但有不同的類型（Castle, 2001）。畢恆達（2001）更強調「空間就是權力」，因此，能兼顧兩性需求的空間，就是性別平等的空間，有助於滿足校園不同性別之需求和平衡發展。楊清芬（1997）認為空間環境是全然中立且客觀的，它的問題僅肇因於設計不當，但我們未曾質疑校園環境的規劃是否公平地照顧到兩性的需求。就目前的學校建築空間而言，除極少數的新設校會考量男女性別需求之外，大多數的學校皆視空間為無性別，校園空間的

使用者必須與空間現況妥協，自行調整適應。如何以性別觀點重新檢視現有校園空間並作改善，以落實並回應性別平等的人權對應關係，其重要性是不可輕忽的。

第二節
校園空間規劃的性別失衡

湯志民（2001）的研究指出，學校有「男性」和「女性」，在「不定時」和「定時」時間中，有不同的性別需求，自應建立性別平等的校園，符應性別不同的生理、心理需求，並促使不同性別學習彼此尊重，和諧相處。校園空間規劃的性別失衡問題，主要可分為男性取向空間居多（何春蕤，1998；洪瑞兒，2002；湯志民，2000；畢恆達，1994）、校園空間限制女性運動（畢恆達、吳瑾嫣、唐筱雯、鄭湘敏、吳怡玲和柳廷岳，1999；張淑瑜，2004）、廁所缺乏性別差異規劃（王曉磊，2003；唐筱雯，1998；楊清芬，1995）、校園應讓女性有安全感（何春蕤，1998；吳瑾嫣等，1997；蘇芊玲，2002；Klodawsly & Lundy, 1994）等四層面。以下先說明校園空間需求男女不同，再就校園空間規劃的性別失衡問題，分別探析如下。

一、校園空間需求男女不同

男性從幼兒園時期即喜歡從事體力的遊戲，包含肌肉鍛鍊和技能的活動，以及高度組織性和競爭性的遊戲；女性則偏好靜態和不費力的遊戲（朱敬先，1972）。性別區隔在休閒活動中非常明顯，如男生學小提琴，女生學鋼琴；男生打籃球，女生打羽毛球（余嬪，1998）。許多實證研究發現，男生和女生的校園空間需求有性別差異，例如：

湯志民（1991）研究臺北市國小六年級學生最喜歡球類運動的排序，有性別上的差異，男生最喜歡的前四項為：躲避球、棒（壘）球、籃球和羽球，女生最喜歡的前四項為：羽球、躲避球、籃球和排球。

楊清芬（1995）觀察國小男女學生下課時活動的場所與行為，發現

男生下課時在室外（操場及走廊）的總人次高於女生，且女生在室外活動中有較高的情形成為旁觀者。男生在操場從事各種遊戲，同時也不斷開發遊戲場所，而女生開發新遊戲場所的速率不及男生，女生很少單獨一個人跑去從來沒有玩過的地方玩，男生則比較「敢」到一些較少人遊戲的場所，例如草叢、司令臺、圍牆外等。

吳旭專（2000）的研究發現，男生較喜歡動態活動，女生較傾向靜態活動，男生去遊戲場的頻率顯著地高於女生，男生在遊戲場中以大團體的活動為主，女生則以2～3人的小團體活動為主。

黃庭鈺（2002）的研究同樣針對國小學童在學校室外空間的遊戲情形，結果發現在遊戲頻率方面，男生多數是常常出去玩，女生則有半數以上很少出去玩；在場地選擇方面，男生下課時最喜歡去的室外空間，前三項是球場、操場、遊戲場，而女生下課時最喜歡去的室外空間，前三項是遊戲場、操場、庭園，可見男生較常進行動態遊戲，女生則包含動態遊戲與靜態遊戲。

賴協志（2004）的研究發現國小學童，男生傾向動態的運動遊戲類型，如打躲避球、打籃球、追逐嬉戲等；女生傾向靜態的運動遊戲類型，如打羽球、跳繩、踢毽子等。下課時間，過半數的男生最喜歡的活動地點是室外球場和遊戲場，過半數的女生最喜歡待在遊戲場和教室。

張淑瑜（2004）調查臺北市國民中學學生對於課餘時間使用學校空間的看法，發現學生對於校園各活動空間使用者之性別印象中，認為「室外籃球場」中使用者「男比女多」的比例高達88.0%，而「室內籃球場」被認為使用者「男比女多」的也近七成；就實際觀察結果而言，男生在球場活動的人數遠多於女生，女生則在走廊活動的人數多於男生，至於庭園、花園、樹蔭下、草坪雖占地廣大，但活動的人數卻寥寥無幾；以活動內容而言，男性傾向動態活動，女性則以聊天、看球等靜態活動為主。

由此可知，男女生的校園空間需求各有不同，校園空間規劃如相對無法滿足性別的空間需求，則會使不同性別的活動差異受到限制。

二、校園男性取向空間居多

校園性別空間的失衡，以男性取向空間居多，是長久以來的既存問題，有六點值得瞭解：

（一）男性觀點的校園設計

校園設計者通常以男性居多，由於設計者本身性別的觀點，長久忽略女性的需求，故校園空間往往成為以男性使用者占優勢的「男性取向空間」，例如：(1)規劃的男性使用面積高於女性；(2)以男強女弱的刻板印象分配空間；(3)設施規劃太過剛性，未顧及使用者的異質性；(4)規劃時將男女一視同仁（亦即女性也按照男性的行為標準），並未考慮女性使用者之需求（畢恆達，1994、2001）。

（二）男性活動空間需求大

Mahoney在1985年發表的「為男孩打造的學校」（Schools for Boys）中指出，男生和女生因為利用空間方式的不同，例如，女生傾向以小團體方式活動，其所使用的休憩空間遠小於男生的活動空間，而使得男生無形中使用了學校大多數的空間（引自Chris，1991）。

（三）男性強勢占用空間

男生傾向動態性活動，運動場地、運動器材常被視為專為男生打造（畢恆達，1994；楊清芬，1995）。例如，洪瑞兒（2002）的研究發現，國中校園內受到性別限制情形，包括：校園運動場常被男生占用，學校的運動遊戲器材大多適合男生使用，因此，中小學生校園的性別平權空間會向男性的強勢空間傾斜。

（四）女性活動範圍受限制

就生理結構而言，男性在肌肉強度和全身運動的速度與協調性較女性優，但女性在控制手指和手腕運動的小肌肉活動能力一般均占優勢（朱敬

先，1972）。惟校園空間的規劃，往往以大肌肉的訓練為優先，小肌肉與優美線條的練習場所不是過於擁擠，就是付之闕如，例如學校有跑道、籃球場、可以打棒球或躲避球的大操場，但是羽球場、桌球場、撞球場等空間重疊，律動教室更是少見（畢恆達，2000），因此，女生喜歡活動的場地範圍受到限制。

（五）女性個體自由受壓抑

社會地位和權力與空間支配的密切相關也出現在校園的遊戲空間中，兒童可從遊戲中發現社會中的「勝利者」是那些最擅長征服空間、入侵和奪取別人空間的人，以及保衛自己空間的人。男孩和女孩被教養的方式不同，因而對空間支配的能力不同，例如，男生的手腳可以伸展超過桌椅，女生卻被要求要有「淑女」姿勢，使得男性較有機會發現與探索新的事物，並且體驗廣闊的環境背景；女性則被教養要期待與接受空間的限制，她們的空間範圍被侷限在家與附近鄰里「受到保護」的環境裡（王志弘、張淑玫和魏慶嘉譯，1997）。

（六）空間運用有性別障礙

學校空間的運用會有性別障礙的心理影響，例如，一個空曠廣場有一群男性聚集，這裡的空間訊息就告訴女性：這不是你的地盤，女人不該來（何春蕤，1998）；反之，男性要加入女性聚集的空間也會有障礙，例如，女校的男老師或男校的女老師，在學校的活動會有性別上的影響。其次，女性（或男性）之標的空間，需通過男性（或女性）的使用空間才能到達，使用者會怯步，也會有影響，例如：女生的社團辦公室需穿梭過男生打撞球或聊天的空間，才能到達。

三、校園空間限制女性運動

校園空間限制女性運動，係因性別刻板印象、教育意識形態和忽略女性運動的需求所致。例如：

受到性別刻板印象的影響，女生在運動方面較少受到鼓勵，也不會

要求有特殊的表現，如此對女性在體育方面的低要求，除了讓女性缺乏運動的意願外，也間接減少了活動的機會和空間，使得她們逐漸從運動場上消失，而校園的設計也因此忽略了她們在運動上的特殊需求（畢恆達等，1999）。

其次，僵化的教育意識形態，例如，教學評估的標準化觀念，造就了大多數學校操場上的標準跑道，使得除了賽跑測驗成績以外，使用率並不高，因而在空間上限制了女生運動的機會。此外，球類運動的比賽講求競爭，常常忽略了運動中的團隊合作精神，為了求勝，使得男生成為球類比賽的主角，女生則成為輔助工具（畢恆達等，1999）。

另外，忽略女性運動的需求，例如，學校很少提供淋浴或更衣的空間，讓師生在運動之前能夠更換運動服裝或是在運動之後做簡單的沖洗。一般學校即使提供了更衣室或淋浴室，也多與游泳池相連，在非使用游泳池或游泳池關閉的時間，師生幾乎無法使用這些設施。即使允許當天有體育課的學生直接穿運動服到學校，但若體育課不是在最後一節，則學生常必須在體育課後繼續穿著沾滿汗水或泥塵的運動服在教室中上課。畢恆達等（1999）訪談發現，許多女生不喜歡運動或上體育課的原因之一，就是因為她們不喜歡運動後仍要穿著沾滿汗水或泥塵的運動服在教室中上課，並盡量減少自己的運動量，以避免身體出汗。

此外，上游泳課時，女生的困擾與上課意願也會受到空間規劃的影響，例如，女生常因更衣室、沖洗設備需排隊很久、下課時間太短來不及吹頭髮、吹風機不足或常常過熱故障等而無法吹乾頭髮，但是男生則大部分因短髮而無此困擾（張淑瑜，2004），顯示游泳池附設的更衣室、沖洗間數量及吹風機設備，對女生而言是較為不足的。

因此，在學校運動空間的規劃與設計上，應符合不同性別使用者的需求，一方面尊重男生與女生的差異，一方面以兼顧兩性共同使用與活動的空間為優先。

四、廁所缺乏性別差異規劃

學校廁所是校園環境最重要的衛生設施，師生每日必定出入之地，

也是學校提供舒適理想教育環境的起點，其重要性僅次於教室（蔡保田，1984）。然而，長期以來廁所空間的性別不平等都受到社會的忽略，例如，女廁大排長龍的情形，出現的機會似乎遠高於男廁；女性排隊等待使用廁所的時間，似乎也遠大於男性。一些學者指出關於公廁的兩性不平等，主要源自於權力和資源分配的問題，公共空間長期由男性主導，創造了不友善的「男造空間」，而忽略了女性權益的問題，這也是女性主義對於公共空間的主要論點（王志弘等譯，1997；彭渼雯，1996；Bankst, 1991; Pain, 1991）。

若以男女生理差異觀之，根據研究顯示，女性上廁所的時間平均為男性的兩倍以上，同時次數亦較頻繁（畢恆達等，1999；楊清芬，1997）。女性以沖水馬桶小便所花費的平均時間，約為男性以沖水馬桶小便所花費的平均時間的1.6倍（王曉磊，2003）。因此若只求男廁和女廁面積相等，因為男生的小便斗所占的單位空間小於女性便器所需的單位空間，因而造成女性便器數量減少或女性如廁空間擁擠，亦即生理特性使得男女在廁所空間與設備上有明顯的需求差異（張淑瑜，2004）。

1996年3月8日，臺大學生會以及性別與空間研究室等單位一起公布了「臺大女廁體檢報告」，體檢發現校園內不論是面積或間數，男廁都明顯高於女廁，總間數約為女廁的2.2倍；同年5月4日，全國大專女生行動聯盟發起新女廁運動，在社會普遍的支持下，11月27日內政部通過修正「建築技術規則建築設備篇第三十七條」，大幅提高公共建築物女廁的數量（畢恆達，2006年11月10日）。此一關於建築物裝設之最小便器數量的法規，距離前一次修訂實施的1975年8月5日，相隔超過20年。其中在中學的標準方面，1975年版的標準是每100位男生一個大便器，每45位女生一個大便器；另外，每30位男生一個小便器。在1996年版中，標準提升為每50位男生一個大便器，每15位女生一個大便器，小便器維持每30位男生一個。依2012年11月7日修訂之現行「建築技術規則建築設備篇」之規定，中小學男生仍維持每50位一個大便器，每30位一個小便器，女生大便器再提升至每10位一個。但由於法令不溯及既往，所以有不少學校的女廁仍然不足，女學生因而無法因新法實施而受益（畢恆達，

2000）。

另外，廁所往往被認為是不安全的，過大的門縫、過低的氣窗，讓使用的女性隨時處於被偷窺的恐懼之下。為了隔離廁所可能產生的異味和管線設置的方便，建築設計師喜歡將廁所設置在偏僻的角落，甚而有些校園中的廁所和教室是各自獨立的建築，使用過程中若發生任何事情，使用者只能自求多福。於是廁所成了校園犯罪的溫床，抽菸、圍毆、勒索、性攻擊或性騷擾等，皆是曾發生在廁所的事件（唐筱雯，1998）。

就私密性而言，對於男生廁所來說，小便斗之間的距離太近，走廊上的同學經過會看見廁所內的人小便的背影等，都是不顧及個人隱密需求的空間設計；而對女生廁所來說，門板與隔間牆的相互配合，營造具有隱密感又不失安全性的隔間，也是應該注意的問題（湯志民，2000）。

五、校園應讓女性有安全感

在校園的使用上，女生多侷限於校舍內或教室周遭的空地，比男生經常使用的校園空間範圍小，且女學生容易感到恐懼和威脅，並不是因為她們天生膽小，所謂「膽量」，和對空間的熟悉程度以及日常的鍛鍊有關，而女生在這兩方面都因性別成見而飽受限制（何春蕤，1998）。校園中的性騷擾或性侵害事件絕大多數以女性為加害對象，尤其以中小學女生受害比例最高（蘇芊玲，2002），也間接造成大家普遍認同女人應該自我限制，例如不應該太晚還在外面活動，或是不要經過全為男性聚集、使用的區域（Chris, 1991）。

洪瑞兒（2002）研究高雄市區中小學教師與學生對於兩性平等教育認知狀況，發現在國中校園內受到「兩性性別限制情形」的情況，校園危險的角落，女生不敢前往；校園的樓梯對女生來說沒有安全感；女生因為擔心面對的危險比男生多，例如害怕被壞人侵犯、擔心受到別人活動的影響等，讓女生必須提高警覺上廁所、下課時不經過球場附近、對於學校經常空曠的角落也不敢前往。因此，有一些校園邊陲地區是女生一個人不敢去的，例如照明不足、周圍環境缺少人群活動、有可供隱匿的角落、缺乏逃生路線等因素，將令人覺得校園環境缺乏安全感，同時也有利於犯

罪者的行動，使學生難以在危機發生時迅速得到援助，更加強了校園特定空間的恐懼氛圍（羅於陵、柏蘭芝、孫瑞穗和顏亮一，1997；Astor & Meyer,1999; Klodawsly & Lundy, 1994）。

蘇芊玲和蕭昭君（2003）指出，國中校園中會發生性騷擾與性侵害的地點包括教具室、教師辦公室、教室。畢恆達等（1999）提出學校中性侵害的發生與空間的設計不當有關，例如：(1)建築物的配置不當，學校一些位處偏僻、遠離主要動線、平時不開放的空間，常成為校園犯罪的溫床；(2)照明及視覺通透性不足。張淑瑜（2004）經問卷調查發現，位置偏僻和人煙稀少是令人覺得不安全的主要原因，另外，地下室「光線太暗」、圍牆角落常成「視覺死角」，以及廁所的「怕被偷窺」，使地下室、圍牆角落、廁所成為學生認為最不安全的校園空間，故針對這些空間的特性可特別加以改善。

從以上的問題可以看出，在校園空間的性別問題方面，校園環境設計時常反映了男性價值觀（楊清芬，1995），使得女性師生在學校內的活動相對遭受到較多的限制與壓抑，而產生所謂的「校園成為男性空間」之問題，例如，規劃給男性使用的面積較規劃給女性使用的面積為大、空間使用的分配上存有性別刻板印象、空間規劃較少考慮女性使用者的需求等。未來在學校環境的規劃上，應注意增加女性參與校園規劃的機會，設計不受性別限制的多元活動空間及兩性正常交往的空間，並做好廁所的規劃及注重校園安全（楊清芬，1995、1997；蔡進雄，1998）。

第三節
校園性別平等的空間規劃

湯志民（2001）強調建立性別平等的校園空間是學校空間革新七項重要趨向之一，而中小學校園較偏男性空間需求，忽略了女性空間需求，如運動場地重跑道、球場（籃球場、排球場、躲避球場）等大肌肉活動的設計，女生廁所不足以及缺乏更衣空間等等，未來在性別平等的校園空間上應從重視「男性」轉向對「女性」需求的重視。經問卷調查臺灣地區中

小學210校3,280位學校人員，認為在建立性別平等的校園空間上，以「健康中心」、「女廁所的面積與間數多於男廁」、「運動設施的規劃兼顧兩性的需求」等三項具體做法較為重要，其中國小認為「健康中心」最重要，國中和高中認為「女廁所的面積與間數多於男廁」最重要。許碧蕙（2002）調查南投縣25所全部重建之國小200位教師對學校達成建立性別平等的校園空間之做法，認為較有效的依序為「女廁所面積及間數多於男廁所」、「考量兩性需求的運動設施」、「設置更衣室」、「設置托兒所」。楊清芬（1995）則認為達至校園環境符合兩性平等的需求，現階段必須先改善校園空間對女生的威脅與不平等，甚至在策略上可藉由大幅度提高女性使用空間強度，例如：(1)鼓勵女性參與校園規劃；(2)提供多元的戶外與室內活動空間，且不因性別分隔使用空間；(3)照顧男、女之生理差異；(4)注重校園安全，減少校園死角，增加校園各角落的視覺穿透性與可及性。

在大學校園環境方面，殷寶寧（2008）指出較常面臨的幾個實質空間課題，包括廁所的配置與設計、運動場的分配與使用經驗、學生宿舍、校園與社區之介面，以及不同時段使用差異之安全考量等等。童馨儀（2012）調查國立東華大學美崙校區文理科學生計20名，發現：(1)學生對於校園安全最主要的疑慮多為夜晚時燈光照明普遍不足，實際探訪發現許多角落極少學生會注意，可緊急反應的時間與空間皆略顯不足，以致安全出現漏洞及死角；(2)一所學校廁所之狀況可反映該校性別平等之程度，我們經常只注意到男廁與女廁「數量」上的平等，卻忽視其他相關的需求，如女性在上廁所時所面臨到的最大問題就是置物空間不足，以及提供衛生紙的問題。陳景文（2010）從三個面向進行成功大學性別友善及校園安全空間規劃與建置：(1)確保校園空間：區位之安全性，包括安全管理與保全，標示系統、求救系統及安全路線，照明與空間視覺穿透性，加強校園危險角落之巡查及監視，製作安全校園地圖——安全地圖、危險地圖；(2)提升校園空間：使用之便利性，包括公廁男女合理比例（1：3），營造校園雙語指標環境，設立跨校區、友善、暢行無礙的人行道與自行車道系統，建置校園GIS系統；(3)滿足校園空間：特殊需求之友善性

包括無障礙設施（廁所、坡道、電梯、停車位），設置哺乳室，友善校園地圖。

依2012年10月修正公布「性別平等教育法施行細則」第9條之規定，學校依本法第12條第1項規定建立安全之校園空間時，應就下列事項考量其無性別偏見、安全、友善及公平分配等原則：(1)空間配置；(2)管理及保全；(3)標示系統、求救系統及安全路線；(4)盥洗設施及運動設施；(5)照明及空間視覺穿透性；(6)其他相關事項。2012年5月修正公布「校園性侵害性騷擾或性霸凌防治準則」第4條規定，學校為防治校園性侵害、性騷擾及性霸凌，應採取下列措施改善校園危險空間：

1. 依空間配置、管理與保全、標示系統、求救系統與安全路線、照明與空間穿透性及其他空間安全要素等，定期檢討校園空間與設施之規劃與使用情形及檢視校園整體安全。

2. 記錄校園內曾經發生校園性侵害、性騷擾或性霸凌事件之空間，並依實際需要繪製校園危險地圖。

前項第一款檢討校園空間與設施之規劃，應考量學生之身心功能或語言文化差異之特殊性，提供符合其需要之安全規劃及說明方式；其範圍應包括校園內所設之宿舍、衛浴設備、校車等。依第5條規定，學校應定期舉行校園空間安全檢視說明會，邀集專業空間設計者、教職員工生及其他校園使用者參與，公告前條檢視成果及相關紀錄，並檢視校園危險空間改善進度。

據此，校園性別平等的空間規劃，其建構思考應考量無性別偏見、安全、友善及公平分配等原則，並以「尊重的」、「平權的」和「體貼的」為核心概念。茲參考湯志民（2001）和畢恆達（2009）之研究，從專屬的女性空間、運動設施的規劃、學校廁所的設計、更衣室的設置、樓梯間的設計、性平教育情境的布置和校園安全系統的建置，要述具體做法如下。

一、專屬的女性空間

中小學以女性教職員居多，應有專屬的女性空間。首先應依2010年

11月公布之「公共場所母乳哺育條例」和2009年12月制訂之「臺北市公
共場所母乳哺育條例」規定,學校應依行政院衛生署2011年5月11日「公
共場所哺(集)乳室設置及管理標準」之規定設置「哺(集)乳室」,以
利產後女性教職員哺育或集乳,也可提供學校大型集會活動(如校慶園遊
會、畢業典禮、學校日等)有哺育或集乳之需者,位置可設於保健室、輔
導室或具安全私密的獨立空間(如圖61)。室內環境需光線充足並維持
良好有效之通風,應有電源插座供集乳器使用,設置舒適的靠背椅、母乳
專用儲存冰箱(小冰箱應有適宜高度,以利存取母乳)、有蓋垃圾桶、可
由內部上鎖之門、緊急求救鈴或其他求救設施、洗手設施等基本設備。哺
(集)乳室之管理、維護,應指定專人負責,每日至少清潔維護一次,定

大直國小哺(集)乳室提供舒適溫馨的情境布置,並設置使用時間表,相當貼心。

🏰 圖61 臺北市大直國小溫馨的哺(集)乳室

期檢查各項基本設備之可用性，並作成紀錄。其次，規劃休憩與盥洗（浴室套間）的複合空間，提供女性教職員和學校女生生理期之衛生處理空間，讓女性在學校有家庭的舒適之感。此外，學校應附設幼兒園，如臺北市國小附設幼兒園，便利女性（或男性）教職員工照顧幼兒，以安教心。

二、運動設施的規劃

運動設施的規劃應兼顧不同性別的需求，目前學校運動設施大多數的規劃，以大肌肉的訓練優先，如跑道、籃球場、排球場、棒球場和躲避球場較多，小肌肉的練習場，如羽球場、桌球場較少，或過於擁擠或付之闕如，或僅為訓練校隊而設。因此，學校運動設施的規劃，如體育設施（如設慢跑道、游泳池、韻律教室、健身房等）、球場（如規劃綜合球場、桌球場、撞球室等）、體適能場地（如臺北市建成國中）和遊戲場地等，應多樣化並兼顧男女性別的需求，讓男女性方便選用或共用。

楊清芬（1997）建議校園內不僅止於鍛鍊大肌肉的運動場，練習小肌肉的沙坑，還可以有靜謐的休憩場所等；教室內除原有的閱讀聊天外，也可以有運動強度高的空間，如遊戲廣場，如此可讓女生在下課時找到合適的遊戲空間，喜愛戶外遊戲。此外，據張淑瑜（2004）的研究，國中籃球場課餘時間是男性使用者居大多數的「男性取向空間」，許多女學生會因異性使用者太多而降低使用室內外籃球場的意願，因而建議未來學校在規劃籃球場時，可依各校學生男女比例設置適量「女生籃球優先使用架」，讓女生有優先使用權，但非限制為女生專用，而是在無人使用時，亦不限制男性使用或男女共享。因此，在校園空間可以設置女性運動優先區，以建立無性別偏見的校園空間，如臺大籃球場之一張貼「除申辦借場核准外，本場地女性優先使用」標示牌（畢恆達，2009）。基本上，中小學「女生優先」的籃球場和桌球檯，可依總數量的1/3或1/4來規劃設置。至於可以穿釘鞋跑步的PU運動場，卻常見學校豎牌規定穿高跟鞋不可踩的禁制，應及早將這些涉及性別歧視字樣刪除。

三、學校廁所的設計

　　根據美國康乃爾大學的研究，男性如廁時間平均為45秒，女性為80秒；臺灣的調查，男性47秒、女性91秒；日本學者西岡秀雄的研究，女性為93秒，男性33.7秒（殷寶寧，2008）。因生理上的差異，女性上廁所的時間平均為男性的2至3倍，加以女廁所每間所需的面積大於男廁所，男女廁所在一樣的面積之下，女性上廁所的問題會更為惡化，因此，學校女廁所的面積要大於男廁所，學校女廁所的便器數要多於男廁所，或至少一樣多。

　　其次，廁所需私密性，常配置在偏僻角落，這又有違安全考量；若將其出入口設在安全視線內，縮短動線，多設幾處，分散使用人數，即可兼顧安全與私密（謝園，2001）。

　　第三，廁所通常男女分置，大學校院因上課期間，校內外使用者不易區別，而使用者的性別、性傾向（同性戀、異性戀、雙性戀）、性別特質（陽剛氣質、陰柔氣質）、跨性別（扮裝、變性等），對廁所使用之需求和習慣不同，可考慮設置「無性別廁所」（uni-sex toilet或gender neutral restrooms）、「跨性別廁所」（transgendered bathroom）或稱之為「性別友善廁所」，如瑞典大學在走廊上分散設置配置單間無性別廁所，並張貼男／女皆可使用之標示圖（畢恆達，2009）。尤其是美國加州於2013年8月簽署跨性別廁所法案（Transgendered Bathroom Bill），成為第一個州立法要求K-12公立學校讓跨性別學生可以自由選擇廁所使用（CBSNEWS, 2013, August 12）；新墨西哥州立大學（New Mexico State University）和奧瑞根高中（Oregon high school）也都為跨性別學生設置無性別廁所，以建立友善校園。至於中小學因上課期間，校內外使用者易於區別，性別使用較無爭議，如空間較為充裕，也可考量分散設置單間無性別廁所，以強化性別平等教育。需注意的是，無性別廁所應單間分散設置，內設馬桶（或蹲式便器）和小便斗各一，因與無障礙廁所設施和功能不同，兩者不應混用，也不宜在無障礙廁所上同時張貼無障礙和無性別廁所標誌。惟因男女生如廁習慣不同，應加強無性別廁所之性平使用教育和

衛生整理，如經縝密規劃，以及良好的性平使用教育、管理和維護，無性別廁所（或減少男生廁所加以改置）也可作爲一般學校女性廁所數量之調節。

第四，教育部（2002b）「國民中小學設備基準」規定女廁所應考量女生生理期之處理，設置一間盥洗間，配妥沖洗設備，當然，此一空間也可結合前述健康中心規劃休憩與盥洗（浴室套間）的複合空間。

第五，爲女性如廁衛生，學校大便器形式以蹲式、加長型爲主；惟應注意至少設置一個坐式便器，以供孕婦、女性生理期或貧血、腳受傷或不耐久蹲者方便使用。

第六，女性用品多，便所應設計置物櫃（板）、平臺或掛鉤；男生廁所，尤其是小便斗，亦應注意提供置物板、平臺或掛鉤，以利手持隨身物品之置放。此外，廁所出入口設門簾或遮避和小便斗間的搗擺可保持私密性，設置衛生紙（棉）販賣機以供急用，設置整容鏡讓學生整理和認識自己，設置全身整容鏡尤佳。還有，女校男廁或男校女廁之設置，亦應考慮教職員工以及外賓不同性別使用之需求；尤其是國外女外賓不擅使用蹲式便器，廁所便器形式宜在門板加上標示，以利選用。

四、更衣室的設置

學校女老師或學生常擠到廁所換裝，根據經驗，廁所換裝極爲不便；尤其是上完體育課衣衫盡濕，男生灑脫脫衣，女生沾黏一身，上課極爲不適。因此，更衣室之設置（如國立三重高中）有其必要性，男女生皆有需求，尤其是男校女性教職員或女校男性教職員更有需求，且應設置淋浴設施（附設吹風機），讓師生在活動後能順道沖涼更衣。

五、樓梯間的設計

學校樓梯間需設計戶外視覺可見之窗戶或開口設計，以避免視覺截斷，可將梯級邊緣凸起或扶手欄杆下半部設計不透明材料（謝園，2001），並注意樓梯板上下之間不宜鏤空，以利安全上下樓梯及避免窺視之虞。

六、性平教育情境的布置

　　學校是教育場域，應強化性別平等教育之情境布置。首先，在教室座位安排上，男女生和班或一起上課的班級或課程，教室座位的安排，可將桌椅圍成馬蹄形或圓形，以沖淡性別分野，並增加彼此互動，以及儘量讓教室空間有不同的性別分布變動（畢恆達，2009）。中小學如採佐藤學的「學習共同體」，小學（三年級以上）、國中和高中，學生4人一組，最好由男女生混合，隨機編組，在教室裡桌椅排列成ㄇ字型，課桌椅擺放時也不應該讓孩子面對黑板，以利隨時討論，每一科都用討論的方式上課（黃郁倫和鐘啓泉譯，2012）。此一教學方式和教室座位配置，皆有利於男女生平等互動與學習。

　　其次，設計和保留性別平等紀念設施，例如，美國耶魯大學創辦於1701年，遲至1969年受婦女運動影響遭致抗議，才開始招收女生。曾設計華盛頓越戰紀念碑的建築師林櫻（Maya Lin），在耶魯大學慶祝男女合校25週年之際，為校園設計了一個大理石造的「女人桌」（Women's Table）並獻給母校，桌面上有歷屆女學生的人數和對應年代，如1870年的「0」、1980年的「4147」，規則的呈螺旋狀隨泉水緩慢湧出，由開始無數個「0」，到最先的13，一直到5225。目前此一「女人桌」安置於史特林紀念圖書館前（孫康宜，2000；畢恆達，2009），成為校園景觀焦點和訪客必經之處，以及性別平等最佳教育情境。此外，加強設置性別平等教育網站，以及在適當場地張貼性別平等教育或禁止性騷擾海報，有助於性別平等教育情境之建置。

七、校園安全系統的建置

　　校園空間應成為安全的使用環境，尤其讓女生免於恐懼和更有安全感，校園應消滅死角並建置安全系統。首先，強化學校標示系統，校園與建築之出入口應設置平面圖，分岔道路和重要建築設施（如行政、教學大樓、圖書館、實驗室、教師研究室、體育館、宿舍等），需選擇行進方向者，應設置指標。

　　其次，加強照明及視覺穿透性，消除隱蔽空間或死角，避免植栽或設施造成視覺阻礙，如水泥或磚造牆、樹叢過高或過密、建築內部空間與動線配置不佳（畢恆達，2009）；另地下室、樓梯間、川廊或其他死角等，可設置感應式照明，以加強校園角落的使用安全。

　　第三，強化非正式監視和行動預示。非正式監視是指人的日常活動經由空間設計讓彼此看得見或聽得到，使之能彼此照應；行動預示是指人在建築內或校園中行走時，在建築內90度轉角的走廊或戶外空間急速轉彎的步道，如能將轉彎的幅度減緩、去除轉角遮擋視線的樹叢、增設道路反射鏡，都可提高行動預示（畢恆達，2009）。

　　第四，強化求救系統，裝設緊急求救鈴。如上述偏遠或潛在危險處所、韻律教室和更衣室、廁所等，裝設緊急求救鈴。校園寬闊，應在安全顧慮區設置辨識度高的緊急通話系統或報案亭，以利急難求助。

　　第五，建置安全地圖（如圖62），標示校園重要活動地點間之安全廊道，並在安全廊道設置適宜之照明（以能辨識10公尺外陌生人的臉孔為準）（畢恆達，2009）。規劃中小學生上下學安全路線與支援網絡，並在合作商家、里辦等張貼愛心商店標示，以利上下學急難求助。

　　第六，師生共同參與繪製校園危險地圖（如圖63），改造危險角落。張淑瑜（2004）指出，各校因為環境條件的不同，造成校園不安全的原因與可能危險空間並不相同，所以，可請師生共同在學校平面圖上標示出恐懼、不安或發生過危險事件的位置與原因，蒐集彙整後繪製成校園危險地圖，作為校方或相關單位優先改善之參考。對此，畢恆達（2009）建議無論新舊校園環境，每隔一學期或一學年，可結合學校課程以創造使用者參與之機會，並由這些課程產出與匯集的「校園危險地圖」、「校園安全與性別資源地圖」、「危險角落改造」等資料，以建立校園空間改造參與機制。

　　第七，在校園較偏遠或潛在危險處所（例如地下室、汽機車停車場、屋頂、樓梯端點和其他死角等）設置保全監視系統，並配合警衛或保全巡邏。此外，定期檢討校園空間與設施之規劃與使用情形並檢視校園整體安全，其範圍應包括校園內所設之體育館、宿舍、衛浴設備、校車等。

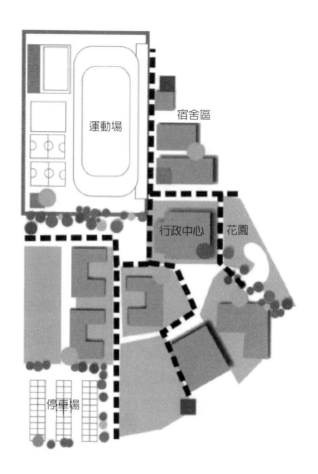

運動場

宿舍區

行政中心　花園

停車場

■ 警衛室　■ 24小時便利商店　● 緊急通話亭

● 性平會　▪▪▪▪ 夜間加強照明安全路徑

圖62　校園安全地圖示例

資料來源：無性別偏見的校園空間手冊（第22頁），畢恆達，2009，臺北
　　　　市：教育部。

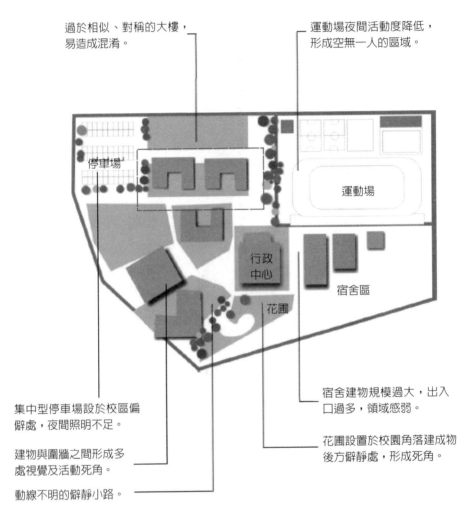

過於相似、對稱的大樓，
易造成混淆。

運動場夜間活動度降低，
形成空無一人的區域。

集中型停車場設於校區偏
僻處，夜間照明不足。

建物與圍牆之間形成多
處視覺及活動死角。

動線不明的僻靜小路。

宿舍建物規模過大，出入
口過多，領域感弱。

花圃設置於校園角落建成物
後方僻靜處，形成死角。

說明：校園危險地圖之目的在於辨識校園中設計不良、有安全疑慮的地點，除提醒
使用者注意之外，更可作為未來學校空間改善依據。

🏰 圖63 校園危險地圖示例

資料來源：無性別偏見的校園空間手冊（第20頁），畢恆達，2009，臺北
市：教育部。

　　校園空間規劃與學生在校活動息息相關，因此，提供師生機能完善的校園空間，是讓師生能自在教學和學習的重要前提。過去，在校園空間設計時或忽略兩性身心差異，或因循傳統設計規範，單純以設施數量和空間面積為前提設計，並未善加考量各個空間對於男女性別使用上可能造成的影響。為了改善現有的校園空間利用，可透過課程設計的方式加以改善，例如適度延長下課時間，開放活動中心等室內活動空間作為休憩活動場所，師生共同繪製校園安全地圖等。未來在學校空間規劃上，應注意校園空間的性別取向，及其對於兩性在休憩活動上造成的差異應加以平衡，同時兼顧兩性生理與心理層面需求，在衛浴更衣等方面上提供充足的設施，使男女在休憩活動上的機會均等，在校園安全方面則需注意採光照明和視覺透通性，加強監視與求救等設備。這些規劃工作不宜僅由專業建築工作人員進行，而要擴大參與成員，例如男女教師、性別教育學者、社區家長代表等，透過兩性的意見參與並配合完善的課程規劃，共同打造未來性別平等的校園環境。

第十章

未來校園規劃

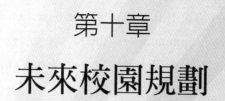

興建未來學校，對形塑孩童進入和超越二十一世紀的教育，將
會有重要的影響。此一規劃方案建基於一個願景，可以讓我們
改變我們的社區、教學和學習本質，以及孩子學習的物質環境
品質。

（Building Schools for the Future will have a very significant
impact on the shape of our children's education far into the 21st
Century and beyond. It is a programme based on a vision that we
can transform our communities, the nature of teaching and learn-
ing, and the quality of the physical environment in which chil-
dren learn.）

——B. Sheerman, 2009

近十幾年，美、英、歐洲、澳洲和許多開發國家有顯著的進展，以
更前瞻的眼光興建二十一世紀的學校建築。例如美國，2010年3月歐巴馬
總統的《教育藍皮書》直指學校設施的安全和健康狀況，是改善學校學習
環境的重要因素（Chan & Dishman, 2011）。加州投票通過投資350億美
元，新建上百所學校並使上千所學校現代化，爲上百萬學子改善學習環
境，使之有優質與節能的學校設施。該州教育廳公立教學局長Torlakson
即言：「我們不能讓下一代的學生在『過去遺跡』（relics of the past）
的學校中受教育」，特帶領90人以上的團隊，包括學校代表、建築公
司、大學、營建管理組織、營造協會、能源公司和企業界等，籌劃「未來
學校」（the Schools of the Future, SOTF），團隊任務在督導學校規劃、
設計、資金和節能，並提出未來學校兩項重點政策範疇：(1)州學校設施
方案的改革，(2)設計高成效與綠色學校，以符應二十一世紀學生之需
求；以及未來學校八項政策：(1)設計的教育影響，(2)校地選擇和社區影
響，(3)現代化（modernization），(4)創立和經營，(5)高效率學校（high
efficiency schools），(6)更新能源，(7)太陽能格柵學校（grid neutral
schools），(8)高成效學校的經費（Torlakson, 2011a），並以「偉大的學
校藍圖」（A Blueprint for Great Schools）作爲行動基礎，其八項政策

之一「設施興建與改革」（facilities construction and reform），在使學區能從事更有效能和效率的設施興建與重新設計，並使之朝向能源自足（Torlakson, 2011b）。

英國2003年至2010/11年針對中學辦理「興建未來學校」（Building Schools for the Future, BSF）方案，一所新建學校要價2千萬英鎊，投資經費從2007/08年64億英鎊增至2010/11年的82億英鎊（Priceweater-houseCoopers, 2008），預計每年改善250所中學，至2020年，整個方案估計要投資520～550億英鎊，現有78%的當地主管機關以及86%的企業公司投入BSF方案，目的在重建、修建和提供資訊科技給全英國3,500所中學，以確保學生擁有符合二十一世紀標準優質的學習環境（National Audit Office, 2014）。自2006年3月起15年之間推動另一方案讓一萬所小學（50%）重建、整修或翻新，粗估每所小學70萬英鎊，2008至2009年投資1.5億英鎊，2009至2010年增至5億英鎊，整個方案將投資80億英鎊（The Education and Skills Committee, 2007）。蘇格蘭的未來學校方案（Scotland's Schools for the Future programme），擬以結合公家機關和企業共同合作，讓經費投資和公共服務有更好的價值，在學校建築設計上，強調要反映「需要」（needs）、而不是「想要」（wants），並使之具有效率、效能和彈性，才可能使其有社會、環境和經濟上的永續性（Scottish Futures Trust, 2012）。蘇格蘭政府將投資12.5億英鎊，使未來學校能有效率和效能的營運，並作為典範以協助當地主管機關在新學校經費投資上創造最大價值。2010年9月，第一所未來小學動土，並於2012年正式啟用，至今有11所學校完工啟用，有9所中小學正興建中，新一批學校的興建預計在2013～2014會計年度執行（Scottish Futures Trust, 2014）。

澳洲，2009年澳洲聯邦政府「國家建築——經濟振興方案」（The Nation Building - Economic Stimulus Plan）的「構築教育改革」（the Building the Education Revolution, BER）方案，投資澳幣162億元用以提升澳洲學校設施品質，使之成為二十一世紀的學習空間，包括三個次方案：(1)二十一世紀的小學（Primary Schools for the 21st Century）：新

建和更新大廳、多目的空間、圖書館和教室,計澳幣142億元;(2)二十一世紀中學的科學和語言中心(Science and Language Centres for 21st Century Secondary Schools):新建和更新科學實驗室和語言學習中心,計澳幣8.218億元;(3)國立學校的榮耀(National School Pride):新建和更新有覆蓋的室外學習區和運動設施,計澳幣12.8億元。BER方案計執行全澳洲學校9,500所、24,000個建造專案(Harrison & Hutton, 2014; Victoria Department of Education and Early Childhood Development, 2013)。

　　歐盟的未來學校(school of the future)方案,由德國、義大利、丹麥、挪威等4國共同合作研究適宜本國當地氣候之學校案例,於2011年2月運作至2015年1月,旨在設計、證明、評估和分享4國4校之實驗示範案例,分析內容包括:建築體(building envelope)、暖氣系統、通風系統、熱水系統、人工採光、再生能源、能源管理系統等,以瞭解如何達到未來的高成效建築水準,學校建築和主要使用者學生——下一世代——皆為該方案之焦點,尤其是「零排放建築」(zero emission buildings)是不同國家邁向2020之路的主要目的,使未來學校成為「零排放學校」(zero emission schools),並將此國際實驗示範案例之資訊,發展為指引、資訊工具、出版刊物,以及成為歐盟肇建(the EU BUILD UP)社群網站之一(Zinzi(Ed.), 2013, 2014)。

　　臺灣,學校建築經歷百年的發展,從日據時代紅磚黑瓦軍營式校舍的濫觴、1960年代標準化校舍的興建、1970年代學校建築的更新、1980年代新學校建築的萌芽、1990年代學校建築的轉型、2000年代優質新校園的推展迄今,經過標準化校舍、無圍牆學校、無障礙環境、開放空間、班群教室、學科教室、古蹟共構、文化情境、新校園運動、綠色學校、綠建築、永續校園、友善校園、健康校園、公共藝術、資訊科技、耐震設計、創意校園、性別空間、空間美學、校園活化、閒置空間再利用、優質化工程和優質校園營造等,使臺灣的學校建築產生令人振奮的新風貌,開創學校建築發展的新紀元。近10年,強調以數位科技為基礎,倡議e化教學結合雲端科技之智慧教室或未來教室,正方興未艾的發展中。2009年,全

臺灣的國中小電腦教室完成設備更新，並達到班班可上網，以及完成國中小「多功能e化數位教室」和「多功能e化專科教室」之建置，同時教育部推展「建置中小學優質化均等數位教育環境計畫」，2010年提出《2010創造公平數位機會白皮書》，積極增建與擴充學校資訊科技，建置數位學習環境（教育部，2009b、2010d；教育部電子計算機中心，2009年4月10日）。2011年，教育部進一步推出「教育雲」計畫，擬以2.45億元經費打造符合雲端運算之教學系統，將使臺灣的數位學習進入雲端時代（教育部，2011c）。

　　總之，學校建築與校園規劃受到政治、社會運動、新科技和趨勢的影響，企圖學習得更好的意識抬頭，興建優質學校必須能不斷地轉換和適應新的理念（Baker, 2012）。就臺灣而言，少子化的影響、高齡化的社會、多文化的教育、系統化的流程、生態化的環境、科技化的發展、優質化的投資等社會環境脈絡，會影響未來10年臺灣的校園規劃（湯志民，2011）。展望未來校園規劃，擬就未來校園規劃的概念、未來校園的趨向分析、未來校園的規劃實例等三部分，分別探討說明。

第一節
未來校園規劃的概念

一、未來的基本概念

　　「未來」（future）是將到而尚未到的時間，也是一種期待的情境，尤其是對成長、進展和發展的關切（The American Heritage Dictionary of the English Language, 2011）。根據吳澤炎、黃秋耘和劉葉秋（1988）《辭源》的解釋，「未來」泛指現在以後的時間，首見於《魏書釋老志》：「凡其經旨，大抵言生生之類，皆因行業而起，有過去、當今、未來，歷三世，識神嘗不滅。」北齊顏之推《顏氏家訓歸心》：「凡夫蒙蔽，不見未來，故言彼生，與今非一體耳。」亦即，從時間是線性的角度來說，未來在時間線上表示將要發生的那部分，也就是說，在時空上表示

尚未發生事的那部分（維基百科，2013）。陳瑞貴（2007）對「未來」
有更深入的詮釋：

> 一般吾人認知上的「未來」指的是「尚未發生的全部」。它包
> 含了所有的可能。也可以視之爲「所有可能的明天的組合」。
> 所以假設「當下」叫做「現在」，那麼「未來」就是所有潛在
> 的或可能的現在」。

對於「未來思考」（futures thinking），OECD（2014）認爲是在反
映下一個10、15、20或更多年的基本變遷（fundamental change）；未來
本是不可預測的，但任何人，包括教育決策者和管理者，皆需要計畫並將
未來列入考量。

二、未來校園規劃的涵義

校園涵蓋學校內廣闊的實質領域，包括校舍、庭園、運動場地及其附
屬設施。

「未來校園」（the campus of the future）之涵義，可從下列學者專
家對未來學校及相關概念的界定與說明，知其梗概：

Townsend、Clarke和Ainscow（1999）曾列舉第三千禧年學校（third
millennium schools）變遷之特徵：(1)民眾透過多元管道可做一天24小
時、一年365天的學習，其中一些管道爲學校；(2)學校提供限定的課程集
中在讀寫算能力、一般技術與職業技能；(3)聘請教師爲使教學符應學習
者的需求；(4)學校是一個學習型社區，每個人（學生、教師、父母、行
政人員）因情境不同，既是學習者也是教師；(5)資訊的取得依學習者能
力與興趣，習得基本技能之後，資訊有很大的改變；(6)學校一如我們所
知，在形式與功能上已產生巨變，甚至已被取代；(7)社區負起教育學生
與成人的責任，工商業將積極參與學校的發展；(8)若所有學生能具有工
作本身所需技能，並能適應快速變遷的工作與社經環境，學校才算成功；
(9)正式教育機構是「市場」力的主體。Townsend等人並強調第三千禧年

學校可能與我們現有的學校全然不同，而學校的重建應能發展第三千禧年的技能，包括讀寫算能力、技術能力、溝通能力和觀念轉換（exchange of ideas）、文化意識和鑑賞（awareness and appreciation of cultures）、願景和開放心胸（vision and open mindedness）、發展潛力和創業力、批判思考能力和適應力、團隊工作和社區服務、個人選擇的意識（aware-ness of one's choices）、對個人和社區成長的承諾（commitment）和領導才能。

　　Townsend和Otero（1999）更詳細的分析第三千禧年學校所強調的重點，包括：(1)使用科技，而不是與科技競爭；(2)發展地區性、全國性與全球性的合作學習（collaborative learning）；(3)對個體的再度重視；(4)接受多元智慧，爲其而教學；(5)重視歷程技巧（process skills）而非特定內容知識，重視高層次技能而非事實；(6)接受終生學習（lifelong learning），爲其而教學；(7)發展學習型社區（learning communities）而不是學習者社區（communities of learners）。

　　Chaves（2007）認爲「未來學校」是一個在知識經濟時代，可以教育孩子、以及教育我們的學校。「未來學校」是全新的，不全然因爲科技，而是由全新的教育視野、全新的學習認知與各種創新的互動教學，構成它的基石。

　　著名的未來趨勢大師Toffler預測「未來學校」爲：(1)每天開放24小時；(2)客製化的教育經驗（customized educational experience）；(3)小孩子不同時間到校；(4)學生於不同的年紀開始正式的教育；(5)課程跨學科統整（curriculum is integrated across disciplines）；(6)虛擬教師與教師一起工作（nonteachers work with teachers）；(7)教師在學校和企業界輪替工作；(8)當地企業在校內有辦公室；(9)委辦學校數量增加（in-creased number of charter schools）（引自Daly，2007）。

　　微軟Gates說，未來學校的定義是：在教學環境中，導入資訊化、數位化、無線化，打破教室的固有疆界，從中激發更高的學習熱忱（引自楊方儒，2009）。

　　Senge（2012）創造未來學校的重點在於：(1)系統思考和學習者中心

之教學（systems thinking and learner-centered pedagogy）；(2)永續教育（education for sustainability）；(3)眞正的青年參與和青年領導（authentic youth engagement and youth leadership）；(4)建置學校成爲學習社群（building schools as learning communities）。

吳清山和林天祐（2010）：未來學校（school of the future）係指能夠支持學生自我學習、發現問題，以及建立解決問題能力的一種學校學習環境（第44頁）。

綜上，學者專家對於未來學校有從時代變遷特徵的觀點來說明，也有從教育、教學和學習典範的改變來申述，然而不外乎冀期比現在更進步、更理想、更能符應社會變遷需求的學校教育環境。因此，「未來校園」可說是比現在更進步、更理想、更有效能，並能符應社會變遷和教育需求的校園環境。未來校園規劃（campus planning for the future）係以教育、建築和環境的新觀念，使校地、校舍、校園、運動場與附屬設施之配置與設計，能建構出比現在更進步、更理想、更有效能的校園環境，並能符應社會變遷和教育需求之歷程。

第二節
未來校園規劃的趨勢

「趨勢」（trends）是一種指引線或動線，興建新學校或整修既有建築使之現代化，考量變遷中的教育趨勢至爲重要；學校建築要符合當前和未來需求的關鍵，在於教育人員、社區、企業界和決策者有正常溝通管道，不斷的審視環境，覺察當前教育、設計和環境議題，並知道有哪些趨勢會影響學校的規劃與設計（Stevenson, 2002, 2010）。未來校園規劃的趨勢，參考湯志民（2001、2006c、2008c、2009b、2011、2012f）及相關研究（張宗堯和李志民（主編），2008；Brosnan, Minnich, Richardson, & Stein, 2010; Brown, Diehl, & Woodard, 2011; Council of Educational Facility Planners International, 2010, 2012; Dale, Hutton, & O'Brien, 2011; DeJong, 2007; Department for Education and Skills, 2004;

Florida Educational Facilities Planners' Association, 2012; McConachie, 2007a, 2007b; Tanner & Lackney, 2006），可分爲環境內涵人文化、學校設備科技化、學校環境生態化、校園空間彈性化、建築系統智能化、營運管理複合化、規劃設計數位化、設施更新優質化等八項，茲分述如下。

一、環境內涵人文化

未來校園環境會大量反映人文化的特質，亦即校園建築內涵愈來愈重視人性、文化、學術、生活、藝術、無障礙、性別平等，並與社區融合校園環境的規劃，此一以「人」爲核心思考的校園建築，使學校朝向人文學校、友善學校、社區學校、無圍牆學校大步邁進。

具體言之，未來的校園建築與設備會融入更多人體工學理論，校舍建築造形與情境會融入更多藝術人文的氣息，學校教學環境會提供更優質的教學研究環境和學習資源，各樓層休憩空間、公共藝術、師生交誼廳、生活化合作社、五星級廁所將逐一出現，讓學校有家庭般的溫馨。未來的校園建築會更反映出對學術的重視，設置適用於課程與教學的學校設施，如Rydeen（2012a）強調規劃可增進理工科（Science, Technology, Engineering and Mathematics, STEM）教學與學習活動的自足式教室（self-contained classrooms），空間、家具和設備彈性化，較大的媒體中心，甚至學校毗連有湖的公園，並可步行到另一個湖做環境研究。未來的校園建築會更尊重人權，重視行政與教學、教師與學生平等使用空間，重視性別平等，強化女性空間的規劃；重視弱勢，使校園環境全面無障礙；與社區融合，無圍牆學校會愈來愈多；對遠道學生的生活照顧，設置學生宿舍。人性、文化、親和、友善、美感、平等等人文化觀念，是學校成爲教育場域的精神與表徵，未來校園規劃應愈來愈重視與強化此一教育情境之建置。

總之，單調、灰白水泥的「火柴盒」、「信封」或「工廠」式的校園建築意象將走入歷史，人文化會成爲未來校園規劃的趨勢之一。

二、學校設備科技化

　　未來校園會大量反映科技化的特質，亦即校園建築設備愈來愈重視科技、資訊、網路校園環境的規劃，此一以「數位」為核心思考的學校建築，使學校朝向科技學校、資訊學校、虛擬學校、網路學校、雲端學校、未來學校大步邁進。

　　具體言之，未來的校園建築與設備會完全融入資訊科技系統，如：電子白板、液晶電視、單槍和螢幕、平板電腦、無線網路、遠距教學、教學平臺、數位圖書館、數位校史館等，將來學生可在家透過線上學習，在線上完成作業與評量並予以認證。例如：教室資訊化（裝置電化講桌、麥克風、高流明單槍投影機）、設置媒體製作室、架設全校無線與有線寬頻網路；建構校務行政管理系統，提供優質服務，實施電子公文交換與批閱系統，落實文書管理效能；建構數位教學平臺、設置遠距教學系統；透過館際合作整合圖書館資源庫，或與大學光纖連線（如政大附中）；建置校園電子圖書及書包，結合雲端科技規劃智慧教室、未來教室（如臺北市南湖國小，參見圖64）、科技教室，規劃攝影棚、資訊科技天文臺、網路天文臺，提供相關資源供師生教學或學習使用；設置互動式線上保全監視系統，杜絕安全漏洞；發展學校智慧卡，提供門禁讀取及回傳機制，確保學生安全。尤其是，教育部（2011c、2012）提出「101～103年

圖64　臺北市南湖國小未來教室

教育雲計畫書」和「101～103年教育雲端應用及平臺服務推動計畫」，擬以2.45億元經費，推動數位學習策略，打造符合雲端運算之教學系統，將使臺灣的數位學習進入雲端時代。此外，以資訊科技構成分散式即時教室（distributed real-time classrooms），或稱之為「合作式建築」（co-operative buildings），將演講廳和廣泛散布於近在咫尺或遠在天涯的會談空間結合（這些空間也可具備其他功能，例如會議空間、圖書空間或辦公室等）（Long & Ehrmann, 2005）。政大附中即運用此原理將國際會議廳、演藝廳和教室以資訊科技連線結合，辦理e化朝會、班聯會和專題演講等，以強化空間運用效能。還有，美國加州聖地牙哥市的高科技實驗中學（High Tech High, HTH），學生不需要帶課本，上課所需的材料已經數位化，獨一無二的親手操作（Hands-on）教學方式，每位學生在HTH都會完成自己選擇的專案，可能是數位科技、機械、物理、天文，或是環境、海洋生態等研究專案，學生的作品有不需要鍵盤就可以打字的無線電子手套、電動投籃機器人等，令人驚奇（Rosenstock, 2007）。需注意的是，2011年起由Udacity、Coursera與edX這三家線上學習公司引領風騷的數位學習模式，稱之為「大規模開放式線上課程」（Massive Open Online Courses, MOOCs），迄今在全球頂尖大學已有800個MOOCs，大多數有文憑，全球計超過10萬人註冊（劉怡甫，2013；Harrison & Hutton, 2014; Open Culture, 2014）；澳洲大學的「虛擬學校」（virtual schools）提供學生線上學習已有20年，美國有27州的政府經營虛擬學校，在虛擬K-12機構註冊的學生有200萬人（Maslen, 2013）。更令人期待的是，機器人時代的來臨，在軍事、醫療、航太、工業用途快速發展，也可協助清理游泳池、清掃辦公室、擔任接待員等。根據國際機器人聯合會（International Federation of Robotics）統計，2012年日本再次成為全球最大的機器人市場（孟芳，2014），而日本運用機器人當代課老師已有10年，也有代學生上學者，如有一位女生因退化性疾病，以「天神機器人」（avatar robot）代她到校並與其他學生互動（Maslen, 2013）。資訊、網路、數位、雲端、機器人等科技化發展，是世界進步的主體趨勢，未來校園規劃應勢必以此為軸心觀念。

總之，一支粉筆、一塊黑板、一支教鞭的傳統教室將走入歷史，科技化會成為未來校園規劃的趨勢之一。

三、學校環境生態化

未來校園會大量反映生態化的特質，亦即校園建築環境愈來愈重視生態、節能、減廢和健康環境的規劃，此一以「環保」為核心思考的校園建築，使學校朝向生態學校、綠色學校、零碳學校、健康學校、高成效學校和永續學校大步邁進。

具體言之，未來的校園建築與設備會融入更多環保觀念，運用綠建築與綠建材，以興建最少廢棄物與自然永續共生的建築。根據Kats（2006）30年來對美國綠色學校（即能源效率、健康和環境友善的學校設計）的研究，發現每年每校平均節省10萬美元（可聘2位全時教師），整個綠色學校的經費效益比例為20：1（綠色學校每花3美元／平方英尺，可得74美元／平方英尺的經費效益），2007年K-12的學校興建總經費超過350億美元，試想興建為綠色學校會有多少經費效益？

臺灣於2002年1月起，新設校或新建校舍建築（工程經費超過5,000萬元以上），應依規定取得綠建築標章；舊有校舍建築，依永續或綠建築觀念整體修建，可延續歷史資源和資產，建置永續環境並益增經濟效益（Craig, Fixler, & Kennedy, 2012）。學校應多運用綠建材或環保材料，Rydeen（2012b）建議可多運用木材。根據加拿大英屬哥倫比亞大學（the University of British Columbia）和加拿大木材研究機構最近的研究指出，木材是創造更健康的人造環境方法之一，木造美感的健康環境，可使辦公室減壓，運用於學校可使老師和學生降壓；同時，學校洗手檯和電器加裝省水省電設施，推廣盥洗用水和雨水回收，增設風力及太陽能設備，運用再生能源。當然，能以低科技的自然生態方式，更符合地球環保的觀念，以通風和採光為例，校舍建築採南北向，運用自然通風和晝光，少用冷氣空調、避免東西曬，謹慎採用玻璃帷幕等，是較高明的做法。此外，校園景觀可依學校實需增設校園生態景點，種植多樣喬木和本土植物，增闢校園透水性鋪面，擴增校園綠覆地面積。需提醒的是，室內空氣

品質（Indoor Air Quality, IAQ）直接影響學生學業成就、健康、舒適和能力表現（Environmental Protection Agency, 2012）。美國環境保護署（Environmental Protection Agency, 2014）強調室內空氣品質對於創造和維護學校設施是一個非常重要的觀念，並提供「學校室內空氣品質設計工具」（IAQ Design Tools for Schools），對新建、整修、更新和維護現有學校設施，以及在空調系統（Heating, Ventilation and Air Conditioning Systems, HVAC）選擇和設計上，協助學校設施規劃者設計出下一代的學習環境，幫助學校達成教育學生的核心任務。英國，「興建未來學校」（BSF）希望至2016年所有新學校建築都必須是零碳，並達到「建築研究所環境評估法」（The Building Research Establishment Environmental Assessment Method, BREEAM）的優良等級（very good）（Westminster Sustainable Business Forum, 2009）。生態、環保、綠色、永續，是莫之能禦的世界潮流與趨勢，未來校園規劃應以此為重要的核心觀念。

　　總之，過去「水泥叢林」的校園建築將走入歷史，生態化會成為未來校園規劃的趨勢之一。

四、校園空間彈性化

　　未來校園會大量反映彈性化的特質，亦即校園建築空間愈來愈重視課程、教學、彈性機能校園環境的規劃，此一以「多功能」為核心思考的校園建築，使學校朝向開放學校、學習型學校、無鐘聲學校、學生中心學校大步邁進。

　　具體言之，未來的校園建築與設備會融入更多開放空間、學習型組織和無所不在的學習等理論。首先，在教室規劃上，應有足夠大的學習空間，以資因應課程與教學的變化和使用。Hassel（2011）指出，作為二十一世紀學習環境的教室設計，空間應足夠因應許多學習活動的需求，教室的家具要能彈性運用，讓師生和同儕之間能合作和互動。其次，在教學安排上，運用彈性隔間和家具，使單一空間同一時間能彈性多樣（如多目的空間、班群教室），提供學生多樣學習角落和環境；或在行政與課程安排上，使單一空間在不同時間運用上有多樣功能，如學校的會議室，可

作爲行政會議、導師會議、參訪簡報、教師研習、資源教學、教學研究會和各項委員會開會空間，突破過去單一空間單一活動的限制。尤其是，McConachie（2007a、2007b）所強調的，不論未來的學習方式如何改變，學校的建築都必須具備調整的能力，因此小至室內空間、大至不同的建築物，都要有變化的彈性。McConachie說「彈性可變的空間」（flexibility and adaptability）是未來學校的建築設計條件之一，「彈性」指的是以「小時」或是「天數」爲單位的改變能力，「可變空間」是可移動空間的隔間牆，或改變家具和設備的擺設，他認爲可變性是讓校園空間在長時間具備可以適應不同教學需求的空間內涵，一所學校如果設計要使用50年，不只建築結構要有50年的強度，更要能配合這50年來的教學方式與科技演進。多變、適應、多功能等彈性化發展，是學校建築長年最受青睞的特質，未來校園規劃應勢必持續此重要觀念。

總之，固定隔牆、制式單一空間的校園建築將走入歷史，彈性化會成爲未來校園規劃的趨勢之一。

五、建築系統智能化

未來校園會大量反映智能化的特質，亦即校園建築系統愈來愈重視機械、電信、消防設備等自動受訊與反應環境的規劃，並結合資訊科技使建築維護與管理更具人工智慧，此一以「效率」爲核心思考的校園建築，使學校朝向智慧學校、智慧綠色校園大步邁進。

具體言之，未來的校園建築與設備會融入更多人工智慧理論，運用各種警報器、跳電自動偵測、自動開燈、即時保全監測的設備，以協助學校節約電能，彌補人力的不足，並建立安全的校園環境。隨著未來技術的發展，全自動操控的系統會更爲完整，「智慧建築」（intelligent building）的實踐將會加快腳步。

「智慧建築」（或稱智能建築）係應用於建築物之設備自動控制與設施管理，使建築物之管理更具人性化與智慧化，進而延長建物之壽命，節省能源、節約人力，並降低建物日後之營運費用（內政部建築研究所，2012）。智慧建築由三大基本系統構成：建築設備自動化系統（Building

Automation System, BAS）、通信網路系統（Communication Network System, CNS）和辦公自動化系統（Office Automation System, OAS），以提供高效、舒適和便利的環境（梁華和梁晨編著，2003）。智慧建築的指標內容，包括（內政部建築研究所，2014）：(1)綜合佈線：建築物通信佈線系統之規劃設計、可支援之服務、導入時機與流程管制、佈線系統等級與整合度、佈線系統管理機制、佈線新技術導入程度；(2)資訊通信：建築物廣域網路之接取設計、數位式（含IP）電話交換、公眾行動通信涵蓋（含共構）、區域網路、視訊會議、公共廣播、公共天線及有線電視、公共資訊顯示及導覽；(3)系統整合：建築物營運資訊系統整合之程度、系統整合之方式、整合管理方式、系統整合平臺、整合的安全機制；(4)設施管理：建築物內財產與營運效能之使用管理、建築設備維護管理；(5)安全防災：建築物防災、人身安全；(6)健康舒適：空間環境指標、視環境指標、溫熱環境指標、空氣環境指標、水環境指標、健康照護管理系統；(7)便利貼心：空間輔助系統、資訊服務系統、生活服務系統；(8)節能管理：建築物能源監視系統、能源管理系統、設備效率、節能技術、再生能源設備。

就校園建築而言，建置各項自動化、科技和資訊設備，在使學校行政管理和教學效能大幅提升，例如：自動排煙窗、電捲門裝置障礙感知器、自動照明系統、感應展示櫃、自動導覽系統，裝置水電、照明、空調自動監測與回收系統等。美國校園建築也有運用「電腦化維護管理系統」（A Computerized Maintenance Management System, CMMS），使學校設施的營運、管理更有效能（Kennedy, 2012）。

近幾年，資訊通信科技（Information and Communication Technologies, ICT）與綠建築整合，進一步發展為「智慧綠建築」（intelligent green buildings）（Ehrlich, 2008; EnOcean CleanTech, 2010; Gowan, 2010; Syracuse Center of Excellence, 2014），或稱之為「智能綠建築」（bright green buildings）（King, 2010; The Continental Automated Buildings Association, 2014）。「智慧綠建築」就是「以建築物為載體，導入綠建築設計與智慧型高科技技術、材料及產品之應用，使建築物

更安全健康、便利舒適、節能減碳又環保」。大專校院之教室、教學大樓等相關場所總工程建造經費達新臺幣2億元以上，自2013年7月1起，建築工程於申報一樓樓板勘驗時，應同時檢附合格級以上候選智慧建築證書，於工程驗收合格並取得合格級以上智慧建築標章後，始得發給結算驗收證明書；2010年至2015年，臺灣將投資3.3億元推動智慧綠色校園（內政部和經濟部，2013）。美國德州吉丁士私立學區（Giddings Independent School District）則於2009年8月新設立的一所高中，將所有的校務行政、設備保全和學習工具運用單一網路系統，讓新世紀的學習環境與節能結合，以收降低管理和能源經費、提升行政效率和安全管制之效，而教師透過網路寬頻進入電腦也可參與學生的學習（Cisco, 2010），此為智慧綠色校園之案例。自行監控、管理、營運與維護等智能化發展，會逐漸成為未來校園規劃重點工作。

總之，過去管理、維護、監控系統運用過多人力的學校建築將走入歷史，自動化會成為未來校園規劃的趨勢之一。

六、營運管理複合化

未來校園會大量反映複合化特質，亦即學校建築營運愈來愈重視省錢、有效、多功能、開放校園環境的規劃，此一以「經濟」為核心思考的學校建築，使學校朝向社區學校、社區中心學校、終生學習學校大步邁進。

具體言之，未來的學校建築與設備會融入更多社會投資和公共財理論，校園開放、引進社區資源或委外經營，使學校建築多角經營，以撙節經費支出，增進和提升建築使用效能。學校營運複合化，指的是學校的空間除了為學生的學習場所之外，亦能與其他單位共同使用，空間營運模式可能與政府單位或是社區進行合作，例如：(1)縣市政府或鄉鎮公所出資在學校內興建圖書館、活動中心、游泳池或停車場，彼此共同使用，如臺北市中小學運動場與停管處合建地下停車場，臺北市西湖國中與市立圖書館合設分館，新北市鷺江國中與體育處合建國民運動中心，可以解決政府施政需求與增加校園建築功能。(2)學校設置英語村供他校共同使

用，如新北市乾華國小、桃園縣文昌國中和快樂國小、澎湖縣文澳國小，益增校園設施功能。(3)學校空間與設備和社區共用，如設置社區大學、媽媽教室、樂齡學習中心、數位機會中心、新移民學習中心、安親班接送區，或如Winter和Gyuse（2011）所建議的規劃設置K-8年級的課後學習空間（after-school space），讓學生在低壓力情境、探索新興趣，以及和朋友、師長發展有意義的關係。(4)學校建築設施委外經營（Operate-Transfer, OT），與社區共同使用，如臺北市濱江國小游泳池OT、臺北市成德國中活動中心OT、新店國小游泳池ROT等，以撙節學校營運費用和拓展財源。(5)學校與鄰近環境整體規劃，與社區資源共享，如政大附中興建之初，將鄰近學校的公園綠帶併入校園整體規劃興建，不僅可增加校園的整體性，減少未來再施工的危險性，並可提高校園與社區公園連結的使用效率；此外，美國科羅拉多州一個社區學校——福特·柯林斯高中（Fort Collins High School），校地92英畝（約37公頃），學校與學區教育委員會、公園委員會三方協議共創一所社區學校並成為社區中心，該校於1995年竣工，社區公園與學校之間沒有任何圍牆或者圍籬，學校（包括學科教育、表演藝術教育、音樂教育及體育教育）、公園和商業中心沿著一條蜿蜒的主要街道而立，這條街道是社交的熱門場所（Brubaker, 1998）。(6)校際聯盟資源共享，如教育部2007～2011年連續5年，每年評選100所特色學校，補助各校經費活化空間資源，推展特色遊學，包括南投日月潭特色遊學圈（整合明潭、德化、頭社、車埕國小和明潭國中）、苗栗南通湖聯盟遊學圈（結合南庄、蓬萊、東河、五湖、南和國小和西湖國中）等（郭雄軍和蔡淑玲，2011），結合學校特色空間、當地自然景觀、地域文化和風土民情，讓校內外學生或國際學生透過遊學活動使校園空間活化與再生；此外，香港蒲崗村道學校村是全港第一個具規模的學校發展群組，占地3.75公頃，村內設有3所小學和1所中學，除有各自教室之外，最大特色就是擁有多樣化的共用設施，包括200m跑道和小型足球場、2個有蓋籃球場、跳遠沙池、綠化緩跑徑、小型更衣室、2個可停泊17部校巴及28部汽車的停車場、中央花園及休憩地方，為村內學校帶來資源共享的文化（香港教育署，2002年9月10日）。設施共構、資源

整合、資源分享等複合化發展,將成為未來校園規劃核心前提。

　　總之,單一教學功能的封閉式學校建築將走入歷史,複合化會成為未來校園規劃的趨勢之一。

七、規劃設計數位化

　　未來校園會大量反映數位化特質,亦即校園建築設計愈來愈重視虛擬、非制式化、非對稱性、單元環境的規劃,此一以「虛擬」為核心思考的校園建築,使學校朝向虛擬學校、數位學校大步邁進。

　　具體言之,未來的校園建築與設備會融入更多虛擬和數位理論,運用先進的資訊科技和數位化系統,校園建築設計圖的繪製,幾乎都是在電腦軟體上完成。例如,運用「營建資訊模式」(Building Information Modeling, BIM),可協助建築師更快速設計和興建更有效率的建築,並能節省更多維護費。BIM是一個模式歷程,可在興建之前模擬完工的建築物,並可提供空間關係、燈光分析、地理資訊、建築成分的數量和財物(包括機械和結構系統),只要敲一個滑鼠即可以看到移動一個牆面會如何影響機械和結構系統,也可以在建築設計的早期階段模擬能源的表現和消耗,設計者可以計算出畫光和窗戶大小與比例,以確保空間品質和建築能源負載,運用BIM可節能20～30%。美國印第安那大學(Indiana University)有8個校園825棟校舍建築,2009年10月決定創造BIM標準,是最早採用BIM環境的機構之一,BIM也成為該校制式合約的一部分(Phillips, 2010)。其次,因為數位化的關係,可有更複雜、非制式化、非對稱性的結構,畫出過去制式化模式裡沒辦法看得見的結構,像是目前透過電腦設計,就會在螢幕面前呈現生動模擬動植物或融入大自然的「新有機建築」(new organic architecture)(董衛等譯,2003)。需補充的是,1997年數位建築正式誕生,讓向來被視為建築生命的「空間與形體創作」有了巨變,著名麻省理工學院的史塔塔資訊中心(Ray and Maria Stata Center),是由曾獲建築最高榮譽普利茲克獎的Gehry以數位建築設計,數位建築發展至今有四個明確的發展方向:建築形體的解放、空間概念的演化、人工智慧的設計、數位類型的建構(劉育東,2007)。此一

發展有助於校園建築造形與空間的轉型和突破，大跨距結構的學校體育館設計更為容易。雖然數位建築將使學校的樣貌更多元與更複雜，但仍需考量實際建築技術是否成熟及可行性，以確保建築上的安全。模擬、虛擬、有機等數位化發展，是學校建築結構與造形多變的關鍵，校園規劃都會以此規劃設計，以資預見未來。

　　總之，傳統的標準化校園建築設計將走入歷史，數位化成為未來校園規劃的趨勢之一。

八、設施更新優質化

　　未來校園會大量反映優質化的特質，亦即校園建築更新愈來愈重視造形、美感、增能、活化、再利用的規劃，此一以「品質」為核心思考的學校建築，使學校朝向安全學校、優質學校、特色學校、創意學校大步邁進。

　　具體言之，未來的校園建築與設備會以安全為基礎，強化校園的防洪、防颱、防震的安全設計（Line, Quinn, & Smith, 2010），設置保全和監視系統、安全地圖、提醒易受傷地點、增強防災避難動線標示，以及在教室裝電話。美國在911之後，在教室裝電話成為2000年代學校保全更普遍的設備，1999～2000年44.6%的學校在大多數的教室中裝電話，2007～2008年則增至71.6%（Kennedy, 2011）。2010年3月歐巴馬總統的《教育藍皮書》（President Obama's Education Blueprint）特別強調學校設施的安全和健康狀況，是改善學校學習環境的重要因素（Chan & Dishman, 2011）。其次，校園會融入更多美學理論，校舍建築造形與情境會融入更多裝修、色彩與美感，老舊校舍「拉皮」整體更新，重新配置並調節機能，整理舊管線和油漆粉刷，配合市容整建學校圍牆；學校教室增置置物櫃和e化設備，強化教學和學習功能，教師辦公室強化生活機能；強化校園活化與閒置空間再利用，充實專科教室、擴增辦公室、社團活動室、樂活運動場地、玩具圖書館、藝文中心、社區大學或增置幼兒園等，益增建築機能與空間美學；惟需注意的是，校園閒置空間再利用要妥適規劃運用，避免再閒置。尤其是Gisolfi（2011）特別強調校園在教育設計

上有看不到的地方，大部分有正式功能都稱之爲「建築」，學校是一個空間實體，建築的四周是開放空間，有時候建築本身會成爲毗連街道的邊緣，因此校園建築要注意：(1)關照自然情境，如地形、陽光方向、微氣候；(2)校園建築是人爲文化脈絡的一部分；(3)校園建築設置適當，可創造有用的室外空間；(4)結合室內外空間設計，可增進社群互動；(5)學校的設計應特別注意使校區能讓使用者清楚而理解。Gisolfi的觀念和見解，對於未來校園設施更新優質化，甚具參考價值。安全、精緻、活化等優質化發展，是既有建築更新與保存的策略，也是未來校園規劃與校園建築生命週期延伸的重點思考。

總之，老舊、龜裂、閒置、失能的校園建築將換上新貌，優質化會成爲未來校園規劃的趨勢之一。

第三節
校園規劃的未來發展

Pearlman（2010）以提供合作學習的創新學校建築設計爲例，證明當前大多數大家熟悉的盒子式設計，已成爲過時的工廠——模組形式。因應「形式跟隨功能」（form follows function），參與、問題解決和溝通等新的學習模式之實施，將納入學校建築設計。美國和國外的革新者採用新的「專題研習」教學法——「以方案爲基礎的學習」（project-based learning）和「以問題爲基礎的學習」（problem-based learning），搭配績效評量，帶給學生嶄新的學習經驗和挑戰，培養二十一世紀的關鍵知識和技能。

校園規劃的未來發展，擬分爲：整體規劃的發展、校舍建築的發展、運動場地的發展、庭園景觀的發展、附屬設施的發展、設施營運的發展等，臚列重點要述如下。

一、整體規劃的未來發展

（一）校園規劃、設計、興建、營運歷程，逐漸完備並朝向制度

化、系統化發展。

（二）整體規劃漸受重視，規劃和設計時間會從合計一年延伸到規劃、設計至少各有一年時間。

（三）校園興建會成立校園規劃委員會，在規劃、設計、興建、營運各階段，使用者參與會愈來愈多。

（四）學校建築用後評估會逐漸制度化，成爲學校建築興建流程重要一環。

（五）因應少子女化，臺灣的新建學校會減緩，舊校舍整修需求會增加，小型學校整併問題會審愼進行，閒置空間再利用和校園活化會愈來愈重要。

（六）30年以上之老舊校舍整建、裝修會更受重視，並朝向優質化工程邁進，使之更爲精緻、美觀和舒適。

（七）學校附設幼兒園日增，幼兒園設施需求納入校園整體規劃日益重要。

（八）學科型教室設計益受重視，並逐漸成爲中學教室空間營運和規劃的主流。

（九）學校建築設施會全面推展綠建築，加強智慧建築之設計，並朝向智慧綠建築大步邁進，使校園建築營運、管理與維護更具人工智慧，強化節約、節能。

（十）校園建築裝置節能設施（太陽能板、風力發電、雨水回收等），在教育意義和節能實踐上會更提升。

（十一）校園情境教育隱喻會增強。

（十二）校園生活空間的機能會更加強。

（十三）校園建築美學更受重視，公共藝術和文化藝術環境會更快速增加。

（十四）校園由被動學習的空間轉向主動學習的空間。

（十五）校園從知識灌輸的空間往興趣探索的空間發展。

（十六）學校資訊科技設備會快速的全面增加，無所不在的學習空間會日漸落實。

（十七）校園建築興建從標準計量到融合課程、教學與學習，並成為教育空間規劃核心議題。

（十八）校園建築安全更受重視，新校舍耐震係數會提高，舊校舍耐震補強會持續。

（十九）校園史蹟建築的整建與運用更受重視。

（二十）性別平等空間，尤其是女性空間，會更受重視。

（二十一）校園設施從單一功能到多功能。

（二十二）校園建築設施命名益增人文與創意。

（二十三）校園現有的局部無障礙環境會往全面無障礙環境發展。

（二十四）學校綠建築標章各校申請會由通過門檻的四項低標，提升到通過九項之高標。

（二十五）建築材料鋼筋混泥土會減少，鋼骨、木材和綠建材會逐漸增加。

（二十六）校園建築教育功能增加，從很「建築」到很「學校」。

（二十七）校園畸零地，學校會更善用與整理，以避免死角，活化空間。

二、校舍建築的未來發展

（一）國中小傳統教室67.5m²（9m×7.5m）會適度擴充至80m²，專科教室會更彈性調整。

（二）傳統教室資訊設備的運用會結合雲端科技發展為「智慧教室」或「未來教室」。

（三）教室設備會更為充實，教師教材和學生置物櫃會強化設置。

（四）教師辦公室從純辦公桌到多樣化空間，設施更優質化，更寬敞舒適，益增專業互動、生活功能。

（五）圖書館會朝向教學資源中心發展，空間會增加並更為精緻化。

（六）傳統的語言教室會式微，語言情境教室會增加。

（七）校舍造形和色彩從單調到多樣。

（八）校舍空間大小和形式由少樣到多樣。

（九）校舍興建會從過去的高樓層往低樓層發展，以增加親土性。

（十）物理環境（採光、色彩、噪音、通風）更受重視。

（十一）教室照明標準會提高（如課桌面由350Lux到500Lux，黑板由500Lux到700Lux）。

（十二）校史室漸受重視並增置。

（十三）學生班聯會和社團辦公室的設置會逐漸增加。

（十四）公共藝術會成為學校文化藝術環境的重鎮。

（十五）教師辦公室的辦公、生活和休憩功能會更加強。

（十六）交誼廳、志工辦公室、退休教師辦公室的設置會逐漸增加。

三、運動場地的未來發展

（一）中小學跑道會以200公尺6道為主，校地空間不足則設直道。

（二）體育館的設置會逐漸納入體育設施基準規劃設置，風雨操場（球場加頂蓋）會因地制宜設置。

（三）游泳池的新設或整建會朝向室內發展，益增使用效能。

（四）室外運動場和球場夜間照明會加強增置。

（五）籃球場興建的重要性會比其他球場更受重視。

四、庭園景觀的未來發展

（一）庭園配合校園整體規劃興建之重要性日增。

（二）校園老樹的保存更受重視並列入管制。

（三）庭園發展從綠化美化到自然生態環境。

（四）過去單一樹種的種植發展為植物多樣性，本土植物和喬木更受重視。

五、附屬設施的未來發展

（一）校門改建會與圍牆作整體規劃，並在安全、管理和接待功能上

更為加強。

（二）圍牆會更為輕量化、透明化、矮化、綠化和美化。

（三）走廊川堂空間會增加，社交功能會更增加（如學習、社交、互動、休憩等）。

（四）新建司令臺會輕量化。

（五）地下室功能日增，並加強通風、採光。

（六）校園動線循環性會加強。

（七）家長接送區、通學步道和人車分道，更受重視並執行。

（八）汽車、機車和腳踏車停車場更受重視。

（九）都會地區地下停車場和學校操場或校舍共構會快速發展。

（十）學校餐飲互動空間（如合作社、餐廳、廚房等）會更受重視，並成為師生生活教育的重要空間之一。

（十一）學校辨識系統增加（如班群、安全地圖、逃生方向、無障礙設施、警告標誌）。

六、設施營運的未來發展

（一）校園建築營運複合化會逐漸增加，複合模式會更多樣。

（二）學校設施（如游泳池、體育館、餐廳、合作社、幼兒園等）委外經營（OT）會持續增加。

（三）學校設施的課後使用，如設置社區大學、媽媽教室、樂齡學習中心、數位學習中心、新移民學習中心、安親班接送區、課後學習空間會漸受重視。

> ## 第四節
> ## 未來校園的規劃實例

未來校園的規劃實例，參考湯志民和廖文靜（2012）之研究，擬就美國的第一所未來學校——費城的未來學校，英國的未來學校和澳洲的未來學校，分別簡介，以明梗概。

一、美國的未來學校

　　微軟在美國東岸的費城興建全球第一所未來學校，該校沒有粉筆、黑板，使用互動式的平板電腦上課，還用晶片卡來點名，甚至沒有圖書館，因為所有的學習資料都數位化了。費城的未來學校始建於2003年，該校由費城教育局以6,300萬美元興建，微軟則提供免費的技術支援，負責提供人事與管理技巧，讓教職員與學生接受數十種技能訓練，包括組織規劃、協商談判、處理模糊問題及應付人際關係等。2006年9月開始招收第一批學生170人，讓處於弱勢的青少年享受科技進步帶來的教育創新。費城的未來學校特色如下（王嘉源，2006年9月9日；宋東，2006；孫蓉華，2006年11月23日；徐逸鵬，2006年10月19日；楊方儒，2009）：

（一）教學活動網上進行

　　在這所學校內，教室像一個商業公司的會議室，學生坐在環形圓桌前上課，大螢幕電漿電視和電子投影儀取代了黑板，學生被稱為「學習者」（learner），攜帶筆記型電腦上課而不使用書本，也沒有紙和筆，全校都設有無線上網設施，所有的教學活動都在網上進行。教師被稱為「教育者」（educator），不用傳統的黑板、粉筆上課，而是使用互動式平板電腦上課，上頭畫面可以隨意拉近拉遠、放大縮小、寫字或繪圖，甚至上網。這裡沒有圖書館，而代之以虛擬的「互動學習中心」，資料全部數位化，並由一位「多媒體專家」協助學生找資料。費城教育局更補助每個學生家裡都有寬頻網路服務，實現視訊教學、課後諮詢、溝通等「任何時間、任何場所」都能進行的學習環境。

（二）教材進度因人而異

　　該校上課時間較晚，從上午9點15分到下午4點19分，因為上學時間晚一點學習效果反而好。教學與普通中學一樣，以讀、寫、算為主，不同的是教與學的方法。學生是以預約方式上課，透過老師的網路行事曆進行登錄，而不侷限於安排固定課表。老師的授課內容則捨棄傳統課程，而改

為探討「現實生活中的問題」。由於青少年不願意坐在座位上聽老師這麼說或那麼說，他們要求更加主動的學習方式，更加切合實際的學習內容。為此，學校採「專題研習」（project and problem-based learning）的課程設計，用指定專案的小組研究報告，來驅動學生蒐集資料、解決問題、團隊合作、口頭表達等能力。專題研習的教學，在小學很受歡迎，但到高中，面對升學及趕課壓力，推動不易。費城未來學校大膽採用新式教法，科技工具讓老師、學生的互動不必限制在固定的空間、時間裡，所以沒有趕課壓力；學生因急著解決手邊的專案問題，會主動請求老師針對不懂的主題給他們「講課」，課堂氣氛從被動變成主動。

此外，教師可以運用網路針對每個學生的學習進度，隨時調整課目和教材，把新的學習軟體發送到學生的「個人空間」裡，學生透過網路學習課程內容，完成作業，並且相互分享學習經驗。學習的一個重要手段就是寫部落格，許多時候，學生要根據老師出的題目，在網上查詢資料或到實地採集素材，然後把它寫成部落格，發表在網上。學生的電腦內並裝有特別軟體，可評估他們的學習進度，一旦評估過關，就可以更深入探研課題，否則就要尋求補救措施；至於家長也可以上網追蹤孩子的學習狀況。

（三）學校設施堪稱一流

該校校地1.5公頃，投資金額與普通中學無異，惟微軟冀期建立典範工程，讓學校有一流的硬體設施。校舍主建築地下一層，地上三層，建築大樓使用自然採光，窗戶採用太陽能光電玻璃，為大樓提供部分電力。除了圓桌會議式的教室，學校的餐廳就像豪華的飯店，體育館完全可以和NBA的籃球場相媲美。每位學生都有一張IC智慧卡，學生用卡註冊，憑卡出入學校和教室，老師敲兩下鍵盤就能知道每個學生的出勤率。學生用卡到餐廳用餐，學校可以追蹤學生的食譜和每天身體消耗的卡路里熱量，隨時調整學生的健康營養。每個學生還有一個應用先進數位科技的置物櫃，開箱的鑰匙也是這張智慧卡。

二、英國的未來學校

英國政府的「興建未來學校」（Building Schools for the Future, BSF）方案，是迄今最大的學校建築投資計畫，旨至2020年重建或更新英格蘭所有的中等學校，確保學生在二十一世紀設施中學習。至2010年，BSF已有123校完成重建或永續更新並啓用，預估還有1,000所學校投入此一方案。BSF不只是興建健康安全的新學校，更冀期增進教育成就和激勵未來數十年的學習，與社區合作創造世界級、前瞻性的學校環境，提供社區特殊的資產，將有助於達成教育的轉型，透過設施讓14到19歲的學生有新的選擇，提供特殊教育學生特別的需求，並讓社區透過「延伸學校」（extended school）的方式對學校建築能有最大的運用（Alexander, 2010）。

BSF方案需有適切的設計、對使用者友善的建築，以資持續激勵學習。英國教育和職業部（DfES）學校建築與設計部門（School Building & Design Unit）主管Patel（2004, 26 May），在經濟合作暨發展組織（OECD）所主辦的國際研討會中，特別介紹英國BSF方案的重點：(1)未來學校建築在增進教學和學習，並有助於提高建築標準；(2)彈性和適應性：包括教室簇群、容許未來改變、符應資訊和通信技術（ICT）的改變和可遷移的「學習小間」（relocatable 'learning pods'）；(3)社交空間／非正式學習區：包括通道（circulation）、開放的學習區、學校之中心（heart of school）、休憩空間（break out space）和廁所；(4)鼓舞人心的建築：包括表現想像力的設計、具有自我認同感、引人入勝的景觀；(5)融合性設計：包括可融合有特殊教育需要或行動不便學生、放學後的社區使用、延伸學校；(6)舒適／永續設計（參見圖65）：包括自然採光和通風、良好的音響設計、低耗能、使用永續材料、創新的想法。

以2010～2012年重建的哈吉爾斯頓學校（Haggerston school）爲例，其BSF方案範圍包括（Hackney Council, 2014）：(1)提供新建築讓學校多收學生，並能男女合校和設置第六學級設施（sixth form facilities）；(2)教學和學習空間有較佳的設計，以增進學生的學習（參見圖

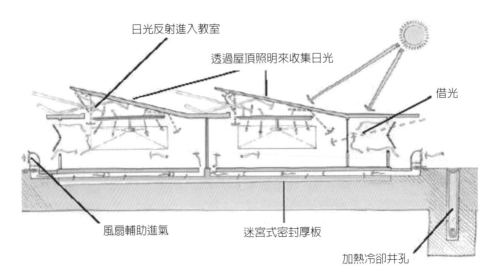

低耗能

使用永續材料

🏫 圖65　英國未來學校的舒適／永續設計

資料來源：Building schools for the future: Emerging themes, Patel, M. , 2004, 26 May, *International seminar organised by the OECD Programme on Educational Building*. Retrieved from http://www. oecd.org/dataoecd/7/49/33806617.pdf

66A）；(3)更新資訊和通訊科技（ICT）設施和一間新圖書館；(4)改善餐廳和休憩空間（參見圖66B、66C）。其中，第六學級設施是供第六學級學生使用的空間設施，通常像網咖一樣，有個人研究區，提供個人電腦、無線區域網路設備（WiFi），以及豐富的圖書和交誼空間。

A.新教室

B.休憩空間

C.用餐空間

圖66　英國哈吉爾斯頓學校（Haggerston school）BSF方案新校舍

資料來源：*Building schools for the future*, Hackney Council, 2014. Retrieved from http://www.hackney.gov.uk/xe-bsf.htm#.Uvl3PdKSyxr

　　2010年9月啟用的羅奇代爾預科學院（Rochdale Sixth Form College）係BSF方案的新建學校，提供一系列的A級課程給羅奇代爾市及其周圍地區的學生就讀。學校設施包括：劇場、學習資源和研究中心、個人資訊工作間和無線網路系統、科學實驗室、劇場工作室、專業舞蹈室、專業錄音棚和剪輯室、專業藝術與設計工作室、餐廳、咖啡廳、健身房和多信仰祈禱室。羅奇代爾預科學院標舉其優質的學習環境（Wikipedia, 2014; Rochdale Sixth Form College, 2014）（參見圖67）：

1. 24小時開放上網學習。

2. 兩處學生休憩區，包括星巴克咖啡館和一間店舖。

咖啡館

生物實驗室

成就中心

蘋果Mac電腦工作間

圖67 羅奇代爾預科學院（Rochdale Sixth Form College）BSF方案新校舍

資料來源：*Top class facilities*, Rochdale Sixth Form College, 2014. Retrieved from http://www.rochdalesfc.ac.uk/facilities/

3. 一座設有150席位的劇院，配置專業水準的音響和燈光。

4. 個人資訊工作間，包括蘋果Mac電腦工作間。

5. 全校無線網路環境。

6. 專業標準的藝術工作室、紡織工作室、窯室、暗房、生活科技室。

7. 每一樓層的研究區與教師資源基地相鄰，可以進行一對一的諮詢指導。

8. 廣泛成就中心，可上網並提供多媒體資源。

9. 現代化的科學實驗室，使用最先進的設備和技術。

10. 音樂錄音室、排練室和音樂科技編輯間。

11. 專業舞蹈工作室。

12. 專業劇場工作室。

13. 健身房。

14. 可貫通全校的行動不便者昇降機。

15. 多信仰祈禱室。

16. 配置優質學習資源的明亮教室。

美國普華永道諮詢公司（Pricewaterhouse Coopers）2010年出版的「興建未來學校方案」年度審計報告，其評鑑興建未來學校的重點有三：教育轉型、現在和未來的建築目的適切性、對社區的貢獻。一般的認知，教育轉型著重在學生中心，包括較多的個人化教學和學習，以及改善學生的生活環境，受訪的校長有81%同意或非常同意BSF將有助於學校的教育轉型，100%校長同意或非常同意BSF有助於提供激勵的和友善的環境，96%校長認為BSF有改善校舍建築不良的狀況，84%校長指出BSF能改善學校與家長的關係。

有些證據顯示，BSF會改善教職員的士氣、招聘和留任；新的學校建築也會提供機會，改變傳統的風格並更有效的使用資訊和通信技術。從受訪的校長和實地訪查中，也有一些證據顯示會改善學生的態度、期望和行為。BSF已啟用學校的學生，對他們的學校建築和環境的肯定，高過於正興建中學校的學生（Alexander, 2010）。

三、澳洲的未來學校

由澳洲墨爾本大學墨爾本設計學院（The University of Melbourne, the Melbourne School of Design）和澳洲建築師事務所贊助舉辦的「未來學校」（Future Proofing Schools）競賽，首獎的作品為澳洲願景建築實驗室（Australia's Laboratory for Visionary Architecture, LAVA)的可遷徙學校（relocatable school）（參見圖68），其未來學習空間搭配永續設計，併入組件製造、生態材料和系統化可複製幾何造形，具有輕巧易運輸的模材，「三軸線」幾何設計可以多樣的內鎖組裝器材，所創造的空間永續、實用，並可適應班級規模、學習簇群和未來學習方法（Borgobello,

2012）。此LAVA於2011年設計的未來教室作品是一個可以預製和遷徙的教室單元，當有增強教學環境需要時，可崁入景觀之中，而可調整的特性可符合偏遠學校改變之需；尤其是，此設計洗刷了可遷徙的建築是難看、不舒適的污名，企圖在永續、實用和成本經濟的結構之內，讓學習變得有趣、振奮人心（Australia's Laboratory for Visionary Architecture, 2012）。

　　LAVA未來教室的剖面圖，以及適合溫帶氣候、熱帶氣候之剖面圖，參見圖68、69、70、71。

可遷徙學校的未來學習空間搭配永續設計，併入組件製造、生態材料和系統化可複製幾何造形。

🏰 **圖68　澳洲願景建築實驗室的可遷徙學校（LAVA's relocatable school）**

資料來源：1. Classroom of the future, Australia's Laboratory for Visionary Architecture, 2012. *Designboom*. Retrieved from http://www.designboom.com/weblog/cat/9/view/18833/lava-classroom-of-the-future.html

2. *What the schools of the future could look like*, Borgobello, 2012. Retrieved from http://www.gizmag.com/classroom-of-the-future/21295/

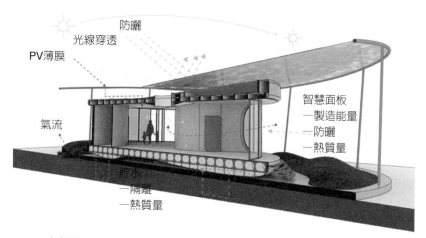

防曬
光線穿透
PV薄膜
氣流
智慧面板
－製造能量
－防曬
－熱質量
貯水
－隔離
－熱質量

🏰 圖69 願景建築實驗室（LAVA）未來教室的剖面圖

資料來源：Classroom of the future, Australia's Laboratory for Visionary Architecture, 2012. *Designboom*. Retrieved from http://www.designboom.com/weblog/cat/9/view/18833/lava-classroom-of-the-future.html

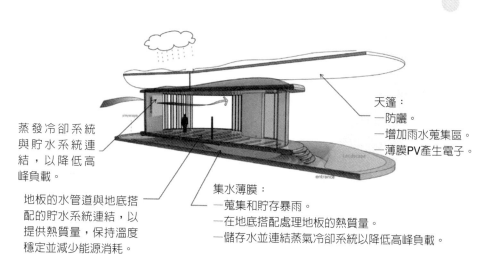

天篷：
－防曬。
－增加雨水蒐集區。
－薄膜PV產生電子。

蒸發冷卻系統與貯水系統連結，以降低高峰負載。

地板的水管道與地底搭配的貯水系統連結，以提供熱質量，保持溫度穩定並減少能源消耗。

集水薄膜：
－蒐集和貯存暴雨。
－在地底搭配處理地板的熱質量。
－儲存水並連結蒸氣冷卻系統以降低高峰負載。

🏰 圖70 願景建築實驗室（LAVA）未來教室的剖面圖（溫帶氣候）

資料來源：Classroom of the future, Australia's Laboratory for Visionary Architecture, 2012. *Designboom*. Retrieved from http://www.designboom.com/weblog/cat/9/view/18833/lava-classroom-of-the-future.html

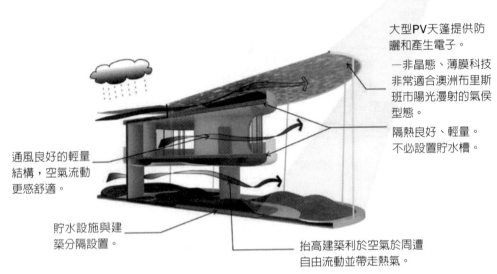

大型PV天篷提供防曬和產生電子。

一非晶態、薄膜科技非常適合澳洲布里斯班市陽光漫射的氣候型態。

隔熱良好、輕量。不必設置貯水槽。

通風良好的輕量結構，空氣流動更感舒適。

貯水設施與建築分隔設置。

抬高建築利於空氣於周遭自由流動並帶走熱氣。

🏰 圖71　願景建築實驗室（LAVA）未來教室的剖面圖（熱帶氣候）

資料來源：Classroom of the future, Australia's Laboratory for Visionary Architecture, 2012. *Designboom*. Retrieved from http://www.designboom.com/weblog/cat/9/view/18833/lava-classroom-of-the-future.html

　　未來，充滿不確定性，卻又充滿想像；未來，是許多過去和現代經驗累積的預測。世界瞬息萬變，未來的想像，可能是不會完成的美夢，但如有研究，透過以往的軌跡和現在的發展，可以掌握未來的趨勢和脈絡，逐夢踏實。

　　未來校園，可以充滿想像，但必然是孩子上課的天堂。學校本是遊戲之所，喜悅之屋，讓孩子在優質的校園環境中快樂學習和成長，應是所有大人的夢想。未來校園，寓富人文氣息，親和、友善、溫馨如家一般；學校資訊設備結合雲端科技，學生可以手提電腦、手機，或坐或站，或聚或散，學習無所不在；自然生態的永續校園環境，綠建築和綠建材，絕佳的室內空氣品質，使教學和學習成效提升；校園空間和設備配合課程、教學與學習需求彈性多變，使設施多目的、多用途、多功能；校園建築系統

具人工智慧，自動監控、管理與維護，節能、省時、省錢、省人力，又可提升建築效率與效能；學校設施營運與管理複合多元，撙節人力，挹注資源，益增空間與設備使用效能；校園建築透過數位化規劃設計，將使校舍造形、空間，更具現代化與多變的美感造形，並可預修錯誤，提升建築興建品質；未來校園設施更新更重視安全、活化和閒置空間再利用，使之更具品質、舒適與美觀。

　　未來校園能如此規劃，令人憧憬，務實的想像非如繁星遙不可及，盼如皓月近在眼前。希望我們的未來不是夢，更希望未來校園與規劃，在大家的努力下，成為孩子流連忘返的學習天堂。

參考文獻

一、中文部分

于宗先（2001）。二十一世紀的校園風貌。載於中華民國學校建築研究學會主編，e世紀的校園新貌（第1-6頁）。臺北市：作者。

中華人民共和國建設部（2006）。**綠色建築評價標準**。取自http://www.forgreener.com/uld/fct/483.pdf

中華人民共和國駐大韓民國大使館教育處（2009）。韓教科部計畫至2014年全面實行「學科教室制」。取自http://www.cscse.edu.cn/publish/portal24/tab1095/info14125.htm

中華民國建築學會（1999）。**地震受災國民中小學建築規劃設計規範**。臺北市：教育部。

互動百科（2014）。**美學**。取自http://www.baike.com/wiki/%E7%BE%8E%E5%AD%A6

內政部（2001）。**綠建築推動方案**。取自http://www.fuh3.com.tw/g-build4.htm

內政部和經濟部（2013）。**智慧綠建築推動方案（修正核定本）**。取自http://www.abri.gov.tw/Download/NwsMsg/805/智慧綠建築推動方案修正核定本及未達5仟萬元之公有新建建築物綠建築設計自主檢查表範本.pdf

內政部社會司（2013）。**內政部以經濟安全、生活照顧、健康維護為政策主軸，建構安全、尊嚴及友善的高齡化社會**。取自http://www.moi.gov.tw/chi/chi_latest_news/news_detail.aspx?type_code=02&sn=7160湯志民

內政部建築研究所（2003）。**綠建築**。取自http://www.abri.gov.tw/green/

內政部建築研究所（2012）。**智慧建築標章**。取自http://www.abri.gov.tw/utcpagebox/CHIMAIN.aspx?ddsPageID=CHIMPX#4

內政部建築研究所（2014）。**智慧建築標章介紹**。取自http://green.abri.gov.tw/art-o.php?no=74&SubJt=%E6%A8%99%E7%AB%A0%E4%BB%8B%E7%B4%B9

內政部建築研究所（2014）。綠建築。綠建築資訊網。取自http://green.abri.gov.tw/

內政部建築研究所、財團法人臺灣建築中心（2009）。綠色廳舍暨學校改善計畫。取自http://green.crnet.com.tw/91_96/html/page1.htm

內政部統計處（2014）。103年第3週內政統計通報（102年底人口結構分析）。取自http://www.moi.gov.tw/stat/news_content.aspx?sn=8057

內政部營建署（2012a）。建築物無障礙設施設計規範。取自http://www.cpami.gov.tw/chinese/filesys/file/chinese/publication/law/lawdata/1010810415.pdf

內政部營建署（2012b）。既有公共建築物無障礙設施替代改善計畫作業程序及認定原則。取自http://www.cpami.gov.tw/chinese/index.php?option=com_content&view=article&id=10505&Itemid=57

方智芳（2003）。綠色學校空間規劃原則。取自http://www.giee.ntnu.edu.tw/greenschool/main2/objective/space_design20010925/gs-space_design20010925.htm

王如玄和李晏榕（2007）。性別主流化——邁向性別平等之路。研習論壇，76，18-26。

王志弘、張淑玫和魏慶嘉譯（L. K. Weisman著）（1997）。設計的歧視：「男造」環境的女性主義批判。臺北市：巨流。

王延年（2013）。當性別成爲主流——性別主流化試辦學校經驗分享[ppt]。取自http://www.takming.edu.tw/study/102acadseminar/教務主管會議簡報PDF檔/專題演講二%20%20性別主流化簡報20130923.pdf

王武烈（1995）。建築物供行動不便者使用設施參考圖例。臺北市：臺北市政府教育局。

王俊秀（2003）。非核家園與永續校園：環境社會學的想像。取自http://e-info.org.tw/issue/thesis/enviedu/enviedu01071301.htm

王玲瑛和林焱挺（2014年1月9日）。浙江高中試點「取消班級制」今年將擴大到11所。浙江線上－錢江晚報。取自http://zj.qq.com/a/20140109/001899.htm?pgv_ref=aio2012&ptlang=2052

王智弘和廖昌珺（2014）。創意經營的校園美學思考。**教育研究月刊**，237，74-84。

王順美（2002）。**綠色學校與環境教育**。取自http://medium.enc.hlc.edu.tw/green/名家開講/1綠色學校和環境教育-王順美.doc

王順美（2004）。社會變遷下的環境教育──綠色學校計畫。**師大學報：教育類**，49(1)，159-170。

王瑞珠（1993）。**國外歷史環境的保護和規劃**。臺北市：淑馨出版社。

王嘉源（2006年9月9日）。微軟「未來學校」沒有黑板NB上課。**中國時報**。取自http://www.wretch.cc/blog/pendas&article_id=6109205

王曉磊（2003）。**兩性機會平等廁所建築規劃之研究**。未出版博士論文，國立臺灣大學，臺北市。

王鎮華（1989）。**中國建築備忘錄**。臺北市：時報文化出版公司。

王鑫（2003）。「生態學校」方案手冊──英國的例子。取自http://www.giee.ntnu.edu.tw/greenschool/main2/objective/bio-school.htm

王鑫、李光中、吳建成、許玲玉和鄭曉昀（2003）。**永續發展教育定義與內涵之研究**。教育部環境保護小組委託。取自http://eeweb.gcc.ntu.edu.tw/news/921210.doc

北京市教育技術設備中心（2012）。「走班制」學校教育裝備需求研討會召開。**北京教育裝備網**。取自http://www.bjjyzb.gov.cn/081208zbzhxx/081208zbxwdt/2012-05-31/1594.html

北京市教育委員會、北京市發展和改革委員會（2011）。**北京市「十二五」時期教育改革和發展規劃**。取自http://210.75.193.158/gate/big5/zhengwu.beijing.gov.cn/ghxx/sewgh/t1222812.htm

北京濱才（2013）。芬蘭高中推行「無固定班級授課制」。**濱才留學**。取自http://www.bincailiuxue.com/plus/view.php?aid=10715

田友誼（2003）。無班級授課制：芬蘭高中教育體制改革透視。**外國中小學教育**，12，16-22。

田蒙潔（2001）。藏「智」於民：檢視我國無障礙環境政策之制定、執行與評估。**建築師**，322，36-45。

田蒙潔和劉王賓（2006）。無障礙環境設計與施工實務。臺北市：詹氏書局。

光華雜誌編輯部（1991）。世界著名大學巡禮（一）。臺北市：光華書報雜誌社。

光華雜誌編輯部（1992）。世界著名大學巡禮（二）。臺北市：光華書報雜誌社。

朱海洋和嚴紅楓（2014年1月19日）。浙江：實行「走班制」讓高中生擁有課程選擇權。光明日報。取自http://www.nies.net.cn/xw/jyyw/201401/t20140120_313802.html

朱敬先（1972）。兩性差異的研究。臺北市：商務。

江明親譯（Baird, Vanessa著）（2003）。性別多樣化：彩繪性別光譜。臺北市：書林。

江哲銘（2002）。未來百年的臺灣‧永續‧建築‧發展趨勢──利用自然營建策略與萬物共生互利。載於林芳怡主編，永續綠建築（第40-46頁）。臺北市：臺灣建築報導雜誌社。

江哲銘、王永安、鍾松晉、周伯丞、李養頤和曾品杰等（2001）。永續綠色健康學校校園建築環境教材建立之計畫（期中報告）。臺北市：教育部環保小組。

江哲銘、周伯丞和張桂鳳（2002）。北歐生態建築實例。載於林芳怡主編，永續綠建築（第170-177頁）。臺北市：臺灣建築報導雜誌社。

竹園工作室（2001）。研討會與工作營──2001文化空間再造國際研討會。取自http://www.bambooculture.com/BCI/meeting/2001/2001.html

行政院（2001）。8100臺灣啟動。取自http://www.ey.gov.tw/web/menu_plan/plan900425-1.htm

行政院（2003）。挑戰2008：國家發展重點計畫。取自http://hirecruit.nat.gov.tw/twinfo/2008_plan_10c.asp#top

行政院文化建設委員會（2004）。文化白皮書。取自http://web.cca.gov.tw/intro/2004white_book/files/2-5-2.pdf

行政院性別平等處（2014）。性別主流化。取自http://www.gec.ey.gov.tw/

Content_List.aspx?n=AFBAFABE2BDA9035

行政院國家永續發展委員會（2004）。**第一屆國家永續發展績優獎**。取自 http://ivy2.epa.gov.tw/nsdn/ch/news/news10.htm

行政院經濟建設委員會（2012）。**中華民國2012年至2060年人口推計**。取自 http://www.cepd.gov.tw/m1.aspx?sNo=0000455

何春蕤（1998）。**性別校園：新世代的性別教育**。臺北市：元尊文化。

余嬪（1998）。從「仰臥起坐VS.伏地挺身」談平等的兩性休閒。**兩性平等教育季刊**，2，17-23。

吳旭專（2000）。**臺北市國小兒童遊戲與優良遊戲場規劃之研究**。未出版碩士論文，國立政治大學，臺北市。

吳武典（1992）。無障礙校園環境軟體硬體設施及其與特殊教育的關連。張蓓莉和林坤燦主編，**無障礙校園環境實施手冊**（第15-24頁）。臺北市：國立臺灣師範大學特殊教育中心。

吳武典、張正芬、林敏哲和林立題（1991）。**無障礙校園環境指導手冊**。臺北市：教育部教育研究委員會。

吳武典、張正芬、盧台華和蔡崇建（1991）。殘障學生對「無障礙的校園環境」之需求評估研究。**特殊教育研究學刊**，7，23-41。

吳珮君（2006）。**學科型教室與教學效能之研究——以國立政大附中為例**（未出版碩士論文）。國立政治大學，臺北市。

吳啓綜（2008年6月27日）。北市四年改造千間閒置教室。**國語日報**。取自 http://enews.tp.edu.tw/paper_show.aspx?EDM=EPS20080627220700 WOH

吳國銑（2001）。**經營一所永續發展之綠色學校**。取自http://medium.enc. hlc.edu.tw/green/%E5%90%B3%E5%9C%8B%E9%8A%91.htm

吳清山（1992）。教師效能研究之探討。載於國立政治大學教育研究所主編，**教育研究與發展**（第185-205頁）。臺北：臺灣書局。

吳清山和林天祐（2010）。**教育e辭書**（第二版）。臺北市：高等教育。

吳清基（2005）。以優質學校指標追求卓越、優質、精緻、創新教育之願景。載於吳清基等編著，**優質學校**（第6-17頁）。臺北市：臺北市教師

研習中心。

吳瑾嫣、唐筱雯、程衛東、鄭敏慧、陳勃如、王甄妤、郭蔚施和吳昱廷
　　（1997）。都市婦女人身安全空間設計準則。**性別與空間研究室通訊，
　　4**，1-74。

吳澤炎、黃秋耘和劉葉秋（1988）。**辭源**。臺北市：遠流出版社。

呂斌（2005）。大學校園空間可持續成長的原理及規劃方法——兼談北京大
　　學校園總體規劃構想。載於邱慶平和呂斌主編，**首屆海峽兩岸大學的校
　　園學術研討會論文集**（第41-52頁）。北京市：北京大學出版社。

宋東（2006）。微軟揮灑「未來學校」藍圖。取自http://ad.cw.com.tw/
　　cw/2006kids/content05.asp

李坤崇等（2012）。**全國高中課程發展委員會及學校課程計畫運作機制調
　　查分析報告**。教育部委託研究。取自http://web.ylsh.ilc.edu.tw/course/
　　files/101course/101-1.pdf

李政隆、林敏哲、林立甄、黃正銅和林金靜（1991）。**公共建築物殘障者使
　　用設施：條文解說之研究**（內政部社會司委託）。臺北市：生活品質文
　　教基金會。

李家永（2003）。芬蘭普通高中教育的改革。**比較教育研究，159**，86-90。

李素珍（2003）。**臺北市國民中學無障礙校園環境之研究**。未出版碩士論
　　文，國立政治大學，臺北市。

李琬琬（1989）。**室內環境設計**。臺北市：東大圖書公司。

汪正章（1993）。**建築美學**。臺北市：五南。

李華東主編（2002）。**高技術生態建築**。天津：天津大學出版社。

李道增（2000）。**21世紀生態建築與可持續發展**。取自http://www.cnw21.
　　com/maindoc/big5/research/corpus/page/ldz-1.htm

阮浩耕（1994）。**立體詩畫：中國園林藝術鑑賞**。臺北市：書泉出版社。

周鴻和劉韻涵（1993）。**環境美學**。臺北市：地景企業公司。

孟芳（2014）。機器人時代還有多遠？**世界周刊，1559**，16-21。

宜蘭縣政府教育局（2004）。**宜蘭縣創造力教育發展推動計畫**。取自http://
　　blog.ilc.edu.tw/creativity/resserver.php?blogId=1&resource=2%E7%B8

%A3%E4%B8%BB%E8%A8%88%E7%95%AB.doc

林生傳（1988）。**新教學理論與策略**。臺北市：五南。

林生傳（1991）。現階段臺灣社會變遷與教學的改進與革新策略。載於中國教育學會主編，**社會變遷與教育發展**（第459-482頁）。臺北：臺灣書局。

林志成、陳新平、邱富源、李宜樺和童柏捷（2014）。教育部102-103年「國民中小學空間美學發展特色學校暨整併後校園活化再利用諮詢交流平台（網站）維護管理系統建置及實地訪視工作專案計畫」期中報告。新竹市：國立新竹教育大學。

林志成和田育昆（2012）。**空間活化之意義價值、省思與創新策略**。取自140.111.34.54/.../（附件2）空間活化之意義價值與創新策略（國教司）.doc

林芳玫（2009）。性別主流化在台灣：從國際發展到在地化實踐。**新世紀智庫論壇**，45，32-38。

林韋秀（2006）。**學科型教室與學習自我效能之研究——以政大附中國中部學生為例**（未出版碩士論文）。國立政治大學，臺北市。

林純真（2012）。特殊教育。載於張鈿富主編，**中華民國教育年報（民國100年）**（第313-357頁）。新北市：國家教育研究院。

林敏哲（1998）。**臺北市各級學校無障礙環境整體性設計補充資料**。臺北市：臺北市政府教育局。

林敏哲（2002）。無障礙校園環境的規劃原則。張蓓莉和林坤燦主編，**無障礙校園環境實施手冊**（第39-40頁）。臺北市：國立臺灣師範大學特殊教育中心。

林海清和胡淑娟（2011）。臺中市國民小學校園規劃與創意經營相關之研究。載於國立政治大學教育學院、中華民國學校建築研究學會主編，**2011學校建築研究：百年校園建築創新裝**（頁245-266）。臺北市：中華民國學校建築研究學會。

林海清、林秀芬和林宜箴（2010）。載於臺北市政策教育局、中華民國學校建築研究學會編，**2010學校建築研究：學校校園建築生態工法**（頁123-

147）。臺北市：中華民國學校建築研究學會。

林憲德（2002）。國土綜開計畫——綠色建築。取自http://sd.erl.itri.org.tw/ forum/rnd-tbl/rt3/grnbld.htm

林憲德（2004）。永續校園的生態與節能計畫。臺北市：詹氏書局。

林憲德（2010a）。綠色魔法學校。臺北市：新自然主義。

林憲德（2010b）。綠建築84技術。臺北市：詹氏書局。

林憲德（主編）（2002）。國民中小學綠建築設計手冊。臺北市：內政部建築研究所。

林憲德（主編）（2003）。綠建築解說與評估手冊（2003年更新版）。臺北市：內政部建築研究所。

林憲德（主編）（2012a）。綠建築評估手冊——基本型（2012 Edition）。臺北市：內政部建築研究所。

林憲德（主編）（2012b）。綠色校園建設參考手冊。新北市：內政部建築研究所。

林寶山（1990）。教學論——理論與方法。臺北市：五南。

邱華玉（2002）。學科教室群教學空間規劃與使用之研究——以臺北市麗山高中為例（未出版碩士論文）。國立臺灣師範大學，臺北市。

柯份（2014）。國民小學校長優質領導、學校環境營造與教師教學效能關係之研究（未出版博士論文）。國立臺北教育大學，臺北市。

洪育成（2002）。以順應自然，思考建築的對策——從美國各州的綠建築法令看永續生態的觀念。載於林芳怡主編，永續綠建築（第74-81頁）。臺北市：臺灣建築報導雜誌社。

洪得娟（1994）。景觀建築。臺北市：地景企業公司。

洪瑞兒（2002）。高雄市區中小學教師與學生對於兩性平等教育認知狀況之研究。載於謝臥龍（主編），性別平等教育——探究與實踐（頁3-44）。臺北市：五南。

洪萬生（2003）。性別與歷史——一個女性主義的觀點。載於潘慧玲（主編），性別議題導論（頁31-52）。臺北市：高等教育。

胡永旭（主編）（2008）。建築節點構造圖集：無障礙設施。北京市：中國

建築工業。

胡寶林（2004）。校園空間的社區總體營造──學校建築的參與式設計。臺
　　北市：六合出版社。

范巽綠（2003）。打造一個嶄新的學習環境。載於教育部，打造綠校園
　　Taiwan Green School：與世界接軌的學習環境──永續、生態、環保、
　　健康（頁30-31）。臺北市：作者。

香港教育署（2002年9月10日）。教育傳真：學校村創教育設施新紀元。取
　　自http://paper.wenweipo.com/2002/09/10/ED0209100018.htm

唐筱雯（1998）。校園安全──一個無性別歧視的空間。兩性平等教育季
　　刊，創刊號，112-114。

唐鉞、朱經農和高覺敷（1974）。教育大辭書。臺北市：臺灣商務印書館。

孫康宜（2000）。耶魯‧性別與文化。臺北市：爾雅。

孫蓉華（2006年11月23日）。「未來學校」給弱勢生一個機會。*Microsoft,*
　　Education。取自http://www.microsoft.com/taiwan/education/pil/
　　news/2006/pil_news_1.aspx

徐西森（2003）。兩性關係與教育。臺北市：心理。

徐逸鵬（2006年10月19日）。無紙筆書本的「未來學校」亮相美國費城。
　　新民晚報。取自http://www.edu.cn/xin_xi_zi_xun_1625/20061019/
　　t20061019_200843.shtml

桃園縣立大園國際高中（2013）。學校簡介。取自http://www.dysh.tyc.edu.
　　tw/modules/tinyd1/index.php?id=8#A

殷寶寧（2006）。友善吧！校園：國民中小學友善校園評估手冊。臺北市：
　　教育部。

殷寶寧（2008）。大學校園中的性別與空間課題：從校園空間視角切入的一
　　些思考。取自http//:www.ym.edu.tw/scc/sex/20080312.doc

高翠霞、蔡崇建和莊潔（2011）。臺灣國民小學學校閒置空間現況、問題與
　　對策。教育資料集刊，49，31-68。

國立臺灣師範大學環境教育研究所（2005）。臺灣綠色學校伙伴名單。臺
　　灣綠色學校伙伴網站。取自http://www.greenschool.org.tw/member2/

partner_list.php?pages=131&status=一般。

國立編譯館主編（1983）。色彩學。臺北市：大陸書店。

國務院辦公廳（2013）。國務院辦公廳關於轉發發展改革委住房城鄉建設部綠色建築行動方案的通知。取自http://www.mohurd.gov.cn/zcfg/gwywj/201302/t20130204_212772.html

基隆市政府教育局（2005）。94年基隆市政府教育局推動創造力教育規畫。取自http://210.240.18.129/~creativity/XOOPS/modules/newbb/reply.php?forum=13&post_id=4&topic_id=4&viewmode=flat&order=

崔征國譯（楢崎雄之著）（2002）。高齡者‧身障者無障礙空間設計。臺北市：詹氏書局。

康宗虎（2009）。推動校園優質化‧改善教學環境。臺北市教育e週報，406。取自http://enews.tp.edu.tw/paper_show.aspx?EDM=EPS200907141525267MD

張子超（2001）。九年一貫課程改革與環境教育融入。取自http://ctsc.sjses.chc.edu.tw/%E6%95%…

張宗堯和李志民（主編）（2008）。中小學校建築設計（第二版）。北京市：中國建築工業出版社。

張春興和林清山（1981）。教育心理學（重訂初版）。臺北市：東華書局。

張淑瑜（2004）。臺北市國民中學性別與空間規劃之研究（未出版碩士論文）。國立政治大學，臺北市。

張雷生（2012）。韓國初高中學校「教學科目教室制」。弘益人間。取自http://hongyirenjian.blog.edu.cn/2012/721983.html

張蓓莉、林坤燦主編（1992）。無障礙校園環境實施手冊。臺北市：國立臺灣師範大學特殊教育中心。

教育部（2000）。國中兩性平等教育讀本。臺北市：作者。

教育部（2002a）。創造力教育白皮書。取自http://www.creativity.edu.tw/modules/wfsection/article.php?articleid=1

教育部（2002b）。國民中小學設備基準。臺北市：作者。

教育部（2003a）。打造綠校園Taiwan Green School：與世界接軌的學習環

境——永續、生態、環保、健康。臺北市：作者。

教育部（2003b）。國民中小學九年一貫課程各學習領域課程綱要——兩性教育。取自http://140.122.120.230/ejedata/kying/20031241215/兩性教育.doc

教育部（2006）。創意校園營造計畫：期末成果交流。取自http://www.creativity.edu.tw/modules/news/article.php?storyid=553

教育部（2008）。教育部98年度推動國民中小學活化校園空間與發展特色學校實施計畫。取自http://163.20.45.202/plan2.php/

教育部（2009a）。普通高級中學設備標準。臺北市：作者。

教育部（2009b）。教育部中小學資訊教育白皮書（2008-2011）。教育部全球資訊網。取自http://www.edu.tw/files/site_content/B0010/97-100year.pdf

教育部（2010a）。普通高級中學課程綱要。取自www.ck.tp.edu.tw/~regists/index/A01.doc

教育部（2010b）。性別平等教育白皮書。取自http://www.edu.tw/userfiles/url/20120920154102/99.03性別平等教育白皮書.pdf

教育部（2010c）。第八次全國教育會議10大中心議題性別主流化關聯檢視報告。臺北市：作者。

教育部（2010d）。2010創造公平數位機會白皮書。教育部全球資訊網。取自http://www.edu.tw/files/site_content/B0039/99.06%202010創造公平數位機會白皮書.pdf

教育部（2011a）。教育部補助改善無障礙校園環境原則。取自http://edu.law.moe.gov.tw/LawContent.aspx?id=FL032801

教育部（2011b）。中華民國教育報告書。臺北市：作者。

教育部（2011c）。101-103年教育雲計畫書。取自http://www.edu.tw/plannews_detail.aspx?sn=705&pages=0

教育部（2012）。101-103年教育雲端應用及平台服務推動計畫。取自http://www.google.com.tw/url?sa=t&rct=j&q=&esrc=s&source=we

教育部（2013a）。中華民國教育統計（102年版）。教育部全球資訊網。取

自https://stats.moe.gov.tw/files/ebook/Education_Statistics/102/102edu_EXCEL.htm

教育部（2013b）。教育部美感教育中長程計畫：第一期五年計畫（103年至107年）。取自http://www.edu.tw/userfiles%5Curl%5C20130827103728/1020827簽陳核定版-美感教育第一期五年計畫.pdf

教育部（2013c）。103年度教育部補助永續校園局部改造計畫作業要點。永續校園改造資訊網。取自http://www.esdtaiwan.edu.tw/upload/%7bDACACBE5-AD9D-4CC9-BF6A-555FF12F994C%7d教育部補助永續校園局部改造計畫補助要點（公告版）.pdf

教育部（2013d）。國民教育階段學生人數預測分析報告（102-117學年度）。教育部全球資訊網。取自https://stats.moe.gov.tw/files/analysis/102basicstudent.pdf

教育部（2013e）。京都市學校歷史博物館。校園空間活化再生資源網。取自http://revival.moe.edu.tw/ExampleDetail.asp?View=10

教育部（2013f）。流星的學校。校園空間活化再生資源網。取自http://revival.moe.edu.tw/ExampleDetail.asp?View=7

教育部（2014a）。夥伴特區。教育部綠色學校夥伴網路。取自http://www.greenschool.moe.edu.tw/partner/

教育部（2014b）。教育部理想的永續校園。永續校園全球資訊網。取自http://www.esdtaiwan.edu.tw/index_c_context.asp?Display=Script&ScriptFile=introduction.htm

教育部（2014c）。永續校園局部改造計畫一歷年補助名單（91-102）。永續校園全球資訊網。取自http://www.esdtaiwan.edu.tw/index_c_context.asp?Display=Script&ScriptFile=select_map_year.htm

教育部（2014d）。國中小空間已活化最新數據。校園空間活化再生資源網。取自http://revival.moe.edu.tw/NewsDetail.asp?View=24

教育部（2014e）。教育部年度國民中小學整併後校園活化再利用輔導計畫。校園空間活化再生資源網。取自http://revival.moe.edu.tw/page/intro.asp

教育部國民及學前教育署（2012）。102年度推動國民中小學營造空間美學

與發展特色學校第三階段第一年實施計畫。取自education.chcg.gov.tw/
files/5_1011224_實施計畫.doc

教育部國民教育司（2009年6月18日）。教育部98年度校園空間活化之十大
經典特色國民中小學。教育部電子報。取自http://epaper.edu.tw/news.
aspx?news_sn=2266

教育部國民教育司（2011）。教育部101年度推動國民中小學整合空間資
源與發展特色學校第二階段第三年實施計畫。取自http://www.edu.tw/
plannews_detail.aspx?sn=339&pages=11

教育部教育經費分配審議委員會（2013）。102年度教育部教育經費分配審
議委員會第3次會議。臺北市：作者。

教育部統計處（2013a）。國民小學概況。取自http://www.edu.tw/pages/
detail.aspx?Node=1731&Page=5314&Index=4&WID=31d75a44-efff-
4c44-a075-15a9eb7aecdf

教育部統計處（2013b）。國民中學概況。取自http://www.edu.tw/pages/
detail.aspx?Node=1731&Page=5314&Index=4&WID=31d75a44-efff-
4c44-a075-15a9eb7aecdf

教育部統計處（2013c）。高級中學概況。取自http://www.edu.tw/pages/
detail.aspx?Node=1731&Page=5314&Index=4&WID=31d75a44-efff-
4c44-a075-15a9eb7aecdf

教育部電子計算機中心（2009年4月10日）。振興經濟新方案——建置中小
學優質化均等數位教育環境計畫。教育部電子報。取自http://epaper.
edu.tw/news.aspx?news_sn=2125

教育部環境保護小組（2003）。臺灣綠色學校：理念與推動。取自http://
www.giee.ntnu.edu.tw/greenschool/main2/area01.htm

梁明煌（2002）。生態循環與環境保育：從學校生態學談綠色學校空間與建
築規劃設計原則。取自：http://medium.enc.hlc.edu.tw/green/

梁華和梁晨編著（2003）。建築智能化系統工程設計手冊。北京：中國建築
工業出版社。

淄博市教育局（2011）。2010年度淄博教育發展概況。淄博教育信息網。取

自http://www.zbedu.gov.cn/news/2/111907889.html

畢恆達（1994）。臺北縣國民中小學校園環境整體規劃設計手冊。臺北市：
　　國立臺灣大學建築與城鄉研究所。

畢恆達（2000）。校園空間與性別。取自：http://www.bp.ntu.edu.tw/
　　WebUsers/hdbih/小畢的網站文字/校園空間與性別.doc

畢恆達（2001）。空間就是權力。臺北市：心靈工坊文化。

畢恆達（2004）。空間就是性別。臺北市：心靈工坊文化。

畢恆達（2006年11月10日）。空間規劃與校園活動。載於性別、校園、公共
　　政策——大學校院教師性別平等教育研討會（第79-82）。取自http://
　　tagv.moi.gov.tw/TAGVResources/upload/Resources/2013/1/「性別・校
　　園・公共政策」大學校院教師性別平等教育研討會.pdf

畢恆達（2009）。無性別偏見的校園空間手冊。臺北市：教育部。

畢恆達、吳瑾嫣、唐筱雯、鄭湘敏、吳怡玲和柳廷岳（1999）。建立安全與
　　無性別偏見的校園空間指標。載於高雄醫學院兩性研究中心（主編），
　　邁向二十一世紀兩性平等教育國內學術研討會論文集（二）（頁63-
　　74）。高雄：作者。

莊和雄主編（2001）。宜蘭縣國民中小學學校建築專輯。宜蘭市：宜蘭縣政
　　府。

莊明貞（1999）。從兩性平等教育看九年一貫課程相關問題研究。兩性平等
　　教育季刊，7，87-96。

許石丹（1987）。認識中國園林。臺北：丹青圖書公司。

許碧蕙（2002）。校園規劃「用後評估之研究」——以南投縣九二一震災重
　　建國小為例（未出版碩士論文）。國立政治大學，臺北市。

郭雄軍和蔡淑玲（2011）。特色學校之論述與實務。載於林志成主編，特色
　　學校理論、實務與案例（第141-177頁）。臺北市：高等教育。

陳木金（2006）。活化校園建築・連結生活與學習——以政大校園十景賞為
　　例。載於國立教育資料館、中華民國學校建築研究學會、中臺科技大學
　　文教事業經營研究所（主編），友善校園規劃與經營（第50-56頁）。臺
　　北市：國立教育資料館。

陳伯璋（1993）。教學革新與潛在課程。臺北市：五南。

陳志華（1990）。外國造園藝術。臺北市：明文書局。

陳芬苓、張菊惠、劉智園和吳雯婷（2010）。性別平等政策與法制之檢討及
　　實施成效評估。行政院研究發展考核委員會委託研究。取自http://www.
　　rdec.gov.tw/public/PlanAttach/20110530154956804808715.pdf

陳容香（1998）。立志念名校——選讀美國著名學府必備手冊。臺北市：方
　　智出版社。

陳格理（2005）。東海大學校園的規劃與建築。載於邱慶平和呂斌主編，首
　　屆海峽兩岸大學的校園學術研討會論文集（第53-65頁）。北京市：北京
　　大學出版社。

陳康園（2005）。世界著名大學——牛津。廣州市：嶺南美術出版社。

陳景文（2010）。性別友善校園在成大：安全校園及友善校園之規劃與執
　　行。取自http://www.ncku.edu.tw/~civileng/data/201012131054.pdf

陳瑞貴（2007）。「未來」的意義。取自http://www.thinkerstar.com/future/
　　meanings.html

陳詩芸（2007）。閒置校園再利用作業模式之研究。未出版碩士論文，逢甲
　　大學都市計畫學系，臺中市。

陳錦賜（2001）。生態文化與科技文明環境共生學校建築及校園環境規劃法
　　之研究。載於中華民國學校建築研究學會主編，e世紀的校園新貌（第
　　69-82頁）。臺北市：作者。

陳瓊花（2014）。建構校園美學之道：空間美與人文美的交織與共生。教育
　　研究月刊，237，20-30。

傅朝卿（2001）。臺灣閒置空間再利用理論建構。載於張玉璜（主編），
　　2001推動閒置空間再利用國際研討會會議實錄（第1-1.1～1-1.10頁）。
　　南投市：行政院文化建設委員會。

傅朝卿（2013）。臺灣建築的式樣脈絡。臺北市：五南。

彭渰雯（1996）。父權社會的誤導與反挫——新女廁運動後記。性別與空間
　　研究室通訊，3，35-39。

彭懷真譯（Peter J. O'Connell著）（1991）。社會學辭典。臺北市：五南。

曾思瑜（1996）。國內外無障礙環境設計規範之比較研究。**建築學報，18，**
1-16。

曾思瑜（1997）。日本無障礙環境之相關法規與我國應有的省思。空間，
92，74-80。

曾思瑜（2001）。**日本福祉空間筆記**。臺北市：田園城市。

曾能汀（2006）。閒置空間再利用為藝文用途之關鍵成功因素分析──以
二十號倉庫為例。未出版碩士論文，國立雲林科技大學文化資產維護
系，新竹市。

游嘉文（2005）。**大學校園環境應用綠建築之研究──以國立臺北科技大學**
校園為例（未出版碩士論文）。國立臺北科技大學，臺北市。

湯志民（1987）。課程研究的新領域「潛在課程」之研究。政大學報，55，
207-242。

湯志民（1991）。**臺北市國民小學學校建築規劃、環境知覺與學生行為之相**
關研究（未出版碩士論文）。國立政治大學，臺北市。

湯志民（1993a）。現代教學革新與教室設計的發展趨勢。載於臺灣大學建築
與城鄉研究所等主辦，中日建築計畫國際學術交流研討會。

湯志民（1993b）。**現代教學革新的趨向與策略**。載於臺灣省政府教育廳，
二十一世紀中小學教育新發展（臺灣省教師精神修養專輯第二十一
輯）。臺中縣：作者。

湯志民（1998）。**開放空間及其教學運用**。載於中華民國開放教育學會主
編，開放教育。臺北：作者。

湯志民（1999）。境教與校園創意設計。國立花蓮師範學院主辦，**吳兆棠博**
士紀念學術講座手冊（第8-17頁）。花蓮市：作者。湯志民（2000）。
學校空間規畫的新思維。教育研究，80，13-26。

湯志民（2001）。學校空間革新趨向之探析。載於中華民國學校建築研究學
會主編，e世紀的校園新貌（頁7-34）。臺北：作者。

湯志民（2002a）。教學空間的創意設計。載於澳門教育暨青年局主編，**創思**
學的理論與實際（第13-21頁）。澳門：作者。

湯志民（2002b）。無障礙校園環境設計之探析。載於中華民國學校建築研

究學會主編，**優質的學校環境**（第58-93頁）。臺北市：作者。

湯志民（2002c）。優質學校環境規劃之探析。載於中華民國學校建築研究學會（主編），**優質的學校環境**（頁1-39）。臺北市：作者。

湯志民（2003）。學校綠建築規劃之探析。載於中華民國學校建築研究學會（主編），**永續發展的校園與建築**（第11-80頁）。臺北市：作者。

湯志民（2004a）。學校舊建築物整修的思考與實務——以政治大學井塘樓為例。**教育研究**，128，11-20。

湯志民（2004b）。**幼兒學習環境設計**（第二版）。臺北市：五南。

湯志民（2005）。新世紀的優質校園——政大附中的規畫設計。載於臺北市立教育大學教育行政與評鑑研究所、中華民國學校建築研究學會主編，**學校建築：現代化VS.國際化**（第1-44頁）。臺北市：臺北市立教育大學教育行政與評鑑研究所。

湯志民（2006a）。**臺灣的學校建築**（第二版）。臺北市：五南。

湯志民（2006b）。政大附中創新經營的理念與策略。**教育研究**，145，59-72。湯志民（2006c）。**學校建築與校園規畫**（第三版）。臺北市：五南。

湯志民（2006d）。教學空間革新——學科型教室規劃之探析。載於國立教育資料館、中華民國學校建築研究學會、中臺科技大學文教事業經營研究所（主編），**友善校園規劃與經營**（第24-49頁）。臺北市：國立教育資料館。

湯志民（2007a）。教育的新空間：中學學科型教室規劃與發展。**教育研究**，156，86-107。

湯志民（2007b）。優質學校校園營造的指標及其意涵。載於吳清基等著，**優質領航——校園營造篇**（第6-27頁）。臺北市：臺北市教師研習中心。

湯志民（2007c）。校園的創意設計：理念與實務。載於國立教育資料館、中華民國學校建築研究學會、中臺科技大學文教事業經營研究所（主編），**創意校園規劃與經營**（頁24-44）。臺北市：國立教育資料館。

湯志民（2008a）。空間領導：理念與策略。**教育研究**，174，18-38。

湯志民（2008b）。校園閒置空間再利用之探析。載於臺北市政府教育局、中華民國學校建築研究學會（主編），**校園建築與運動空間活化再利用**（第3-63頁）。臺北市：國立教育資料館。

湯志民（2008c）。未來學校：學校建築規劃。**教育研究**，165，63-80。

湯志民（2009a）。空間領導的策略與方式。載於臺北縣政府教育局編印，**2010臺北縣邁向卓越學校——指標系統與行動方案**（頁75-90）。臺北縣：作者。

湯志民（2009b）。優質校園營造：2010新趨勢。載於康宗虎等編輯，2009**學校建築研究：校園建築優質化**（頁9-49）。臺北市：臺北市政府教育局、中華民國學校建築研究學會。

湯志民（2010）。2010年優質學校校園營造指標及其意涵。載於吳金盛等編著，**優質典範學校——校園營造情境與資源篇**（頁220-233）。臺北市：臺北市教師研習中心。

湯志民（2011）。學校建築與規劃：未來10年的新脈絡與新策略。**教育行政研究**，1(1)，155-186。

湯志民（2012a）。臺北市和新北市國民中小學空間領導方式之研究。**教育與心理研究**，35(1)，1-28。（TSSCI）

湯志民（2012b）。雲端科技與未來教室。**教育研究**，216，40-56。

湯志民（2012c）。境教的實質影響力。**師友月刊**，544，9-13。

湯志民（2012d）未來校園規劃：問題、趨勢與發展。**中國教育學會主編，2020教育願景**（頁197-230）。臺北市：學富。

湯志民（2012e）教育雲與未來教室。載於中華民國學校建築研究學會、國立政治大學教育學院（主編），**雲端科技與教育環境**（頁30-58）。臺北市：中華民國學校建築研究學會。

湯志民（2012f）未來校園規劃：問題、趨勢與發展。中國教育學會主編，2020教育願景（第197-230頁）。臺北市：學富。

湯志民（2013a）。2013年優質學校校園營造指標及其意涵。臺北市：臺北市教師研習中心。

湯志民（2013b）。後現代校園建築。載於湯志民主編，**後現代教育與發展**

（第193-217頁）。臺北市：高教。

湯志民（2013年10月19日）。空間領導理念析論。華東師範大學課程與教學研究所、政治大學教育學院、華東康橋國際學校主辦，**兩岸教育領導與課程創新論壇會議手冊**（第9-35頁）。上海：華東師範大學課程與教學研究所。

湯志民和廖文靜（2000）。教學空間的革新。載於中國教育學會（主編），**新世紀的教育願景**（第157-180頁）。臺北市：臺灣書局。

湯志民和廖文靜（2001）。校園文化藝術環境的規畫。載於中華民國學校建築研究學會主編，e世紀的校園新貌（頁35-68）。臺北市：作者。

湯志民和廖文靜（2012）。未來校園規劃：問題、趨向與實例。載於中華民國學校建築研究學會、國立政治大學教育學院（主編），**雲端科技與教育環境**（頁131-162）。臺北市：中華民國學校建築研究學會。

湯志民和廖文靜（2012年12月1日）。未來校園規劃：趨向分析與規劃實例。載於台灣教育政策與評鑑學會等主辦，「**教育機構策略聯盟與學術社群發展**」學術研討會論文集。臺中市：中臺科技大學。

湯志民和廖文靜（2014）。校園建築美學。**教育研究**，237，53-70。

湯志民、廖文靜、吳珮君和林韋秀（2006）。學科教室型在教學應用之研究——以政大附中為例。臺北市：國立政治大學教育學系。（行政院國家科學委員會補助專題研究計畫）。

童馨儀（2012）。國立東華大學美崙校區——校園性別友善空間。**多元文化教育中心電子報**，2。取自http://www.cme.ndhu.edu.tw/files/15-1091-35045,c85-1.php

黃宗顯（2014）。校園空間美學營造的理念與實踐。**教育研究**，237，5-19。

黃政傑（1990）。思考與思考教學。載於國立師範大學學術研究委員會主編，**教學法研究**（第173-190頁）。臺北：五南。

黃郁倫和鐘啓泉譯（佐藤學著）（2012）。**學習的革命——從教室出發的改變**。臺北市：天下雜誌。

黃郁倫譯（佐藤學著）（2013）。**學習革命的最前線——在學習共同體中找**

回孩子的幸福。臺北市：遠見天下文化。

黃庭鈺（2002）。臺北市國小室外空間規劃與兒童社會遊戲行為之研究。載於中華民國學校建築研究學會（主編），優質的學校環境（頁106-119）。臺北市：作者。

黃德祥（2014）。校園領導美學的內涵與應用。教育研究，237，31-41。

黃耀榮（1990）。國民小學學校建築計畫及設計問題之調查研究。臺北市：內政部建築研究所籌備處編輯委員會。

黃曬莉（主編）（1999）。跳脫性別框框──兩性平等教育教師／家長解惑手冊。臺北市：女書。

楊方儒（2009）。蓋茲的未來學校 教育改革中培育新商機。遠見雜誌，272。取自http://www.gvm.com.tw/Boardcontent_14785_1.html

楊國賜（1992）。一般大眾對無障礙校園環境應有的認識。張蓓莉和林坤燦主編，無障礙校園環境實施手冊（第9-14頁）。臺北市：國立臺灣師範大學特殊教育中心。

楊清芬（1995）。國小男生與女生的校園生活。未出版碩士論文，國立臺灣大學，臺北市。

楊清芬（1997）。空間規劃與兩性教育。第二屆全國婦女國是會議論文。取自http://taiwan.yam.org.tw/nwc/nwc2/space.htm

楊裕富（2011）。敘事設計美學：四大文明風華再現。新北市：全華圖書。

萬新知（2008）。國民小學學校建築美學內涵探究。學校行政雙月刊，56，36-53。

萬新知（2009）。國民小學學校建築美學之研究（未出版博士論文）。國立政治大學，臺北市。

董衛等譯（D. Pearson編著）（2003）。新有機建築。南京：江蘇科學技術出版社。

詹紹威（2005）。臺中縣市高級中學校園創意設計之研究（未出版博士論文）。國立政治大學，臺北市。

詹紹威（2014）。臺灣高級中學校園創意建築美學表現之研究（未出版博士論文）。國立臺中教育大學，臺中市。

鄒秉恩（無日期）。優質教育的反思。取自http://www.hkci.org.hk/ Reflection/No.56/56_feature_1.rtf

鄒德儂編譯（1991）。建築造形美學設計。臺北市：臺佩斯坦出版公司。

廖文靜（2011）。學校設施品質與教育成果關係之研究。未出版博士論文，國立政治大學，臺北市。

廖慧燕（2008）。建築物無障礙設施設計規範解說手冊。臺北市：內政部。

彰化縣政府教育局（2005）。永續校園創意空間規畫。取自http://www.boe. chc.edu.tw/boepage/%E5%9C%8B%E6%95%99%E8%AA%B2%E8%B3 %87%E6%96%99%E5%A4%BE/%E5%89%B5%E6%84%8F%E6%B0% B8%E7%BA%8C%E8%A8%88%E7%95%AB.doc

漢寶德、劉新圓（2008）。閒置空間再利用政策之檢討。國政研究報告。取 自http://www.npf.org.tw/post/2/4332

監察院編著（2013）。國中小學廢併校後之閒置校舍活畫成效與檢討專案調查研究報告。臺北市：作者。

福建省教育廳、福建省財政廳、福建省民政廳（2006）。關於福建省農村中小學閒置校舍處置的意見。取自http://www.fjedu.gov.cn/ Html/2006/07/9403.html

維基百科（2013）。未來。取自http://zh.wikipedia.org/ wiki/%E6%9C%AA%E6%9D%A5

維基百科（2014a）。校園。取自http://zh.wikipedia.org/ wiki/%E6%A0%A1%E5%9B%AD

維基百科（2014b）。設計。取自http://zh.wikipedia.org/ wiki/%E8%A8%AD%E8%A8%88

臺北市政府教育局（2005a）。精緻教育——臺北市優質學校經營手冊。取自 http://www.edunet.taipei.gov.tw/public/pub2_content.asp?SEQ=3320

臺北市政府教育局（2005b）。臺北市優質學校評選及獎勵要點。94年6月23日北市教督字第09434774200號函。取自http://web.tiec.tp.edu.tw/otiec/ studybooks/catalog/upload_file/172-110.pdf

臺北市政府教育局（2013a）。國民小學概況總表。取自http://www.doe.

taipei.gov.tw/ct.asp?xItem=1191308&ctNode=33661&mp=104001

臺北市政府教育局（2013b）。**國民中學概況總表**。取自http://www.doe.
taipei.gov.tw/ct.asp?xItem=1191310&ctNode=33661&mp=104001

臺北市政府教育局（2013c）。**高級中學概況總表**。取自http://www.doe.
taipei.gov.tw/ct.asp?xItem=1191312&ctNode=33661&mp=104001

臺北市教師研習中心（2013）。**臺北市優質學校評選向度指標修訂：修訂委**
員會議手冊（四）。臺北市：作者。

臺北市教師研習中心（2014）。**臺北市103年度優質學校評選評審工作坊**
（校園營造向度）。臺北市：作者。

臺北縣政府（2005）。**臺北縣九十四學年度「校園創意空間經營暨環境教**
育融入課程研習」實施計畫。取自http://edu.tpc.edu.tw/edu/ftproot/
C/15262.pdf

臺南市政府教育局（2007）。九十六年度臺南市「**創意校園營造——創意學**
習步道計畫」。取自http://www.wyes.tn.edu.tw/pub/upload/%E5%89%B
5%E6%84%8F%E5%AD%B8%E7%BF%92%E6%AD%A5%E9%81%93
%E8%A8%88%E7%95%AB.doc

臺隆書店建築設計資料集成編譯委員會譯（日本建築學會編）（1997）。**建**
築設計資料集成4。臺北市：臺隆書店。

蒲先磊（2011）。**普通高中走班制教學現狀問題與對策（一）**（未出版博士
論文）。山東師範大學，山東省濟南市。

劉木賢和林坤燦（2012）。營造學校建築藝術的綠色校園——以國立南科國
際實驗高級中學爲例。載於中華民國學校建築研究學會、國立政治大學
教育學院（主編），**雲端科技與教育環境**（頁373-388）。臺北市：中
華民國學校建築研究學會。

劉王賓和田蒙潔（1996）。**臺北市無障礙環境設計手冊**。臺北市：臺北市政
府。

劉秀娟（1997）。**兩性關係與教育**。臺北市：揚智。

劉育東（2007）。**數位建築與東方實驗**。臺北市：天下遠見出版公司。

劉怡甫（2013）。與全球十萬人作同學：談MOOC現況及其發展。評鑑雙月

刊，42，41-44。

劉培軍（2009）。芬蘭普通高中實行「無班級授課制」。取自http://www.
　　bjkecheng.cn/data/upload/t9LAvFG1c2ouNW0Mq10NBfzt4=_CFkgCJ.
　　pdf

歐陽教（1986）。教學的觀念分析。載於中國教育學會主編，**有效教學研究**
　　（第1-29頁）。臺北：臺灣書局。

滕家祿、王嵐、滕雪和沈芸譯（日本建築學會編）（2003）。**新版簡明建築**
　　設計資料集成。北京：中國建築工業出版社。

蔡昆瀛（2013）。特殊教育。載於柯華葳主編，**中華民國教育年報（民國**
　　101年）（第315-350頁）。新北市：國家教育研究院。

蔡保田（1984）。**學校建築的理論與實際之研究**。臺北縣：陳玉芳文化。

蔡保田、李政隆、林萬義、湯志民和謝明旺（1988）。**臺北市當前學校建築**
　　四大課題研究──管理、設計、造形、校園環境（市政建設專輯研究報
　　告第192輯）。臺北市：臺北市政府研究發展考核委員會。

蔡進雄（1998）。兩性平等與校園規劃。**兩性平等教育季刊**（3），131-
　　134。

衛生福利部社會及家庭署（2014a）。**身心障礙者人數按障礙類別**。取自
　　http://www.sfaa.gov.tw/statisticsdisabled/168.jhtml

駐芬蘭使館教育組（2007）。關於芬蘭高中教育「無年級授課制」的調研
　　報告。**教育部境外教育考察和調研信息共享平台**。取自http://zgc.chisa.
　　edu.cn/index.php/default/index/detial/1156

盧秀芳（2002）。校園即教室──淺談校園生態教材園。載於中華民國學校
　　建築研究會主編，**優質的學校環境**（第168-180頁）。臺北市：作者。

盧楓和任新軍（2002年1月4日）。芬蘭高中的「無班級授課制」。**中國青年**
　　報。取自http://www.lib.ecnu.edu.cn/jcjyqb/2002_1content.htm

盧誌銘和黃啓峰（1995）。**全球永續發展的源起與發展**。取自http://sd.erl.
　　itri.org.tw/ncsd/chinese/glbtrend/sd_globe/cont.htm

蕭江碧、黃世孟、陳瑞玲、林憲德、郭曉菁和林達志等（2001）。**國民中小**
　　學綠建築設計規範之研究。臺北市：內政部建築研究所。

賴協志（2004）。臺北市國民小學運動場地規劃與用後評估之研究（未出版博士論文）。國立政治大學，臺北市。

謝小芩（2006年11月10日）。外國性別平等教育立法與實施經驗。載於性別、校園、公共政策——大學校院教師性別平等教育研討會（第17-21頁）。取自http://tagv.moi.gov.tw/TAGVResources/upload/Resources/2013/1/「性別‧校園‧公共政策」大學校院教師性別平等教育研討會.pdf

謝園（2001）。探索男女差異。第六屆全國婦女國是會議。取自http://taiwan.yam.org.tw/nwc/nwc6/safe/06.htm

謝凝高、陳青慧和何綠萍（2005）。燕園的價值與保護。載於邱慶平和呂斌主編，首屆海峽兩岸大學的校園學術研討會論文集（第53-65頁）。北京市：北京大學出版社。

韓聯社（2009年1月22日）。中學也將引入「教科教室制」。取自http://big5.yonhapnews.co.kr:83/gate/big5/chinese.yonhapnews.co.kr/n_society/8200000003.html

魏麗敏和陳明珠（2014）。建構校園美學之心境界。教育研究，237，42-52。

羅於陵、柏蘭芝、孫瑞穗和顏亮一（1997）。性暴力恐懼與校園空間。性別與空間研究室通訊，4，235-245。

蘇芊玲（2002）。兩性平等教育的本土發展與實踐。臺北市：女書文化。

蘇芊玲和蕭昭君（2003）。校園現場性別觀察。臺北市：女書文化。

二、日文部分

カリタス女子中学高等学校（2014）。教育の特色：教科センター方式。取自http://www.caritas.ed.jp/trait/index.html

上野淳（2008）。学校建築ルネサンス。東京都：鹿島出版。

千葉市立打瀬中学校（2014）。教科セソター方式とは。取自http://www.cabinet-cbc.ed.jp/school/jhs/054/html/gaiyo/kyouka-center.html

大口町教育委員会（2008）。平成20年度 現在の教育課題に応える教育経営

の基本方針。取自http://www.kyouiku.oguchi.ed.jp/20policy.pdf

大洗町立南中學校（2014）。教科教室型システムを生かした学校づくり。
　　取自http://www.oarai-minami-jh.ed.jp/abouts/system.pdf

山本政男（編集）（1991）。空き教室活用讀本。東京都：教育開發研究
　　所。

文部科学省大臣官房文教施設企画部（2011）。高等学校施設整備指針。
　　取自http://www.mext.go.jp/b_menu/shingi/chousa/shisetu/013/toushin/
　　attach/1304631.htm

文部科学省大臣官房文教施設部（2010）。中学校施設整備指針。
　　取自http://www.mext.go.jp/b_menu/shingi/chousa/shisetu/013/
　　gaiyou/1292407.htm

日本文部科學省（2010）。「廢校施設等活用状況実態調査」の結及び〜未
　　につなごう〜「みんなの廃校」プロジェクトの概要について。取自
　　http://www.mext.go.jp/b_menu/houdou/22/09/1297186.htm

日本建築学会文教施設委員会（2006）。既存学校施設の再生整備計画の策
　　定に関する事例集。文部科學省委託研究。取自http://www.mext.go.jp/
　　a_menu/shotou/zyosei/syuppan/06092110.pdf

日本建築學會（1973）。教室の設計。東京都：彰國社。

日本建築學會（1974）。建築設計資料集成（4）。東京都：丸善株式會
　　社。

日本建築學會（1979）。建築設計資料集成6：建築——生活。東京都：丸
　　株式會社。日本建築學會（1983）。學校のブロックプラン。東京都：
　　彰國社。

日本建築學會（1983）。學校のブロックプラン。東京都：彰國社。

日立市立駒王中学校（2006）。教科教室型への取り組み。取自http://
　　komaou-j.hitachi-kyoiku.ed.jp/subject_center/merit_demerit/index.htm

日立市立駒王中學校（2011）。教科教室型を生かした学校運　。取
　　自http://www.komaou-j.hitachi-kyoiku.ed.jp/manage/contents/
　　upload/1429056_20110916_0001.pdf

加藤幸次（1991）。空き教室の活用の仕方とその類型。載於山本政男（編
　　集），空き教室活用讀本（第18-22頁）。東京都：教育開發研究所。

加藤幸次（2003）。主体的、自主的生徒の育成——「教科教室型」オープ
　　ン・スペースの目指すもの一。載於手島勇平、坂口眞生和玉井康之，
　　校という“まち”が創る学び：教科センター方式を核にした聖籠中
　　校の挑戦（頁195-208）。東京都：株式会社ぎょうせい。

加藤幸次和松田早苗（1987）。空き教室の活用。名古屋市：黎明書局。

北海道豊富町立豊富中学校（2014）。豊富中学校新校舎改築に至る経緯。
　　取自http://www.hkd-toyochu.ed.jp/shinkoshasetsuritukeii.htm

市村製作所（2006）。教師と一緒に深める教科教室型の魅力。取自http://
　　www.ichimura-seisakusho.co.jp/torikumi/newschool.htm

玉井康之（2004）。中学校における教科センター方式の意義と課題。載於
　　木岡一明編，学年・学級の指導点検とカリキュラム開発（チェックポ
　　イント学校評 No6）（第30-33頁）。北海道：北海道教育大學教育開
　　発研究所。

米沢市立第六中学校（2014）。教科教室型校舎で学びを創る。取自http://
　　www.educ.yonezawa.yamagata.jp/6chu/

西日本工高建築連盟（1986）。建築設計ノート：學校。東京都：彰國社。

西村伸也（2005）。教科センター方式における生徒の行動の特徴。取自
　　http://benesse.jp/berd/center/open/chu/view21/2005/04/c01toku_20.html

杉並区教育委員会事務局（2006）。松溪中学校改築検討協議会ニュー
　　ス第1号——改築するために本年度で基本設計をつくります。取自
　　http://www.kyouiku.city.suginami.tokyo.jp/education/schoolhouse/pdf/
　　shokeinews01.pdf

東京都品川區學校改築檢討委員會會（2002）。品川区学校改築計画指針。
　　取自http://www2.city.shinagawa.tokyo.jp/jigyo/06/kaitik/kaitik1.htm

空氣調和・衛生工學會（2011）。建築設備集成：学校・圖書館。東京都：
　　株式会社ォム一社。

長倉康彦（1993）。學校建築の變革——開かれた學校の設計。東京都：彰

　　國社。

長澤悟（2001）。新潟県聖籠町立聖籠中学校における取組み── 校が町
　　を変える、地域が学校を支える。取自http://www.jice.or.jp/chiikisanka/
　　report_3.pdf

長澤悟、野島直樹和廣瀬和德（2006）。今日の學校建築計畫において大切
　　なこと：子どもた一人ひとりの夢を育む學校を實現するために。**建築**
　　設計資料，105，4-31。

長澤悟和中村勉（2004）。**國外建築設計詳圖圖集10：教育設施**。北京市：
　　中國建築工業出版社。

屋敷和佳（2004）。教科教室制の変遷と学校運営等の課題。**文教施設**，
　　15，23-26。

屋敷和佳（2012）。公立小中学校施設の整備課題と整備方針。載於屋敷和
　　佳主編，少子化に伴う学校施設整備の展開と学校運営から見た成果検
　　証に関する研究（第1-23頁）。東京都：チヨダクレス株式会社。

屋敷和佳和山口勝巳（2007）。国公立中学校における教科教室制の実施状
　　況と校舎の利用実態·評 。**日本建築学会計画系論文集**，73（634），
　　2583-2590。

建築思潮研究所編（1998）。學校2：小學校、中學校、高等學校。**建築設**
　　計資料，67，30、122-177。

建築思潮研究所編（2006）。學校3：小學校、中學校、高等學校。**建築設**
　　計資料，105，8-9、124。

渋谷区立上原中学校（2014）。教科教室型システムについて。取自http://
　　home.j04.itscom.net/uehara-j/

船越徹、飯沼秀晴和寺嶋修康（1998）。學校──新しい世紀にひきつぐも
　　の學校建築をめぐる最近の話題から。**建築設計資料**，67，4-29。

黒川地区小中学校新設基本計画検討委員会（2005）。**黒川地区小中学校**
　　新設整備事業設計·建設業務要求水準書（案）。取自http://www.
　　city.kawasaki.jp/88/88sisetu/kurokawa/home/youkyuusuijunsyoan/
　　sekkeikensetu.pdf

鈴木宗幸（2006）。學校教育課・給食センター・生涯學習課・經營方針。取自http://www.town.oguchi.aichi.jp/office/seisakuchousei/keiei/kyouiku.htm

鈴木重夫（2010）。教科教室制運營における教職員の協働關係の構築について：中・大規模校における教科教室制運營について。取自http://ogawazemi.ikyoshi.net/htdocs/?action=common_download_main&upload_id=43

福島縣田村郡三春町立三春中學校（2014）。學校紹介。取自http://www.miharu-j.fks.ed.jp/begining.html

橫浜市教育委員會事務局施設課（2002）。橫浜市小・中學校施設計畫指針。取自http://www.city.yokohama.jp/me/kyoiku/shisetsu/shishin/sisin.html

藤田毅（2005）。中學校改革へのひとつの視点——教科教室型の學校システムについて。取自http://www1.ocn.ne.jp/~ymgtsu/toukou.htm

鶴見大學附屬中學校・高等學校（2014）。教育エリア・ホームベース型校舍」での教育。あらたな學びが始まっています。取自http://www.tsurumi-u.ac.jp/facilities/fuzoku/

三、英文部分

Aalto University (2012). *InnoSchool-project (2007-2010): Innovative school concept for the future. Retrieved from http://simlab.aalto.fi/en/research/finished-projects/innoschool/*

Abend, A. C. (2001). *Planning and designing for students with disabilities.* Washington, D. C.: National Cleaning house for Educational Facilities. Retrieved from http://www. edfacilities.org

Abilene Christian University(2013). *Welcome to the office of campus aesthetics.* Retrieved from http://www.acu.edu/campusoffices/campus-aesthetics/index.html

Abramson, B. (2003). Brain research and learning in the classroom. *School*

Planning & Management, 42(5), 62.

Abramson, P. (2002). How green are your school? *School Planning & Management, 39*(12), 68-69.

Alexander, K. (2010). *Usability of Learning Environments.* Retrieved from http://cibworld.xs4all.nl/dl/publications/pub330.pdf

Almeida, R. (2000). Patterns an design strategies for new school buildings. In Organization for Economic Cooperation and Development (OECD), *The appraisal of investment in educational facilities* (pp.205-217). Paris: European Investment Bank.

Alvey, J. (2003). Green building. *Public Utilities Fortnightly. 141*(7), 38-40.

Ansley, J. (2000). *Creating Accessible Schools.* Washington, D.C.: National Cleaninghouse for Educational Facilities. Retrieved September 30, 2001, from: http://www.edfacilities.org

Arizona State University(2004). *Standards and quality indicators for accreditation of schools.* Retrieved from http://www.citaschools.org/cita/files/lotus_standards_with_checklist%20.doc

Astor, R. A., & Meyer, H. A. (1999). Where girls and women won't go: Female students', teachers', and social workers' views of school safety. *Social Work in Education, 21*(4), 201-220.

Atwood, V. A., & Leitner, J. T. (1985). Time and space: tools for effective teaching. *Education, 106*(1), 15-21.

Aued, B. (2007). *Study backs rehab, reuse of old school.* Retrieved from http://onlineathens.com/stories/122107/news_20071221037.shtml l

Augustin, S. (2009). *Place advantage: Applied psychology for interior architecture.* Inc. Hoboken, NJ: John Wiley & Sons, Inc.

Australia's Laboratory For visionary Architecture(2012). Classroom of the future. *Designboom.* Retrieved from http://www.designboom.com/weblog/cat/9/view/18833/lava-classroom-of-the-future.html

Baker, L., & Bernstein, H. (2012). The impact of school buildings on student health and performance: A call for research. Retrieved from http://www. acefacilities.org/Search.aspx?Keyword=&Publisher=&Type=&Role=Sch ool%20Administrators&Category=&Page=7&Sort=DocTitle%20ASC

Bankst, T. L. (1991). Toilets as a feminist issue: A true story. *Berkeley Women's Law Journal, 6*(2), 263-276.

Bar, L., & Galluzzo, J. (1999). *The accessible school: Universal design for educational setting*. Berkeley, CA: Mig Communication.

Basow, S. A., & Howe, K.G. (1979). Sex bias and career evaluations. *Perceptual and Motor Skills, 49,* 705-706.

Bell, P. A., Greene, T. C., Fisher, J. D., & Baum, A. (2001). *Environmental psychology*(5th ed.). CA: Thomson Learning Acadcamic Resource Center.

Bernard, J. (2012). *A place to learn: Lessons from research on learning environments*. Montreal, Canada: UNESCO Institute for Statistics.

Blackmore, J., Bateman, D., Loughlin, J., O'Mara, J., & Aranda, G. (2011). *Research into the connection between built learning spaces and student outcomes: Literature review*. Melbourne: Education Policy and Research Division, Department of Education and Early Childhood Development, State of Victoria.

Bohan, J. S. (1992). *Psychology, gender, and theory*. Boulder: Westview Press.

Bolin, R. (2003). It's in the green. *American School & University, 76*(1), 42-46.

Borgobello, B. (2012). *What the schools of the future could look like*. Retrieved from http://www.gizmag.com/classroom-of-the-future/21295/

Boyd, K. A. (2007). Second chances. *American School & University, 79*(13), 162-165.

Boys, J. (2011). *Towards creative learning spaces: Re-thinking the architecture of post-compulsory education*. London: Routledge.

Bratche, M. (2003). *Tenants found for vacant schools: Community agencies seek space for expansion.* Retrieved from http://www.hardingclass63. org/ICHS/Tenants%20found%20for%20vacant%20schools.pdf

Brosnan, P., Minnich, B., Richardson, & Stein, M. (2010). Purposeful selection: Architectural portfolio 2010 commentary. *American School & University, 83*(3), 12.

Brown, K., Diehl, L., & Woodard, G. (2011). Interiors with purpose: 2011 EIS jury commentary. *American School & University,* 83(12), 12.

Brown, T. (2009). *Chang by design: How design thinking transforms organizations and inspires innovation.* New York, NY: HarperCollins Publishers.

Brubaker, C. W. (1998). Planning and design school. New York: McGraw-Hill.

Burr, T. (2009). *The building schools for the future programme: Renewing the secondary school estate.* London: The Parliamentary Bookshop.

Caddey, M. (2007). *Sustainable schools.* Retrieved from http://www. scientistsinschools.edu.au/downloads/SiSSymposium2007CaddeyPrietto. pdf

Carver, N. F. Jr. (1993). *Form & space in Japanese architecture*(2nd ed.). Kalamazoo, MI: Documan Press, Ltd.

Castaldi, B. (1994). *Educational facilities: Planning, modernization, and management* (4th ed.). Boston: Allyn and Bacon, Inc.

Castle, C. (2001). Campus parking lots. *The Gender and Technology.* Retrieved from http://www.ws.appstate.edu/gendertechex/vt_ exhibits/2001/parkinglots.html

CBSNEWS (2013, August 12). *Caliafornia law allows transgender students to pick bathrooms, sports teams they identify with.* Retrieved from http:// www.cbsnews. com/news/california-law-allows-transgender-students-to-pick-bathrooms-sports-teams-they-identify-with/

Chan, T. C., & Dishman, M. (2011). Maintaining a safe and healthy school environment for learning. *The American Clearinghouse on Educational Facilities Journal, 1*(1), 5-13.

Chaves, E. (2007).要打造「未來學校」，先創新教育思維。*Microsoft, Education*。取自 http://www.microsoft.com/taiwan/education/pil/visit/ Eduardo_Chaves.aspx

Cheng, Y. C. (2000). *Globalization, localization, and individualization for effective education*. Key-note prepared for International Council for School Effectiveness and Improvement.

Chopra, R. (Ed.). (2008). *Dictionary of education*. India: ISHA Books.

Chris, S. (1991). Social space, gender inequalities and educational differentiation. *British Journal of Sociology of Education, 12*(1), 23-45.

Cisco(2010). *Connected real estate: Create green, intelligent buildings*. Retrieved from http://www.cisco.com/web/.../ classroomconnect_04_22_09_SchoolsCRE.pdf

Cobble, J. E. (2000). *The 100-year school: How to design schools that will last a century*. Retrieved from http://www.asbj.com/ lbd/2000/00inprint/00cobble.html

Coffey, A. B. (1992). *Revitalization of school facilities*. Unpublished doctoral Dissertation, East Tennessee State University, Tennessee.

Collins Ⅲ, J. W., & O'Brien, N. P. (Eds.). (2003). *The greenwood dictionary of education*. Westport, CT: Greenwood Press.

Companion, M., Laurie, J., & Shaw, G. (2002). Educational for sustainability: Anecological approach. *Green Teacher, 68*, 6-11. Company.

Connell, B. R., Jones, M., Mace, R., Mueller, J., Mullick, A., Ostroff, E. et al. (1997). *What is universal design?* Retrieved from http://www.ncsu.edu/ www/ncsu/design/sod5/cud/univ- design/princ-overview.htm

Cornelius, G. (2013). *Campus aesthetics should count for only so much*. Retrieved from http://findingmycollege.com/2013/04/09/campus-

aesthetics-should-count-for-only-so-much/

Council of Educational Facility Planners International (2009). *School building week 2009 highlights & photos*. Retrieved from http://www.cefpi.org/i4a/pages/index.cfm?pageid=4418

Council of Educational Facility Planners International (2010). *School Building Week 2010 Highlights & Photos*. Retrieved from http://www.cefpi.org/i4a/pages/index.cfm?pageid=4634

Council of Educational Facility Planners International (2012a). *School building week school of the future design competition*. Retrieved from http://www.cefpi.org/i4a/pages/Index.cfm?pageID=5093

Council of Educational Facility Planners International (2012b). *School of the future design competition*. Retrieved from http://www.cefpi.org/i4a/pages/index.cfm?pageid=3338

Council of Educational Facility Planners International (2013). *2013 School of the future design competition winners: A glance into the renaissance of learning*. Retrieved from http://www.cefpi.org/i4a/pages/index.cfm?pageid=5420

Council of Educational Facility Planners International (2014). *School of the future design competition*. Retrieved from http://www.cefpi.org/i4a/pages/index.cfm?pageID=3338

Council of Educational Facility Planners International(2010). *School Building Week 2010 Highlights & Photos*. Retrieved from http://www.cefpi.org/i4a/pages/index.cfm?pageid=4634

Craig, C, Fixler, D., & Kennedy, B. (2012). Recycling by design for green schools. *American School & University*, *84*(7), 36-39.

Craven, J. (2008). Adaptive reuse. *About.com: Architecture*. Retrieved from http://architecture.about.com/od/preservation/g/reuse.htm

Crowley, M. (2009). Green planning. *AS & U*. Retrieved from http://asumag.com/green/create-campus-sustainability-program-200910/index.html

Cunningham, C. (2002). Buildings that teach. *American School & University, 74*(12), 164-167.

Dale, J. R., Hutton, P. C., & O'Brien, C. (2011). 2011Architectural Portfolio: Jury comments. *American School & University*. Retrieved from http://schooldesigns.com/LinkClick.aspx?fileticket=DyuWi9ymP8k%3d&tabid=581

Daly, J. (2007).Future school. *Edutopia Magazine*. Retrieved June 21, 2007, from http://www.edutopia.org/node/3149

Darragh, J. C. (2006). *The environment as the third teacher*. (ERIC Document Reproduction Service No. ED493517)

Day, C. W. (2009). Office space. *AS&U*. Retrieved from http://asumag.com/Construction/technology/technology-education-office-200905/

Dean, J. (1992). *Organising learning in the primary school classroom* (2nd ed.). London: Routledge.

Deaux, K. & Wrightsman, L. S. (1988). *Social psychology*(5th ed.). Pacific Grove, CA: Brook/Cole Publishing Company.

DeJong, W. (2007).*Top 10 Trends in School Facility Planning*. Retrieved from http://www.prweb.com/releases/2007/7/prweb538821.htm

Department for Children, Schools, and Families(2009). *Designing for disabled children and children with special educational needs*. Retrieved from http://www.teachernet.gov.uk/_doc/13210/BB102.pdf

Department For Education and Employment[DfEE](1999). *Access for disabled people to school buildings: Management and design guide* (Building Bulletin 91). Retrieved from http://www.dfes.gov.uk/schoolbuildings

Department for Education and Skills (2004). *Classrooms of the future: Innovative designs for schools*. Retrieved from http://www.teachernet.gov.uk/_doc/4032/Classrooms%20of%20the%20Future.pdf

Department for Education and Skills (2007). *Better buildings better design better education*. Retrieved from http://publications.teachernet.gov.uk/

eOrderingDownload/10yrs%20investment.pdf

Department of Education and Lifelong Learning (2002). *Accessible Schools: Planning to increase access to schools for disabled pupils*. Retrieved from http://www.bristol-lea.org.uk/cyp/doc/accessible_guidance.doc

Dober, R. P. (2002). *Campus landscape: Function, forms, features*. New York: John Wiley & Sons, Inc.

Dorman, B. (2008). *Reuse of the school building in Clearbrook, MN*. Retrieved from http://www.geocities.com/goodnewsmorris/ClearbrookSchoolreuseproject1.doc

Drake, J. (1996). *The university city of Cambridge*. UK: Pitkin Pictorials.

DuFault, T., Dyck. J., & Jackson, J. (2008). *Classroom design for student achievement*. Retrieved from http://soloso.aia.org/eKnowledge/Resources/Presentations/AIAP072736

Earthman, G. I. & Lemaster, L. (1998). *Where children learn: A discussion of how a facility affect learning*. (ERIC Document Reproduction Service No. ED419368)

Earthman, G. L. (2013). *Planning educational facilities: What educators need to know* (4th ed.). Lanhan, MD: Rowman & Littlefield Education.

Earthman, G., & Lemasters, L. K. (2011). The influence of school building conditions on students and teachers: A theory-based research program (1993-2011). *The American Clearinghouse on Educational Facilities Journal, 1*(1), 15-36.

Eco-Schools(2014a). *Eco-schools history*. Retrieved from http://www2.keepbritaintidy.org/ecoschools/aboutecoschools/ecoschoolshistory

Eco-Schools(2014b). *Nine topics*. Retrieved from http://www2.keepbritaintidy.org/ecoschools/aboutecoschools/ninetopics

Ehrlich, P. (2008). Green intelligent buildings-A brief history. Retrieved from http://www.esmagazine.com/Articles/Column/BNP_GUID_9-5-2006_A_1000000000000271363

Enge, T. O., & Schroer, C. F. (1990). *Garden architecture in Europe*. Germany: Benedikt Taschen Verlag GmbH & Co. KG.

EnOcean CleanTech(2010). *Enabling intelligent green buildings*. Retrieved from http://*www.enocean-alliance.org/fileadmin/.../wp_cleantech_en.pdf*

Environmental and Energy Study Institute(2001). *High performance school building. energy-smart school that make a difference*. Retrieved from http://www.eesi.org/publications/12.07.01school.pdf

Environmental Protection Agency (2012). *Student health and academic performance: Quick reference guide*. Retrieved from http://www.epa.gov/iaq/schools/pdfs/student_performance_findings.pdf

Environmental Protection Agency (2014). *Develop your program solutions to commonIssues: IAQ design tools for schools*. Retrieved from http://www.epa.gov/iaq/schools/dtfs.html

Etchemendy, J. (2005). Is campus feeling the squeeze for space? *Stanford Report*. Retrieved from http://news-service.stanford.edu/news/2005/october26/space-102605.html

Fanning, R. H. (2003). Sustainable design: A new standard. *School Planning & Management, 42*(5), 12-14.

Florida Department of Education (2010). *Green school design*. Retrieved from http://www.fldoe.org/edfacil/pdf/gsdg.pdf

Florida Educational Facilities Planners' Association(2012). *2012 architectural showcase winners*. Retrieved from http://www.fefpa.org/showcases/showcase2012.html

French, J., & Oathout, R. (2008). Good stewards. *AS & U*. Retrieved from http://asumag.com/energy/good_stewards_performance/

Futagawa, Y. (Ed.)(2006). *Global architecture 05 (contemporary architecture): University*. Tokyo: A. D. A. EDITA Tokyo Co., Ltd.

Gaines, T. A. (1991). *The campus as a work of art*. Westport, CT: Praeger Publishers.

Gee, L. & Hajduk, T. (2005). *Importance of informal Sspaces for learning, collaboration, and socialization.* Retrieved from http://www.educause. edu/Resources

Gelfand, L. (2010). *Sustainable school architecture: Design for primary and secondary school.* Hoboken, NJ: John Wiley & Sons, Inc.

Gettelman, A. (2009). Easy access. AS & U. Retrieved from http://asumag. com/Construction/accessibility/ada-accessibility-guidelines-200906/

Gibson, H. J. (2012). New school facilities and their association with student achievement. *The American Clearinghouse on Educational Facilities Journal, 2*(2), 45-59.

Gifford, R. (1987). *Environmental psychology: Principles and practice.* Boston: Allyn and Bacon, Inc.

Gisolfi, P. (2006). Making it readable. Retrieved from http://asumag.com/ DesignPlanning/university_making_readable/

Gisolfi, P. (2011). Sites unseen in education design. *American School & University, 83*(12), 114-117.

Gonchar, J. (2002). Sustainable school within reach: Daylighting and natural ventilation are "sensible design". *ENR. 248*(16), 62-64.

Good, C. V. (Ed.)(1973). *Dictionary of education* (3rd ed.). NY: McGraw-Hill Book.

Gowan, J. M. (2010). *Green Intelligent buildings…what next?* Retrieved from http://www.automatedbuildings.com/news/may09/articles/ mcgowan/090428101001mcgowan.htm

Grant, T., & Littlejohn, G. (2002). Green schools on the horizon. *Green teacher, 68*, 2.

Greenschool(2013). *Welcome to greenschool Bali, Indonesia: Learning a sustainable future.* Retrieved from http://www.greenschool.org/wp- content/uploads/2013/04/Green-School-Brochure.pdf

Hackney Council (2014). *Building schools for the future.* Retrieved from http://www.hackney.gov.uk/xe-bsf.htm#.Uvl3PdKSyxr

Harrison, A., & Hutton, L. (2014). *Design for the changing educational landscape: Space, place and the future of learning.* London: Routledge.

Hassel, K. (2011). Flexible classroom furniture. *American School & University, 84*(2), 18-20.

Hill, B. C., & Ekey, C. (2010). *Enriching classroom environments: Rubrics and resources for self-evaluation and goal setting.* Portsmouth, NH: Heinmann.

Hill, D., Doytcheva, R., & Stubbs, D. (2012). Interiors with purpose: 2011 EIS jury commentary. *American School & University.* Retrieved from http://schooldesigns.com/LinkClick.aspx?fileticket=nYLre2iococ%3d&t abid=582

Hill, S., Comely, C., & Koralek, B. (2002). *School works: Designing sustainable schools.* Retrieve from: http://www.sourceuk.net/articles/a02540.html?print

Howard County Public School System(2006). *Selecting a quality school.* Retrieved from http://www.howard.k12.md.us/schools/quality.html

Hunley, S., & Schaller, M. (2006). Assessing learning spaces. In D. G. Oblinger (Ed.), *Learning space* (pp.13.1-13.11). Washing, DC: EDUCAUSE.

Imrie, R., & Hall, P. (2001). *Inclusive design: Designing and development accessible environments.* London: Spon Press.

Ittelson, W. H., Proshansky, H. M., Rivlin, L. G., Winkel, G. H., & Dempsey, D. (1974). *An introduction to environmental psychology.* New York: Holt, Rinehart and Winston, Inc.

Kats, G. (2006).*Greening America's schools: Costs and benefits.* Retrieved from http://www.cap-e.com/ewebeditpro/items/O59F9819.pdf

Kell, M., Souter, K., & Riddle, M. (2012). *Physical and virtual learning spaces in higher education*: Concepts for the modern learning

environment. Hershey, PA: Information Science Reference.

Kennedy, K. (2001). Going green. *American School & University, 73*(11), 14-18.

Kennedy, M. (2002). Rebirth. *American School & University; 74*(9), 18-22.

Kennedy, M. (2003). Peak performance. *American School & University, 75*(8). Retrieved from http://www.asumag.com/microsites/Newsarticle?newsarticleid=2683271&srid=11587&ins

Kennedy, M. (2009). Green as the new norm. *AS & U*. Retrieved from http://asumag.com/green/green-practices-schools-universities-build-renovate-200902/

Kennedy, M. (2011). Seeking campus safety. *American School & University*. Retrieved from http://asumag.com/exclusive/campus-safety-upgrades-201106/

Kennedy, M. (2012). Computer-assisted school maintenance. *American School & University, 84*(8), 24-26

Keppell, M., Souter, K., & Riddle, M. (Eds.) (2012). *Physical and virtual learning spaces in higher education: Concepts for the modern learning environment*. Hershey, PA: Information Science Reference.

King, R. O'Neil (2010). *Bright green buildings: Convergence of green and intelligent buildings*. Retrieved from http://www.automatedbuildings.com/news/jul09/articles/caba/090611112909caba.htm

Kirkeby, I. M. (2005). How to aid innovative learning environments. Retrieved September 25, 2005, from http://www.aia.org/cae_confrep_spring05_nordic

Klodawsky, F., & Lundy, C. (1994). Women's safety in the university environment. *Journal of Architectural and Planning Research, 11(2)*, 128-135.

Kowalski, T. J. (1989). *Planning and manading school facilitues*. New York: Praeger.

Kramer, S. (2010). *Schools: Educational spaces*. Berlin: Braun Publishing AG.

Lackney, J. A. (2007). 33 Educational design principles for schools and community learning centers. *School Design Studio*. Retrieved from http://schoolstudio.typepad.com/school_design_studio/33-educational-design-pri.html

Larsson, A. (2003). *Practice and theory in the development of gender perspectives in strategic planning: Some experiences from Sweden*. Retrieved from http://www.5thfeminist.lu.se/filer/paper_583.pdf

Lefrançois, G. R. (1991). *Psychology for teaching* (7th ed.). Belmont, CA: A Division of Wadsworth, Inc.

Li, Q. (Ed.)(2013). *School buildings*. Hong Kong: Design Media Publishing Limited.

Line, P., Quinn, R. C., & Smith, T. L. (2010). *Design guide for improving school safety in earthquakes, floods, and high winds*. Washington, DC: United States Department of Homeland Security.

Lippman, P. C. (2006). The L-shaped classroom: A Pattern for promoting learning. *Design Share*. Retrtieved from http://www.designshare.com/index.php/articles/the-l-shaped-classroom/1/

Lippman, P. C. (2010). *Evidence-based design of elementary and secondary schools: A responsive approach to creating learning environments*. NJ: John Wiley & Sons, Inc.

Locker, F. & Dejong, W. S. (2006). Passive security in facility planning. *School Planning & Management, 45*(11), 10-12.

Locker, F., Wernick, L., McConachie, L., Fielding, R., & Olson, S. (2005, Sep 30). *New wine in old bottles: State of the art planning concepts in old buildings*. [PowerPoint Presentation]. Council of Educational Facility Planners International, REFP Workshop, San Antonio, TX. Retrieved from http://www.dejonginc.com/FINALwithTEAMDESIGNS_

NewWineOldBottles_050930_fml.ppt

Long, P., & Ehrmann, S. (2005). Future of the learning space: Breaking out of the box. *Educause, 40*(4), 42-58.

Loveland, J. (2002). Daylighting and sustainability. *Environmental Design + Construction*, 5(5), 28-32.

McRary, A. (2008). *Cormac McCarthy home, vacant schools on Fragile 15 list*. Retrieved from http://www.knoxnews.com/news/2008/may/15/cormac-mccarthy-home-vacant-schools-fragile-15/

Maslen, G. (2013). *The future of school*. Retrieved from http://www.smh.com.au/national/education/the-future-of-school-20130822-2sdvz.html

McConachie, L. (2007a).跨越科技隔閡，前瞻學校未來式。*Microsoft, Education*。取自http://www.microsoft.com/taiwan/education/pil/visit/Lorne_McConachie.aspx

McConachie, L. (2007b).未來學校應該具備什麼樣的條件？*Microsoft, Education*。取自http://www.microsoft.com/taiwan/education/pil/visit/Lorne_McConachie_1.aspx

McCreery, J. (2008). Flexible spaces promote student engagement. *School Planning & Management, 47*(12). Retrieved from http://proquest.umi.com/pqdlink?index=4&did=1624489371&SrchMode=3&sid=11&Fmt=2&VInst=PROD&VType=PQD&RQT=309&VName=PQD&TS=1257817694&clientId=17319&aid=6

Merriam-Webster Online Dictionary (2014a). *Sex*. Retrieved from http://www.merriam-webster.com/dictionary/sex

Merriam-Webster Online Dictionary (2014b). *Gender*. Retrieved from http://www.merriam-webster.com/dictionary/gender

Mill, D., Eley, C., Ander, G., & Duhon, G. (2002). *The Collaborative for high performance schools: Building a new generation of sustainable schools*. Retrieved http://www.energy.ca.gov/papers/2002-08-18-aceee-presentations/PANEL-06-MILLS.PDF

Ministry of Education, Skills and Training (1999). *Accessible school facilities: A resource for planning.* Retrieved from http://www.bced.gov. bc.ca/capitalplanning/resources/access.pdf

Moore, D. P. (1999). Sustainable schools: An investment in our future. *School Planning & Management, 38*(5), 10-11.

Moore, D. P., Enderle, J., Reedy, C., & Abramson, P. (Eds.) (2012). 17th annual school construction report. *School Planning & Management.* Retrieved from http://www.peterli.com/spm/pdfs/ SchoolConstructionReport2012.pdf

Myers, C. B., & Myers, L. K. (1990). *An introduction to teaching and schools.* Fort Worth: Holt, Rinehart and Winston, Inc.

National Audit Office (2014). *The building schools for the future programme: Renewing the secondary school estate.* Retrieved from http://www.nao. org.uk/report/the-building-schools-for-the-future-programme-renewing- the-secondary-school-estate/

NSW Department of Education(2002). *The sustainable schools project.* Retrieved from http://www.curriculumsupport.nsw.edu.au/enviroed/files/ Env_Env_Background_to_SSP.pdf

NSW Office of Environment and Heritage(2014). An introduction to NABERS. Retrieved from http://www.nabers.gov.au/public/WebPages/ ContentStandard.aspx?module=10&template=3&include=Intro. htm&side=EventTertiary.htm

Oblinger, D. G. (2006). Learning how to see. In D. G. Oblinger (Ed.), *Learning space* (pp.14.1-14.11). Washing, DC: EDUCAUSE.

O'Connell, J. (2008). Developers, preservationists push for school reuse. *Washington Business Journal.* Retrieved from http://washington. bizjournals.com/washington/stories/2008/04/14/story15.html

Ohrenschall, M. (1999). *Better learning in better buildings: Sustainable design of school facilities helps educational mission.* Retrieved from

http://www.newsdatd.com/enernet/conweb/ conweb43.html#cw43-4

Oliver, T. (2007). Michigan school on the chopping block. *Preservation*. Retrieved from http://www.preservationnation.org/magazine/911/ michigan-school-on-the-1.html

Open Culture(2014). *800 MOOCs from top universities, many with certificates*. Retrieved from http://www.openculture.com/contact

Organisation for Economic Co-operation and Development (2005). *Evaluating quality in educational facilities*. Retrieved from http://www.oecd.org/do cument/18/0,2340,en_2649_34527_35470674_1_1_1_1,00.html

Organization for Economic Cooperation and Development, (OECD) (2014). *Schooling for tomorrow-The starterpack: Futures thinking in action*. Retrieved from http://www.oecd.org/edu/school/schoolingfortomorrow-thestarterpackfuturesthinkinginaction.htm

Oster, M. (1993). *Japanese garden style: Eastern traditions in western garden design*. London: Quarto Inc.

Pain, R. (1991). Space, sexual violence and social control: Integrating geographical and feminist analyses of women's fear of crime. *Progress In Human Geography, 15*(4), 415-431.

Partnership for 21st Century Skills(2009). *21st century learning environments*. Retrieved from http://www.21stcenturyskills.org/documents/le_white_ paper-1.pdf

Patel, M. (2004, 26 May). Building schools for the future: Emerging themes. International seminar organised by the OECD Programme on Educational Building. Retrieved from http://www.oecd.org/dataoecd/7/49/33806617. pdf

Pearlman, B. (2010). *Designing new learning environments to support 21st century learning skills*. Retrieved from http://www.designshare.com/ images/chap6_designing_new_learning_environments.pdf

People for Education(2008). *Use of vacant and partially vacant schools*.

Retrieved from http://www.peopleforeducation.ca/forum/comments.php? DiscussionID=7&page=1#Item_0

Perkins, B. (2001). *Building type basics for elementary and secondary schools*. New York: John Wiley & Sons, Inc.

Perkins, B., & Bordwell, R. (2010). *Building type basics for elementary and secondary schools*(2nd ed.). Hoboken, NJ: John Wiley & Sons, Inc.

Perrott, E. (1991). *Effective teaching: A practical guide to improving your teaching*. London: Longman Group UK Limited.

Phillips, A. (2010). Design evolution. *American School & University, 83*(3), 208-210.

Pitzer College(2014). *Campus aesthetics committee.* Retrieved from http:// www.pitzer.edu/governance/committees/aesthetics/index.asp

Preece, P. F. W. (1987). Class size and learning: A theoretical model. *Journal of Educational Research, 80*(6), 377-379.

PriceweaterhouseCoopers (2008). *Evaluation of building schools for the future, 2nd annual report.* Retrieved from http://www.teachernet.gov. uk/_doc/13240/2ndannualreport.pdf

Pulizzi, S., & Rosenblum, L. (2007). *Building a gender friendly school environment.* Retrieved from http://download.ei-ie.org/docs/ IRISDocuments/EI%20Campaigns/EFAIDS%20Programme/2007-00169-01-E.pdf

Rapley, F. E. (1984). Adaptive reuse: Alternative to vacant Schools. *American School & University, 56*(7), 49-51.

Richards, J. S., & Sebastian, S. (2008). *Columbus officials debating which buildings to keep, which to let go.* Retrieved from http://www. columbusdispatch.com/live/content/local_news/stories/2008/01/21/ facilities.ART_ART_01-21-08_B1_7O93P0U.html

Rochdale Sixth Form College(2014). *Top class facilities.* Retrieved from http://www.rochdalesfc.ac.uk/facilities/

Rosenfield, P., Lambert, N. M., & Black, A. (1985). Desk arrangement effects on pupil classroom behavior. *Journal of Educational Psychology, 77,* 101-108.

Rosenstock, L. (2007).相信孩子擁有雙手開創的能力。Microsoft, Education。取自http://www.microsoft.com/taiwan/education/pil/visit/ Larry_Rosenstock.aspx

Rossi, J. M. (2003). *Adaptive reuse: Reusing buildings for future generations while maintaining connections to the past. Bulletin, 71*(3), 34-39.

Rowntree, D. (1981). *A dictionary of education.* Totowa, NJ: Barnes & Noble Books.

Rust, A. (1999). *Conference will explore gender, social change and the built environment.* Retrieved June 13, 2005, from http://chronicle.uchicago. edu/990401/utopia.shtml

Rydeen, J. E. (2009). Facility planning: An eye-opener. *AS & U.* Retrieved from http://asumag.com/Construction/planning/architecture-influence- education-200906/

Rydeen, J. E. (2012a). Curricular school design. *American School & University, 84*(8), 41.

Rydeen, J. E. (2012b). Material Influence in School Construction: Considering wood in school facilities. *American School & University, 84*(9), 40.

Saint Mary's University(2007). *Campus aesthetics.* Retrieved from http:// www.smu.ca/webfiles/3-5002CampusAesthetics.pdf

Sawyer, A., & Bright, K. (2004). *The access manual: Auditing and managing inclusive built environments.* Oxford: Blackwell Publishing Ltd.

Schoff, L. V. (2002). *Energy efficiency and the learning environment: Let's focus first on the kids.* Retrieved from: http://www.ase.org/greenschools/ perspectives-schoff.htm

Scottish Futures Trust(2012). Scotland's school for the future: Inspiring learning, aspiring nation-Schools' development handbook. Retrieved from https://www.dropbox.com/s/c7am0h8c4lifh4b/Schools%20 Development%20Handbook%20-%20JM.pdf

Scottish Futures Trust(2014). *Scotland's school for the future: Inspiring learning, aspiring nation*. Retrieved from file:///D:/Documents%20 and%20Settings/WinXP/%E6%A1%8C%E9%9D%A2/Scotland's%20 Schools%20for%20the%20Future%20%E2%80%94%20Education%20 %E2%80%94%20Our%20work%20%E2%80%94%20Scottish%20 Futures%20Trust.htm

Sears, D. O., Peplau, L. A., & Taylor, S. E. (1991). *Social psychology* (7th ed.). Englewood Cliffs, NJ: Prentice-Hall International, Inc.

Sebba, R. (1986). *Architecture as determining the child's place in it s school*. Jerusalem, Israel: The Edusystems 2000 International Congress on Educational Facilities, Values & Contents. (ERIC Document Reproduction Service No. ED 284 367)

SEEDS Foundation (2014). *About the SEEDS foundation GREEN schools™ program & website*. Retrieved from http://www.greenschools.ca/about-seeds-foundation-green-schools%E2%84%A2-program-website

SEEDS Foundation(2010). SEEDS Annual reports 2010. Retrieved from http://www.seedsfoundation.ca/files/file/SEEDS%20Annual%20 Report%202010.pdf

Senge, P. (2012). Creating the schools of the future: Education for a sustainable society. Solutions for a sustainable and desirable future. Retrieved from http://www.thesolutionsjournal.com/node/1116

Shafritz, J. M., Koeppe, R. P., & Soper, E. W. (1988). *The facts on file dictionary of education*. NY: Facts on File.

Smith, M. L. & Glass, G. V. (1980). Meta-analysis of research on class size and its relationship to attitudes and instruction. *American Educational Research Journal, 17*(4), 419-433.

Steinfeld, E., & Danford, G. S. (Eds.). (1999). *Enabling environments: Measuring the impact of environment on disablility and rebabiliation.* New York: Kluwer Academic/Plenum Publishers.

Stevenson, K. R. (2002). *Ten educational trends shaping school planning and desig*n. Washington, D.C.: National Clearinghouse for Educational Facilities.

Stevenson, K. R. (2010). *Educational trends shaping school planning, design, construction, funding and operation.* Washington, DC: National Clearinghouse for Educational Facilities.

Sullivan, K. (2007). *Design for Learning forum. school design and student learning in the 21st century A report of findings.* Washington, D.C: American Architectural Foundation. Retrieved from http://www. archfoundation.org/aaf/documents/report.designforlearning.pdf

Syracuse Center of Excellence(2014). *Intelligent Green Buildings-SAID.* Retrieved from http://www.syracusecoe.org/coe/sub1.html?skuvar=30

Tanner, C. K., & Lackney, J. A. (2006). *Educational facilities planning: Leadership, architecture, and management.* Boston: Allyn and Bacon.

Tapaninen, R. (2005). *The Nordic cooperation network: The school of tomorrow.* Retrieved from http://www.aia.org/cae_confrep_spring05_ nordic

Taylor, A., & Enggass, K. (2009). *Linking architecture and education: Sustainable design for learning environments.* NM: University of Mexico Press.

The American Heritage Dictionaries(2011). *The American Heritage Dictionary of the English Language* (5th ed.). Boston: Houghton Mifflin Harcourt Publishing Company.

The Community Design Center of Pittsburgh and Cool Space Locator(2006). *Vacant school re-use project final report: Prepared for A+ schools.* Retrieved from http://www.aplusschools.org/pdf/Vacant_Schools_Final_

Report.pdf

The Continental Automated Buildings Association(2014). *Bright green buildings: Convergence of green and intelligent buildings*. Retrieved from http://www.caba.org/brightgreen

The Education and Skills Committee (2007). *Sustainable schools: Are we building schools for the future*? London: The Stationery Office Limited.

The Higher Education Funding Council for England(2006). *Designing spaces for effective learning A guide to 21st century learning space design*. Bristol, UK: JISC.

The Office of Environment and Heritage(OEH), & the Environment Protection Authority (EPA)(2013). S*ustainable schools*. Retrieved from http://www.environment.nsw.gov.au/community/schools.htm

The Oxford Dictionary of Philosophy (1996). Retrieved from Oxford Reference Online Website: http://www.oxfordreference.com/views/ENTRY.html?subview=Main&entry=t98.e1002

The U. S. Green Building Council (2014a). Green schools enhance learning. *The Center for Green Schools*. Retrieved from http://centerforgreenschools.org/better-for-learning.aspx

The U. S. Green Building Council (2014b). Green schools save money. *The Center for Green Schools*. Retrieved from http://centerforgreenschools.org/cost-savings.aspx

The U. S. Green Building Council (2014c). Characteristics of a Green School. *The Center for Green Schools*. Retrieved from http://centerforgreenschools.org/main-nav/k-12/what.aspx

The University of California, Berkeley (2004). Draft environmental impact report: UC Berkeley 2020 long range development plan & Chang-Lin Tien Center for East Asian Studies. Retrieved from http://www.cp.berkeley.edu/LRDP_2020draft.htm

The WBDG Accessible Committee(2012). *History of accessible facility*

design. Retrieved from http://www.wbdg.org/design/accessible_history. php

Torlakson, T. (2011a). Schools of the future report. *California Department of Education* Retrieved from http://www.cde.ca.gov/ls/fa/sf/documents/ sotfreport.pdf

Torlakson, T. (2011b). A blueprint for great schools. *California Department of Education* Retrieved from http://www.cde.ca.gov/eo/in/bp/documents/ yr11bp0709.pdf

Townsend, T., & Otero, G. (1999). *The global classroom: Activities to engage students in third millennium school*. Australia: Hawker Brownlow Education.

Townsend, T., Clarke, P., & Ainscow, M. (1999). Third millennium schools: Prospects and problems for school effectiveness and school improvement. In T. Townsend, P. Clarke, & M. Ainscow (Eds.), *Third millennium schools: A world of difference in effectiveness and improvement* (pp. 353-366). Lisse, The Netherlands: Swets & Zeitlinger Publishers.

Trenkle, S. (1999). Finding new uses for Levittown's vacant schools. Retrieved from http://www.antonnews.com/levittowntribune/1999/07/30/ news/

U. S. Department of Justic (2010). *2010 ADA standards for accessible design*. Retrieved from http://www.ada.gov/regs2010/2010ADAStandards/2010A DAStandards.pdf

U. S. Department of Energy (2003). *Energy smart choices and financial considerations for schools*. Retrieved from http://www.rebuild.org/ attachments/SoluctionCenter/ASBOFinancial

U. S. Environment Protection Agency (2013). *Healthy school environment resources*. Retrieved from http://cfpub.epa.gov/schools/about.cfm

U. S. Environment Protection Agency (2014). *High performance schools*.

Retrieved from http://www.epa.gov/iaq/schooldesign/highperformance.
html

U. S. General Accounting Office (1981). *Use of Vacant Schools Could Provide Savings to Federal Construction Programs.* Gaithersburg, MD: U.S. General Accounting Office, Document Handling and Information Services Facility. (ERIC Document Reproduction Services No. ED203450)

U. S. Green School Foundation (2014). *Environmental topics.* Retrieved from http://www.usgreenschools.org/resources.html

Universitas Indonesia (2014a). Criteria & Indicator. *UI greenmetric world university ranking.* Retrieved from http://greenmetric.ui.ac.id/id/page/criteria

Universitas Indonesia (2014b). The Announcement of the Result of UI Greenmetric Ranking of World University 2013. *UI greenmetric world university ranking.* Retrieved from http://greenmetric.ui.ac.id/

University of Helsinki (2007). *InnoSchool consortium: Innovations in architecture, playful learning, education and services for the future school.* Retrieved from http://innoschool.tkk.fi/innoarch/dokumentit/InnoSchool%20ARMIssa%2015.5.2007.pdf

University of Maryland (2014). *Facilities management: Aesthetic guidelines.* Retrieved from https://www.facilities.umd.edu/sitepages/FMaesthetic.aspx

Vandiver, B. (2011). *The impact of school facilities on the learning environment* (Unpublished doctoral Dissertation). Capella University, Minnesota.

Vickery, D. J. (1972). *School building design Asia.* Colombo: Kularatne & Co. Ltd.

Victoria Department of Education and Early Childhood Development (2013). *Building the education revolution.* Retrieved from http://www.education.

vic.gov.au/about/programs/archive/Pages/ber.aspx

Wallace, S. (Ed.)(2009). *Dictionary of education*. New York: Oxford University Press.

Warrior, J. (1994). *King's College Chapel*. Cambridge: King's College.

Weinstein, C. S. (1979). The physical environment of the school: A rivew of the research. *Review of Educational Research*, *49*(4), 577-610.

Weiss, J. (2000). *Sustainable Schools*. Scottsadle, AZ: Council of Educational Facility Planners International. Retrieved from http://www.cefpi.org/pdf/issuell.pdf

Westminster Sustainable Business Forum (2009). *Beyond buildings: Procuring BSF sustainably*. London: Policy Connect.

Wikipedia(2014). *Building Schools for the Future*. Retrieved from http://en.wikipedia.org/wiki/Building_Schools_for_the_Future

Wikipedia(2014a). *Learning*. Retrieved from http://en.wikipedia.org/wiki/Learning

Wikipedia(2014b). *Aesthetics*. Retrieved from http://en.wikipedia.org/wiki/Aesthetics

Winter, K., & Gyuse, R. (2011). *Creating quality school-age child care space*. New York: Local Initiatives Support Corporation/Community Investment Collaborative for Kids.

Wire, D. C. (2008). *The vacant school wish list*. Retrieved September 29, 2008, from http://voices.washingtonpost.com/dc/2008/03/the_vacant_school_wishlist_1.html

Woolfolk, A. (2013). *Educational psychology* (12th ed.). New York: Pearson.

Woolner, P. (2010). *The design of learning spaces*. London: Continuum International Publishing Group.

World Green Building Council (2013). *World Green Building Week 2013: Greener buildings, better places, healthier people*. Retrieved from http://www.worldgbc.org/files/1513/6690/5994/WGBWeek_2013_-_Greener_

Buildings_Better_Places_Healthier_People.pdf

Yaxley, B. G. (1991). *Developing teachers' theories of teaching: A touchstone approach.* London: The Falmer Press.

Yee, R. (2009). *Educational environments 4.* New York: Visual Reference Publications Inc.

Zinzi, M. (Ed.) (2013). *School of the future: Deliverable D6.1 design phase report.* Retrieved from http://www.school-of-the-future.eu/images/files/d61Final140613.pdf

Zinzi, M. (Ed.) (2014). *School of the future: Screening of energy renovation measures for Schools-Germany.* Retrieved from http://www.school-of-the-future.eu/images/files/20140124_SotF_Germany.pdf

國家圖書館出版品預行編目資料

校園規劃新論／湯志民著. ——初版. ——
臺北市：五南, 2014.09
　面；　公分
　ISBN 978-957-11-7694-9 (平裝)
　1.校園規劃
527.51　　　　　　　　　103012404

1IYG

校園規劃新論

作　　者 — 湯志民（433.1）

發 行 人 — 楊榮川

總 編 輯 — 王翠華

主　　編 — 陳念祖

責任編輯 — 劉芸蓁　李敏華

封面設計 — 吳珮青　童安安

出 版 者 — 五南圖書出版股份有限公司

地　　址：106台北市大安區和平東路二段339號4樓

電　　話：(02)2705-5066　　傳　　真：(02)2706-6100

網　　址：http://www.wunan.com.tw

電子郵件：wunan@wunan.com.tw

劃撥帳號：01068953

戶　　名：五南圖書出版股份有限公司

台中市駐區辦公室/台中市中區中山路6號

電　　話：(04)2223-0891　　傳　　真：(04)2223-3549

高雄市駐區辦公室/高雄市新興區中山一路290號

電　　話：(07)2358-702　　傳　　真：(07)2350-236

法律顧問　林勝安律師事務所　林勝安律師

出版日期　2014年9月初版一刷

定　　價　新臺幣580元